汉江生态经济带
襄阳沿江发展规划研究
（2018—2035 年）

Study on the Development Planning of Xiangyang Area along
the Hanjiang River Ecological Economic Belt（2018—2035）

王昌林 高国力 等◎著

人民出版社

责任编辑：高晓璐

图书在版编目（CIP）数据

汉江生态经济带襄阳沿江发展规划研究：2018-2035 年/王昌林 等 著. —北京：人民出版社，2019.8
ISBN 978－7－01－021085－8

Ⅰ.①汉…　Ⅱ.①王…　Ⅲ.①汉水-流域-生态经济-区域经济发展-研究-襄阳-2018-2035
　Ⅳ.①F127.633

中国版本图书馆 CIP 数据核字（2019）第 164269 号

汉江生态经济带襄阳沿江发展规划研究（2018—2035 年）
HANJIANG SHENGTAI JINGJIDAI XIANGYANG YANJIANG FAZHAN GUIHUA YANJIU（2018-2035 NIAN）

王昌林　高国力 等　著

人民出版社 出版发行
（100706　北京市东城区隆福寺街 99 号）

中煤（北京）印务有限公司印刷　新华书店经销

2019 年 8 月第 1 版　2019 年 8 月北京第 1 次印刷
开本：889 毫米×1194 毫米 1/16　印张：21.5
字数：580 千字

ISBN 978－7－01－021085－8　定价：126.00 元

邮购地址 100706　北京市东城区隆福寺街 99 号
人民东方图书销售中心　电话（010）65250042　65289539

《汉江生态经济带襄阳沿江发展规划研究（2018—2035年）》课题组成员

课题组长：王昌林
执行组长：高国力

课题承担单位及成员：
总论
　　单位：中国宏观经济研究院
　　成员：王昌林　高国力　罗　蓉　李　军　蒋同明　王　蕴
　　　　　郝　洁　张林山　滕　飞　关　博　李天健　李　权

第一章
　　单位：中国城市规划设计研究院
　　成员：张　伟　高世明　庾川　赵　峰　吕　琪

第二章
　　单位：生态环境部环境规划院
　　成员：万　军　秦昌波　熊善高　路　路　容　冰　张南南　苏洁琼　李　新

第三章
　　单位：水利水电规划设计总院
　　成员：李宗礼　杨凤娟　陈媛媛　邵文伟

第四章
　　单位：国家发展和改革委员会综合运输研究所
　　成员：李连成　向爱兵　尹　震　李名良　丁金学

第五章
　　单位：国家发展和改革委员会国土开发与地区经济研究所
　　成员：贾若祥　王　丽　汪阳红　张　燕　王继源　窦红涛

第六章

单位：国家发展和改革委员会产业经济与技术经济研究所

成员：姜　江　杨合湘　邱　灵　涂圣伟　任继球　张铭慎　韩　祺

第七章

单位：国家发展和改革委员会产业经济与技术经济研究所

成员：王佳元　赵西君　李淑华　邱　灵　李子文

目 录

序

　　襄阳地处荆州腹地，汉水之滨，自古就是连接东西、贯通南北的要地，汉江流域的重要城市，在汉江生态经济带发展中占有重要的地位。襄阳历史文化璀璨厚重，其历史文化可以用悠久、厚重、繁荣、包容、传承一组词语来形容。襄阳生态环境优美独特，可用生态格局之美、生态自然之妙、生态多元之容、生态经济之源、生态和谐之祖、生态文化之魂等一系列词语来形容。随着长江经济带、汉江生态经济带的发展相继上升为国家战略，襄阳的历史文化和生态环境优势给襄阳发展带来了全面复兴、再续辉煌的历史机遇，襄阳作为汉江流域中心城市、省域副中心城市、长江经济带绿色增长极的战略定位得到进一步强化和提升。

　　2016年9月，《长江经济带发展规划纲要》正式颁布实施，长江沿线省市确立了生态优先绿色发展的战略目标导向。2018年10月，国务院发布了《汉江生态经济带发展规划》，明确要求汉江流域要围绕改善提升汉江流域生态环境，共抓大保护，不搞大开发，加快生态文明体制改革，推进绿色发展，着力解决突出环境问题，加大生态系统保护力度；围绕推动质量变革、效率变革、动力变革，推进创新驱动发展，加快产业结构优化升级，进一步提升新型城镇化水平，打造美丽、畅通、创新、幸福、开放、活力的生态经济区；把汉江流域建设成为国家战略水资源保障区、中西部联动发展试验区、长江流域绿色发展先行区。

　　早在国家明确提出实施汉江生态经济带发展规划之前，襄阳以强烈的流域责任担当、区域责任担当、时代责任担当，提前谋划汉江生态带襄阳段的发展规划，积极主动对接和支持汉江生态经济带发展规划的实施。2017年7月，襄阳市委、市政府委托中国宏观经济研究院牵头编制汉江生态经济带襄阳沿江发展规划，旨在充分利用襄阳的区位交通、历史文化、生态环境、省域副中心城市等优势，以襄阳沿江195公里乡、镇、街行政辖区4265.3平方公里为规划区域，以生态保护环境治理为先导，以产业转型升级为重点，以文化保护传承利用为特色，明确构建汉江生态保护新格局、优化国土开发利用新空间、打造生态经济发展新载体、重构襄阳产业发展新动能、探索历史文化传承新模式，提出打造国家沿江生态经济发展样板区、汉江生态经济带绿色发展先行区、汉水文化集中展示体验区、襄阳市"一极两中心"核心区。

　　为了做好汉江生态经济带襄阳沿江规划编制工作，中国宏观经济研究院会同中国城市规划设计研究院、生态环境部环境规划院、水利水电规划设计总院等国家级专业团队，按照"多规合一"的理念和要求，在襄阳市委、市政府领导高度重视下，市发改委等相关部门的全力支持下，成立了包括不同专业领域的课题研究组和分工明确的课题联络组，共同开展汉江生态经济带襄阳沿江发展规划编制工作。规划工作从2017年7月正式启动，到2018年12月结题，为期一年半，课题组成员50多人，课题研究期间先后开展地方调研10余次，课题组遍访了沿江城镇、园区、骨干企业等，先后召开各类座谈会、研讨会、对接会几十次，最终形成了1个总体规划、7个专项规划、1个项目库和 1 本图集，完成 45 万多字的研究报告、92 幅各类地图。该规划研究是近年来中国宏观经济研究院作为国家高端智库，会同国内其他权威专业性智库真正按照"多规合一"要求编制的一个区域性国土空间规划，是一个集体智慧的结晶、集成创新的探索性成果。

汉江生态经济带襄阳沿江发展规划探索了一条将空间规划和经济社会发展规划相融合的规划新模式，加强了地方政府对空间的管控和资源的配置能力。规划在突出生态环境保护的同时，兼顾产业发展、城镇化、基础设施、公共服务、文化旅游等经济社会各方面，既有宏观的布局和思路，也有可落地的路径和工程，具有较强的系统性、综合性和可操作性。汉江生态经济带襄阳沿江发展规划研究，对于其他地区开展类似的工作具有很强的借鉴意义和参考价值。为更好推动"多规合一"规划理念和要求的落实，带动更多地方开展"多规合一"理念主导的区域性国土空间规划，课题组以汉江生态经济带襄阳研究发展规划成果为依托，通过进一步丰富规划相关的理论、方法等方面的内容，汇编完成了《汉江生态经济带襄阳沿江发展规划研究（2018—2035 年）》一书。

《汉江生态经济带襄阳沿江发展规划研究（2018—2035 年）》分为总论和分论两个部分，总论部分以汉江生态经济带襄阳沿江发展规划总体规划及研究内容为依托完成；分论部分以汉江生态经济带襄阳沿江发展规划的空间、生态环境、水利、交通、城镇化、产业、文化旅游 7 个专题研究成果为依托完成。2019 年 1 月 23 日，中央全面深化改革委员会第六次会议审议通过了《关于建立国土空间规划体系并监督实施的若干意见》，明确要求将主体功能区规划、土地利用规划、城乡规划等空间规划融合为统一的国土空间规划，实现"多规合一"，强化国土空间规划对各专项规划的指导约束作用。本书的出版恰逢其时，正是对中央关于国土空间规划重大决策调整的积极探索和响应，希望能够在理论、方法、技术、政策等方面为探索推进我国的国土空间规划体系建设提供有益的参考。

中国工程院院士

中国科学院地理科学与资源研究所研究员

2019 年 3 月 28 日

总　论

　　汉江生态经济带建设是长江经济带战略实施的重要支撑，为襄阳践行生态优先、绿色发展理念提供了重大机遇。襄阳段在汉江生态经济带具有举足轻重的作用，研究汉江生态经济带发展是襄阳坚持绿色发展和高质量发展、保护传承利用优秀文化精髓、高标准建设汉江生态经济带襄阳段的重要举措，也是襄阳新时代发展征程上迈出的关键一步。

　　本课题依据《长江经济带发展规划纲要》《汉江生态经济带发展规划纲要》《长江经济带生态环境保护规划》《中共中央国务院关于加快推进生态文明建设的意见》《湖北汉江生态经济带开放开发总体规划（2014—2025年）》《湖北长江经济带生态保护和绿色发展总体规划》《湖北长江经济带产业绿色发展专项规划》等规划加以研究。

　　本研究范围为汉江干流襄阳沿江区域，上至丹江口市界，下至钟祥市界，全长约195公里，汉江干流流经的37个乡镇（街办）行政辖区，面积为4265.3平方公里；2017年人口238.76万、地区生产总值1750.9亿元。重点规划区为汉江干流沿线两侧各5公里所形成的区域，面积约2000平方公里（图1）。

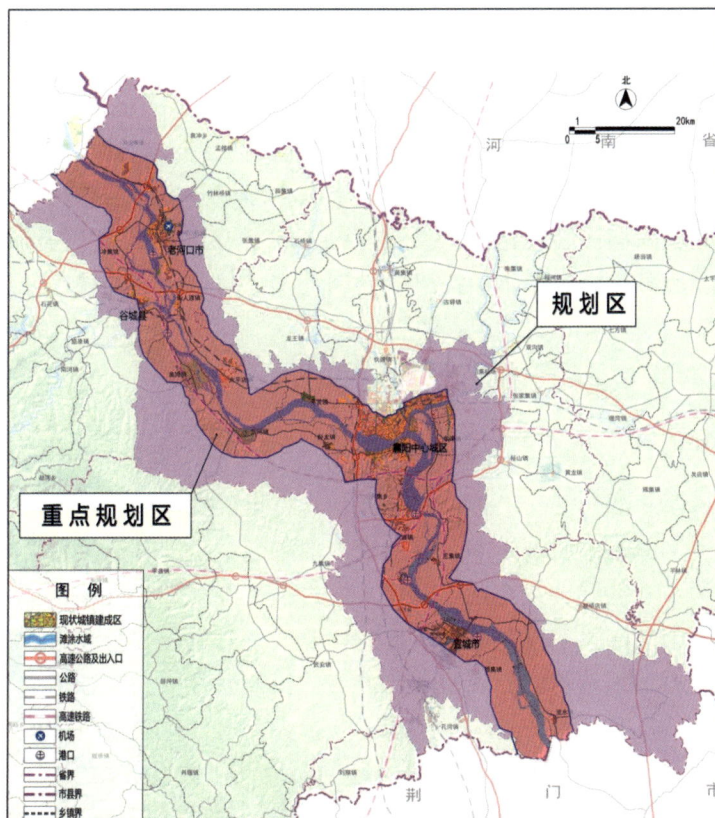

图1　汉江生态经济带襄阳沿江发展研究范围图

第一节　站在生态优先绿色发展新起点

一、重大意义

1. 支撑长江经济带绿色增长极建设

推进汉江襄阳段绿色发展是促进长江经济带共抓大保护的重要组成部分。在深入贯彻绿色发展理念背景下，汉江襄阳段的保护和开发将促进人口、产业与生态环境有机共融，构建人水和谐的建设新格局。通过将汉江襄阳段打造成长江经济带生态优先绿色发展的重要支点、生态经济建设样板和模式探索者，为建设长江经济带重要绿色增长极提供有力支撑。

2. 引领汉江生态经济带开放开发

汉江襄阳段的保护与开发在汉江生态经济带建设中将扮演"建成支点、走在前列"的角色。借助在汉江流域的中心地位和率先发动生态经济建设的引擎先机，汉江襄阳段可以打造沿江生态经济带新空间，建设内陆沿江生态经济景观带，形成具有襄阳特色的绿色生态经济增长带和发展机制。汉江襄阳段的保护与开发有助于襄阳实现引领汉江、生态率先，成为汉江生态经济带建设引领者、中心区段和生态经济倡导者。

3. 成为襄阳市转型发展的重要抓手

汉江襄阳段的保护与开发有助于襄阳市突破约束、创新发展，借助生态经济发展格局和模式构建，突破襄阳市经济社会发展面临的空间、动力、生态、环境、模式、思想等约束，探索襄阳市经济发展新动能、社会建设新模式、文化传承新业态、区域发展新模式。从而助推襄阳市实现转型升级，走绿色发展道路，服务支撑襄阳市加快建成名副其实的省域副中心城市和汉江流域中心城市。

二、基础条件

1. 位于汉江流域中心

襄阳市位于湖北省西北部，汉江中游平原腹地，具有得天独厚的区位优势。襄阳市是长江中游城市群中的重要城市，又紧邻中原城市群，在推进中部崛起中扮演着至关重要的角色。同时，襄阳市也位于长江经济带的中心区域，并将在今后深入推进长江经济带建设中发挥举足轻重的作用。

汉江生态经济带襄阳沿江段不仅在襄阳市占据重要区位，也位于长江最大支流汉江流域的中心地带，自古就是连接中原地区和长江流域的重要节点，目前已经成为我国南北交流的重要窗口和通道，随着交通基础设施的逐步完善，其辐射范围不断扩大。汉江生态经济带襄阳沿江段凭借优越的地理区位和重要的经济区位，通过利用自身的快速崛起推动周边区域的发展，将成为未来襄阳市、湖北省乃至长江经济带的新增长极。汉江生态经济带襄阳沿江段的规划、建设和发展与国家战略指向高度契合，通过带动湖北省乃至整个中部地区发挥优势、对东部发达地区的"后发追赶"，将进一步促进我国区域协调发展。

2. 综合立体交通枢纽地位加快形成

目前，随着3条干线铁路（焦柳、汉丹、襄渝）、6条高速公路（谷竹、麻竹东、麻竹西、保宜、老谷、襄阳绕城高速东段）、襄阳机场、汉江航运体系等一批重大交通基础设施建设和投入运营，襄阳市将成为全国重要的高铁节点城市、国家路网通达中心城市、国家一类航空口岸和全国内河航运主要港口，成为连接武汉、中原、成渝、关中四大城市群的重要枢纽，将为襄阳市融入长江经济带发展战略，拓展对外开放空间提供强力支撑。

占据重要区位的汉江生态经济带襄阳沿江段，其综合立体交通枢纽地位也在加快形成。已建成的二广高速、福银高速、谷竹高速、麻竹高速襄阳东段等高速公路贯通汉江生态经济带襄阳沿江段，二广高速和福银高速更是在汉江生态经济带襄阳沿江段中交汇，形成连接南北和东西的两大交通动脉；在建和规划建设的麻竹高速襄阳西段、襄阳绕城高速公路东段、襄阳绕城高速公路南段以及枣潜高速公路襄阳南段等将进一步完善公路网路，使汉江生态经济带襄阳沿江段内的各县市衔接更加紧密。汉江生态经济带襄阳沿江段的铁路与航空运输同样便捷，分别横穿我国东西和南北的汉丹铁路和焦柳铁路，在襄阳市汉江生态经济带中形成十字交汇，正在建设的汉十高铁和郑万高铁也将通过汉江生态经济带襄阳沿江段，并在其中形成交汇，大大提升今后汉江生态经济带襄阳沿江段的客运和货运能力；同时，襄阳刘集机场也位于汉江生态经济带襄阳沿江段内。汉江生态经济带襄阳沿江段快速提升的综合立体交通运输能力，将为后续的快速发展提供强有力的保证。

3. 历史文化厚重

襄阳市历史文化厚重，拥有丰富的人文资源。这里是中华民族始祖炎帝神农氏和东汉光武帝刘秀的诞生地，有造型奇特的国家重点保护文物多宝佛塔，有号称"华夏第一城池"全国最宽的护城河，诸葛亮在襄阳隆中躬耕10年且刘备"三顾茅庐"的故事就发生在这里。襄阳市既是群雄逐鹿的古战场，也是历史文人骚客荟萃之地，孕育了楚国诗人宋玉、战国时期政治家伍子胥、唐代诗人杜审言、孟浩然、张继和宋代书画家米芾等文人名士，留下了诗仙李白、诗圣杜甫等历史贤达雅士的足迹和传诵千古的诗章。近几年，襄阳市大力开发了被确定为国家名胜风景区的古隆中风景区，修建了代表鄂西北民居的仿古一条街，恢复了建安七子之一王粲当年写下的脍炙人口的名作《登楼赋》中的仲宣楼以及明王府、昭明台，开辟了岘山自然风景区、檀溪万山风景区、鹿门山自然风景区和邓城遗址风景区。

汉江生态经济带襄阳沿江段丰富的历史文化资源，为其今后第三产业，尤其是文化旅游业的发展奠定了坚实基础。汉江生态经济带襄阳沿江段特有的"汉江文化"所散发的历史文化魅力，为其展现了独一无二的文化自信，是其今后发展的重要动力。杜甫诗曰："即从巴峡穿巫峡，便下襄阳向洛阳。"王维的《汉江临眺》更是将悠悠汉江水融入了滔滔汉江情中，把汉江之美、襄阳之魅贯穿其中。

4. 开发空间潜力较大

汉江生态经济带襄阳沿江段可利用的土地资源、水资源以及矿产资源等十分丰富，具有广阔的发展空间。襄阳市自身的土地资源丰富，地貌类型多样，光照充足，雨热同季，光热水土条件优越，土地适宜性广泛，土地自然生产力高，农业生产区域化特征明显。而汉江生态经济带襄阳沿江段的冲积平原，地势平坦开阔，土层深厚肥沃，良田分布集中，是襄阳市最重要的粮棉油基地，完全有能力支撑今后的建设和发展需要。同时，襄阳市对于汉江生态经济带襄阳沿江段的土地利用规划、用地性质转换以及划拨等工作正有条不紊地展开。

汉江生态经济带襄阳沿江段同样具有丰富的水资源和矿产资源。汉江襄阳段水质达Ⅱ类以上，境内其他河流出境断面水质全部达到国家考核要求，襄阳市饮用水水质达标率达 100%。汉江生态经济带襄阳沿江段可利用的矿产资源同样丰富。其中，耐火黏土资源和铝土矿探明储量居湖北省第一位、石榴子矿探明储量居全国首位、累托石矿居全国第二位、金红石矿储量居亚洲第一位、世界第三位，磷矿为全国八大磷矿之一，重晶石储量居中南五省区第二位。汉江生态经济带襄阳沿江段拥有的丰富土地资源、水资源和矿产资源为其今后发展提供了广阔空间，在未来具有巨大的发展潜力。

5. 特色产业初具规模

汉江生态经济带襄阳沿江段特色产业的比较优势突出，产业结构优化明显，具有一定的发展基础。首先，"十二五"以来，汉江生态经济带襄阳沿江段产业规模迅速壮大。2016 年，汉江生态经济带襄阳沿江段各区市县地区生产总值合计达到 2772.88 亿元。其中，襄阳高新区 GDP 从 2010 年的 321 亿元增长到 2017 年的突破千亿元，在全国 147 家国家级高新区中综合排名第 31 位；区内企业营业总收入突破 3000 亿元，居全国第 20 位；规模以上工业总产值逼近 3000 亿元，居全国第 16 位。此外，沿江的老河口市、谷城县、宜城市和襄州区在全省县域经济分类考核中均列第一方阵。其次，汉江生态经济带襄阳沿江段特色产业集聚态势逐步显现。以汽车产业、农产品加工业和装备制造业等为代表的特色产业在沿江区域内逐步集聚，不断发展壮大。同时，根据本地产业优势，一大批具有较大规模和特色的开发区和产业园区迅速成长，沿江区域内布局了 11 个市级特色产业园区。最后，汉江生态经济带襄阳沿江段内的龙头企业引领带动作用增强。沿江区域内的重点企业规模不断壮大，领军企业培育取得巨大进步，产值超过 50 亿元、100 亿元的企业分别达到 7 家和 3 家；重点企业创新能力不断取得新突破，推动襄阳沿江地区创新生态环境不断优化，宇清新能源汽车变速控制系统、中兴无线充电桩两个项目在"十二五"期间被列为国家 863 专项，实现了襄阳市 863 计划零的突破。汉江生态经济带襄阳沿江段的特色产业在规模总量、集聚水平以及创新能力上的不断提升为其今后发展奠定了良好基础。

三、机遇挑战

1. 长江经济带战略实施为高质量发展搭建新平台

长江经济带战略是党中央、国务院为适应和引领经济发展新常态、拓展发展新空间、推进经济高质量发展作出的重大战略部署；汉江襄阳段作为长江经济带重要区域、长江中游城市群和汉江生态经济带的重要组成部分，迎来了新的重大发展机遇。长江经济带战略实施为汉江襄阳段全面提升生态环境保护水平、推动城乡区域协调发展、加快转变经济发展方式提供了强大动力，也为汉江襄阳段增强整体实力和竞争力创造了良好条件。

2. 汉江生态经济带建设为绿色发展激发新动能

国家"十三五"规划提出"推进汉江生态经济带建设"，标志着汉江生态经济带建设已经正式上升为国家重点区域发展战略。同时，湖北省也在汉江生态经济带开发规划中提出建设"五个汉江"，并将建设"绿色汉江"作为首要目标。生态优先、绿色发展理念为襄阳带来发展机遇，自上而下倡导的生态文明建设潮流也给汉江襄阳段的保护、开发与发展带来了新契机。

3."一极两中心"定位为协同发展拓展新空间

襄阳"一极两中心"的定位为汉江襄阳段生态经济发展增添了动能。凭借经济规模总量、地理区位条件和生态环境资源方面的优势，襄阳被湖北省确立为省域副中心城市、汉江流域中心城市以及绿色增长极。"一极两中心"的定位使得汉江襄阳段在区域发展中具有了独特的政策和体制优势，引领汉江生态经济带开放开发责无旁贷。同时，湖北省自贸区襄阳片区的设立也将极大拓展汉江襄阳段对外开放的空间。

4.产业发展新趋势为转型发展创造新红利

党的十九大报告指出，"必须树立和践行绿水青山就是金山银山的理念"，全国生态环境保护大会也提出了产业生态化和生态产业化要求，绿色产业和幸福产业正在获得越来越多的关注和政策支持。汉江襄阳段可以凭借生态环境方面的优势，以保护为基础，争取国家政策和资金的支持，围绕满足人们对美好生活的新需要，大力发展健康产业、幸福产业、文旅产业等绿色产业，推动绿色产品和生态服务的资产化，把生态优势转化成为经济优势。

汉江生态经济带襄阳段发展也面临一些不容忽视的挑战：一是保护与建设所需巨额资金筹措压力大。汉江襄阳段今后保护与开发需要大量资金支持，但是在宏观政策收紧的背景下资金筹措难度加大，企业投资也面临融资难、融资贵等诸多不确定性因素，有限的资金将制约生态环境保护、基础设施建设、产业结构优化的推进。二是日益严格的生态环保要求对项目选择提出更高标准。汉江襄阳段的发展建立在对其优越生态环境资源保护的基础上，越发严格的生态环境保护要求和逐渐加强的环保督查工作，对汉江襄阳段今后产业发展和招商引资、项目落地工作提出了更高要求。三是与周边城市的同质化竞争更加激烈。在长江经济带"共抓大保护"背景下，周边城市基于自身生态环境资源和发展基础纷纷提出相应的发展规划和目标，这些城市与襄阳在绿色资源禀赋与产业结构等方面具有一定的相似性，势必会在争取资金和项目上给汉江襄阳段推进绿色发展带来激烈竞争。

四、主要困难

1.生态环境乱象丛生，环保面临严峻挑战

汉江襄阳段的进一步开发要以对生态环境的保护作为基础，走生态优先、绿色发展之路，但是生态环境中现存的诸多乱象使得环保还面临严峻挑战。目前，汉江襄阳段还存在着"水不清、景不美"的问题，局部水质不达标、沿岸景观不统一，凸显出汉江襄阳段产业层次落后的问题，其现有产业中以火电、汽车制造以及基础原料等为代表的重化工业特征日趋明显，老工业城市长期积累的结构性污染特点仍较突出，沿江重化工的布局也难以在短期得到根本性改变。

2.产业结构亟待优化，设备技改任务艰巨

汉江襄阳段的产业结构虽然在不断优化，但是生态环境保护以及进一步发展仍然受到产业层次

低等因素的制约。现有产业以传统产业为主，但其贡献有限，且污染严重。据初步统计，化工、医药、化纤、纺织等传统产业的工业增加值目前仅占襄阳市工业增加值的 26.4%，但其废水排放量却占全市工业废水排放总量的 57.7%，沿江段产业绿色发展任务艰巨。同时，传统产业还存在着产能过剩、产业同质化等问题。其中以农产品深加工、水泥建材、石化化工等产业最为明显，区域产业同质化竞争加剧，严重制约了区位优势的发挥。

3. 沿江规划缺乏统筹，管理体制尚未理顺

由于在发展中缺乏统筹规划，汉江襄阳段内各地区在发展中各自为政，出现了产业布局散乱、城镇空间布局不合理等问题。汉江襄阳段内重化工企业多沿汉江分散布局，总体呈现近水靠城的散乱分布特征，区域性、布局性环境风险突出，谷城再生资源产业园、老河口循环经济产业园等化工及涉重金属产业集中区内重污染企业的相对集中，加大了污染治理难度和环境风险隐患。同时，各城镇在沿江地区的规划布局和开发程度不一，建设和布局重点各不相同，使得沿江开发的程度和阶段多有不同，沿江城镇空间布局不尽合理。

4. 基础设施建设滞后，制约经济社会发展

汉江襄阳段基础设施，尤其是交通网络和水利设施的建设滞后将制约其进一步发展。目前汉江襄阳段内高速铁路发展相对缓慢，等级不高，仅有焦柳、汉丹、襄渝三条普通干线铁路；域内高速公路建设规划仍未完成，主要干线、重要城镇出口道路运能紧张，普通公路二级及以上里程占公路总里程比重偏低，不能充分发挥网络整体效益，严重制约沿江地区的通达性。同时，汉江襄阳段现有各类水利工程绝大多数建于 20 世纪 50—70 年代，存在不同程度的老化失修等问题，现有堤防工程体系的防洪能力较低，灌溉工程普遍存在效益衰减等问题。

第二节　开启"拥江护水"幸福新时代

一、指导思想

以习近平新时代中国特色社会主义思想为指引，按照"五位一体"总体布局和"四个全面"战略布局要求，贯彻落实新发展理念，正确把握长江经济带发展的五大关系，坚持全球视野、国家标准、沿江特色、襄阳优势，全面对接和贯彻落实汉江生态经济带发展规划，以生态保护环境治理为先导，以产业转型升级为重点，以文化保护传承利用为特色，构建汉江生态保护新格局、优化国土开发利用新空间、打造生态经济发展新载体、重构襄阳产业发展新动能、探索历史文化传承新模式，为汉江襄阳段打造国家沿江生态经济发展新样板，实现襄阳"一极两中心"目标、推动高质量发展提供战略支撑。

二、基本原则

生态优先，绿色发展。 坚持长江经济带"不搞大开发，共抓大保护"理念和汉江生态经济带建

设生态优先不动摇，以转型发展、动能转换为抓手，按照绿色化、低碳化、循环化、智能化方向引领工业发展，按照有机化、田园化、绿色化、生态化方向引领农业发展，按照特色化、人文化、智慧化、定制化方向引领服务业发展，全面践行汉江生态经济带生态优先绿色发展理念。

统筹规划，协同互动。以沿江区域资源环境承载能力为基础，统筹区域生态环境保护和经济社会发展，实现上游谷城老河口、中游襄阳主城、下游宜城等河段之间，河流水体、河堤江岸、沿江农田、沿江山体等水岸田山主体之间，沿江城镇、乡村、工业园区、田园综合体等城乡主体之间的协同互动和统筹协调，加强相关部门和机构间的分工协作，确保沿江区域协同发展。

江城一体，宜业宜居。围绕满足人民对美好生活的需要，以汉江保护和沿江经济社会协调发展为主线，顺应城镇发展与汉江相融相生相促的规律，同步推进汉江水利建设和综合承载能力建设，同步推进沿江新型城镇化建设和绿色产业发展，构建汉江开发利用、生态保护与新型城镇化互动发展的新格局，打造宜业宜居的美丽汉江。

文化传承，开放共享。贯彻落实长江经济带战略部署，深度对接融入汉江生态经济带发展规划；充分发掘和拓展汉水文化、三国文化、楚源文化、古城文化等现代内涵，推动襄阳文化繁荣，建设文化汉江和特色汉江；全面实行对内对外开放，破除要素流动的体制机制障碍，实现汉江沿岸各区市县经济要素优势互补，深入挖掘和充分发挥区域整体协作效应，推进共建共享，建设开放汉江。

三、战略定位

——国家沿江生态经济发展样板区。依托襄阳在汉江流域的中心区位，发挥襄阳历史文化资源厚重、生态资源丰富的优势，通过沿江 195 公里两岸生态环境保护、历史文化景观整合、绿色经济体系重塑、城镇和乡村格局优化，将汉江生态经济带襄阳段建设成我国内陆地区四百里绵延风光、江河湖库水生态特色鲜明、现代与历史风貌有机融合、城镇乡村与环境自然和谐共生、经济繁荣与生态环境优美同步建设的样板区，打造中国滨江特色生态经济带名片。

——汉江生态经济带绿色发展先行区。依托襄阳沿江地区绿水青山的自然本底，主动对接和落实汉江生态经济带发展规划，以汉水生态建设和环境保护为切入点，通过汉江沿江带生态功能提升、绿色产业动能培育、资源环境综合利用、产江城融合互动、创新要素集聚、智慧城市和美丽乡村互嵌等措施，加速形成汉江流域生态优先绿色发展的襄阳模式，将汉江襄阳段打造成汉江流域生态经济带建设先行示范区。

——汉水文化集中展示体验区。充分挖掘和再发现汉水文化、三国文化、楚源文化、古城文化等襄阳文化的现代内涵和价值，践行"绿水青山就是金山银山"的理念，探索生态产业化路径，以文化传承促进襄阳现代经济发展，将生态优势转化为经济优势，建设滨江亲水生态经济走廊，通过汉江沿岸文化设施、旅游设施以及配套服务能力建设，重塑人与自然和谐共生的美丽景致，将汉江生态经济带襄阳段建设成为以汉水文化为特色的集中展示区和体验带。

四、发展愿景

按照"五年见雏形和成效，十年成规模和体系，二十年全面建成"的总体安排，统筹规划、分步实施、突出重点、扎实有序推进汉江生态经济带襄阳段建设。把汉江襄阳段打造成生态绿水青山、路畅岸安，产业现代高端、园区集聚，城市智慧便捷、宜业宜居，乡村田园风光、又见乡愁，文化保护传承、汉风楚韵的美丽新汉江。

到 2022 年，汉江生态经济带襄阳段空间布局结构基本形成；水生态、湿地、农田等生态系统功能得到明显提升，生态建设、环境保护格局和机制初步建立；汉江干流和主要支流两岸慢行系统、交通运输网络、航道整治、水利工程等基础设施基本建成；产业转型升级初见成效，产业园区进一步优化整合，纳入负面清单的产业初步完成疏解搬迁，绿色产业体系初步形成，文化旅游产业突出地位初步建立；新型城镇化建设加快推进，特色小城镇初具规模；乡村振兴战略全面启动，沿江乡村产业兴旺、生态宜居、乡风文明、治理有效、生活富裕的态势加速形成。

到 2035 年，全国沿江生态经济发展样板区全面建成，生态优先绿色发展的内生动力和机制全面形成，充满地域特色的水生态、湿地、农田等生态系统功能全面提升，综合立体交通运输体系全面建成，绿色产业综合竞争力大幅提升，文化旅游产业优势地位进一步凸显，智慧城市、特色城镇、美丽乡村相得益彰格局全面形成。

第三节　重塑产城江融合发展新空间

优化区域生态、产业、城镇空间布局，坚持"在保护中发展，在发展中保护"，做优做活"生态＋"大文章，积极培育绿色新动能，把"绿水青山"转化为"金山银山"，将汉江襄阳段打造成为绿色发展的示范区、协同发展的引领区、创新发展的先行区。

一、统筹划定"三区三线"

落实生态功能区的保护要求。规划生态功能区约 1370 平方公里，占规划区面积的 32%。加强林地、草地、河流、湖泊、湿地等生态空间的保护和修复，提升生态产品服务功能。进一步完善自然保护区建设管理体制和机制，引导自然保护区人口转移，推进自然保护区内保护设施的建设。划定并严控生态保护红线，实施强制性保护。在保护生态环境的前提下，推动实现资源到资产到资本的转化。突出流域上下游、干支流生态保护关联性和特殊性要求。

保障农业发展区的空间需求。规划农业发展区约 2373 平方公里，占规划区面积的 56%。强化农地保护。划定并严格保护永久基本农田，严控耕地占补平衡。推动土地整理，促进农地规模化、标准化建设；促进现有非农建设用地和其他零星农用地整理、复垦或调整为基本农田。建设一批特色农业基地，形成高效、安全、优质的生态农业体系。促进农业发展方式向规模化、集约化、专业化和产业化方向转变。严格建设用地管控，优化整合农村居民点，繁荣历史文化村落，保护农村田园景观。

引导城镇建设区集约发展。规划城镇建设区约 524 平方公里，占规划区面积的 12%。推进以人为核心的新型城镇化，完善中心城市和中心镇城镇功能，统筹城乡基础设施和公共服务体系建设。划定并严控城镇增长边界，依照城市（镇）总体规划要求合理安排建设用地规模和布局。推动建设高效用地、集约利用。提高土地利用效率，高效推进项目落地。依据主体功能合理确定差异化开发强度；规范城乡建设用地增减挂钩。促进城市特色风貌的提升。优化产业结构，推动产业和城镇融合发展。

表 1　汉江襄阳段"三区"构成表

类型	规模	具体构成
城镇建设区	524 平方公里	襄阳中心城区沿江街道以及外围牛首镇区、尹集、卧龙镇区、东津镇区；谷城县城—老河口市区—仙人渡镇区—冷集镇区—洪山嘴镇区；宜城市区—大雁工业园区—郑集镇区；太平店镇区、茨河镇区、庙滩镇区；余家湖工业园、欧庙镇区、小河镇区
农业发展区	2373 平方公里	主要分布在红山嘴镇、冷集镇、庙滩镇、茨河镇、太平店镇、卧龙镇、牛首镇、东津镇南部、王集镇、流水镇、郑集镇、宜城南营办事处等区域
生态功能区	1370 平方公里	区域范围内的湖北省生态红线范围
		水源地保护区：老河口水厂、谷城水厂、白家湾水厂、火星观及宜城水厂等水源地保护区
		森林公园：湖北岘山国家级森林公园、湖北鹿门寺国家级森林公园、湖北百花山省级森林公园、湖北承恩寺省级森林公园
		湿地公园：湖北谷城汉江国家湿地公园、湖北襄阳汉江国家湿地公园、湖北长寿岛国家湿地公园、湖北宜城万家洲国家湿地公园、湖北宜城鲤鱼湖省级湿地公园、湖北崔家营省级湿地公园等六个湿地公园
		风景名胜区：隆中风景名胜区、梨花湖风景名胜区等两个风景名胜区的禁止建设区
		保护林地：一级保护林地
		其他区域：坡度超过 25% 的不适宜建设的区域

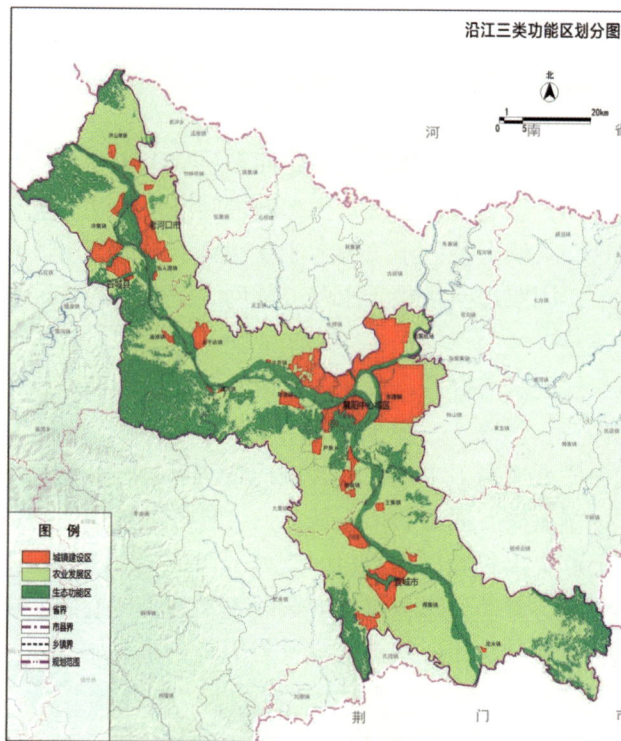

图 2　汉江襄阳段沿江"三区"划定示意图

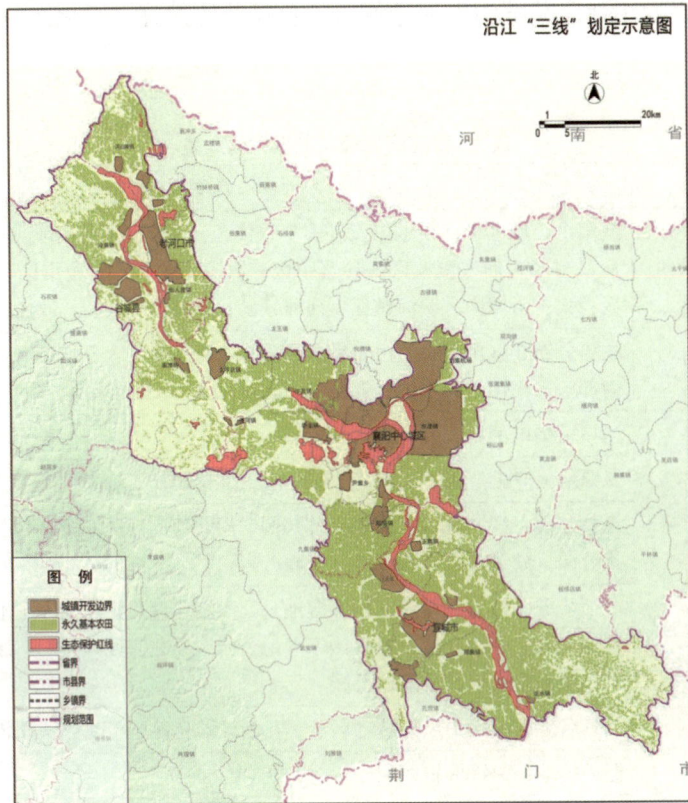

图 3　汉江襄阳段沿江"三线"划定示意图

二、构建"一带三城多点多廊"空间格局

按照分工协作、优势互补的思路，规划点、线、面多层次密切联系的空间组织结构，构建"一江水清、两岸地绿、三城带动、特色镇村点缀、生态廊道间隔"的"一带三城多点多廊"总体空间开发格局，以襄阳中心城区、县城、特色小镇等为主要载体，带动襄阳段全域发展，构建城镇聚落组团化、乡村聚落扁平化、田园肌理网络化（水网、林网、田网）的特色城乡空间体系，统筹汉江襄阳段江产城融合发展。

一带发展：依托汉江岸线和水域资源，保护一江清水，打造沿江岸线生态和景观风貌，发展生态休闲、文化旅游和绿色经济，形成"一江水清、两岸地绿"格局。

三城带动：在汉江襄阳段形成襄阳主城区、谷城—老河口、宜城三个增长极，促进三城协同发展，带动汉江襄阳段沿江区域发展。强化襄阳主城区的"核心"地位，将其建设成为带动汉江襄阳段整体发展的综合增长核心。突出谷城—老河口、宜城"两极"对汉江襄阳段上游和下游地区带动作用，与襄阳市区综合增长核心联动，形成汉江襄阳段发展的主体空间。

多点支撑：结合特色资源禀赋与产业基础，推进若干特色小（城）镇、美丽乡村和田园综合体建设，支持汉江生态经济带建设。

多廊间隔：依托汉江、唐白河、小清河等水系轴带，以及林田系统，建设多条生态廊道间隔。

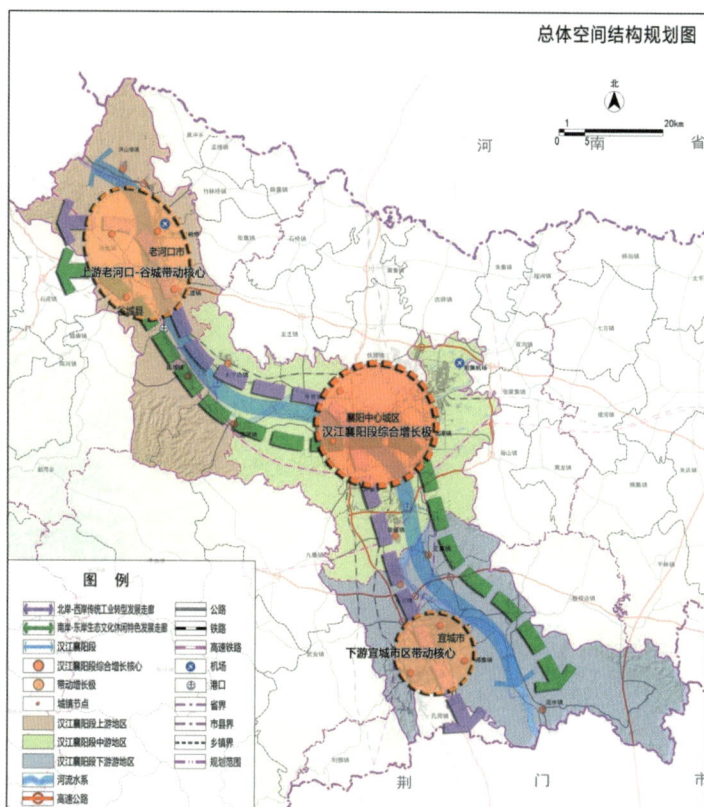

图4 汉江襄阳段沿江总体空间结构示意图

三、打造"一江两岸"美丽岸线

构筑沿江生态景观风貌带。以汉江干流为干线、支流为补充和延伸,做足"水"文章,建设生态大走廊。结合汉江沿线的风景区、滨江公园等景观节点,构建串珠式公园体系,丰富汉江文化内涵,构筑汉江襄阳段两百公里景观长卷。

打造连通两岸的绿色发展带。布局低密度低强度的文化馆、博物馆等公共设施、游览服务设施、文化创意产业等绿色经济。鼓励沿线地区利用生态优势积极发展绿色经济和创新型经济。

坚持"留白发展"。合理规划"留白"空间,以备长远发展或新增功能的需求,兼顾土地储备和增值。沿江两岸划定专门的生态岸线,防止对岸线资源的过度开发和环境破坏,以纵横交错的堤坝绿化带、道路绿化带、湿地公园等为骨架,形成紧密联系的绿地生态系统。

统筹利用滨江岸线资源。合理规划,科学布局,妥善处理好开发与保护、近期与长远的关系,促进汉江襄阳段岸线资源节约集约利用,统筹规划区范围内424公里长的岸线功能分区,合理划分工业与港口岸线、城镇滨水生活岸线、重要水利枢纽保护岸线、重要水源地保护区岸线、其他岸线等五类功能岸线分区。

表2　汉江襄阳段岸线管理目标（2035年）

岸线类型	范围	长度
港口与工业岸线	共五处。布局在老河口的陈埠港区、谷城的喻家湾港区、襄城的余家湖港区、宜城的小河港区、宜城的郭安港区	12公里
城镇滨水生活岸线	结合城镇空间分布情况布局，主要集中在襄阳中心城区的滨江区域、老河口、谷城、宜城的滨江区域	75公里
重要水利枢纽保护岸线	共四处。位于王甫洲水利枢纽、崔家营水利枢纽、新集水利枢纽（规划）、雅口水利枢纽周边	23公里
重要水源地保护区岸线	结合汉江沿江城镇重要水源地保护区范围设置	11公里
其他岸线	现状自然岸线的保留区、过江运输通道及保护区、过江管线及其保护区、一般性民生水利工程分布的岸线区域	303公里

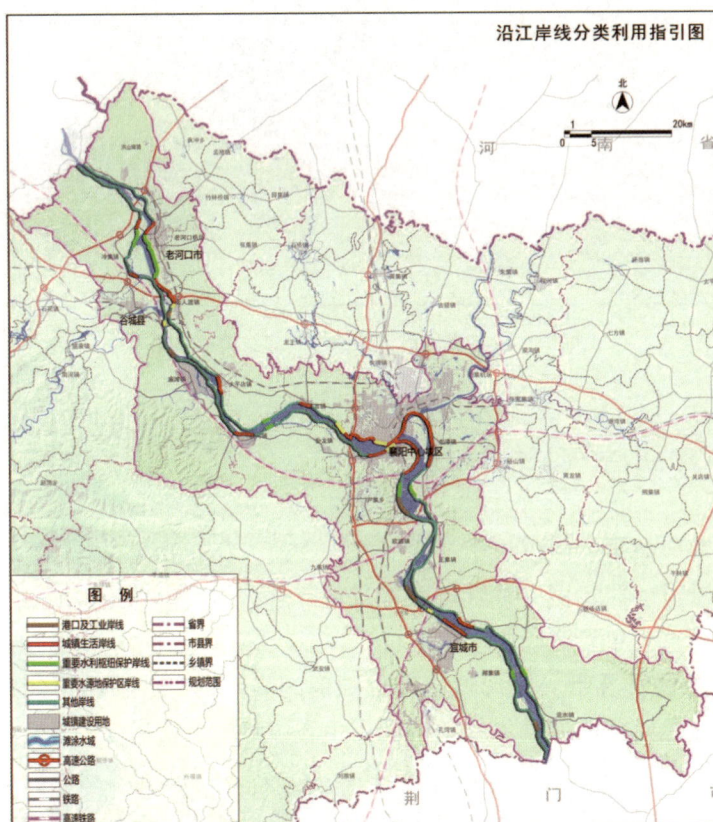

图5　滨江岸线分类利用指引图

四、优化沿江"一主两副"重点区域功能布局

一主：襄阳市区段核心区域功能布局指引。重点发展商贸金融、商务办公、科技研发、文化创意、旅游休闲、生态居住等功能，推动汉江生态经济带产业转型升级和人口合理集聚，成为带动经

---

① 不包括位于汉江支流的唐白河港岸线，以及位于主城区的旅游港区岸线。

济社会快速发展的"火车头"。开展水系岸线生态修复，加强水网绿化美化。统筹滨江开放空间与内陆联动效应，打造滨水都市岸线。延续历史文脉，形成旅游产业集群。以襄阳古城、古隆中、鱼梁洲三大景区为核心，打造古城文化、三国文化、汉水文化三大旅游主题。推动产业转移，优化产业空间格局。推动樊西工业园区转型升级推进，加快"国家新型工业化（军民结合）产业示范基地"建设。

北部副中心：老河口—谷城段核心区域功能布局指引。建设面向鄂西北地区重要的旅游休闲基地、面向全国重要的循环经济和汽车零部件制造基地。强化老河口—谷城一体化发展。突出老河口和谷城县合作发展、共享建设、互通互联。环水造心、沿江塑带，优化城市服务功能布局。依托汉江城镇协同发展带，进一步强化汉江滨水特色发展，布局休闲、娱乐和旅游服务功能。统筹产业园区建设，推进产业向南聚集。依托交通走廊建设老河口、谷城和陈埠—仙人渡三大产业园区，促进工业空间整体向南集聚，协力打造先进制造业综合发展带。

南部副中心：宜城段核心区域功能布局指引。优化城市服务功能布局。打造鲤鱼湖城市核心区，集聚商业商务功能，完善雷河镇区公共服务设施，增加广场与绿地用地比例，着力打造鲤鱼湖绿廊，形成生态渗透廊道，建设生态宜居城区。充分挖掘和利用楚王城文化资源，打造楚文化旅游名镇郑集镇。建设循环经济产业走廊。串联宜城产业园区及雷河镇区、大雁工业园区，建设循环经济产业链，加快建设专业型、特色型园区建设。加强产业分工协作，鼓励和引导区域化工产业入园，形成规模化和集群化发展格局。

表3　汉江襄阳段沿江"三区段"发展重点及思路

区段	范围	发展重点	发展思路
老河口—谷城段	包括老河口城区、洪山嘴镇、李楼镇、仙人渡镇，谷城县城关镇、冷集镇	承担水源涵养、水土保持、生物多样性保护等功能。以老宜高速为分界，南北两部分的功能发展导向存在差异性；北部以生态景观资源为依托，适宜发展旅游、休闲、文化娱乐、养生居住类功能，南部以产业集聚为导向，适宜发展物流、产业、教育和综合类服务	在保护生态的前提下，推进产业结构的调整升级，走高效低耗的新型工业化发展道路，发展与生态环境冲突较小的产业。促进产业和人口向城镇集聚，减少经济活动对生态环境的影响，实施集约、智能、绿色、低碳的新型城镇化战略。突出老河口和谷城县的一体化发展
襄阳市区段	包括襄城区、樊城区、襄州区、东津新区的沿江部分街道办事处，以及卧龙镇、牛首镇、尹集乡	本区段是襄阳段的增长核心，发挥核心带动作用，建设成为襄阳段经济社会快速发展的"火车头"。一方面发挥襄阳市区的引领带动作用，另一方面应加强市区与周边地区的产业联动，功能整合	大力发展低碳经济，发展特色优势产业，发挥辐射带动作用。优化城市形态，提升城市功能，拓展发展空间，建设特色鲜明、技术水平高、配套能力强的优势产业密集区和城市密集区。推进高效集约开发，优化资源要素配置，严格限制低水平盲目开发。有效防范环境风险，提高资源环境综合承载能力，改善人居环境
宜城段	宜城城区、雷河镇、大雁工业园、郑集镇、流水镇	依托宜城市区，联动周边镇区及工业园区，建设汉江襄阳段下游增长极	加快推进新型城镇化，以宜城城区为中心，建设循环经济走廊，推动绿色转型发展，突出楚文化特色

第四节　构建生态环境"共抓大保护"新格局

围绕长江经济带"共抓大保护，不搞大开发"一条主线，以恢复生态自然本底、改善环境整体质量为目标，以"三线一单"为基础，构建生态环境预防管理和综合治理体系。到 2022 年，生态空间得到全面保护，汉江干流水质稳定保持在Ⅱ类，工业园区全部完成生态化改造，城乡环境得到显著改善。到 2035 年，生态系统得到全面恢复，汉江支流水质稳定提升到Ⅲ类，空气质量稳定达标，城乡环境清洁优美，建成国家沿江生态经济发展样板区。

一、构建"三线一单"管控体系

严守生态功能保障基线。按照"生态功能不降低、面积不减少、性质不改变"的要求，强化生态保护红线刚性约束。原则上，沿江约 217 平方公里的红线生态空间按禁止开发区域要求进行管理，严格控制人为因素对自然生态系统原真性、完整性的干扰；沿江约 1153 平方公里的非红线生态空间按限制开发区域要求管理。汉江干流自然岸线长度维持在约 437 公里，沿江区域湿地总面积不低于 416 平方公里。

严守环境质量安全底线。按照"只能变好、不能变坏"的底线要求，以蛮河、唐白河及滚河等流域水污染严重地区为重点，协同推进水、大气、土壤、农村环境污染防治，加快补齐环境基础设施短板，加强污水处理厂建设，实现出水排放标准达到一级 A 标准，确保汉江干流水质保持Ⅱ类，支流水体达标进入汉江，主要农产品产地土壤环境安全得到基本保障，大力提高环境风险监测预警及处置能力。

严守自然资源利用上线。按照"资源节约和保值增值"的要求，实施最严格的水资源管理，实行用水总量控制和定额管理，合理确定城镇发展规模。推进再生水利用工程及配套设施建设，确保再生水利用率达到 10% 以上。保障汉江及其重要支流最小生态流量，维持汉江干流襄阳水文站断面非汛期生态环境蓄水量不低于 92.7 亿立方米，主要控制节点生态基流占多年平均流量比例达到 15%。

实施环境准入负面清单管理。以改善水环境为核心、协同推动"一江五河"（汉江、南河、北河、小清河、唐白河、蛮河）保护与治理为重点，推进实施流域水环境分类管控指引。汉江干支流 1 公里内，以保护恢复为主；汉江干支流 1—5 公里内，以治理建设为主。根据沿江区域水环境空间分区管控要求，划分水源保护、水源涵养、工业源、农业面源、城镇生活源五类水环境管控区，制定沿江区域环境准入负面清单管理制度。

表 4　沿江区域环境准入负面清单

功能类型	区域	准入规定
水源保护管控区	汉江、腾冲水库、八仙洞水库等河湖的饮用水源区	（1）禁止新建一切与水源保护无关的新增排污项目，遵循减量置换原则限批项目。 （2）对于正在排污的企业，勒令进行污水处理，不能达标排放的企业，勒令停止。 （3）严禁规模化畜禽养殖、排污口设置。对于水源地一级保护区现有的规模化畜禽养殖、排污口等，按要求关闭及清退。
水源涵养控制区	鱼梁洲经济开发区，襄城片区，谷城县城关镇及小河镇等区域的沿江区域、卧龙镇、流水镇、冷集镇等区域（水源涵养林区），茨河镇，庙滩镇全域	（1）新建、扩建、改建项目遵循减量置换原则，禁止布局石化、化工、危废、电镀、医药、化肥、造纸、化学品、铅蓄电池等高污染高环境风险行业。 （2）严禁新增规模化畜禽养殖，在湖库型饮用水源集雨区一定范围内设立禁止规模化畜禽养殖区。 （3）限期对破坏的山体进行恢复治理。 （4）禁止毁林造田等破坏植被的行为，25°以上的陡坡耕地逐步实施退耕。 （5）加强生态公益林保护与建设，提升区域水源涵养和水土保持功能。 （6）最大限度保留原有自然生态系统，保护好河湖湿地生境，禁止未经法定许可占用水域。
工业源重点管控区	郧阳街道、鄂城街道、襄州片区、仙人渡镇、太平店镇、李楼街道、雷河镇、光化街道、樊城片区、谷城县城关镇、余家湖街道等工业园区及聚集区	（1）加快产业结构转型升级，实行工业项目退城进园。 （2）工业园区配备完善的雨污分流管网，工业污水达标排放，排入汉江的污水口应达到一级 A 类标准，提高工业用水重复利用率，提升清洁化水平。 （3）中心城区、太平镇、老河口等水环境承载较高区域，应严格限制污染物排放，采取"以新带老、削老增新"等手段，有度地限制设置新的入河排污口。在现状污染物入河量未削减到水域纳污能力范围内之前，该水域原则上不得新建、扩建入河排污口。 （4）除经批准专门用于工业集聚的开发区（工业区）外，禁止新建、扩建造纸、磷化工、氮肥、印染、原料药制造、制革、农药、电镀类工业项目，鼓励对上述工业项目进行淘汰和提升改造。 （5）禁止规模化畜禽养殖。 （6）加强土壤和地下水污染防治与修复。 （7）最大限度保留区内原有自然生态系统，保护好河湖湿地生境，禁止未经法定许可占用水域；除防洪、重要航道必需的护岸外，禁止非生态型河湖堤岸改造；建设项目不得影响河道自然形态和河湖水生态（环境）功能。
农业面源重点管控区	郑集镇、尹集乡、王集镇、欧庙镇、牛首镇、南营街道、洪山嘴镇等区域全域。小河镇、卧龙镇、流水镇、冷集镇等水源涵养外其他区域。仙人渡镇、太平店镇、李楼街道、光化街道等除工业及生活控制区外其他区域，东津片区	（1）遵从畜禽养殖三区划定管控要求；规模化畜禽养殖场配套建设完善的畜禽粪便处理设施；规模以下养殖场鼓励实行生态循环发展模式。 （2）加强农业面源污染治理，严格控制化肥农药施用量，加强水产养殖污染防治，逐步削减农业面源污染物排放量。

功能类型	区域	准入规定
城镇生活源重点管控区	郑阳街道、鱼梁洲经济开发区、鄂城街道、襄州片区、襄城片区、太平店镇、樊城片区、东津片区、谷城城关镇等乡镇街道办的城区	（1）污水收集管网范围内，禁止新建除城镇污水处理设施外的入江（河）排污口，现有的入江（河）排污口应限期纳管（相关法律法规和标准规定必须单独设置排污口的除外）。中心城区、老河口等当前水环境承载超标的区域应采取"以新带老、削老增新"等手段，适度限制设置新的入河排污口。在现状污染物入河量未削减到水域纳污能力范围内之前，该水域原则上不得新建、扩建入河排污口。 （2）提高污水处理率，逐步将排入汉江的污水处理厂处理标准提高至一级A类标准。 （3）城市建成区应逐步完成雨污分流和污水管网配套建设。 （4）城市城区的主要河流、湖泊滨岸带保护生态功能保障区，禁止新建民宅和一切工业项目，现有的应逐步退出。 （5）中心城区等人群聚集区域，工业企业实行"退二进三"，禁止新建、扩建、改建造纸、磷化工、氮肥、有色金属、印染、农副食品加工、原料药制造、制革、农药、电镀等工业项目，现有的要限期关闭搬迁。 （6）最大限度保留区内原有自然生态系统，保护好河湖湿地生境，禁止未经法定许可占用水域；除防洪、重要航道必需的护岸外，禁止非生态型河湖堤岸改造；建设项目不得影响河道自然形态和水生态（环境）功能。

二、"三水统筹"严保一江清水

实行沿江污染物排放总量控制。 结合水环境承载和区域排污情况，对化学需氧量、氨氮和总磷处于超载状态的主要污染物集中排放区，实行排放等量或减量置换。综合运用工业、城镇生活、农业农村污染治理等减排措施，重点削减东津片区、谷城及老河口市区及雷河镇、太平店镇污染物排放量。到2035年，污染物排放总量削减47%，沿江化学需氧量、氨氮和总磷分别削减4127吨、580吨和40吨。

加大江汉支流和沿岸排污口治理。 建立上下游联防联控协调机制，重点加大小清河、唐白河、蛮河等主要支流水环境污染治理力度，加强沿岸涉磷企业污染物排放控制和农业面源污染控制。全面开展襄阳市域内汉江干流和重要支流140处排污口登记核查工作，实施排污口规范化建设和污水深度处理工程。干支流1公里内严禁新建重化工园区，严禁新建、扩建工业企业、畜禽养殖场（区）及其他可能污染水环境的项目。到2020年，"一江五河"各控制断面水质均达到考核目标。

彻底消除城市黑臭水体。 按照"一水一策"要求，采取控源截污、垃圾清理、清淤疏浚、调水引流、生态修复等措施，加大黑臭水体治理力度，每半年向社会公布治理情况。2020年底前，完成大李沟、襄水、高新区仇家沟、老河口市苏家河等的清淤、除臭、治黑工程，基本完成环境景观整治，实现黑臭水体治理目标。

加快城乡污水处理厂建设。 全面提升现有污水处理设施治污能力，2019年底前完成沿江区域现有污水处理厂一级A排放提标改造。完成中心城区和老河口、宜城、崔家营、王甫州库区等区域污水收集管网特别是支线管网建设。东津新区建设实行雨污分流，推进初期雨水收集、处理和资源化利用。加快推进宜城经济开发区、雷河工业园等工业园区集中式污水处理设施建设。加快城镇与农村地区污水处理设施建设，到2022年，沿江区域所有重点镇均应具备污水收集处理能力。

保障枯水期供水和生态水量。深化河湖水系连通运行管理，完善水量调度方案。采取闸坝联合调度、水库联合调度、生态补水等措施，合理安排闸坝下泄水量和泄流时段，维持河流适宜生态用水需求，重点保障枯水期生态基流，优先保障汉江及其重要支流最小生态流量，降低因梯级开发造成的水量减少、水自净能力降低形成的水生态风险。积极优化王甫洲、崔家营航电枢纽调度，缓解对防洪除涝、水环境容量的影响。2022年后，通过实施农业结构调整和节水、优化调度方式、退还生态水量。

三、加强山水林田湖草系统保护与修复

强化生态空间保护。构建"一轴三区七廊多节点"的生态安全格局。"一轴"即汉江干流生态保育和生态长廊，维护汉江生态流功能；"三区"即"刘营－庙滩林地水源涵养功能片区""岘山—隆中—鹿门寺生物多样性维护功能片区"和"雷河—关门山水土保持功能片区"的林地，维护江城之间、毗邻区域之间的生态空间结构；"七廊"为北河、南河等支流，建设多条滨河绿廊，发挥护蓝、增绿、通风、降尘等作用。"多节点"为江心洲岛、湿地公园、重要水库、产卵场等重要生态节点，维护水源涵养、生物多样性保护等功能。

恢复湿地洲滩生态系统功能。建立以汉江支流及重要水系汇合点、湿地公园、保护区和洲滩为主体的保护体系。实施湖北谷城汉江国家湿地公园、湖北襄阳汉江国家湿地公园、湖北鲤鱼湖省级湿地公园等湿地的保护与修复工程。重点针对岸边洲滩和江心洲滩湿地，构建草滩地、草本沼泽和森林沼泽类植被群落，有效发挥洲滩湿地生态系统拦截净化、降解水体污染物的功能，逐步恢复水源开阔、生境多样的湿地生态系统。到2022年，退还48%的被占湿地洲滩，2035年退还比例达到100%。

增强森林生态系统功能。推进"林业沃土"森林培育工程，调整鹿门寺、岘山等森林公园的树种结构，控制非本地植被的生物入侵，控制开发强度和游客规模，减少城市建设区对森林生态系统的干扰。对庙滩西南部低山丘陵地区、雷河西南部低山丘陵地区以及谷城刘营的林地保育地开展国家储备林、生态公益林、生态防护林建设，选用楠木、杉木、樟树等本土树种发展速生丰产用材林、高效经济林和生物质能源林，采取透光抚育、补植、改造低效林等措施，提高林地单位面积蓄积量。

提升城市自然生态系统。推进海绵城市建设，修建下沉式绿地、雨水花园、植草沟、植被缓冲带和生态堤岸等设施，降低城市径流和初期雨水污染冲击。在非机动车道、人行道、停车道、广场等地使用透水铺装，增强道路绿化带对雨水的消纳功能，提高建筑与小区的雨水积存和蓄积能力。发挥鱼梁洲"水清岛绿"的江心岛特色，种植湿地植物和常绿落叶阔叶混交林地，建造湿地—污水处理厂的自循环净化系统，提升湿地水源净化功能。

维护生物多样性。加强对湖北襄阳汉江国家湿地公园、湖北鹿门寺、岘山国家森林公园和长春鳊国家级水产种质资源保护区等自然保护地的监督管理，加强对重要的生物廊道、野生动物迁徙停歇地等敏感区域的保护。在湿地洲滩、汉江干流及重要河流建立鸟类、鱼类养护与增殖体系，加强

对古树名木、特有珍稀植物原有地保护。积极申报纳入国家重点科研项目试点示范基地，围绕湿地监测、生态恢复、重要物种繁育等开展基础和应用研究。

改善大气环境质量。构建沿江区域"一核两轴"通风廊道体系。"一核"指中心城区，区域内全部纳入高污染燃料禁燃区，实施清洁能源改造和化工、水泥、火电等产业的转型升级。"两轴"即沿汉江老河口—谷城—中心城区段的西北轴和宜城—中心城区东南轴，西北轴区域沿岸 500 米范围内严格管制建筑物高度和密度，东南轴区域优先实施大气污染综合整治。

实施土壤分区管控。优先保护沿江区域内基本农田，实行严格保护，确保土壤环境质量不下降。重点防控以化工企业、涉重企业、医药企业、污水处理企业、垃圾填埋场、危险废物处理厂等疑似污染地块的土壤环境；开展土壤污染环境加密详查，建立重点监控机制，严格污染场地开发利用和流转审批。集中治理城区退役污染工业场地、老河口市及谷城县循环产业园区等现阶段开发利用价值高、环境风险大的区域。

推进固体废物治理。做好化工、电力、化肥等大宗固体废物行业的清洁生产审核工作。规范完善铅蓄电池废液、再生铅、再生铝、废钢铁、废旧轮胎等综合利用行业管理。提高工业固体废物和危险废物处置能力。组建全市固体废物管理中心和各县区固体废物管理站。重点加强含铅废物与废脱硝催化剂等危险废物的集中处置能力。全面实施危险废物网上管理。实现城镇垃圾处理全覆盖，续建襄阳市生活垃圾焚烧发电厂，新建市区应急备用生活垃圾填埋场。以中心城区为重点，建立生活垃圾分类回收体系。

强化农村环境整治。有序推进农村生活垃圾、厕所粪污和生活污水治理，加强村庄规划管理，完善建设和管护机制，提升村容村貌。全面落实畜禽养殖禁养区和限养区规定，以宜城、襄州为重点开展畜禽养殖清粪方式改造，规范和引导养殖废弃物资源化利用，推动农药减量减污。在水源保护区和引丹、三道河等灌区，建设生态沟渠、污水净化塘、地表径流集蓄池等设施，净化农田排水及地表径流。

四、加快形成绿色低碳生产生活方式

加强资源能源节约集约利用。以严控为主导，高效为引导，对各类资源开发利用实行总量与强度控制，将新增建设用地计划指标向民生项目和产业用地节约集约效果好的乡镇、街道倾斜。大力推进以电代煤、以气代煤和以其他清洁能源代煤，有序推进新集、雅口、南河青山等梯级枢纽建设，加快实施农光互补、渔光互补、地面电站、屋顶分布式等多种形式的光伏发电项目建设，鼓励开发生物质气化发电和生物质能源综合利用技术。

加快推动绿色生产方式。以汽车零部件、纺织、食品、医药、化工等传统产业为重点，对生产过程和产品实施生态化改造，将余家湖化工园、太平店化纤纺织工业园等打造为生态园区，确保规模以上工业企业排放稳定达标，工业用水循环利用率达到 90% 以上。全力推动谷城、老河口再生资源工业园、谷城汽车零部件（铸锻件）产业园、谷城化工工业园区建设，加快完善园区再生资源产业链条。发展城市公交、铁路、内河水运等低碳环保型运输方式，在沿江区域优先建设一批绿色建筑集中示范区。

倡导形成绿色生活方式。全面构建推动生活方式绿色化全民行动体系，开展绿色生活"十进"活动。开展创建节约型机关、绿色家庭、绿色学校、绿色社区和绿色出行等行动计划，加快衣食住行向绿色消费转变，鼓励购买节水节能用品和绿色环保家具建材，鼓励使用小排量低能耗机动车，建立健全公共自行车租赁系统，加快建立垃圾分类处理系统。

第五节 打造汉江生态经济带水利现代化标杆

围绕突破防洪体系、供水基础设施等薄弱环节，强化水资源开发利用的集约化、高效化、精细化，不断提高水资源配置、防洪排涝、农村水利建设和水管理能力水平，把汉江襄阳段建成中部地区和汉江生态经济带水利现代化建设的标杆与典范。到2022年，水系管控红线基本落实，中心城区"九水润城"水系连通格局基本形成，沿江防洪工程和风险管理体系基本完善，初步建立"渗、蓄、滞、净、用、排"一体化的城市内涝防治体系，现代化生态灌区改造基本完成，水管理能力与水平全面提升。

一、完善蓄泄兼筹的防洪排涝体系

加强沿江防洪体系建设。实施河道堤防加固工程，加强汉江干流堤防的综合整治，积极推进唐白河、南河、蛮河、小清河、北河5条重要支流的堤防工程建设。建设襄阳市中心城区江北片区、襄城片区、卧龙片区、东津新区四大独立防洪保护圈，改善襄阳市中心城区"内忧外患"的防洪形势，重点完成江北片、襄城区、东津河三大外部防洪圈共计110余公里堤防达标加固工程。疏挖整治东津新区、樊城区、襄州区、襄城区等行政区内河道、河闸、泵站等，完善内部防洪排水工程。在汉江干支流堤防达标加固基础上，实施干流梯级水库群的联合调度，降低洪水风险，全面提高汉江经济带防洪保障能力。

专栏1 襄阳外部防洪工程布局

江北片防洪保护圈。在汉江拆除重建闸7座，加固改造闸7座；在唐白河整治加固白河右岸刘集堤5.14km，新建港沟堤防5km；拆除重建闸1座，加固改造闸2座。

襄城区防洪保护圈。在汉江整治加固欧庙堤18.92km。拆除重建闸1座，加固改造闸6座；在渭水河（柳林河汇入口）河道左岸按50年一遇新建堤防0.54km，加固堤防1.64km，为建设欧庙新城防洪保护圈，在新城西侧新建截洪沟5.13km，截洪沟汇入柳林河，同时在截洪沟柳林河左岸新建堤防7.51km。

东津河防洪保护圈。在唐白河右岸滚河汇入口上下游，分别新建靖营堤防1.13km，唐店堤防2.29km，唐河左岸新建苏坡—陈湾堤15.13km，新建及拆除重建闸3座；新建滚河堤防13.75km，城区段裁弯取直6.43km；新建淳河右岸堤防2.53km，加固淳河右岸堤防11.92km，对王家河出口以上淳河综合治理18.1km，对王家河出口以下6.21km河道进行疏挖整治。

推进城镇除涝体系建设。以骨干排水河道建设与改造为重点，沟通行泄洪通道，加快建设城市防汛排涝应急通道、泵站等，保障洪涝水出路，改造积水点，全面提升城区防洪除涝标准。结合中小河流治理对樊城与高新西区、襄州与高新东区、襄城区与东津新区四个独立排水区中主要排水河道进行达标建设，治理仇家沟、普陀沟、黄龙沟，整治葫芦沟、张湾沟、梨园沟及机场片区内部河

道。推动老河口的仙人渡镇和洪山嘴镇，谷城县的冷集镇、庙滩镇和茨河镇，宜城的王集镇、小河镇、郑集镇和流水镇等乡镇的排涝工程加快建设。

推进海绵城市建设。严格城市河湖、湿地、沟渠、蓄洪洼地等河湖水域岸线的用途管制，划定河湖管理范围和水利工程管理与保护范围，保持其滞留、集蓄、净化洪涝水的功能。统筹源头径流控制系统和城市雨水管网系统建设。推进河湖水系连通，根据沿江水系格局和水资源条件，通过清淤疏浚、连通工程、涵闸调控、水系调度等措施，恢复河流、湖库、洼地、湿地等自然水系互通，提高雨洪径流的调蓄容量、调配灵活性和水体流动性。重点推进襄阳市中心城区、老河口、谷城和宜城等城区的海绵城市建设，同步开展区市县重点城镇水系的海绵城市水利建设。

专栏2　襄阳市中心城区海绵城市建设
以樊西新区开挖湖面1.5km²、配套排水泵站建设为试点，逐步向中心城区推进海绵家园建设。中心城区拟新建7座泵站，改扩建15座泵站；同时改扩建古城、樊东、樊西、檀溪、庞公、鱼梁洲6个片区城市排水管网长约360km。

加强农村海绵家园建设。以水系保护和水源涵养为重点，加快治理南河、北河、唐白河、蛮河、小清河等汉江主要支流以及苏家河、大李沟、淳河等中小河流，全面开展小流域综合治理。结合沿江高标准农田建设，通过耕作保墒、覆盖保墒等水土保持农业措施，提高土壤蓄水能力。结合清洁小流域、灌区节水改造建设，充分利用水库、河道、湖泊、沟渠等蓄水功能，完善雨水收集、调蓄、利用设施，加强雨洪资源的收集利用。

强化洪水调度与风险管理。加强洪水风险管理，协调城市建设和产业发展布局与防洪排涝的关系。健全洪涝风险管理制度，加强城市建设、居民点、商业区和工矿企业等选址洪涝影响评价与审批。修订完善防汛排涝应急预案，形成完备的洪涝应急管理制度，积极探索并建立洪涝保险制度。制定防洪排涝水系调度方案，加强基于水雨情实时监测信息的决策、调度体系建设，提高防洪排涝调度水平。

二、优化节约生态高效的水资源配置体系

推进节水型社会建设。加强农业工程节水建设，以大中型灌区为主，有序开展沿江55个大中小型灌区续建配套节水改造工程建设，加快农业水价综合改革，推进灌区规模化高效节水，到2022年、2035年，农田灌溉水有效利用系数分别提高到0.543、0.57。推进节水型工业园区建设，推动沿江高耗水企业空间布局优化和产业结构调整，大力推广节水工艺和技术，加快工业节水改造，到2022年和2035年工业用水重复利用率分别达到81%以上和88%以上。加强城镇供水管网改造，推广先进的节水型器具，合理限制高耗水服务业用水，促进节水型示范社区建设。建设再生水回用系统，促进再生水开发利用。在生态基流被严重挤占的河流，以调整河、库、水电站等水量调度方式为主，结合农业结构调整和节水、退还生态水量、增加域外调水等综合措施，提高河道生态用水保障率。

构建多水源联合供水格局。坚持分质供水，优水优用，加快建设骨干水源、水系连通和城市管网互联互通工程，科学统筹蓄水与引提水、新鲜水与再生水，优化水资源调配，形成以汉江为主、水库为辅等多水源联合供水格局。加快推进沿江应急水源地建设。结合取水环境变化，合理调整迁

建取水口，重点推动老河口胜利码头以及宜城洪山嘴水源地等取水口前移工程，形成安全的沿江取水口布局。

加强供水基础设施建设。按照"量质兼备、安全可靠"的供水原则，逐步实现水厂布局大调整、供水管网大改造、制水工艺大提升。逐步完善城市供水管网设施，加快现有制水工艺升级改造，提高供水水质、保障供水水量，形成多源联网、安全可靠的供水系统。加强水源工程配套水厂及配水管网建设，提高管网覆盖率，对城市东津新区、深圳工业园管网进行扩建改造，对樊城区、襄州区等沿江区市县供水管网进行升级改造。

增强供水应急保障能力。加强应急备用水源及其配套设施建设，到2022年、2035年应急水源供水能力占总供水能力的比例分别达到16.5%、21.5%。建立供水调度管理中心，指挥实施供水系统的各项应急处置。完善干旱与突发水事件应急供水预案，优先满足城乡居民生活用水，统筹兼顾工业、农业和生态用水。对突发水源污染事故和供水水质不达标事件，适时采取工程应急调度措施，启用水源应急系统，重点保障基本生活用水和特殊行业用水。

实施农村饮水安全巩固提升工程。健全"从源头到龙头"的农村饮水安全工程建设和运行管护体制机制，进一步提高农村供水保证率、水质合格率、自来水入户率和工程运行管理水平。在人口相对集中、有水源条件的地区，通过联村并网，推进规模化集中供水，进一步提高农村饮水安全和供水保证程度。在主城周边农村地区，通过延伸供水管网，扩大供水范围，推进城乡供水一体化。实现农村集中式供水受益人口比例达到95%以上，农村自来水普及率达到95%以上，供水水质达到国家标准，重要集中式饮用水水源地供水保证率达到95%以上。

专栏3 襄阳沿江农村饮水安全巩固提升工程

老河口市。规划近期老河口市饮水安全工程共计25处。其中，新建唐沟供水工程、王甫州供水工程等集中供水工程2处；马冲水厂和孟桥川水厂等技术提升工程23处。

谷城县。近期规划农村饮水安全提质增效工程97处。其中，庙滩水厂、黄畈水厂、城关水厂等管网延伸工程5处，小型集中和分散供水工程92处。

襄城区。充分利用城市水厂，对已建卧龙水厂及市政四水厂进行管网延伸，对新集水厂、卧龙水厂、尹集水厂等水厂进行改扩建和技术提升。

樊城区。改扩建集中式供水工程1处（长寿岛水厂），管网延伸供水工程1处（胥营水厂），通过改造水厂净化工艺提升（胥营水厂），建设樊城区水质检测中心。

襄州区。东津新区新建老营水厂和新桥水厂，对秦咀水厂、汤店水厂和东津水厂进行改建。高新区的农村饮水安全管网延伸规划主要包括襄阳市五水厂管网延伸工程、东风汽车第二动力厂水厂延伸工程。

宜城市。规划近期开展宜城市农村饮水安全规划巩固提升工程共计4处，均为集中式供水工程，其中新建讴乐供水工程1处，改、扩建工程3处，包括移民水厂改造工程、高楼供水工程、天河水厂改造工程。规划近期宜城市农村饮水安全"十三五"规划精准扶贫工程共计18处，均为脱贫攻坚集中式供水工程，其中管网延伸工程16处，新建供水工程2处，改、扩建工程1处。

三、加强全过程系统化生态灌区建设

推进灌区智能化建设。加快灌区信息化、数字化和智能化建设，提高农业精准灌溉水平。加快建设基于遥感、地理信息系统、全球定位系统、土壤时域反射仪等技术，适时反映水雨情、工情、土壤墒情、作物种植结构和布局等信息系统，辅助灌区建设和管理。建立和运用科学、合理、精准的供水和供肥等过程数字模型，指导灌区灌溉、供水、防洪等水资源的优化调配，实现合理配置农业生产、农村生活与生态需水量，充分发挥水资源的综合效益。加快灌区智能设施建设，达到智能控制供水和供肥建筑物、设备、设施的运行，实现灌区的精准灌溉。

加强灌区生态系统建设。强化生态化沟塘湿地的优化组合，构建满足最佳去污要求的田间节水灌溉、沟系控制排水、库塘湿地截留净化的系统模式。加快灌区内部排水沟道的生态化改造，形成兼顾沟道排水需求和生态系统保护的生态型排水系统。在灌区末端或低洼易涝区因地制宜退田还湿，建设分散化小型人工湿地，减轻农业污染对水资源、生态环境的不利影响。以主干渠道和节点工程为依托，全面开展灌区绿化建设，打造绿色渠系、网格生态和文明乡村相得益彰、绿意盎然的现代化灌区。

推进高标准农田水利示范建设。结合沿江现代农业示范区水利配套工程建设、宜城市全国新型城镇化建设试点水利配套工程等现代水利核心示范区项目，在引丹灌区、熊河灌区等大型灌区以及渭水水库灌区、迴龙河水库灌区等重点中型灌区率先完成现代化生态灌区建设，重点开展农业精准灌溉建设。到 2035 年，全面完成沿江中型以上灌区的现代化生态灌区建设。

四、推进兼容共享的智慧水利建设

加强水利监测体系建设。运用水利基础信息采集与传输系统，实现规划区水文、水资源、水生态、水环境立体监测。重点增补襄阳沿江乡镇与周边区域交界处以及重要支流的水文水质监测断面，加强襄阳市中心城区、老河口、谷城和宜城等县市内涝点的全面管理和监测，强化襄阳沿江河流型和湖库型水源地、城镇供排水体系、重点企业排污口监测，完善规划区水利监测体系。建立水质监控信息网络，完善水质在线监测及预警系统，构建水质管理及水质突发事件应急处理的信息共享平台。结合现代化生态灌区建设，在沿江中型规模以上灌区，系统布置沿江灌区土壤墒情监测网点，构建土壤墒情监测体系。

构建智慧水利云平台。按照智慧水利建设理念，建立以云计算、云存储技术为核心的大数据处理系统，加强水文监测、水资源监测及其他部门的统一数据管理，实现多源数据集成、数据挖掘与互联互通，确保海量信息的安全存储与高效利用，提高信息共享与公众服务能力和水平。重点新建洪水预报、灌区墒情—精准灌溉智能系统、城市防洪排涝管理系统、水量—水质—水生态联合调度系统、供水精准化实时调度管理系统，完善水利大数据信息化平台，推动汉江襄阳段智慧水利建设成为示范典型。

提升水利业务应用系统。以智慧水利云平台为支撑，加快建设业务应用与公众服务子系统，实现多源信息整合与业务系统协同，提升便民、利民服务。在原有业务应用基础上，重点建设基于分级管理的水利统一门户，基于资源共享与业务协同的水利业务应用系统，集综合监测、预警预报和调度决策于一体的水利决策管理系统。全面提高水利业务应用系统建设水平，实现动态监测、早期预警、快速响应和应急调度，提升水利业务应用能力与服务水平，适应水利现代化发展需求。

完善水利信息化建设体制机制。针对目前沿江水利信息监测与业务应用系统建设缺乏统一的标准规范、各业务系统在数据共享与协调作业难度大等问题，重点建设面向大数据管理的水利信息化标准规范体系，建设以网络信息安全为主的安全保障体系，建设基于分级管理的运行维护体系，形成分工合理、责任明确的水利信息化管理体制机制。

第六节　建设低碳高效沿江综合交通网络体系

坚持交通建设适度超前率先发展，推动交通与产业融合发展，加快推进以低碳、生态为特征的绿色交通系统建设，把襄阳打造成为全国性综合交通枢纽、汉江流域的核心交通枢纽和航运物流中心，为汉江生态经济带发展提供支撑和保障。

一、强化全国性综合交通枢纽地位

构建以襄阳为中心的铁路运输大通道。形成以高速客运铁路、重载货运铁路、国家普速干线铁路等多层次的"米"字形（焦柳铁路、郑万高铁、蒙华铁路、汉丹铁路、西武高铁、襄渝铁路、合襄铁路等）铁路客货运输网络，夯实襄阳全国性综合交通枢纽地位。近期建设蒙西至华中铁路煤运通道，加快小河港区铁路、唐白河港区集疏运铁路建设，发展铁水多式联运。完成老丹线电气化改造。推进高速铁路建设，远期襄阳高铁 3 小时通达湖北周边所有省会城市。近期建成西武高铁和郑万高铁襄阳段。加快推进呼和浩特至郑州至南宁高铁襄阳至宜昌段的前期工作，力争"十四五"建成通车。积极谋划合肥—信阳—襄阳高速铁路，形成上海至成渝地区的便捷高速铁路通道。

专栏 4　襄阳高速铁路网络联通工程

　　"十三五"高铁实现零的突破，汉十高铁、郑万高铁襄阳至郑州段建成，开工建设襄阳至宜昌高铁。2020 年，襄阳 1 小时通达省会武汉，4 小时通达首都北京，5 小时通达上海。

　　2022 年前，西武高铁、郑万高铁建成，加快建设郑州至南宁高铁襄阳至宜昌段。襄阳 3 小时通达周边主要省会城市，5 小时通达成渝、京津冀、长三角和珠江三角等城市群。

　　积极谋划合肥—信阳—襄阳高速铁路，2030 年襄阳高铁 3 小时通达湖北周边所有省会城市，开通直达国内主要城市群重点城市的高铁线路。

加快推进内外互联互通高等级公路建设。推进襄阳境内国家高速公路建设，完善地方高速公路布局，加快推进保神、枣潜、老谷、襄阳绕城等高速公路建设，尽早开工襄城至南漳高速公路，研究谋划襄（阳）宜（昌）高速公路，实现中心城区、所有县市之间高速公路互联互通，实现每个县市通 2 条以上高速公路。实施国省普通干线公路提档升级工程，除个别山区困难路段外，基本建成二级及以上公路，占比达到 90% 以上。

专栏 5　沿江快速路重点工程

　　重点推动汉江左、右岸国省干线公路升级改造。加快推动汉江左岸省道 S302 丹江口至樊城段改造升级为一级公路；规划建设樊城至东津新区城市快速路；积极推进 S217 东津新区至宜城段、G346 万洋村至官庄村段提级改造，设计标准为一级公路。加快推动汉江右岸省道 S316 丹江口至谷城段、原国道 G207 襄城区至宜城段升级改造为一级公路；积极推动 207 国道襄阳市襄州至宜城段改建工程。加强襄阳城区绕城高速公路南段，缓解城区交通压力。

着力打造区域性门户机场。加快推进襄阳机场改造升级，改扩建刘集机场为4E机场，积极争取新建一条跑道，打造公交、出租车和长途客运等多种客运方式于一体的现代航空客运枢纽。拓展航线网络，加密北京、上海、广州、深圳等干线航班，开通山东、贵州等国内新航线，开辟日本、韩国和东南亚等国际航线，大力发展现代航空货运服务，建成区域性门户机场、通用航空基地和一类航空口岸。

二、加快汉江航运中心建设

加快实施汉江干线航道系统治理。以航运枢纽建设和航道整治为核心，以"一江"（汉江）建设为重点，统筹推进"三支"（唐白河—唐河—白河、南河、蛮河）航道网发展。加快实施汉江干线航道提升工程、支流航道整治工程和水上枢纽建设。到2022年汉江干流襄阳段及唐白河形成1000吨级航道，2035年汉江干流襄阳汉江口以下及唐白河武坡作业区至汉江口段形成2000吨级航道。

专栏6　内河航道重点工程

"一江"。2022年前，重点续建雅口枢纽、开工建设新集枢纽、改扩建王甫洲枢纽，推进库区尾水航道整治和襄阳碍航桥梁改造，实现汉江千吨级航道全面贯通。2035前，重点建设崔家营二线船闸、雅口二线船闸、推进襄阳汉江口以下航道整治，建设襄阳汉江口以下2000吨级航道。

"三支"。2022年前重点推进唐白河Ⅲ级航道整治，开展唐河、白河和蛮河航道整治工程前期工作；2035年前重点推动唐白河Ⅱ级航道整治，唐河Ⅲ级航道整治、白河和蛮河孔湾以下Ⅳ级航道整治、南河Ⅴ级航道整治工程。

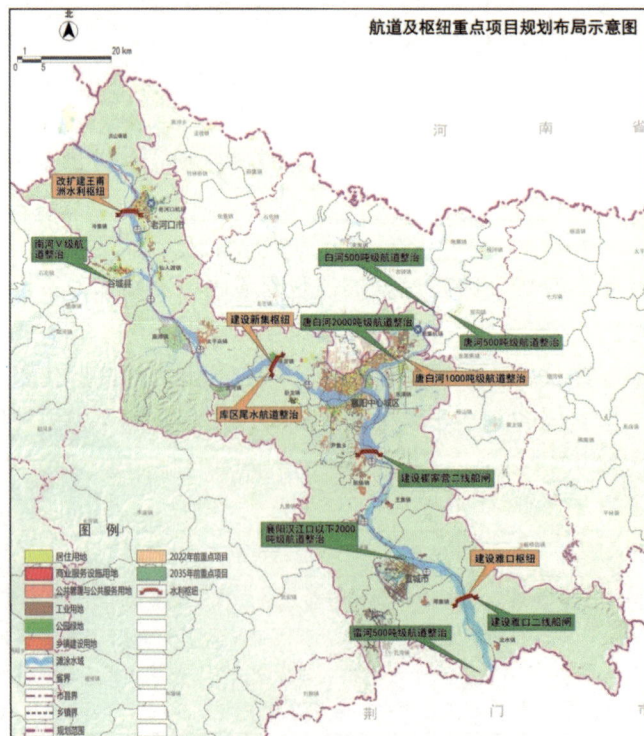

图6　襄阳沿江航道及枢纽规划重点项目示意图

合理布局有序发展港区。按照现代化、规模化和专业化要求，以市场需求为导向，合理有序开展襄阳新港码头基础设施建设，完善港区集疏运体系，形成货物以小河港区和客运以主城客运港区为核心的港区布局。将襄阳新港打造成为以大宗散货、件杂货、集装箱、商品汽车运输和旅游客运功能为主的综合性港口，力争成为全国内河主要港口。重点围绕小河港区，加快码头基础设施建设，将其发展成为汉江流域开发开放的新龙头。唐白河港区结合后方产业发展需求推动码头建设、推动余家湖港转型发展，其他港区以需求为引导有序推动码头建设。

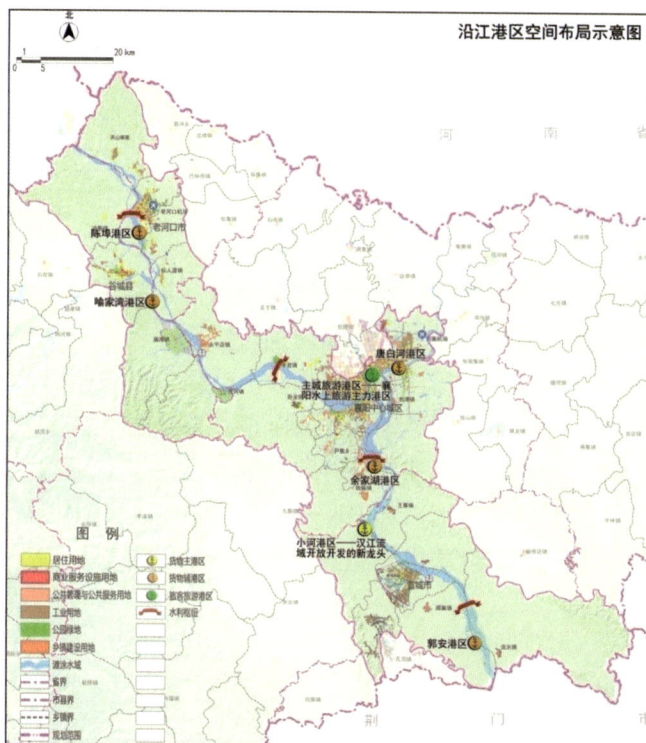

图7　襄阳港区定位与功能示意图

专栏7　内河码头重点工程

　　货运码头。2022年前，重点续建小河港区一期工程，开工建设唐白河港区一期工程，推动陈埠港区、喻家湾港区起步工程建设。2035年前，遵循市场导向，重点推进小河港区、唐白河港区后续工程。结合唐河、白河、蛮河、南河航道开发，规划研究布局建设相应港点。

　　客运码头。加快主城客运港区鱼梁洲、隆中、鹿门寺、兴武街、观音阁、月亮湾、米公祠、张湾、东津、三里庙、长寿岛、梁咀及游客服务中心等旅游客运泊位建设。结合港区布局，在汉江沿线县市规划建设一批客运码头或停靠点。

　　集疏运体系。推进各港区与国省道、高速公路一级联络线规划建设，建设小河港区连接焦柳铁路的铁路专用线、远期延长至蒙华铁路，规划建设唐白河港区至陆港中心的铁路连接线。

建设绿色高效水上航运体系。围绕多式联运发展专业化物流，建设绿色高效航运体系。以市场化推动港口资产整合，成立襄阳港口集团，推动港口统一高效运营管理。大力发展数字化航道，争取汉江航道及梯级枢纽联合指挥平台落户襄阳。建立互联互通、系统整合的信息化平台，加强物流信息的共享和实时交换，推行江河、铁水联运单证操作电子化。加强襄阳港与长江沿线港口江河联

运合作，推动余家湖港转型发展，推进多式联运甩挂模式发展公水联运，形成高效、协调的多式联运体系。推行"单一窗口"，完善通关一体化建设，谋划实施多式联运通关便利化长效机制。近期，以小河港区为重点，开辟至南阳、十堰、安康等城市的铁水联运线路，拓展至武汉、南京、上海等港口的集装箱江河联运航线，争取列入国家或省多式联运示范工程；以主城旅游港区为试点，探索开展水巴联运等旅客联运试点，探索实现客运"一票制"。

推动水运绿色平安发展。积极推进船舶标准化、建设水上搜救中心和水上服务区，实现襄阳水运绿色发展、平安运行。加大集装箱、散货、游轮、汽车滚装等专用船舶的发展力度，推进LNG为燃料的新能源船舶应用。加快融水上加油加气、岸电设施、垃圾回收与处理等功能于一体的水上服务区规划和建设，推动绿色航道建设。支持港口企业推广岸基（港基）供电技术、码头储能技术，提高清洁能源在港口的使用比例。依托航运甚高频（VHF）通信系统、航标遥测遥控系统、内河船舶导航系统及船舶动态监控系统，建设襄阳、宜城水上搜救中心，提高安全综合保障能力和应急救援处置能力。

促进航运与产业融合发展。建设临港产业园，发展枢纽经济，合理选择临港产业，依托高新区、经开区、余家湖工业区以及宜城小河镇新型城镇化试点，规划建设小河临港产业园和船舶修造基地，主要发展汽车及零部件、装备制造、农产品深加工、电子信息、船舶修造等相关产业，重点发展大宗物资（非金属矿石、煤炭）、化工、商品汽车、粮食、集装箱、冷链等专业化物流。大力发展现代航运服务，小河港区近期主要发展船舶交易、船舶修造、船舶代理、航运经纪、无船承运人、航运咨询等基础航运服务功能，中远期结合开放功能和特殊监管区引入拓展航运金融保险、国际航运等高端航运服务功能；唐白河港区以港产联动服务为核心，大力发展商品展示、交易、物流等功能；余家湖依托煤炭下水优势，发展煤炭储备、运输配送、加工增值、信息交易以及商贸金融服务。

三、打造滨江绿色休闲慢道

统筹布局分层建设绿道带。根据绿道影响范围和目标功能不同，加快规划区内分层布设市域绿道和城区绿道。市域绿道作为沿江绿道网的主骨架，主要连接相邻县（市、区）、乡（镇）以及城镇中心城区与城区外的郊野公园、湿地、村庄等；城区绿道主要布设在城镇中心城区，推动每个城镇独立成网，主要用来连接中心城区内的公园、广场、游憩空间和风景名胜等。市域绿道从城镇中心城区穿过时，城市绿道将作为市域绿道的一部分，纳入市域绿道统筹考虑。

建设"四环四带"市域绿道。市域绿道重点建设环梨花湖、环王甫洲、环长寿岛—月亮湾、环鱼梁洲等生态绿道和山都古国、隆中—岘山、鹿门寺—南营、宜城—万洋洲等风景绿道带构成的"四环四带"市域绿道，以及谷城—庙滩、仙人渡—太平店、欧庙镇—宜城城乡连接绿道。城区绿道重点建设襄城、樊城、襄州、老河口、宜城、谷城等中心城区绿道系统。

因地制宜分类建设特色绿道。结合汉江沿线地理地貌、旅游资源分布和交通设施条件，根据绿道所处地理环境，因地制宜分类建设城市滨江绿道、城市风光绿道等城市绿道，以及郊野滨江绿道、山地风光绿道、田园风光绿道等市域绿道。

表5　"四环四带"市域绿道体系网

序号	项目名称	控制点	建设性质	绿道类型
1	环梨花湖生态绿道工程	光华江汉大桥，老河口张家营、梁家营、丹江口汉江公路大桥、冷集子胥新城	新建/改扩建	城市滨江绿道/郊野滨江绿道/城乡连接绿道
2	环王甫洲—汉江国家湿地公园生态绿道工程	河谷汉江公路大桥，梨花大道、光华江汉大桥、汉江国家湿地公园	新建/改扩建	城市滨江绿道/郊野滨江绿道
3	环长寿岛—月亮湾生态绿道工程	卧龙大道跨江大桥、月亮湾公园、牛首村、新集枢纽、卧龙镇黄河村、万山景区	新建	郊野滨江绿道
4	环鱼梁洲生态绿道工程	樊城沿江大道、江东路、襄州东津村；襄城滨江路、滨江大道；鱼梁洲	新建/改扩建	城市滨江绿道/城市风光绿道
5	山都古国风景绿道工程	太平店镇杨家洼、邓家营、赵家湾，新集枢纽，茨河镇、庙港村、谷城渝家湾村	新建	郊野滨江绿道
6	隆中—岘山风景绿道工程	隆中风景区、真武庙风景区、习家池景区、岘山国际文化村	改扩建	山地风光绿道、田园风光绿道
7	鹿门寺—南营风景绿道工程	鹿门寺风景区、王集镇汉水村、南营街道万洋村	新建/改扩建	山地风光绿道、郊野滨江绿道、田园风光绿道
8	宜城—万洋洲文化生态绿道工程	宜城博物馆、楚皇城遗址、武当湖、万洋洲国家湿地公园	新建/改扩建	城市滨江绿道、郊野滨江绿道、田园风光绿道

高标准建设绿道支撑系统。结合景区景点、公园、旅游度假区和沿线城镇、村落进行分级集中设置服务区等服务设施。统一、完善引导、指示、名称、警示、解说等标志标识系统。建立健全环卫、照明、防火、给排水以及应急通信及安全防范等绿道配套设施系统。做好绿道与公路、城市道路及公共交通衔接或共用。

四、提升现代运输服务水平

加快建设一批沿江综合交通枢纽。高标准建设东津高铁站，建成集高铁、公交、地铁、班线客运及旅游包车于一体，功能齐全、换乘便捷的现代综合客运枢纽；在汉十、襄荆宜高铁沿线建设谷城、宜城公铁换乘中心，强化零距离换乘和多种运输方式无缝对接。优化沿江物流园区布局，建成一批临港、临铁、临空的货运枢纽型、综合服务型、多式联运型和城市配送型物流园区。

适时建设中心城区城市轨道交通。优先发展城市公共交通，适时建设中心城区城市轨道交通。近期规划1和2号线路，优先连通四大城区，串接三大火车站，重点覆盖老城区，积极引导新城区的发展。远期根据城市扩张需求，延长1和2号线，新建3和4号线；3号线连通襄阳高新技术产业开发区、襄城区、东津新区商住、文化中心与东津高铁站，4号线连通襄阳机场与两大新兴产业区。结合中心城区空间开发方向，发展市域（郊）铁路。

推进沿江城乡客运一体化发展。推动汉江沿江城市公共交通线路向城市周边地区延伸，推进有条件地区实施农村客运班线公交化改造，重要旅客景区、产业园区开设定点定时公交。结合乡村旅游发展需要，鼓励发展镇村公交，推广农村客运片区经营模式，实现具备条件的行政村全部通客车，提高运营安全水平。结合沿江旅游景区和重点乡镇布局规划，以及汉江沿线旅游码头建设，新建一批集长途客运、公交、出租、旅游包车于一体的旅客集散中心。

加大客货运系统信息化改造力度。将信息化智能化发展贯穿于交通建设、运行、服务、监管等全链条，提高旅客出行体验和货运效率。加快互联网与交通运输领域的深度融合，推动沿江交通旅游服务等大数据应用示范，谋划建设交通运输电子政务云平台。选择沿江有条件的综合客运枢纽，率先建设旅客出行与公务商务、购物消费、休闲娱乐相互渗透的"交通移动空间"。在刘集机场、东津、谷城和宜城高铁客运枢纽站点提供高速无线接入互联网公共服务，提高信息化服务水平。优化城市交通需求管理，提升城市交通智能化管理水平，实现"一卡通"在全市公共交通出行链的全覆盖。

构建低碳绿色环保交通运输体系。优化交通运输结构，鼓励发展轨道交通、铁路、水运和城市公共交通等绿色运输方式。提高交通运输资源集约利用水平，统筹利用综合运输通道线位资源、运输枢纽资源、跨江通道线位资源。沿江景观公路体系植入绿色发展理念，完善"人＋绿道＋自行车"绿色慢行交通体系。坚持污染排放源头控制和末端治理并重，实施沿江船舶、港口和5公里内枢纽场站等大气污染和水污染防治工程。积极探索交通运输资源循环利用的发展模式，推广使用交通废弃物（废水）循环利用新工艺和新设备。统筹规划布局线路和枢纽设施，集约利用土地、线位、桥位、岸线等资源，采取有效措施减少交通基础设施对耕地和基本农田的占用，提高资源利用效率。

第七节　推动"水润城乡"统筹协调发展

依托汉江水系脉络和主要交通网络，统筹流域上下游和左右岸，以汉江生态经济带重点城镇为主要空间载体，以人的城镇化为核心，以提高城镇发展质量为关键，不断完善市政基础设施和城市功能；注重留白增绿、蓄疏结合，着力推进绿色城镇建设；坚持文化传承，促进特色化发展；坚持以城带乡，促进城乡良性互动，充分释放新型城镇化蕴藏的巨大内需潜力。

一、增强中心城区辐射带动能力

加快提升城市职能。加快教育、卫生、就业、社保、文化等基础设施建设，改善硬件条件，加强专业人才队伍建设，提升基本公共服务水平，改善居民生活条件。整合中心城区教育资源，推动集团化办学。加强医疗卫生保障，以襄阳市中心医院为核心，建设汉江流域医疗卫生中心，提升中心城区医疗服务水平，打造健康襄阳。提升中心城区公共文化设施质量，高标准建设襄阳博物馆新馆、襄阳大剧院、襄阳会展中心、襄阳城市会客厅。加快建设民政设施，中心城区新建城区和居住（小）区按要求配套建设养老服务设施。

　　加快推进市政基础设施建设。完善襄阳"两轴、三环、九放射"快速路系统，推进外环快速通道、庞公大桥建设，加强路网衔接，构建中心城区与襄阳机场、东津高铁站、襄阳新港、城市新区、周边新城的高等级城市道路系统；提高中心城区路网密度，打通"断头路"，提高道路通达性，增加停车设施，在主要商圈、文体场馆、公共机构、居住小区的停车场增加充电站、充电桩等设施；推广城市慢行系统，沿汉江景观大道打造慢行系统，建设自行车道和步行道，串联公园绿地。推进中心城区海绵城市和综合管廊建设，实施中心城区和开发区雨污分流管网改造和建设。新建东津新区供水厂，建设汉江及唐白河两条供水过江管道。加快完善防灾减灾基础设施，提升洪水、水土流失、气象、地质等灾害的防治和综合减灾能力。

　　推动中心城区绿色都市建设。全面推动污水管网厂站系统建设，新建庞公新区污水管网及提升泵站，推动观音阁、鱼梁洲等污水处理厂改扩建工程。以襄水为重点，建设截污干管，实施生态岸线修复、河道疏浚、底泥清淤、生态浮岛建设等工程，治理城市黑臭水体。以庞公新区、高新区、月亮湾湿地公园、江滩公园、滨江路东延伸等为试点，率先开展海绵城市建设。开展襄阳生活垃圾焚烧发电厂二期扩建、市区生活垃圾收运系统、公共厕所、建筑垃圾消纳场建设。推动中心城区沿汉江、唐白河、小清河等水系景观轴带建设，加快鱼梁洲景观资源开发利用，协调开展城市综合公园、社区公园、专类公园、带状公园、街头绿地建设。

　　推进中心城区建成智慧城市。率先实现中心城区光网、无线全覆盖，提升信息网络的高速传送和接入能力。适时推进5G通信网络建设。推动建成襄阳云计算与数据存储中心，搭建城市空间数据管理平台，提升襄阳数据中心枢纽地位。完善市级各部门智慧政务平台中枢功能，协同区县级政务平台建设，打造全市上下联动的智慧政务平台。推动旅游、物流、医疗、社区等智慧化建设，实现智慧生活。加强信息安全技术应用，提高信息安全服务保障能力。

二、提升两大城镇组团支撑能力

　　老河口－谷城城区组团。包括老河口和谷城县建成区，以及冷集镇、李楼镇部分区域。到2022年，老河口－谷城组团建成区人口规模超过40万。建设滨江新区带动老城改造，改善城市人居环境。加强谷城老街和老河口太平老街的修复和整治，保护文物和街区风貌，发展时尚旅游。建设泛在先进的信息基础设施体系，加速推进老旧小区的光网改造和光纤入户推广应用。建设沿江以生态休闲为主体的全域旅游区。加快推动跨江基础设施共同规划和同步建设。适度开展农副产品深加工和贸易，培育有机农产品全产业链集群。优化发展汽车零部件产业，推进高污染高排放产业有序退出，积极培育环境友好型产业。优化循环经济产业结构，打造循环经济产业体系，实现污染零排放。依托自然水系、山体、农田和道路，构建条带形、网络化、立体式的绿色生态廊道。

　　宜城城区及周围区域组团。包括宜城建成区和小河镇、王集镇部分区域。到2022年，宜城城区及周围区域人口规模超过25万。不断完善城镇基础设施和城市功能，加强市政基础设施和公共服务设施建设，提高城镇生产要素集聚、产业发展和就业吸纳能力。提高宜城城区的信息设施保障能力，着力建设成为全国重要的先进制造业和高新技术产业基地、区域性综合交通枢纽和商贸物流中心。加快推动宜城及周边区域产业转型升级。合理规划工业园区，推动园区科学性、高标准、循环化建设和改造。

三、彰显特色小镇魅力和实力

彰显文化风貌，打造文旅特色镇。充分挖掘和提炼历史文化元素，加强文化遗产发掘和保护，提升文化内涵，丰富充实文化形态，规划建设一批特色文化传承与展示体验的载体和文化地标性建筑，以文化保护、传承和利用为重点引领旅游业发展，统筹历史文化保护与经济社会发展，充分体现特色文化资源价值，提升城镇文化品位和彰显特色文化风貌，以卧龙镇和郑集镇为重点打造文旅型特色小城镇。

整合资源，建设生态农旅特色镇。依托生态资源优势，按照山水生态体验、乡村风情旅游、生态康养、绿色饮食等主线，规划建设一批精品旅游景区、旅游服务综合体等项目，统筹旅游项目开发、城镇基础设施完善和生态环境保护，规划建设一批以生态资源挖掘为重点的特色旅游城镇。洪山嘴镇打造山地型生态旅游特色小城镇、太平店镇打造舌尖美食特色小城镇、茨河镇打造滨江康养特色小城镇、庙滩镇建设慢生活休闲特色小城镇、流水镇打造森林生态旅游特色小城镇、王集镇建设成为旅游风情小镇、卧龙镇和郑集镇打造文旅型特色小城镇。

强化功能，打造商贸物流特色镇。对于具有交通区位、商贸物流等优势的城镇，提升交通枢纽地位，放大区位优势，培育壮大商贸物流经济，带动商务、会展、旅游等配套服务业态，统筹镇区综合服务功能提升和重点商贸物流功能区项目建设，增强对人流、物流、信息流集散功能，建设一批具有区域代表性的商贸物流特色小城镇。冷集镇规划建设区域性商贸物流功能型特色小城镇，东津镇建设高铁特色小城镇，小河镇建设港口特色小城镇、城关镇建设樱花谷电商小镇。

转型升级，建设绿色经济特色镇。以优先保护汉江生态环境为目标，对低端产业占比高的城镇，统筹生态环境治理、城镇更新和产业转型升级，加快推进传统产业绿色化改造升级，因地制宜

图 8　规划区特色城镇规划布局示意图

发展具有自身特色的生态循环产业，着力培育壮大绿色型新兴产业，完善环境基础设施配套建设，加强生态系统修复治理，推动建设成为各具特色的绿色经济小镇。仙人渡镇建设成为循环经济特色小城镇，欧庙镇建设成为服务经济特色小城镇。

表 6　规划区特色城镇发展重点和人口预测

类型	城镇名称	所在城市 / 区域	重点发展方向	2022 年建成区人口规模（万人）
生态农旅文化旅游特色镇	洪山嘴镇	老河口市	生态旅游	2.10
	太平店镇	樊城区	商贸物流、旅游	3.38
	庙滩镇 + 茨河镇	谷城县	生态、文化旅游	2.03
	流水镇	宜城市	生态旅游	0.75
	卧龙镇	襄城区	历史文化旅游	3.88
	郑集镇	宜城市	历史文化旅游	1.79
	王集镇	宜城市	旅游小镇	0.70
商贸物流特色镇	冷集镇	谷城县	农产品加工贸易	1.20
	牛首镇	樊城区	工业、旅游、商贸物流	2.73
	东津镇	襄州区	商贸物流	3.50
	小河镇	宜城市	商贸物流特色镇	3.50
	城关镇	谷城县	电商、物流、旅游	25
绿色经济特色镇	仙人渡镇	老河口市	生态循环产业、文化旅游	1.73
	尹集乡	襄城区	教育科研、旅游	1.56
	欧庙镇	襄城区	工业转型发展	3.40

四、激发乡村振兴动力和活力

推进城乡基础设施和公共服务一体化。积极推进城市供水、排水、交通、邮电通信、防灾减灾、垃圾污水处理、电力、燃气等基础设施向乡村延伸，加快推进土地制度、户籍制度、集体产权制度改革。

增强农业农村经济发展活力。围绕促进农村产业发展，引导资本、技术、人才等要素向农业农村流动。积极引导工商资本参与乡村振兴，着重发挥工商资本在乡村振兴中主体培育、资金支持、产业带动的综合效应。落实和完善融资贷款、配套设施建设补助、税费减免、设施用地等扶持政策，构建工商资本下乡政策服务体系，带动高田村商贸业、汉江村和隋洲村的农产品加工贸易业等农村经济发展。促进农村一二三产业融合发展。促进传统农业生产绿色化、景观化、适度规模化。培育发展体验式田园消费、智慧物流、农业公园等乡村产业新业态。

统筹山水林田湖草保护建设。改善农村生态环境，实施农村垃圾和污水集中收集、储运和处理。规范农药包装物、农膜等废弃物管理。实施畜禽养殖污染治理和农村小流域综合治理。

提升农村社会服务水平。加强农村居民点整合，优化村庄布局，引导村庄适度合并、适时迁移，在此基础上新建或改造基础设施与公共服务设施，推进以中心村为重点的生态村落模式，建设现代化农村新型社区。完善东津村、尹集村等特色村的农村银行网点、综合超市、餐饮住宿等社会服务设施建设，建立村级综合服务场所，打造"两公里"和"半小时"农村社区生活服务圈。

保留乡村特色风貌。注重乡土味道，保留乡村风貌，保留清新洁净的田园风光、历史文化遗存和民风民俗。积极培育皇城村、落花潭社区、莺河村等历史文化旅游村，承担生态农庄、观光农业、休闲林业等功能。

表7 规划区特色乡村发展重点

特色乡村	所在乡镇	重点发展方向
东津村	东津镇	商贸物流，城乡一体化建设发展
牛首村	牛首镇	商贸物流
尹集村	尹集乡	教育科研、旅游，城乡一体化建设发展
高田村	太平店镇	商贸业
王家楼村、白鹤岗村、南岗村	仙人渡镇	优化发展生态循环产业，依托古码头和渡口、自然生态风光发展生态文化旅游
皇城村	郑集镇	依托楚皇城发展历史文化旅游
洪山嘴村、苏家河村、大山庙村	洪山嘴镇	依托桃树、梨树等种植业发展生态旅游
落花潭社区、莺河村	流水镇	依托自然人文资源发展生态旅游、农村休闲旅游
万家营村、承恩寺村	庙滩镇+茨河镇	依托湿地和生态文化资源，对接隆中，发展旅游业
汉江村、隋洲村	冷集镇	依托生猪集散交易、粮食加工等发展农产品加工贸易
老军山村	城关镇	集樱花观赏、瓜果采摘、康养保健、田园风光、电商小镇城乡一体化建设发展
金牛寺村	城关镇	依托狮子岩丰富的山水资源发展旅游+农业、林业等多种业态的美丽乡村

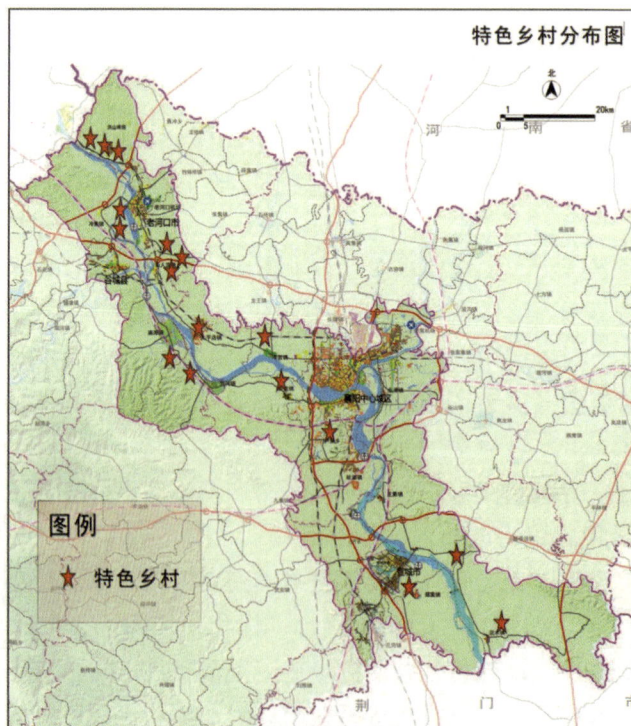

图9 规划区特色乡村分布示意图

第八节　培育壮大绿色智能高效现代产业体系

坚持生态优先、绿色发展，坚定"做减法"，优化重组化工等产业，改造提升资源循环、医药等传统特色产业；适时"做加法"，创新招商引资引智模式，积极承接国内外优质产业转移，集中优势资源打造绿色增长点；持续"做乘法"，优化产业园区布局，促进沿江产业错位互补、协同发展。2022年，沿汉江干支流1公里范围内不达标化工、化纤、水泥建材、畜牧养殖等企业搬迁完成，沿江产业结构层次和综合竞争力明显提升。

一、提质增效加快改造提升传统特色产业

优化重组化工产业。牢固坚持"绿色化、集聚化、高端化"发展导向，按照底线思维的原则，严格执行分区施策。汉江干支流1公里内禁止新建化工项目和重化工园区，汉江干支流1—5公里范围内，以治理建设为主，实施精准治理，对新建、改扩建化工类项目，执行高标准环评安评要求。综合运用经济和法律手段，引导、支持沿江地区化工企业关闭、改造、搬迁或转产。积极争取和利用国家及湖北省相关政策性引导资金、湖北省股权投资引导基金，重点支持汉江1公里范围内化工企业搬迁改造。加大财税政策支持力度，对化工企业关改搬转给予贷款贴息、基建投资补助、职工安置等支持。以市新材料（医药化工）产业园为重点和标杆，明确搬迁企业名单，有序转移到宜城、老河口、谷城等节能减排设施完备、工艺领先、环评达标的相关化工园区。

加快培育优势企业，促进产品结构优化升级。做强高浓度磷复肥产业，大力发展高纯黄磷、食品级、医药级、电子级精细磷化工高端产品，积极开发以合成氨、磷酸、有机硅等为基础的六氟磷酸锂、磷酸铁锂等新能源材料和磷制品等功能型化工新材料。大力发展循环经济，建设生态工业园区，开展资源综合利用，通过企业内部的小循环和园区、企业群落的中循环，实现产业循环组合。

转型提升特色产业。推动襄阳沿江优势特色产业制造向智能化转型、产品向品牌化转型、结构向高端化转型、过程向绿色化转型，努力打造汉江生态经济带特色鲜明、国内一流的先进制造业基地。通过实施"技改提质"工程，支持产业融合更多创新要素，积极培育和引进高端纺织、资源循环、生物医药等产业项目。主动承接沿海纺织服装业转移，推动产业链向高端延伸，发展高端纺纱织布、品牌服装家纺加工、创意设计产业。重点发展再生钢铁、铅、橡胶、铝、塑料、纸等资源循环利用产业。充分发挥"互联网+"作用，促进资源回收渠道、再利用工业企业、用户之间高效对接和融合发展。以生物技术药物、化学制剂药物、现代中药、医疗器械为重点，大力培育本地龙头企业，积极引进高端医药企业；积极培育医疗器械制造、生物技术药物、生物制造等产业；适时延伸生物医药产业链条，培育发展大健康产业。

二、加快培育重点战略性新兴产业

新一代电子信息。积极发展可穿戴设备、车载电子、智能电视等新型智能终端产业。推动大数据在政务、智能制造、医疗健康、金融、电子商务等领域深度应用，大力发展移动互联网应用服

务、云计算软件和服务、工业控制软件等。

航空航天。 发挥市航空航天产业园的招引示范效应和辐射带动效应，推动规划区围绕空天制造产业化，通过上下游配套、应用、服务等积极延伸空天产业链条，形成"总部＋研发＋航空电子＋空天配套部件＋材料＋维修服务＋运营"的特色链式布局。培育农业用、观光用等各类通行飞机、无人机以及空港物流等新增长点。

智能制造。 大力发展新型传感器、智能控制系统、工业机器人、自动化成套生产线为代表的智能制造装备。全面提升装备制造业、汽车整车及零部件产业数字化成套装备和关键主机的智能化水平。在规划区组织实施一批智能制造应用示范工程，全面提升智能制造行业系统集成和综合解决方案服务配套能力。

新材料产业。 以产业迈向中高端的材料需求为重大牵引，重点推进汽车新材料、航空航天新材料、高性能复合材料、电子新材料、新型化工材料等特色产业集群发展。围绕材料轻量化需求，开发铝合金、铝镁合金、钛合金等轻质材料产业链。培育一批具有较强竞争力的龙头企业，努力打造襄阳沿江区域特色新材料产业链。

三、高标准发展沿江现代服务业

现代物流。 依托汉江航运体系建设，重点构建汽车物流和农产品物流两大物流系统。加快推进新集、雅口航运枢纽及襄阳新港建设，形成中心城区港口与县市港口协调发展的"组合港"，推动水运、公路、铁路、航空运输无缝对接，构建多式联运物流体系。推进重点物流园区建设，打造一批全国特色产业物流示范基地。推动物联网技术、移动智能终端等新一代信息技术在物流领域的应用。筹建区域性物流要素交易中心及交易所，打造专业性物流要素交易服务平台。

现代商贸。 着力打造集购物、休闲、娱乐、餐饮等多功能于一体的城市商业综合体，大幅提升襄阳城市品位和形象。重点建设东津新区区域性商圈和人民广场市级主商圈，着力提升樊城长虹路商圈和牛首商圈、襄城古城文化旅游商圈、檀溪商圈和庞公商圈、襄州张湾商圈、肖湾商圈和云湾商圈等市级副商圈和市级社区商圈，积极推进火车站、汽车站、清河口、长虹南路、河谷组团、老河口、宜城等片区商业中心及社区商业中心建设。

现代金融。 以科技金融创新为主线，以构建绿色金融体系为目标，加强金融与互联网、大数据等技术新手段的密切结合，加快发展科技金融、民生金融、融资租赁、物流航运金融等金融新业态。结合襄阳特色优势产业，打造特色产业金融中心。积极吸引全国性和外资金融机构设立地区总部或分支机构。

科技服务。 积极发展研究开发、技术转移、检验检测认证、创业孵化、科技咨询等专业科技服务和综合科技服务。建立研发服务联盟，打造一批专业化、开放性的研发服务平台。以航空航天、电子信息、装备制造、智能制造为重点，以沿江众创空间、孵化器、创新平台为载体，积极吸引创业团队，增强工业设计能力，支持新技术、新工艺、新装备、新材料、新需求的设计运用研究。

文化创意。 推动大数据、物联网、人工智能技术与文化创意创作生产环节深度融合应用，加快虚拟现实技术和传统工业结合。提升文化传播服务技术装备水平，重点发展影视媒体及后期制作、混合现实娱乐、文物保护装备研制、动漫游戏、工业设计等数字经济新业态。积极招引优秀团队、项目共同开发沿江文化旅游资源，打造汉江生态经济带数字创意产业集聚区和新技术新业态示范应用引领区。

四、做大做优绿色现代农业

农产品精深加工。建设汉水生态农产品加工走廊，重点打造粮食、食用植物油、畜禽、果蔬（茶）、酒饮五大精深加工链，推进沿江农产品加工业从短链向长链拓展、分散向集群发展、粗放利用向循环利用转变。老河口以粮油加工为主导，打造粮油食品产业集群；谷城重点依托茶叶和林果产业资源优势，打造林特（茶叶）产品加工集群；襄州以蔬菜、水果加工为主导，打造果蔬精深加工产业集群；宜城以畜禽加工为主导，打造肉类加工产业集群。

生态农业。推广沿江农业减量化—低碳化生产等农业循环经济模式。推行种养结合、农牧结合、循环利用、有机肥加工、发酵床养殖等生态养殖。推广使用生物农药、有机肥和低毒性、低残留农药与化肥，减少土壤和地下水污染。以沿江地区农业规模化生产基地为依托，围绕粮油、蔬菜、林果（茶）、水产品等优势特色产业，推广生态种养、立体种养等循环农业模式，建设优质、生态、安全的绿色农产品生产基地。

城郊农业与观光农业。以老河口仙人渡，谷城冷集镇、城关镇、庙滩、茨河，襄城欧庙、卧龙、尹集，樊城牛首、太平店，宜城小河、王集等乡镇为重点，依托生态农林种植业，建设农业特色小镇、田园综合体，开发特色民宿，打造一批精致、舒适的旅游靓镇名村，串点成线、连片为带，形成襄阳农村一二三产业融合发展的展示窗口。

农业品牌建设。围绕优质粮油、特色蔬菜、名优水果、精品花卉苗木、茶叶等优势产业，提升襄阳牛肉面、襄阳大头菜、襄阳小麻油、石花酒、襄阳高香茶等区域品牌知名度，增强农产品整体竞争力。扶持大山食用菌、三杰麦面、石花酒、玉皇剑茶、汉家刘氏茶等已有品牌做大做强，打造一批有影响力、有文化内涵的农产品品牌。

五、分类优化发展重点产业园区

加快重点化工园区升级改造。以市新材料（医药化工）产业园为重点，加快新材料、生物医药等产业集聚发展。重点发展高附加值的精细化工产品，积极开发化工新材料，支持其他精细化工行业延长产业链。推动基础磷化工企业工艺装备升级改造，构建石膏循环利用体系，发展精细磷酸盐产品，提高磷资源利用率和产品附加值，加快磷化工产业功能化发展。有序推进磷化工、初级化工原料生产企业外迁。对园区内资源加工度低、污染较严重、距离汉江岸线较近的化工、医药中间体生产、建材等企业进行有计划的搬迁改造。积极建设智慧化工园区，在安全管理、环境监测、应急响应、能源管理等领域实现智能化管理。

优化整合谷城及老河口产业园区。优化整合市再生资源产业园谷城分园与老河口分园，构建再生资源产业示范园区、国家"城市矿产"示范基地。重点发展资源再生型金属及合金材料、轻型合金与陶瓷复合材料、新型建材、矿产资源综合开发与利用、废钢铁加工利用、废旧铅酸蓄电池再生处理、废旧轮胎综合利用等，支持建立再生资源产业的关键共性技术及公共检验检测平台。优化整合市装备制造（智能制造、专用车）产业园和市汽车零部件（铸锻件）产业园。加快推进汽车设计、制造和服务一体化，打造具有核心竞争力和可持续发展能力的现代汽车产业集群。大力发展汽车关键零部件总成和整车产品，向环保专用车的整车目标延伸。适应新能源汽车、智能网联汽车产业发展趋势，积极培育发展新能源汽车、智能网联汽车零部件产业。

加快推进其他沿江园区产业提质发展。 市农产品（油脂）产业园，应加大生物、工程、环保、信息等技术集成应用力度，加快新型杀菌、高效分离、节能干燥、清洁生产等技术升级，推进农产品加工业持续健康发展。市化纤纺织产业园，应加快创意设计、高端产品研发、知名品牌培育等关键环节的能力突破，建设"特色化、高端化、国际化"创新型纺织园区。市航空航天产业园，应围绕空天制造设备、空天产品配套、应用、服务等积极延伸产业链条；谋划建设若干众创空间，吸引国内外空天领域专业技术人才、风险投资入园发展。襄阳云谷产业园，积极争取省、国家云服务、大数据等领域的创新基础设施落户园区发展，支持信息领域共性技术研发服务平台建设。市农产品（肉制品）深加工产业园，强化生物技术、精深加工技术、副产物综合利用技术等应用，延伸农产品加工链条，逐步向食品、医药等领域拓展，实现农产品及其加工副产物循环利用、全值利用和梯次利用。市精细化工产业园，以精细化工、煤电磷一体化化工为重点，积极引进精细磷化工、精细石油化学品、日用化学品、煤化工等项目，开发磷、硅、钛综合利用技术，发展化工新材料。

第九节　精心打造休闲古城沿江文旅廊道

依托襄阳沿江地区汉水文化和三国文化旅游资源，突出"挖掘内涵、重点带动、串珠成线、唱响品牌"，构筑便捷的交通体系、健全的接待体系和完善的服务体系，以城区段为发展龙头，串联沿江地区重要文化古迹和景区景点，推动"旅游+"产业融合发展，打造新产品、培育新业态，发挥各类文化旅游资源整合开发优势，形成以襄阳古城为主打品牌、人文和自然景观交相辉映、吃住行游购娱完美体验的休闲古城沿江文旅廊道，提升城市整体魅力指数，推动襄阳建设底蕴深厚、靓丽多彩的全国知名城市旅游目的地。

一、加快实施"古城江游"战略

整合开发以水为载体的旅游产品。 加快建设米公祠、谷城格垒咀、茨河、鹿门山、宜城窑湾等码头，继续美化汉江两岸岸线景观，积极开发水上、水岸观光项目。开展水上运动，培育汉江流域龙舟邀请赛、横渡汉江比赛等赛事品牌，开发快艇乘坐、水上蹦极等运动项目。发展水上娱乐休闲，建设开发垂钓、水疗、戏水、水文展示等亲水旅游项目。以各级码头为依托，以环保水上交通工具为媒介，通过水上航线串联沿江景区景点，形成以沿江城区段为主体，以谷城、老河口、宜城县城所在地为重点，上下游水域联动发展的文化旅游产品。

重点开发襄阳城区段水上旅游线路。 以鱼梁洲为龙头，以汉水为纽带，通过"水轴线、船集散"的方式，重点串联鹿门山—鱼梁洲—唐城—习家池—襄阳古城—米公祠—月亮湾—古隆中风景区，形成汉江水上精品旅游线路。依托古隆中至鱼梁洲水面分区设景，精心塑造"智谋隆中""古城古韵""会馆商汇""米公书道""佛道同光""逍遥鱼梁""文化岘山""清幽习家池""澄澈天河""禅隐鹿门"主城区汉江文化旅游十景。积极打造"汉江夜游"精品线路，统一设计沿岸建筑、桥梁、码头、景观亮化造型，加强夜景与游人的互动。在一桥至二桥的中心城区段，以古城墙为背景，以汉江为舞台，设计水上大型4D灯光秀。

积极开发谷城城关镇到茨河镇段水上旅游线路。充分发挥谷城城关镇到茨河镇风景秀丽的自然山水优势，依托现有码头，衔接李宗仁故居—谷城老街—樱花谷—太平街—百里生态丹渠—天襄原牡丹园—承恩寺等景点，大力提升水上旅游线路的资源组合吸引力。设置豪华型游轮、娱乐型竹筏、乡土型渔船等多种江游交通工具。依托汉江和水库库区、坝区，开发建设垂钓、水疗、戏水、水文展示等亲水旅游项目。

有序开发鹿门山到宜城窑湾段水上旅游线路。深度结合楚文化设计旅游线路，重点建设汉水楚园，积极串联楚皇城遗址公园—张自忠纪念馆—宋玉故里—长渠揽胜园等景区，主要吸引游客、拉动周边和当地的旅游市场，打造具有楚源文化特色的水上精品旅游线路。水上交通工具以复古型的楚舫为主，辅之豪华型游轮、娱乐型竹筏以及运动型皮划艇和帆船等等。

二、创新"文旅+"多元融合发展模式

推进旅游与文化深入融合发展。充分彰显"千古帝乡，智慧襄阳"城市名牌，充分展现汉江特色文化元素。加快推进襄阳城墙申报世界文化遗产。优化重组"汉水文化体验游""三国文化体验游""楚文化研学游"等特色主题文化旅游精品路线。以主城区为核心区，沿江地区依托会馆等既有资源新建若干汉水文化、三国文化、楚源文化等主题展览馆，传承特色文化历史，展示特色非遗项目。沿江建设一批文化旅游融合发展历史街区、特色小镇和传统村落，高标准打造集文化遗产保护、观光体验、休闲娱乐于一体的文化旅游集聚区。创作一批文化旅游融合发展文艺精品，依托穿天节等传统节庆活动提升特色民间民俗文化影响力，打造汉水文化节，使之成为河流节庆旅游精品，以古隆中景区、襄阳文化产业园等为重点提升演艺精品剧目。

推进旅游与农林融合发展。积极发展特色乡村游，建设一批集生态休闲、农业观光、娱乐体验、养生保健、餐饮药膳于一体的休闲农业综合体。加快推进汉江风光旅游带生态建设，选择多树种，打造四季有别的立体化生态景观，高水平建设梨花湖、谷城老街、谷城老君山、王甫洲、长寿岛、月亮湾、鱼梁洲"一线串珠"的"汉江百里画廊"。打造堤内原生态湿地景观带、堤外多功能森林景观带，由内向外恢复汉江湿地景观、两岸50米生态绿带景观、绿色乡村景观和山体森林景观。

推进旅游与体育健康融合发展。加快开发溪河漂流、马拉松、汽车拉力、水上竞技、滑翔跳伞、攀岩探险、极限运动等大众体育竞技与健身旅游产品，做响以鱼梁洲环岛线为主体的襄阳马拉松赛事品牌，建设具有区域影响力的"水、陆、空"体育旅游休闲目的地。开发以药食同源和扶正祛邪中医理念为基础的中医药养生产品，发挥沿江温泉养生功能，建设一批集生态休闲、养生保健、康复治疗、药膳调理、健体康养等于一体的生态功能区，以及禅医、道医、中医等中医药养生旅游业态，打造沿江健康养生旅游品牌。

推进旅游与工商融合发展。探索利用废弃厂矿及车间等建设工业博物馆，加快创建一批国家级工业旅游示范点，形成集观光、购物、修学、科普、体验于一体的工业旅游产品体系。以农特产、工艺品、文化产品、旅游装备等旅游商品为重点，以馆藏文物、民俗文化为素材，鼓励发展以设计、体验、定制为特点的个性化商业模式。以"汉陶"系列旅游商品为突破口，建设一批具有三国

文化内涵的旅游商品研发、生产和销售基地。

三、推进全域旅游及文化旅游合作

推进沿江旅游资源整体开发。以汉江为主轴，将鱼梁洲、岘山、古城、唐城、习家池、隆中风景区、卧龙古镇、白起渠等优质资源"一线串珠"，打造汉江全域旅游样板区。襄阳主城片区以襄阳古城为核心，以古隆中、鱼梁洲和岘山为支撑，将旅游景区景点建设与旅游地产、体育公园、热气球、露营地和房车营地相结合，着力提升文化体验、旅游度假、会展商务和休闲农业等功能。河谷片区将旅游发展与丹河谷一体化战略相结合，着力提升汉水生态观光、民俗文化体验、特色主题游乐等主要功能，重点打造中国中部最大汽车营地、汉江旅游风光带精华区。宜城以楚文化为主，重点开发楚皇城遗址、百里长渠和宋玉故里等，串联对接宜城张自忠纪念园与老河口李宗仁纪念馆，共同打造抗战文化旅游产品。

带动市域旅游统筹发展。坚持立足城区、县市联动发展思路，以构建旅游城市—旅游强县—旅游名镇（街）—旅游名村支撑体系为突破口，加快形成具有襄阳沿江特色的文化旅游产业。以襄阳古城为全市旅游发展核心，以古隆中和鱼梁洲为重点品牌，加快打造襄阳旅游名片和动力引擎。统筹兼顾好城市功能和旅游功能，做到资源全域化、城市景区化、建筑特色化、景区精品化、设施人文化、服务优质化。

推动汉江流域城市主题文化旅游合作。依托汉江流域 15 城市联系协作机制，推动成立汉江流域旅游联盟，积极筹划汉江流域旅游高峰论坛并成为永久会址，共同塑造汉江流域文化旅游品牌，推动与沿江城市建立互为旅游目的地的客源联动机制。依托汉水文化节，统筹开发汉江流域文化旅游产品，联合举办汉江文化旅游节等特色节庆活动，共同推介"汉水风情休闲游"精品旅游线路，共同打造区域旅游信息交流平台，共同开展旅游市场营销，实行区域旅游市场一体化。立足古隆中、襄阳古城和水镜庄等三国文化旅游资源的保护利用，加强与武汉、宜昌、成都、汉中等城市资源优化组合，共同打造"三国文化世界双遗产游"。与南阳合作举办"襄阳南阳诸葛亮文化节"，积极推进跨区域三国文化旅游产品开发和品牌打造。立足汉江沿线古码头、会馆、老街等茶道遗迹的保护与利用，积极对接"一带一路"旅游合作，重点开展万里茶道沿线城市旅游合作，联合推出重走万里茶路休闲观光旅游线，弘扬开放包容的文化品质。加强楚文化旅游线路整合与景点串联合作，共同推介楚文化旅游线路，弘扬楚文化精髓。

加强与沿江城市的文化保护与传承合作。联合开展汉水文化、三国文化、古城文化、楚源文化等汉江特色文化研究，共同挖掘优秀传统文化历史渊源、时代内涵和现实价值。开展文化遗产联合调查，推动建立汉江历史文化遗产保护传承数据库。加强对古城、古镇老街的保护，发起设立传统村落保护示范区联盟。推进非物质文化遗产保护，与沿江城市联合组织汉江流域非物质文化遗产展示展览等活动。

四、全面提升文化旅游发展环境

完善旅游公路网络。加强沿江快速路、滨江绿道带与沿江人文景观、生态景观的便捷连接。重点完善通往旅游集散地、旅游目的地、旅游集聚区、旅游景区的高速公路、高等级公路，以及旅游专线、慢行交通等。打造沿江交通走廊，中心城区至老河口、谷城、宜城实现一级以上公路快速联通。实现沿江重点乡镇道路直接连通，形成沿江二级以上公路直接联通的旅游干线。重点完善通达沿江 3A 级以上旅游景区的二级以上公路，优化组合景区之间及景区内部交通。完善滨水漫游旅游线路体系，以老河口、谷城、襄阳市区、宜城市的防洪堤岸为基础，完善自行车、观光车和步行等滨水漫游线路。

加快景观路、跨江景观大桥建设。按照"全市大景区"的理念，根据景观优美、体验性强、带动性大等要求，结合沿江旅游景区景点、旅游风景道等建设，加强旅游公路沿线生态资源环境保护和风情小镇、特色村寨、汽车露营地等特色景观路规划建设。规划建设乡村旅游景观环线，串联公路沿线乡村旅游景点。结合汉江两岸人口、产业和生态环境，规划建设一批兼备交通、景观功能的跨江大桥，形成"桥水互融、声色渲染、城河互动"的场景。已建成的大桥可结合大修、改扩建增加观景服务等功能，使跨江桥梁成为亲水、赏水和感受自然美景的重要载体。

专栏8　跨江景观桥重点工程
加快推进国道 G316 河谷大桥、国道 G346 宜城汉江二桥、绕城高速公路汉江桥、庞公大桥建设。规划建设国道 207 襄阳段改建工程牛首汉江桥、宜城流水汉江大桥、庙滩至太平店镇跨江大桥、小河镇至王集镇跨江大桥。

健全旅游集散中心网络。形成"中心—副中心—节点"三级旅游集散服务体系。强化旅游集散中心与各类旅游交通方式的服务衔接，提升游客集散中心功能设置。在东津新区高铁站附近建设一级游客集散中心。在谷城县城、老河口市中心、宜城市中心建立 3 个二级游客集散中心。在仙人渡镇、冷集镇、茨河镇、太平店镇、卧龙镇、小河镇、流水镇等旅游资源相对密集、区位条件较好地段，沿江建设 7 个自驾旅游驿站。

大力建设智慧旅游设施。加快建设全域智慧旅游公共服务平台、智慧旅游行业管理平台、智慧旅游互动营销平台。建成自助自驾、智慧旅游一卡通和手机在线等公共服务平台。推进机场、车场、码头、景区、饭店和旅行社等游客集中场所 Wi-Fi 全覆盖。实施景区标识标牌设置工程，形成道路系统与地图系统协调一致引导系统。

加大宣传推介和重点市场拓展力度。采取政府综合宣传、新媒体推广、节庆活动、精准营销、事件营销、定点拓展等措施，强化文化旅游市场推介。针对国内外潜在客源市场需求，推出个性化、差异化的观光游、休闲游、商务游、文化游产品。以襄阳为核心，拓展以武汉为中心的高铁沿线区域以及襄阳航线覆盖地区的重点市场，开拓长三角、珠三角、京津冀地区客源市场。拓展港澳台和东南亚市场，扩大节庆和国际旅游活动的影响力，吸引东北亚、欧美等地区潜在游客。围绕汉水楚源文化资源，积极拓展友好城市，举办特色国际文化交流活动，推动特色文化演艺节目对外输出，组织中韩汉水楚文化渊源研讨会。

五、以襄阳古城为核心优化文化旅游空间布局

中游襄阳古城文化旅游核心区。打造以襄阳古城为核心，以鱼梁洲、古隆中景区和鹿门山岘山为支撑的核心旅游区。以襄阳古城为主打品牌，汇聚沿江各类文化旅游形态，形成集旅游休闲、文化娱乐、现代商业于一体的复合型古城休闲旅游核心区。大力提升城门、城楼、城墙和城街等古城

元素功能，建设创意街区、购物街区和文化街区等现代文化旅游元素，体验性融入护城河和汉江，打造襄阳古城旅游地标。串联沿江古城资源，形成"唐朝古城"和唐城影视基地、明清都城、襄王府、汉江湿地公园等影视文化和生态旅游景区。

以古隆中三国文化旅游资源为依托，整合黄家湾、九天玄女等资源，构筑三国文化旅游体验区。以深度体验为主创新开发三国文化资源，深度挖掘开发三国文化，完善"草庐诸葛亮""踏歌襄阳"等精品节目，设计开发"三国故事"体验游和"三国遗迹寻踪游"线路，建设"三国动漫文化城"，创新和拓展三国文化新元素。以鱼梁洲为依托，构筑集"会议论坛、旅游度假、休闲商业、生态人居"等功能于一体的国家汉水文化旅游区、生态文化旅游岛。以岘山、鹿门山历史文化资源为依托，建设集文化体验、休闲度假、影视观光、康体健身于一体的国家级旅游产业集聚区。

上游河谷生态休闲度假区。以谷城和老河口生态旅游资源为依托，打造以生态观光、古镇文化体验、休闲度假为主的生态旅游度假区。重点依托梨花湖景区以及沙洲滩涂景观，建设生态休闲旅游产业片区。以茨河古镇和樊城太平店镇为载体，打造商贸、古镇文化旅游片区。依托承恩寺省级森林公园和承恩寺，打造休闲度假、观光旅游片区。

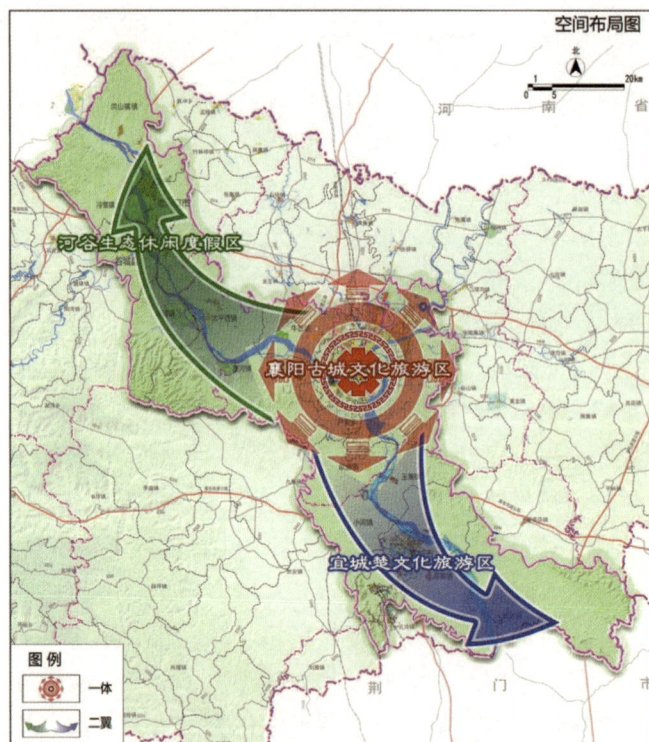

图10　规划区文化旅游空间布局示意图

下游宜城楚文化旅游区。以汉江南部宜城楚皇城遗址、宋玉故里等旅游资源为依托，重点打造以楚文化为主题的文化休闲旅游区。建设楚皇城遗址原址保护、楚史展览馆、楚乐舞馆、楚宴园、楚名人园等楚文化展示体验园，加强与长渠揽胜园、宜城市博物馆等景区联系，打造古楚都文化旅游区。围绕张自忠纪念园、纪念馆，大力发展爱国文化旅游，建成著名的爱国主义教育基地，打造红色文化教育旅游片区。

第十节　创新沿江绿色发展体制机制

一、完善投融资体制

探索多元化投融资模式。引导社会资本参与，加快形成投资来源主体多元、投资方式多样的多元化投资机制。围绕河道整治、排水管网、城乡道路等基础设施建设，创新政府投融资方式，确保政府投资质量，提高财政性资金使用效率。围绕轨道交通、污水处理、收费公路等有一定收益的公益性重点工程，鼓励地方政府发行绿色债券、转型债券、项目收益债券等专项债券予以支持，积极规范推进政府与社会资本合作（PPP）模式，广泛引入社会资本参与投资运营，重点激活符合要求的 PPP 项目。充分发挥襄阳汉江产业基金的示范、引领和撬动作用，引导社会资本支持汉江生态经济带襄阳沿江发展。支持沿江企业采取设备租赁、融资租赁等现代化金融方式解决资金投入问题。

有序发展投融资主体。鼓励和吸引境外资本和社会资本以合资、独资、特许经营等方式参与建设运营。规范发展担保公司、小额贷款公司等机构，提高金融服务汉江生态经济带襄阳沿江发展的质效。积极争取省级投融资平台支持，发挥市本级投融资平台作用，推进重大项目和重点工程建设。

支持活跃投融资市场。支持襄阳市龙头企业在境内外资本市场上市和发债融资，鼓励符合条件的创新型、创业型和成长型中小企业在全国中小企业股份转让系统挂牌融资，引导本地有较大发展潜力的初创型企业在武汉股权托管交易中心等区域股权交易市场挂牌进行股权、债券等融资活动。

二、加快生态文明体制改革

改革生态环境治理和自然资源利用管理体制。落实党和国家机构改革总体部署安排，加快推进襄阳市属各部门相关职能的统筹和整合，提升沿江区域生态环境治理协调水平。创新生态环境治理机制，优化"三水共治"合作，全面落实"河（湖、库）长制"，确定规划区河湖保护名录，落实河库管护责任主体并细化职责，加大考核评估力度。建立资源利用与生态功能保护、环境质量要求相结合的协调联动机制。

健全生态补偿制度。积极呼吁国家相关部委和湖北省有关部门完善对南水北调中线工程建设补偿机制，把襄阳等汉江中下游地区纳入国家级生态补偿范围。积极推动与荆门、武汉等下游地区建立横向生态补偿机制，合理确定生态补偿标准、补偿方式和补偿对象。积极参与湖北碳排放权交易试点和水权交易制度试点，推行排污权、用能权有偿使用和交易制度，力争开展碳排放权交易试点，支持建立沿江区域覆盖资源环境各类要素的产权交易市场，探索沿江生态资源资本化，拓展生态补偿手段，提高补偿效率，促进襄阳沿江生态优势切实转化为经济优势。

健全生态环保法规制度。制定《襄阳市湿地保护条例》《襄阳市洲岛保护条例》，加强汉江流域环保法规制度文件的衔接与完善。制定体现规划区生态文明建设要求的生态文明建设目标评价考核办法，编制规划区自然资源资产负债表，对领导干部实行自然资源资产和环境责任离任审计，落实环境生态损害赔偿制度。

建立区域协同治理体系。建立规划区水污染防治协作机制，整合不同领域、不同部门、不同层次的监管力量，推动汉江区域生态系统保护、环境污染防治、环境风险防范、环境纠纷处理和协调等工作。与河南省南阳市建立联席会议制度，就唐白河及其上游唐河、白河实施联合监测、联合执法、应急联动、信息共享。

三、创新区域协调发展机制

探索飞地经济合作形态。支持沿江区市县积极利用国内部分城市非核心功能疏解和区域产业结构调整契机，打破区域行政界限，依托沿江园区，探索优势互补、设施共建、利益共享的"飞地经济"合作。不断创新"飞地"合作模式，允许以资金、技术成果、品牌、管理等多种形式参与合作。完善园区建设、运营管理、利益分配等合作机制，提高资源高效集约利用水平。

推进沿江区市县产业协调发展。编制汉江生态经济带沿江绿色产业目录，制定产业承接准入标准。统筹沿江县市区产业布局和园区建设，注重区域错位发展，避免重复投资和恶性竞争。支持沿江县区资源共享和要素流动，促进相互间产业关联配套，打造有竞争力的产业链条和集群。按照扶持共建、托管建设、股份合作、产业招商等模式，创新园区共建与利益分享机制。

建立区域协商合作机制。健全与汉江生态经济带沿江毗邻地区之间的协商合作机制，分阶段确定基础设施建设、产业发展、生态环保、社会管理等领域的重点任务和重大项目对接协作和机制性合作方式，探索建立流域综合决策、市场联合监管、生态环境协同治理、公共服务共建共享、区域互助扶持、利益纠纷仲裁等多层次的协调机制，形成横向联合、上下联动的发展格局。

积极争取国家和湖北省支持。围绕汉江生态经济带发展总体目标，争取国家有关部门支持襄阳—信阳高铁建设。加快培育一批前期基础较好、对社会固定资产投资拉动效应明显、绿色发展示范性强的项目，积极申请纳入中央和省级预算内投资项目库，争取中央和省级财政资金支持。积极争取国家和省级层面的体制机制和政策支持，开展汉江襄阳段绿色发展、生态补偿、自主创新等方面的试验试点。

四、全面扩大对外开放

提升沿江对外开放平台。积极推进中国（湖北）自由贸易试验区襄阳片区建设，根据自贸区建设要求，全面实施行政管理体制、市场监管体制、外商投资管理制度改革，探索发展新型贸易方式，便利金融服务、商贸物流条件，培育国际合作新优势。争取扩大自贸区襄阳片区政策适用范围，推动沿江重点产业平台和企业平等享受自贸区优惠政策，带动沿江区域绿色发展和产业升级。

培育对外贸易竞争优势。依托中国（湖北）自由贸易试验区襄阳片区，壮大一批具有区域外贸竞争优势的平台和企业，支持沿江企业深度参与全球供应链，加快培育形成沿江出口企业集群。鼓励发展跨境电子商务模式，支持本土企业与国内主要电商平台合作，积极开拓国际市场。加强襄阳港与武汉等汉江、长江沿江港口合作，发展外贸型临港经济。

拓展国际合作交流。建立国际流域中心城市交流合作机制，举办流域绿色发展论坛，借鉴各国成功的流域开发和沿江绿色发展经验。积极争取国际组织在生态治理、节能环保、绿色城市建设等方面的技术援助、优惠贷款和其他合作项目。围绕汉水、三国、古城等襄阳特色文化元素和优势文化资源，扩大国际文化交流。扶持一批外向型骨干文化企业，全力对外宣传精品和国际文化交流品牌。

五、改革土地供应保障制度

保障重点项目土地供应。优化土地利用规划用地结构，提高建设用地使用效益，确保沿江预留重点产业发展用地，对列入"十三五"规划、专项规划的重大项目在用地方面予以保证。充分考虑农产品深加工、文化旅游、商贸服务、电子信息等重点产业发展要求，预留适量建设用地指标。

优化土地资源配置结构。根据重点产业发展规划和产业准入负面清单，有保有压安排产业用地，重点支持符合汉江生态经济带襄阳沿江绿色发展方向的战略性新兴产业、高技术、高附加值、低消耗、低排放的项目用地，加快腾退产业用地开发利用，严格限制土地闲置浪费和低效利用。

形成多元化供地方式。根据产业类型、规划限制、用地需求等情况，在传统土地出让供应方式基础上，规范划拨和协议出让，创新市场配置方式，探索租赁等方式供地。采取协商收回、鼓励流转、协议置换、收购储备等方式推进沿江城镇低效用地再开发，支持土地资源集约利用。

六、健全人才培养与智力支持机制

加强人才引进。鼓励各部门和企业根据规划总体目标，围绕重点领域发展要求，分层次、有计划地面向国内外引进一批领军人才，在资金保障、创业扶持、激励保障方面进行政策倾斜。

提升智力支持。发挥有关高校、科研院所和其他智库机构积极性，加强关于汉江生态经济带襄阳沿江发展的理论、政策交流，为汉江生态经济带襄阳段绿色发展提供智力支撑。

第十一节　完善规划实施保障措施

一、强化组织保障能力

加强组织领导。建立以襄阳市分管领导为组长的汉江生态经济带襄阳沿江绿色发展领导小组，市发改、经信、规划、商务、文体新闻广电、水利、环保、旅游等相关部门和沿江区市县分管领导为领导小组成员，领导小组办公室设在襄阳市发改委。领导小组统筹负责汉江生态经济带襄阳沿江绿色发展建设规划落实，及时部署和协调推进重大任务。

建立常态化会商机制。建立市发改委为牵头单位的汉江生态经济带襄阳沿江发展建设联席会议制度，形成常态化跨部门合作会商机制，推动并加强部门间、县域间在涉及汉江生态经济带襄阳沿江绿色发展相关工作方面的统筹运作和协调联动。

二、加强规划监测评估

完善规划监测评估机制。 加强对规划实施的监测评估，动态评估规划目标实现、重点工作落实、重大项目推进等主要内容实施情况，进行及时反馈和纠偏。建立规范的年度评估、中期评估和总结评估制度，推动改进规划工作绩效评估，确保政策落实、项目落地。

创新规划评估工作机制。 成立由发改部门牵头、主要职能部门参加的规划评估工作小组，协调开展评估工作。建立专业化规划评估委员会，强化专业评估人员的独立性和权威性，以先进理论和技术工具为依据，提升规划监测和评估的科学性和专业化水平。加强第三方评估机制建设，支持国家高端智库参与规划评估工作，提升规划评估质量。

做好规划实施和落实。 各部门、各县市区要根据自身职能职责，分解和细化规划建设主要任务，制定具体实施方案、时间表和工作路线图，加快推进重大工程建设。把规划落实情况纳入政府目标责任制考核，由市发改委牵头定期组织评估抽查，确保重大项目按期完成，重点任务落实到位。

三、促进公众参与

加强面向社会的教育宣传。 建立汉江生态经济带襄阳绿色发展规划信息发布制度，积极向公众阐释政策，推动形成共识，使社会公众深刻认识加快推进襄阳沿江绿色发展的重要意义。树立正确、积极的舆论导向，引导公众知行合一，积极支持、配合重大工程和重点任务建设。加强环保宣传，做好重点人群生态意识培育，推动形成自上而下和自下而上相结合绿色生产生活氛围。

积极促进公众参与。 规范信息公开，保障公众知情权，鼓励沿江重点企业发布企业环境社会责任报告。激发社会公众参与积极性，拓宽公众参与宣传教育、环境保护等公共事务渠道，搭建公众参与决策平台，畅通信息反馈通道。在重大项目和重点工程立项、实施和评价等环节，提升公众参与程度。发挥社会组织和志愿者积极作用，支持向社会组织购买服务。

第一章 构建产城江融合发展的空间规划研究

在新时代，长江经济带战略和生态文明建设对汉江襄阳段沿江空间资源保护利用提出了新要求，《汉江生态经济带发展规划》等国家区域重大战略出台为汉江襄阳段沿江资源开发利用提供了新动力，武西、郑万等一批区域性重大设施的建设在汉江襄阳段内催生了新的战略空间，同时产业转型与消费升级为空间资源的利用提供新方向。面向未来，汉江襄阳段沿江空间布局规划谋划立足汉江襄阳段沿江空间发展的现实基础，聚焦于空间这一核心议题，重点从理论和实践角度对汉江襄阳段沿江区域内的空间布局现状与条件进行分析。在借鉴国内外先进经验的基础上，按照生态优先、产城融合思路，对汉江襄阳段沿江乡镇（街道）、沿江两岸 5 公里等两个不同空间层次的空间发展与布局提出相应思路与建议。

第一节 空间布局研究的背景与重点

一、空间布局研究背景

（一）生态文明建设对沿江空间资源保护利用提出新要求

长江经济带战略要求坚持"共抓大保护，不搞大开发"。《湖北长江经济带生态保护与绿色发展总体规划》明确把湖北打造成为长江经济带生态安全新支点、文化创新新高地、绿色发展新引擎。《湖北汉江生态经济带开放开发总体规划（2014—2025 年）》等也提出汉江要落实生态文明建设理念，突出绿色发展，对襄阳汉江沿江空间资源的利用提出了新要求。

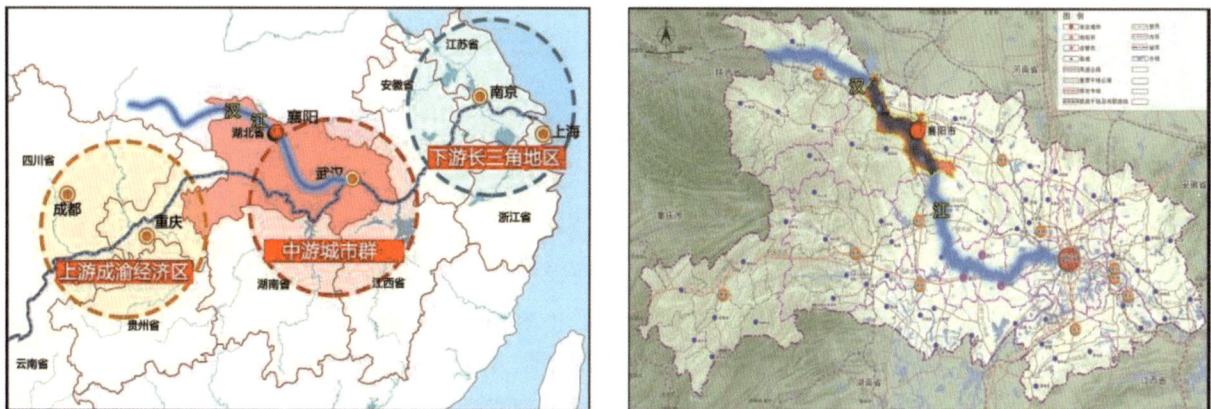

图 1-1 汉江襄阳段在长江经济带及湖北省的空间区位

（二）区域重大战略出台为沿江资源开发利用提供新动力

近年来，国家层面相继出台了"一带一路""长江经济带"等重大发展举措和战略倡议。《湖北汉江生态经济带开放开发总体规划（2014—2025 年）》提出重点推进"襄十随"城市群发展，将其打造成湖北汉江生态经济带的重要增长极，推动襄阳建设汉江流域中心城市。襄阳在铁路技术装备制造、专用汽车生产等方面具备较好的对外产业合作基础，也拥有湖北自贸区襄阳片区等重要政策平台。在这些战略和区域规划的影响下，襄阳区域开发、开放的重点和格局发生显著变化，大幅提升了汉江襄阳段沿江资源开发利用的动力。

（三）高铁等区域性重大设施的建设催生了新的战略空间

近年来襄阳先后推进了西武高铁、郑万高铁等一系列重大区域基础设施的规划建设，使襄阳的区域交通可达性显著提升，在汉江襄阳段沿江形成了新的战略空间，有助于推动汉江襄阳段沿江空间资源的优化组织。

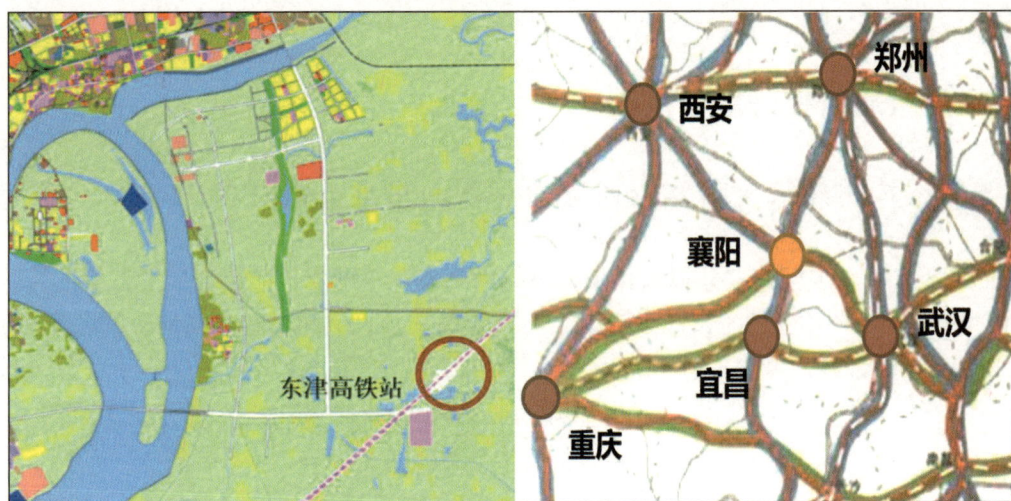

图 1-2　东津高铁站周边地区示意（左）、襄阳区域高铁规划情况（右）

（四）产业转型与消费升级为空间资源的利用提供新方向

《中国制造 2025》为襄阳制造业转型升级指出了新的方向。《中国制造 2025》提出重点发展高档数控机床和机器人、航空航天装备、先进轨道交通设备、节能与新能源汽车等十大产业，襄阳在上述产业有着良好的基础，发展潜力巨大。此外，近年来消费明显升级的趋势，催生了一系列新产业、新业态。襄阳在生态环境、历史文化等特色资源禀赋方面具有一定的基础，需要顺应新的产业发展趋势，统筹汉江襄阳段沿江特色空间资源的使用，加强对旅游等新兴产业、新型业态的引导、空间布局支撑。

二、规划研究层次与重点

规划空间范围具体包括两个层次：

第一个规划层次为汉江干流流经的 37 个乡镇（街道），面积约 4267 平方公里，该空间层次以沿江乡镇（街道）总体空间结构规划，城镇建设区、农业发展区、生态功能区等三区划定与全域统筹为重点。

第二个规划层次为汉江干流沿江两岸各 5 公里内的区域，该区域以主要城镇节点的功能布局指引及空间结构指引为重点。

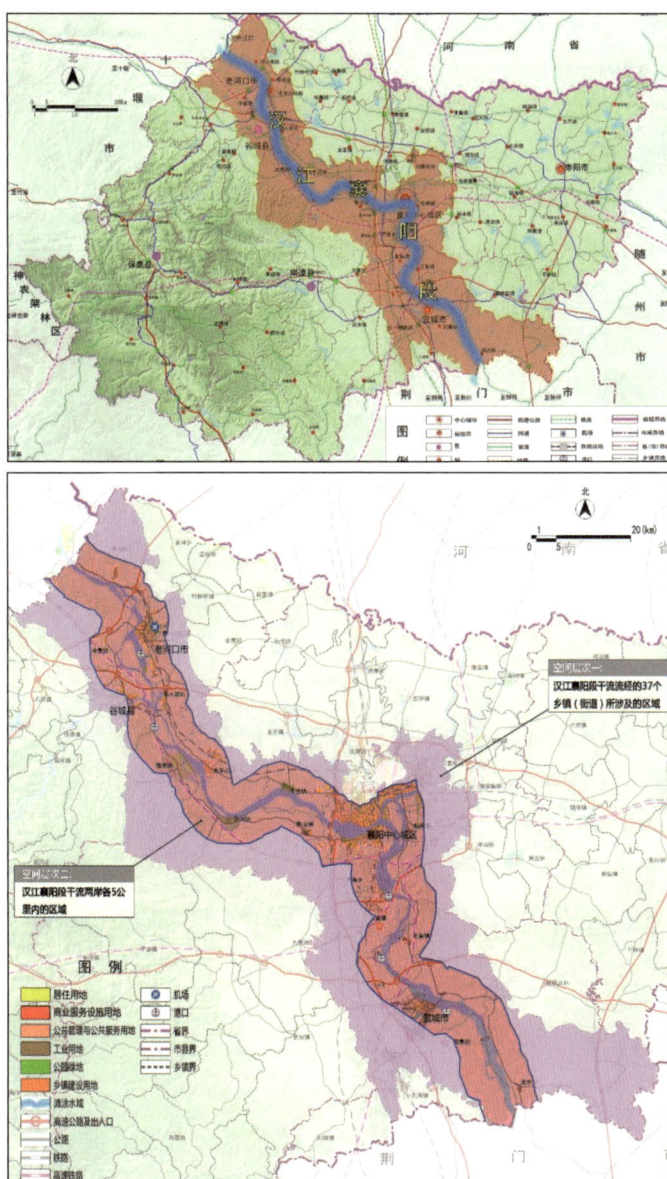

图 1-3　汉江襄阳段市域区位（上）及规划空间层次图（下）

三、规划研究依据与参照

■ **法律法规**

1.《中华人民共和国土地管理法》（2004 年修订）；

2.《中华人民共和国城乡规划法》（2008 年）；

3.《中华人民共和国水土保持法》（2010 年修订）；

4.《中华人民共和国环境保护法》（2014 年修订）；

5.《水污染防治行动计划》（简称"水十条"）（2015 年）；

6.《中华人民共和国水法》（2016 年修订）；

7.《中华人民共和国防洪法》（2016 年修订）；

8.《中华人民共和国水污染防治法》（2017 年修订）；

9.其他相关法律法规和标准规范。

■ **相关规划**

1.《长江经济带发展规划纲要》；

2.《汉江生态经济带发展规划》；

3.《长江经济带生态环境保护规划》；

4.《湖北长江经济带生态保护和绿色发展总体规划》；

5.《长江岸线保护和开发利用总体规划》；

6.《湖北汉江生态经济带开放开发总体规划（2014—2025 年）》；

7.《湖北省城镇体系规划（2003—2020 年）》；

8.《湖北省新型城镇化规划（2014—2020 年）》；

9.《湖北省主体功能区规划》；

10.《襄阳市城市总体规划（2011—2020 年）》（批复稿）；

11.《襄阳市土地利用总体规划（2006—2020 年）》（中期调整报批稿）；

12.《襄阳市生态保护红线划定》（过程稿）；

13.襄阳沿江各县、市总体规划；

14.《襄阳市国民经济和社会发展第十三个五年规划纲要》；

15.相关部门的"十三五规划"及其他部门规划与计划。

第二节　沿江空间发展的基础与条件

一、沿江空间现状

汉江襄阳段沿江区域居于汉江中游，处于中国南北气候分界线，是西部山区和江汉平原的过渡地带，国土面积 4267.3 平方公里。该区域是襄阳市经济相对发达区域，区内人口、城镇分布密集，现代化综合交通体系初步形成，产业集聚态势逐步显现。

区内人口、城镇分布相对密集。2017 年常住人口 238 万人，约占襄阳市总人口的 42%。城市首位度高，人口大部分都集中在襄阳市区或县城城关镇，人口和城镇集聚的核心带动作用明显。此外，汉江襄阳段沿江平均约每十公里分布有一个城镇，山、水、城相融的空间格局特色鲜明。

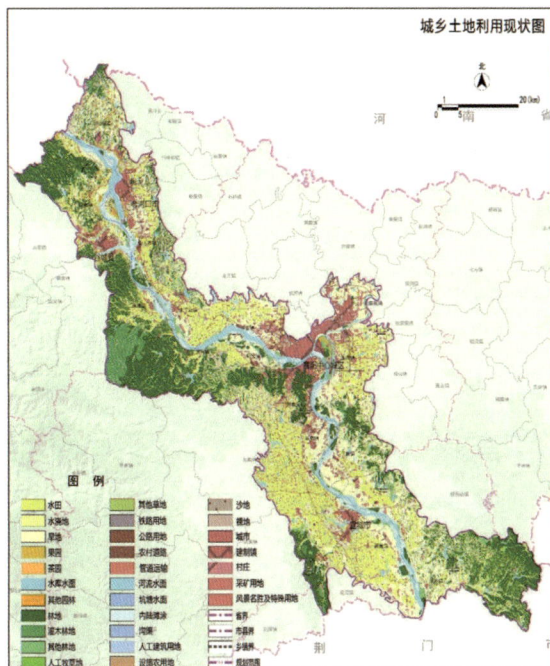

图 1-4　汉江襄阳段沿江城乡土地利用现状图

资料来源：《襄阳市土地利用总体规划（2006——2020 年）》（中期调整报批稿）。

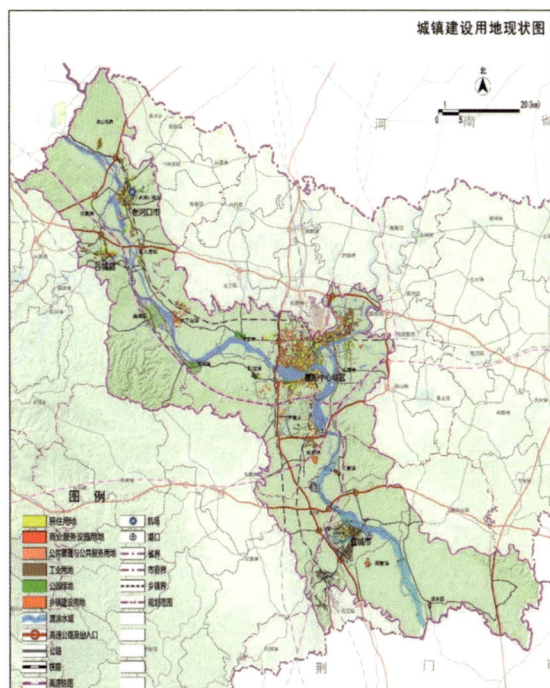

图 1-5　汉江襄阳段沿江城镇建设用地现状图

资料来源：根据襄阳各县市区用地现状汇总整理。

产业集聚态势逐步显现。近年沿江地区特色产业持续发展壮大，产业集聚速度加快，一大批具有较大规模和特色的开发区和产业园区成长迅速。沿江地区汽车产业、农产品加工业和装备制造业等产业不断发展壮大，集聚态势逐步显现。同时沿江地区优势特色产业园区集聚效应不断放大，特别是农产品加工业和再生资源等特色产业园快速发展。

现代化综合交通体系初步奠定。基本形成了以高速公路为主骨架，以国省道为脉络，以农村公路为基础的公路网络格局。铁路网主要由焦柳、汉丹、襄渝三条铁路干线及铁路支线构成，形成"一横一纵"格局。此外，机场、内河航运、站场枢纽的快速发展也为经济社会的发展提供了有效支撑。

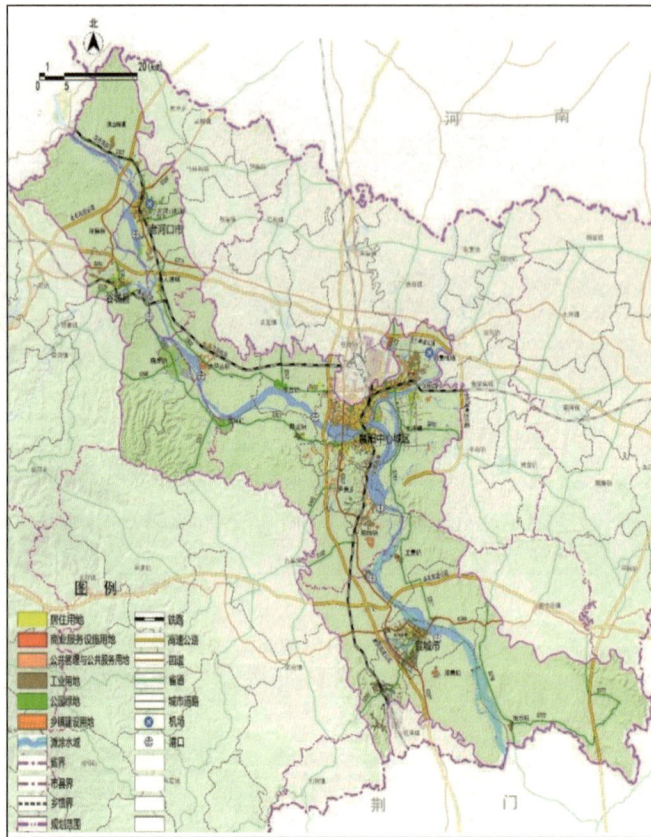

图 1-6 汉江襄阳段沿江综合交通体系现状图

二、沿江空间发展基础

（一）资源本底条件良好

区域资源本底条件良好，山、水、洲、林、园要素齐备。

南北分界，水系发达。汉江襄阳段属于亚热带季风气候，气候温暖湿润，四季分明。由于地处中国南北分界线，形成了多样性的植被特征和景观特色。水资源丰富，河流纵横，汉江穿流而过，地表水系发达，塘堰、水库星罗棋布。

生态环境良好，资源丰富。区内主要生态资源有湖北岘山国家森林公园、湖北鹿门寺国家森林公园、湖北襄阳崔家营省级湿地公园、湖北襄阳汉江国家湿地公园、隆中风景名胜区等。汉江襄阳段沿江生态环境本底良好，水系密布，为发展休闲、度假、康养、旅游观光等功能提供了良好的环境基础与空间载体。区域内建有森林公园 4 个，面积 38.6 平方公里；湿地公园 6 个，面积 153.46 平方公里；2 个风景名胜区，面积 88.29 平方公里。

表 1-1　汉江襄阳段各地区自然资源情况

	襄阳市区	宜城市	老河口市	谷城
山水格局	青山入城、碧水穿城：由汉水、唐白河、清河以及岘山、鹿门山汇聚而成的山水格局	四山一水五分田：东西丘陵山地，中部汉江两岸地势平坦	山水环绕、大江穿城	
河流	汉江、唐河、白河、唐白河、清河等	汉江、蛮河	汉江、南河、北河	
森林公园	湖北岘山国家森林公园、湖北鹿门寺国家森林公园		湖北百花山森林公园	湖北承恩寺森林公园
湿地公园	湖北襄阳崔家营省级湿地公园、湖北襄阳汉江国家湿地公园、湖北长寿岛国家湿地公园	湖北宜城鲤鱼湖省级湿地公园、湖北宜城万洋洲国家湿地公园		湖北谷城汉江国家湿地公园
自然风景区	隆中风景名胜区		梨花湖风景名胜区	
农业资源	粮、油、蔬菜等	粮、油、蔬菜，以及果、菌等特色种植	水稻、小麦、棉花、芝麻、烟叶	水稻、小麦、玉米、棉花、芝麻
矿产资源	锰矿等	铅矿、铝土矿、磷矿、矿泉水、耐火黏土、石灰石、硅石等	煤、铁、白云石、砂金、石英石等	金、铁、锰、硅石、石灰石、白云石等

资料来源：襄阳市相关部门提供的《沿江发展规划基本数据》等资料。

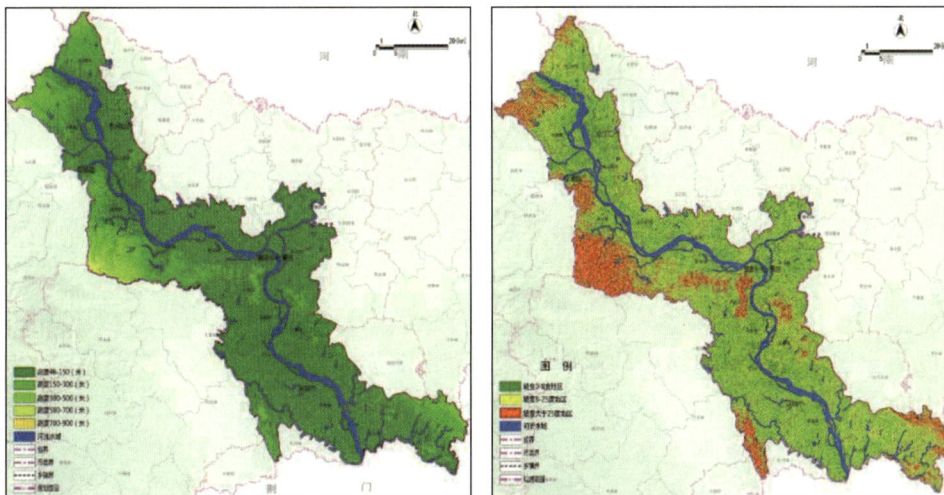

图 1-7　高程与坡度分析

资料来源：襄阳市相关部门提供的地理信息数据。

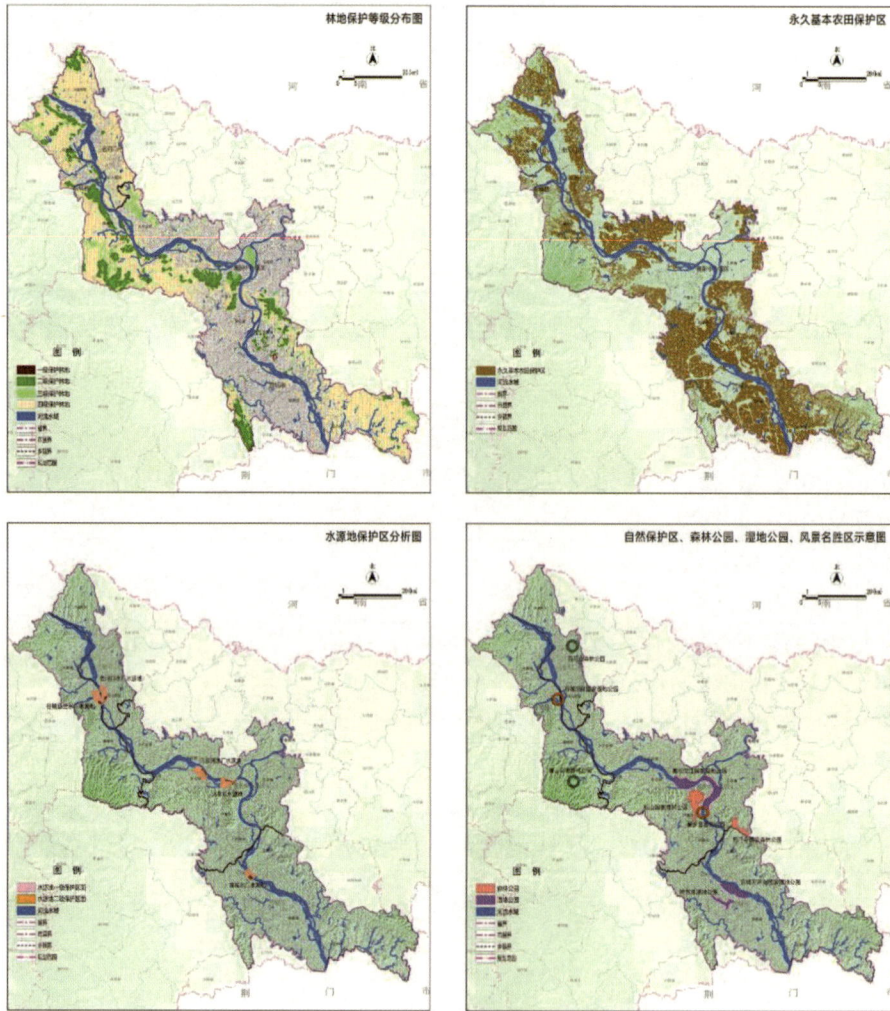

图 1-8　各类空间要素分布情况

资料来源：襄阳市相关部门提供的地理信息数据。

（二）区位交通优势明显

区位与交通优势明显，兼具门户与区域中心的空间区位条件。公路、铁路、水路、航空运输等综合交通体系基本形成，可快速连通至国家交通网。

1. 襄阳市区段

襄阳已成为全国综合交通网络中的重要节点和湖北省及汉江流域的重要交通枢纽城市。交通区位条件优越，公路、水路、铁路、航空等交通十分发达。汉十高速公路（福银高速湖北段）、襄荆高速公路（二广高速湖北段）两条高速公路以及在建的绕城高速公路和 G207、G316 国道在襄阳市区交叉，形成区域公路枢纽；南北方向的焦柳铁路和正在建设的蒙华铁路，与东西方向的汉丹铁路和正在建设的西武客运专线在襄阳交叉，加上即将建设的郑渝高速客运专线，未来在襄阳地区将形成鄂、渝、豫、陕毗邻地区最大的铁路枢纽；正在扩建的襄阳刘集机场和汉江通航等级提升等交通设施建设，为本地区未来快捷空中交通和直通江海的水上交通提供支撑条件。

2. 宜城段

宜城市交通区位与综合交通优势明显。宜城在襄阳市南面，距离襄阳中心城区不到 40 公里，除可以充分共享襄阳市综合交通优势条件外，还有通过南北方向的襄荆高速公路和 207 国道以及东西方向的麻竹高速公路和 G346 国道（随南公路）形成公路交通网络；另外焦柳铁路和正在建设的蒙华铁路以及汉江也通过本地区。

3. 老河口与谷城段

老河口与谷城是襄阳联系十堰等城市的门户。汉江襄阳段上游的谷城和老河口段地处鄂西北山区向南襄盆地过渡的节点区域，是山区物资向平原地区转运的天然枢纽。辖区内有多条重要交通通道穿过，铁路、公路、水利等交通方式多样：其中汉十高速公路和 316 国道连接十堰、襄阳和武汉等区域中心城市，是湖北省中西部地区的重要交通通道；302、222、303 省道则是与山区各县、襄阳、南阳等城市联系的重要交通线路。除此之外整个区域范围内另有 20 多条县道和 2 条主要铁路（襄渝铁路、汉丹铁路）通过。正在建设的西武客专将有利于加强与武汉和西安方向的客运交通联系；老宜高速公路的建设则将进一步加强与南阳、宜昌方向的沟通联系。

表 1-2　各县市区现状主干交通情况

城市	高速公路	国道	国家干线	主要站场	航道	主要港口	机场	等级及航线
襄阳市	汉十襄荆绕城高速	G207 G316	焦柳 汉丹	襄阳站、襄阳东站、余家湖站	汉江	樊城、襄城、襄阳和鱼梁洲	襄阳刘集	4C，开通武汉、北京、上海、广州航线
宜城市	襄荆、麻竹	G207 G346	焦柳	宜城站	汉江	王集港区、小河港区、窑湾港区		
老河口与谷城	汉十、老宜	G316	襄渝、汉丹	老河口站	汉江	谷城港区	老河口机场	军用

资料来源：襄阳市相关部门提供的《沿江发展规划基本数据》等资料。

（三）综合承载能力较强

汉江襄阳段沿江区域地处于汉江中上游，地貌以平原、丘陵为主，岗地、低山并重，中山和高山兼有，属平原向山区过渡地带。国土面积 4267.3 平方公里。其中，耕地 1869.18 平方公里、林地 1032.11 平方公里、建设用地 643.7 平方公里。

谷城县山地面积占比较大。老河口市则以岗地和平原为主，襄阳市区、宜城等地地势平坦，土壤肥沃，依托良好的土地资源条件，形成了农业发展优势，是湖北省重要的粮仓。

从生态敏感性的角度看，汉江襄阳段沿江区域总体上处于低敏感区域，适宜开发建设的空间潜力较大。

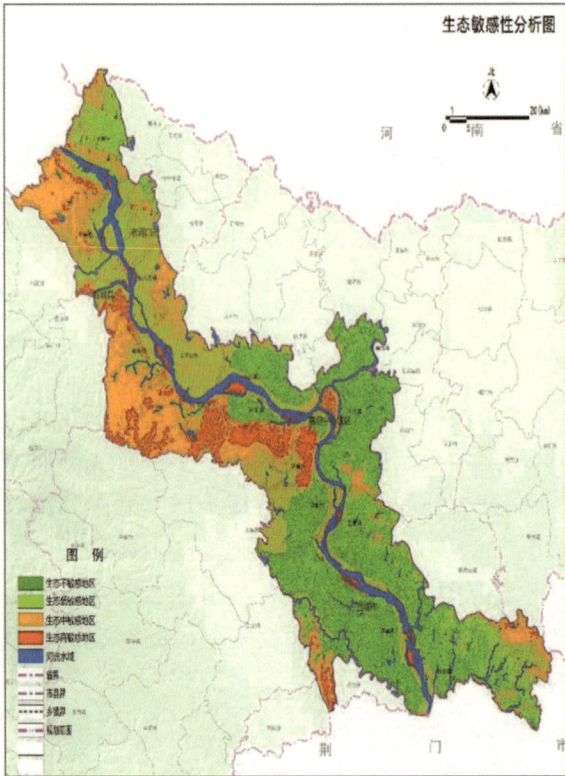

图1-9　汉江襄阳段沿江生态敏感性分析图

资料来源：《襄阳市土地利用总体规划（2006—2020年）》（中期调整报批稿）。

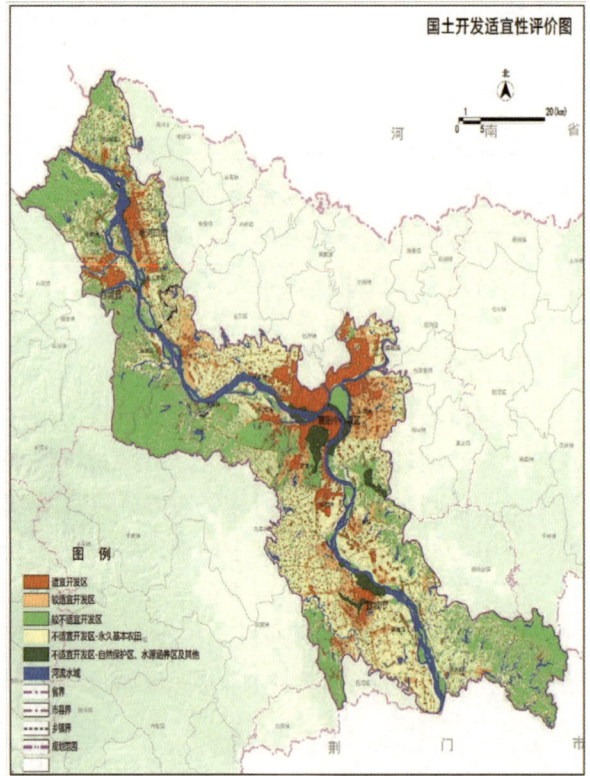

图1-10　汉江襄阳段沿江国土空间开发适宜性评价图

资料来源：《襄阳市土地利用总体规划（2006—2020年）》（中期调整报批稿）。

（四）山、水、城格局特色鲜明

老河口—谷城段：从丹江口水库到老河口市王甫洲大坝段已形成了以梨花湖景区为核心的滨水景观带。同时汉江由北向南穿过老河口—谷城城区，老河口、谷城分别位于汉江东、西两岸，核心区坐落在汉江冲积而成的平原上，西侧和南侧被山区围绕，东侧为大片岗地，形成了山岭环抱、大江穿城的自然山水格局。

图1-11　由丹江口水库南望景观

图 1-12　老河口—谷城城市景观分析

图 1-13　庙滩—茨河—太平店沿岸景观

襄阳市区段：从新集大坝到崔家营大坝，包括鱼梁洲及唐白河部分河段，山水风光优美，拥有由江、城、河、街等元素构成的襄阳古城风光，有保存较完好的襄阳古城、护城河、昭明台等历史文化遗存，适合开展水上观光游览项目。

图 1-14　汉江滨水景观

图 1-15　襄阳城区洲河景观

图 1-16　鹿门山眺望汉江景观

　　襄阳市区位于西部山区和东部丘岗之间的开阔地带，城市空间拓展余地很大，在城市南侧有岘山、鹿门寺等森林公园，城市中心有汉江、唐白河、小清河穿过，形成了"青山入城、碧水穿城"的独特格局。建成区南部为岘山、鹿门山山系，北部为连山及鄂北丘陵岗地；汉江、唐白河、小清河、七里河等水系穿城而过，呈现"南山北丘、多水绕城"的山水格局。同时，鹿门寺森林公园、隆中、连山、普陀堰风景区以及汉江鱼梁洲、长丰洲、老龙洲等也共同构成了中心城区的自然山水格局。

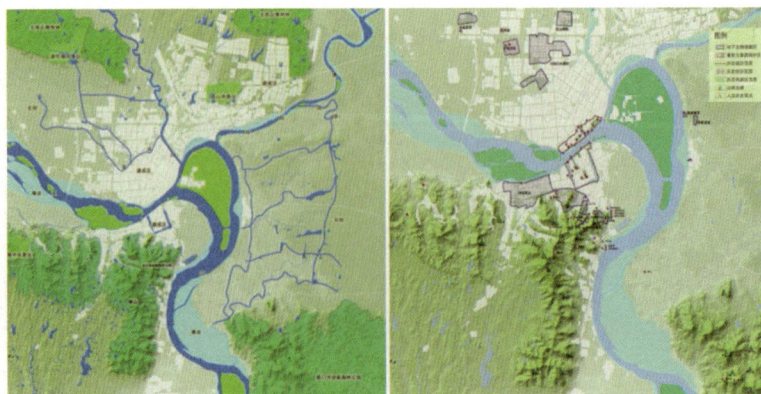

图 1-17　襄阳市区段山水要素与人文要素资源分布图

　　襄阳古城，依山临江而建，扼守水路交通要道。随着城镇发展，逐步形成了南城北市、双城依江的城镇格局。汉江南岸的襄城作为区域的行政、军事中心，以统一规划、统一筑城为主，至今保存着较为完整的城墙及护城河水系。汉江北岸依托水陆转换贸易，逐步自发形成商贸集市，形成"南城北市"的古城格局特色。

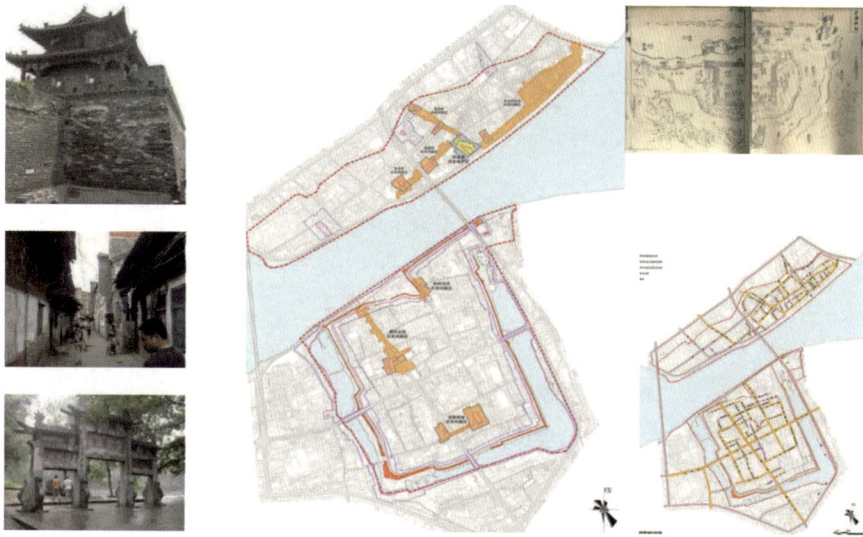

图 1-18　襄阳古城格局图及现状风貌

资料来源：襄阳历史文化名城保护规划（2014—2030 年）评审稿。

　　宜城段：除汉江外还有市内的鲤鱼湖区域，属于与城市关系密切的人工湖泊。宜城临江（汉江）而建、因湖（鲤鱼湖）而兴。2006 年前城市主要是沿江发展，其后为了推进工业发展，先后启动了开发区、滨江新城和鲤鱼湖新区建设，形成了拥江抱湖的特色景观风貌。

图 1-19　宜城鲤鱼湖滨水景观

图 1-20　宜城城区现状

三、沿江城镇空间演变历程

（一）沿江城镇空间发展历程

农耕时期：在农耕时代，由于水系在生活、生产中处于重要地位，汉江襄阳段城镇多依水而建，主要在河流交汇处集聚。受制于当时交通方式较为简单等因素，加之北方河流较少，陆地上出行主要选择马车；而南方的水系发达，则更为依赖船舶，在汉江襄阳段沿江区域汉江与小清河、唐白河交汇之处形成了最早南船北马的节点转换之地，商贸物流功能兴盛，促进了该区域城镇的快速发展。

工业化初期：随着社会经济的发展，城市逐渐进入工业化初期阶段，这个时期和农耕时期相比，城市更加注重工业的发展。为了取水排水的便利，大多数工业场所占据了城市用水较为方便的地方，但和城市生活并未有较大的关系。城市交通方式从过去的马车和水运转换成铁路及公路。由于陆路交通便利，在这一阶段城市快速拓展，这一时期，从汉江襄阳段沿江城镇与汉江的空间关系上看，表现出以老工业基地近水布局、城市老城滨水空间衰退、城市新兴生活空间背江发展的空间格局特征。

工业化中期：工业化进程的加快直接影响了城市的发展，高速公路的建设让城市之间的联系和交流更为便利。人口增加，城市加速发展，由于原有老城和工业已将城市滨水空间基本占满，城市主要往外延伸，新的建设用地远离汉江等河流。这一时期水系并未在城市的发展中有较大的作用，城市工业园区、产业园区、大型居住区更多远离汉江，呈现依托干线公路、高速公路出入口等区域集聚的态势。

（二）沿江城镇空间演变特征与趋势

1.演变特征：从"滨河—近江"到"邻江—背水"

农耕时期，城市依水而建，滨江发展，汉江在生产生活中占据重要地位。城市在进入工业化之前长期处于农耕时代，水系在日常生活、农业灌溉、军事防御等方面发挥极其重要的作用，因此城镇基本都沿江建设。襄阳占据独特的地理位置，利用水系建设了以襄城、樊城为主的古城，谷城南、北河之间的区域，太平店、东津等城镇的主要渡口集镇，发展内河航运，实现与陆路运输之间的转换。

工业化初期及中期，城市虽然邻江，但整个城市却背江发展。在工业化阶段，工业占据了较好的地理优势获取沿江水资源以及进行污水排放，在此阶段，河流主要对工业发展有较大的支撑作用；随着铁路、公路等的发展，其自身的航运功能在逐渐淡化。在城镇化阶段，襄城、樊城组成的老城虽作为整个城市的中心部分重点发展，但其文化、商业、娱乐等方面的建设并未与汉江有较大的关系。随着城市的拓展，为了降低建设成本，依托向北建设新城，城市处于背江发展的状态；农耕时期的老城中心及工业化初期的老工业基地日趋衰败，品质下降，更新与改造的压力逐渐增大。

2.发展趋势：强调滨江转型发展

在工业化后期与后工业化阶段，城市开始转型发展，更加注重文化、特色、生态等方面的需求。结合城市各类资源的分布以及原有基础，滨江各个片区发展重点不同，形成了相对独立的发展区域。从汉江襄阳段沿江全域看，上游地区的老河口与谷城更多以开放空间（汉江湿地公园、滨江商业、绿地开发建设等）为主，突出整体统筹协调发展。中游地区的襄阳中心城区则以多种复合形式的功能提升为主；汉江襄阳段下游地区的宜城更多以滨江港口建设与资源型加工产业园区布局为主。

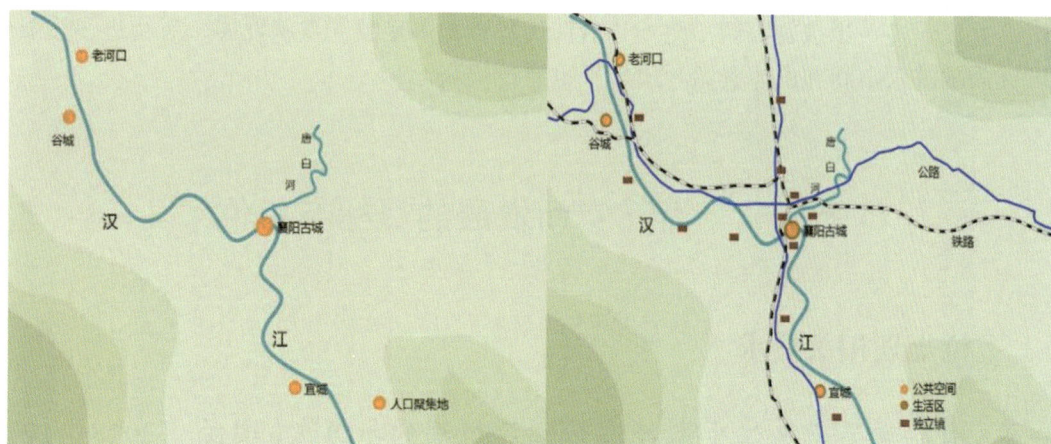

图1-21　农耕时期城镇与汉江关系图（左）工业化初期城镇与汉江关系示意图（右）

资料来源：襄樊市城市规划志。

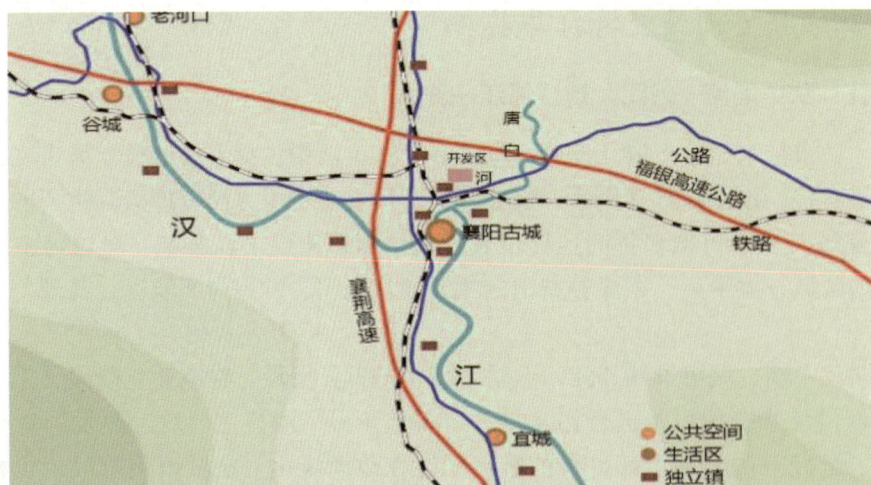

图 1-22　工业化中后期（现阶段）城镇与汉江关系示意图

资料来源：襄樊市城市规划志。

四、总体认识

综上，汉江襄阳段沿江地区具有较好的发展条件，体现在生态环境良好、自然资源丰富、交通区位优势明显、综合承载能力较强、风貌格局特色鲜明等方面。面向未来，汉江襄阳段作为汉江的中上游地区，一方面肩负着汉江中上游生态环境安全、水土保持等重要使命；同时，汉江襄阳段沿线区域作为襄阳市经济活动的主要承载空间，也肩负着推动今后襄阳城市转型发展与城市地位提升的战略使命。

当前，面临的核心问题是沿江空间功能组织急需统筹优化。主要包括：河口—谷城城镇建设发展计划庞大，发展存在较大风险；襄阳中心城区及外围城镇发展需要进一步统筹协调；宜城段产业园区与镇区建设需进一步统筹协调。此外，沿江优势资源多呈独立点状发展，有待进一步强化统筹协调；城区内部滨水空间和山体资源利用水平也有待提高。

第三节　沿江空间发展的目标与定位

一、上位规划相关要求

（一）《国务院关于汉江生态经济带发展规划的批复》（国函〔2018〕127 号）

《汉江生态经济带发展规划》应坚持新发展理念，按照高质量发展要求，统筹推进“五位一体”总体布局和协调推进“四个全面”战略布局，以供给侧结构性改革为主线，主动融入“一带一路”建设和倡议、京津冀协同发展、长江经济带发展等国家重大战略和倡议，坚决打好防范化解重大风险、精准脱贫、污染防治三大攻坚战。围绕改善提升汉江流域生态环境，共抓大保护，不搞大开发，加快生态文明体制改革，推进绿色发展，着力解决突出环境问题，加大生态系统保护力度；围绕推动质量变革、效率变革、动力变革，推进创新驱动发展，加快产业结构优化升级，进一步提升新型城镇化水平，打造美丽、畅通、创新、幸福、开放、活力的生态经济带。

（二）《湖北汉江生态经济带开放开发总体规划（2014—2025 年）》

《湖北汉江生态经济带开放开发总体规划（2014—2025 年）》提出在湖北汉江生态经济带范围内以武西客专和汉江为开发双轴线，加快形成"一条铁线、一条水线"并驾齐驱的空间开发格局。襄阳努力做大做强省域副中心城市和汉江流域中心城市，增强引领带动作用；打破行政区域束缚，打造丹河谷组群，共建生态经济发展试验区。推进宜城与襄阳中心城区一体化发展，加快建设小河港区，打造襄阳市水运中心。

（三）《湖北省新型城镇化规划（2014—2020 年）》

《湖北省新型城镇化规划（2014—2020 年）》中涉及汉江襄阳段沿江空间的具体要求如下：依托焦柳铁路、G207 及二广高速等区内重大交通设施，构建襄荆城镇发展轴；依托福银高速、汉十铁路及规划建设的武汉—西安客运专线组成的综合交通轴线，构建汉十城镇发展带。重点壮大襄阳都市区，提升辐射带动能力，增强其现代化区域中心城市的辐射带动能力。促进丹江口、老河口、谷城三县市的联合发展，形成重点明确、结构清晰的带状串珠式城镇发展格局。

（四）《湖北省主体功能区规划》

《湖北省主体功能区规划》涉及汉江襄阳段沿江空间的具体要求是：汉江襄阳段沿江涉及的襄城、樊城、襄州是省级层面上确定的重点开发区域，汉江襄阳段沿江涉及的谷城、老河口、宜城三县市为国家层面的农产品主产区，是湖北省主体功能区规划中的限制开发区。

（五）《襄阳市城市总体规划（2011—2020 年）》

《襄阳市城市总体规划（2011—2020 年）》提出在襄阳市域层面规划以特大城市襄阳中心城区为中心，以老河口、宜城、枣阳三个中等城市为支点，以"两轴"即福银高速公路暨汉渝铁路襄阳段城镇发展主轴、二广高速公路暨焦柳铁路襄阳段城镇发展次轴为纽带，形成"一心两轴三支点"的市域城镇空间结构。其中，涉及本次汉江襄阳段规划的空间区域主要为"一心两支点"，"一心"即襄阳中心城区，"两支点"即老河口、宜城。

二、目标定位

落实将汉江襄阳段建设成为"空间绿色发展的示范区、空间协同发展的引领区、空间创新发展的先行区"三大空间发展定位，规划在汉江襄阳段沿江乡镇（街道）全域空间形成规划具有可持续力的空间本底、规划具有竞争力的空间格局、规划具有魅力与特色的空间形象。立足上述规划目标，统筹汉江襄阳段沿江区域全域空间结构、全局空间规划、重要节点与区域功能布局。

（一）落实空间绿色发展的示范区

立足区域生态安全格局，识别、统筹、优化襄阳沿汉江区域各类生态保护空间，确保襄阳汉江段整体生态安全；转变粗放、低效的空间资源使用模式，突出城镇空间的高效、集约使用，推动汉江襄阳段的转型与绿色发展。

（二）强化空间统筹发展的引领区

立足全局与长远发展，优化生产、生活、生态三类空间结构与布局；遵循合作共赢、城乡统筹发展理念，协调城、镇（乡）、村三类发展主体的诉求；从沿江全局视角，协调上游、中游、下游城镇功能与产业园区布局。

（三）突出空间创新发展的先行区

突出特色资源的整体、统筹利用，建设沿江特色功能发展走廊；识别特色与重点区域，在汉江襄阳段集中塑造若干重点景观魅力区；打破就单一城镇论城镇的怪圈，突出核心城镇与外围镇（乡）的空间一体化创新发展。

第四节　沿江乡镇（街道）总体空间统筹研究

一、总体思路

落实生态文明，严守生态底线，科学划定生态功能区。充分尊重汉江襄阳段沿线自然环境的生态本底条件，发挥好汉江及支流水系、山体等自然要素的生态调节作用，强化生态优先的发展理念，预留重要的生态廊道、生态斑块等空间，识别、划定区域生态功能区，强化山、水、城相互融合的空间发展模式。

立足城镇基础，依托交通廊道，促进城镇建设区集约高效发展。立足汉江襄阳段沿线城镇发展基础，借势发展、谋划长远，积极推进沿线空间基础设施建设；依托汉江两岸高速公路、国省道等区域交通走廊，充分发挥核心资源要素和设施的作用，集聚发展，推动汉江两岸城镇建设集约、高效、紧凑发展。

统筹自然田园、农业生产与城镇建设，优化农业发展区空间格局。结合汉江襄阳段两岸山水资源、田园风光现状，城镇发展基础，识别特色风貌区域，选取重点区域，建设若干具有展现汉江襄阳段总体风貌特色的山水田园风貌区段及现代城镇风貌段。

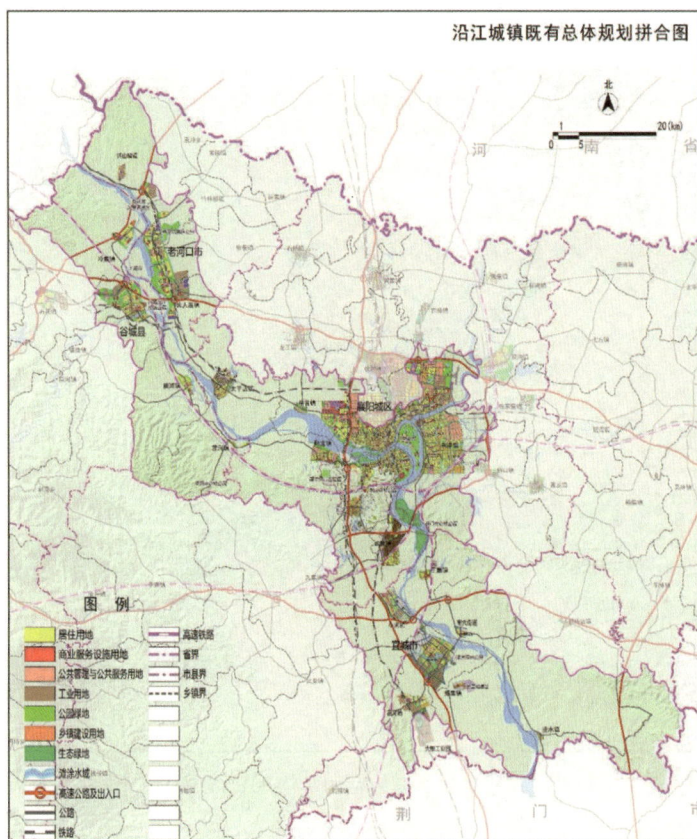

图 1-23　沿江城镇既有总体规划拼合图
资料来源：根据各县市区相关规划整理。

二、优化沿江乡镇总体空间结构

（一）以总体结构统筹全域空间发展

规划在沿汉江乡镇（街道）全域形成"一江、两廊、三段；一核、两极、多支点"的总体空间结构，以总体空间结构统筹汉江襄阳段全域空间发展。

一江：指汉江襄阳段。

两廊：指依托干线公路在汉江两岸形成的生态文化休闲特色发展走廊、传统工业转型升级发展走廊。

三段：结合行政区划，将汉江襄阳段划分为谷城—老河口段、襄阳市区段、宜城段三段。

一核：即汉江襄阳段综合发展核心。

两极：即在汉江襄阳段上游及下游地区，形成两个带动汉江襄阳段沿江区域发展极。

多点：即支撑汉江襄阳段空间发展的多个城镇节点。

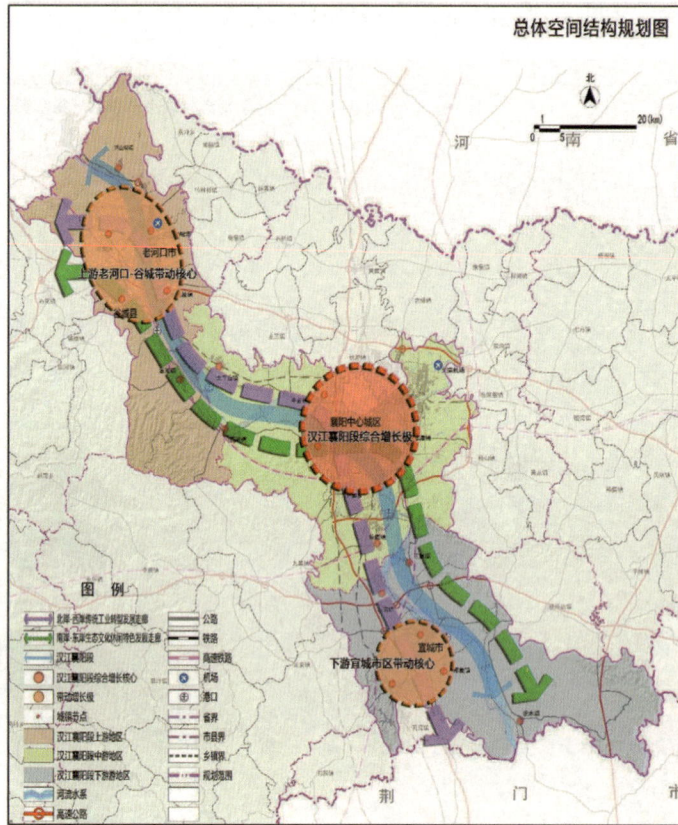

图 1-24　总体空间结构规划图

（二）强化"一核"的中心地位

以襄阳市区沿江街道为主体，联动市区外围牛首镇区、卧龙镇区、东津镇区、尹集镇区，建设成为带动汉江襄阳段整体发展的功能紧密联系、设施高度一体化的综合增长核心。

（三）突出"两极"的带动作用

上游地区依托老河口沿江区域及谷城沿汉江区域，联动冷集镇区及仙人渡镇区，形成带动汉江襄阳段上游地区转型发展极。下游地区依托宜城市区，联动大雁工业园区及郑集镇区，打造带动汉江襄阳段下游地区转型发展极。上下两个带动极与襄阳市区的综合增长核心一起联动，形成汉江襄阳段发展的主体空间。

（四）推进若干特色节点建设

结合特色资源禀赋与产业基础，形成太平店、茨河、庙滩、欧庙、小河、王集、流水等若干专业化城镇节点。

（五）引导"两廊"差异化发展

依托干线公路在汉江两岸形成生态文化休闲特色发展走廊、传统工业转型升级发展走廊等两条相对差异化发展的功能走廊。

在汉江襄阳段南岸及东岸，依托省道303、省道217、省道218，联系谷城县城、庙滩镇区、茨河镇区、卧龙镇、襄阳古城、岘山风景区、东津镇区、鹿门山风景区、王集镇区、流水镇区的生态文化休闲特色发展走廊。

在汉江襄阳段北岸及西岸，依托二广高速、福银高速、国道316、国道207、省道302，联系老河口市区、谷城城区、冷集镇区、仙人渡镇区、太平店镇区、牛首镇区、襄阳城区、余家湖工业园、欧庙镇区、小河镇区、宜城城区、郑集镇区，立足既有产业基础，强化转型升级，建设传统工业转型升级走廊。

三、强化沿江乡镇空间资源统筹

（一）全域空间统筹协调的技术思路

基于"多规合一"思想，统筹汉江襄阳段沿江乡镇（街道）全域空间发展，合理划定城镇建设区、农业发展区、生态功能区等三区，生态保护红线、永久基本农田控制线、城镇开发边界等三线。

落实生态文明理念，优先划定生态功能区。生态功能区划定遵循以下技术方法：生态功能区具体范围的划定根据汉江襄阳段沿江区域的生态敏感性分析和生态保护红线边界，并协调城镇建设区和农业发展区的空间边界进行划定。

确保农林发展空间需求，划定农业发展区。农业发展区具体划定基于土地利用总体规划、城市总体规划、镇总体规划划定的农用地、耕地及农村居民点，整合园地、林地、牧草地等相关空间要素，综合确定农业发展区的范围。

突出集约紧凑，划定城镇建设区。城镇建设区具体范围划定基于以下思路：立足汉江襄阳段沿江乡镇（街道）资源环境承载能力，统筹城市总体规划、镇总体规划、土地利用规划和生态环境保护等规划。在落实已经明确的开发边界和城镇空间基础上，对接汉江生态经济带规划要求，对于城镇发展重点方向、产业园区发展重点等，结合城镇远景发展规模的预测预留一定的空间弹性；从全局视角统筹自下而上的相关各自规划，合理确定城镇建设区的范围。

在具体三区划定过程中，对于具体空间范围存在矛盾的区域，具体协调遵循战略判断和逻辑判断两类原则，在协调过程中，根据实际差异及冲突情况，选择合适的准则对三类空间划定进行判断。战略判断准则即以襄阳落实长江流域"不搞大开发，共抓大保护"为核心指导思路，确定空间资源使用导向。逻辑判断准则即遵循已批准规划高于未批准规划，已批准规划高于现状建设，审批级别高的规划高于审批级别低的规划，保护类规划高于发展类规划，同等审批级别下，编制基期较新的规划要高于较老的规划协调三区具体范围冲突。

对接生态保护红线、永久基本农田控制线划定成果，研究城镇开发边界划定范围。具体而言，对生态保护红线而言，考虑襄阳正在推进市域生态保护红线划定工作，因此，本次规划范围内生态保护红线的具体边界均以对接、落实襄阳市域生态保护红线划定的最新成果为准；对永久基本农田控制线而言，考虑根据自然资源部（原国土资源部）《关于进一步做好永久基本农田划定工作的通知》（国土资发〔2014〕128 号）的要求，襄阳市正在开展市域永久基本农田的划定工作，因此，本次规划范围内的永久基本农田边界均以落实国土部门永久基本农田划定的最新成果为准。衔接城镇建设区的范围，划定城镇开发边界 ^①，城镇开发边界内为城镇建设区。

（二）引导城镇建设区集约发展

1. 城镇建设区分布

城镇建设区是重点进行城镇建设和发展城镇经济的地域，包括已经形成的城镇建成区、规划城镇建设区以及独立的开发园区。

规划城镇建设区的规模约 524 平方公里，占汉江沿江乡镇（街道）空间总量的 12%。城镇建设区主要分布在汉江襄阳段的五个重点区域，即汉江襄阳段综合增长极的襄阳中心城区沿江街道以及外围牛首镇区、尹集、卧龙、东津镇区；上游及下游地区带动核心，即谷城县城—老河口市区—仙人渡镇区—冷集镇区—洪山嘴镇区以及宜城市区—大雁工业园区—郑集镇区，太平店镇区、茨河镇区、庙滩镇区、余家湖工业园、欧庙镇区、小河镇区等。

2. 城镇建设区空间发展指引

城镇建设区是今后汉江襄阳段沿江乡镇（街道）进行城镇开发建设的主体空间。该空间内应加强城市（镇）总体规划编制与实施，依照城市（镇）总体规划要求合理安排建设用地规模和布局，优化城镇生活空间、生产空间布局，提高土地利用效率，高效推进项目落地，有力支撑襄阳发展。其中，现状建成区域要结合目标定位，优化城市功能布局，完善各类设施配置，促进城市特色风貌的提升，注重建成区与新建区的生态、交通基础设施等的联系；新区开发建设应遵循适度集中、紧凑的原则，避免粗放、盲目扩展。

（三）保障农业发展区空间需求

1. 农业发展区空间分布

农业发展区主要承担农产品生产和农村生活功能，以田园风光为主，分布着一定数量的村庄。农林发展空间主要包含农村居民点、耕地、一般农田、园地、林地、牧草地其他农用地和未利用地。

规划农业发展区的空间规模约 2373 平方公里，占汉江沿江乡镇（街道）空间总量的 56%。农业发展区空间主要分布在汉江襄阳段的红山嘴镇、冷集镇、庙滩镇、茨河镇、太平店镇、卧龙镇、牛首镇、东津镇南部、王集镇、流水镇、郑集镇、宜城南营等区域。

---

① 根据《国土资源部农业部关于进一步做好永久基本农田划定工作的通知》（国土资发〔2014〕128 号），襄阳市正在开展市域永久基本农田的划定工作。因此，本次规划范围内的永久基本农田边界均以落实国土部门永久基本农田划定的最新成果为准。

2.农业发展区空间发展指引

农业发展区空间内的基本农田应严格执行《基本农田保护条例》的相关要求。区内现有非农建设用地和其他零星农用地应当整理、复垦或调整为基本农田，确实不能整理、复垦或调整的，可保留现状用途，但不得扩大面积；禁止占用区内基本农田进行非农建设，禁止在基本农田上建房、建窑、建坟、挖砂、采矿、取土、堆放固体废弃物或者进行其他破坏基本农田的活动；禁止占用基本农田发展林果业和挖塘养鱼。区内优先保护耕地土壤环境，保障农产品生产的环境安全，降低面源污染，增加土壤肥力。

农业发展区空间内除基本农田以外的一般农林发展空间（主要包括一般农田、园地、农村居民点、其他农用地以及裸地等）原则上禁止占用区内土地进行非农建设，不得破坏、污染和荒芜区内土地。一般农林发展空间内各类型用地的空间布局形态可依程序进行调整，但不得与基本农田保护、生态红线保护相冲突。

一般农田是指基本农田以外的一般耕地、为发展果树和其他多年生作物需要的园地以及为农业生产服务的其他农用地等，其管理应参照基本农田政策进行管护，耕地实行占补平衡政策。农村居民点建设应优先利用现有低效建设用地、闲置地和废弃地；统筹城乡关系，促进土地节约集约利用。对于裸地、滩涂等未利用地，本着服务于襄阳市经济社会发展大局，有效缓解全市耕地紧缺、建设用地紧张和后备资源不足的矛盾，切实提高全市土地资源对经济社会发展的承载能力。可以依照一定的程序，通过未利用地的开发利用，增加土地有效供给，为襄阳市发展提供用地保障，做到既保护好良田好地，又缓解用地供需矛盾。

（四）落实生态功能区保护要求

1.生态功能区分布

生态功能区间是进行生态保护的主要区域，包含自然保护区、森林公园、湿地公园、风景名胜区、水源地保护区、水域及部分滩涂、超过一定坡度的不适宜建设区域。

规划的生态保护空间规模约1370平方公里，占汉江沿江乡镇（街道）空间总量的32%。生态保护空间主要包括汉江襄阳段乡镇（街道）内的老河口水厂水源地保护区、谷城水厂水源地保护区、白家湾水厂水源地保护区、火星观水源地保护区、宜城水厂等水源地保护区，自然保护区的核心区和缓冲区，湖北岘山国家级森林公园、湖北鹿门寺国家级森林公园、湖北百花山省级森林公园、湖北承恩寺省级森林公园等四个森林公园，湖北谷城汉江国家湿地公园、湖北襄阳汉江国家湿地公园、湖北长寿岛国家湿地公园、湖北宜城万家洲国家湿地公园、湖北崔家营省级湿地公园、湖北宜城鲤鱼湖省级湿地公园等六个湿地公园，汉江沿江水域滩涂，隆中风景名胜区、梨花湖风景名胜区（含梨花湖湿地自然保护区）等两个风景名胜区的禁止建设区、一级保护林地以及区域内坡度超过25%的不适宜建设的区域。

2.生态功能区空间发展指引

生态功能区空间内应根据相关法律对各类保护空间实行针对性的保护措施，禁止违反法律法规规定的开发建设活动，保持空间内的自然本底。禁止建设不符合各类保护空间法律法规和规划的项目，现有不合要求的项目应限期改正或关闭；禁止新建、扩建、改建二类、三类工业项目，现有三类工业项目限期搬迁关闭。

　　自然保护区：进一步完善自然保护区建设管理体制和机制，引导自然保护区人口转移，逐步实现核心区无人居住，缓冲区和实验区人口大幅度减少；强化政府投资，推进自然保护区内保护设施建设，配备充足的人员和设备，加强生态保护技术培训，保障日常保护工作运行经费；实施生态补偿政策，对于区域内为生态保护做贡献的居民实施直接生态补偿。

　　各类水源地保护区：严格执行饮用水源保护制度，开展环境风险排查，加强环境应急管理，推行饮用水水源地一级保护区内的土地依法征收，取缔保护区内排污企业和排污口。

　　国家生态公益林：禁止任何形式的毁林、开荒等破坏公益林的行为；增加森林植被，提高森林质量，加强森林资源培育。

　　主要水域及滩涂：禁止除生态护岸、防洪建设以外的堤岸改造作业。

　　国家森林公园内的各项活动应按照《国家级森林公园管理办法》的相关规定严格执行。国家湿地公园内的各项活动应严格按照《湿地公园管理办法》的相关要求执行。风景名胜区的禁建区空间内的各类活动应严格按照《风景名胜区条例》的相关要求执行。

　　生态功能区空间内的滩涂、沙洲的利用，应严格遵照相关河道水利、防洪的相关规划与法规要求。

表 1-3　汉江襄阳段三类空间详细构成

类型	规模	具体构成
城镇建设区	524 平方公里	襄阳中心城区沿江街道以及外围牛首镇区、尹集、卧龙镇区、东津镇区；谷城县城—老河口市区—仙人渡镇区—冷集镇区—洪山嘴镇区；宜城市区—大雁工业园区—郑集镇区；太平店镇区、茨河镇区、庙滩镇区；余家湖工业园、欧庙镇区、小河镇区
农业发展区	2373 平方公里	主要分布在红山嘴镇、冷集镇、庙滩镇、茨河镇、太平店镇、卧龙镇、牛首镇、东津镇南部、王集镇、流水镇、郑集镇、宜城南营办事处等区域
生态功能区	1370 平方公里	区域范围内的湖北省生态红线范围
		水源地保护：老河口水厂、谷城水厂、白家湾水厂、火星观及宜城水厂等水源地保护区
		森林公园：湖北岘山国家级森林公园、湖北鹿门寺国家级森林公园、湖北百花山省级森林公园、湖北承恩寺省级森林公园
		湿地公园：湖北谷城汉江国家湿地公园、湖北襄阳汉江国家湿地公园、湖北长寿岛国家湿地公园、湖北宜城万家洲国家湿地公园、湖北宜城鲤鱼湖省级湿地公园、湖北崔家营省级湿地公园等六个湿地公园
		风景名胜区：隆中风景名胜区、梨花湖风景名胜区等两个风景名胜区的禁止建设区
		保护林地：一级保护林地
		其他区域：坡度超过 25° 的不适宜建设的区域

（五）衔接"三线"边界的划定

　　衔接城镇建设区的范围，划定城镇开发边界[①]，开发边界内为城镇建设区。严格限制在城镇开

---

① 本专题从研究视角，对汉江襄阳段沿江乡镇（街道）的城镇开发边界划定进行了初步探索，具体城镇开发边界的结论仅供参考。准确的城镇开发边界须结合各城镇法定总体规划的编制，予以进一步明确。

发边界外的城镇建设行为。

对接国土部门永久基本农田划定的最近成果，在农业发展区空间范围内落实永久基本农田边界[1]。区内永久基本农田范围约 1029 平方公里，约占汉江襄阳段沿江乡镇（街道）国土面积的 24%。

完善生态保护红线制度，落实襄阳市生态保护红线划定的最新成果[2]。对接襄阳市生态保护红线划定的最新成果，在汉江襄阳段沿江乡镇（街道）空间层次落实相应生态保护红线边界。区内生态保护红线范围约 217 平方公里，约占汉江襄阳段沿江乡镇（街道）国土面积的 5%。

（六）统筹滨江岸线资源利用

统筹岸线资源利用，优化五类功能岸线布局。贯彻长江经济带"共抓大保护，不搞大开发"的总体要求，严格落实《长江岸线保护和开发利用总体规划》中对汉江岸线资源的保护与利用要求。通过合理规划，科学布局，妥善处理好开发与保护、近期与长远的关系，促进汉江襄阳段岸线资源节约集约利用，统筹汉江襄阳段 195 公里范围内 424 公里长的岸线功能分区，合理划分工业与港口岸线、城镇滨水生活岸线、重要水利枢纽保护岸线、重要水源地保护区岸线、其他岸线等五类功能的岸线分区。具体岸线的保护与开发宜在参照本专题研究建议的基础上，通过开展专项的汉江（干流）岸线利用控制性规划，对不同区段汉江干流岸线的准确控制点坐标、使用功能、使用要求予以深化研究与论证，作为指导汉江干流岸线利用的具体依据。

确保沿江港口与工业岸线使用需求。衔接汉江襄阳段沿汉江干流港口布局与工业园区布局，在汉江干流规划港口与工业岸线共五处[3]，分别为老河口的陈埠港区、谷城的喻家湾港区、襄城的余家湖港区、宜城的小河港区、宜城的郭安港区，汉江襄阳段干流内港口与工业岸线约 12 公里。港口与工业岸线主要以承载港口建设、水运物流集散运输等功能为主，限制非生产性功能进入，区内港口及工业岸线资源应集约、高效利用。

满足城镇生活近水、亲水岸线空间需求。结合城镇建设区分布情况布局统筹汉江襄阳段城镇滨水生活岸线布局，规划汉江襄阳段干流城镇生活岸线约 75 公里，城镇生活岸线主要分布在襄阳中心城区的滨江区域、老河口、谷城、宜城的滨江区域。城镇生活岸线划定与城镇建设区相衔接，结合城市今后发展布局及预留空间，包含现状城镇生活岸线及今后预留的城镇生活岸线。城镇生活岸线以满足城镇近水、亲水等滨水生活与公共空间建设为主，包含为满足汉江水上旅游观光港区岸线功能，严格限制工业生产与交通运输等功能占用区内岸线。

落实重大水利、水电枢纽地区岸线保护要求。对接汉江襄阳段重大水利工程建设情况，落实重要水利、水电枢纽保护岸线的要求，汉江襄阳段干流内重要水利、水电枢纽保护岸线共四处，分别

---

[1] 根据国土资源部《关于进一步做好永久基本农田划定工作的通知》（国土资发〔2014〕128 号），襄阳市正在开展市域永久基本农田的划定工作。因此，本次规划范围内的永久基本农田边界均以落实国土部门永久基本农田划定的最新成果为准。

[2] 根据《生态保护红线划定技术指南》的要求，采取"国家指导、省为主体、上下联动"的工作组织模式，自上而下和自下而上相结合，科学划定生态保护红线。考虑襄阳正在推进市域生态保护红线划定的工作，因此，本次规划范围内生态保护红线的具体边界均以落实襄阳市域生态保护红线划定的最新成果为准。

[3] 港口情况对接本次总体规划中交通专题的内容，汉江襄阳段规划港口共七处，其中唐白河港位于汉江支流唐白河沿岸，不属于本次汉江干流岸线范围；主城区水上旅游港区整合进城镇生活岸线范围内。

位于王甫洲水利枢纽、崔家航电枢纽、新集水电枢纽（在建）、雅口航运枢纽周边，重要水利枢纽保护岸线约 23 公里。重大水利及水电枢纽地区岸线内应避免城镇与港口等开发建设，区内以水利、水电、航运工程防护，岸线整治为主，确保重大水利、水电、航运枢纽安全运行。

衔接重要水源地保护区岸线保护要求。 衔接汉江襄阳段重要水源地的范围与保护要求，划定重要水源地保护区岸线布局，重要水源地保护区岸线约 11 公里。区内岸线应严格按照相应水源地保护要求，禁止与水源保护等无关的开发活动。

控制四大类功能岸线外的其他岸线开发利用。 其他岸线是汉江襄阳段汉江干流除港口与工业岸线、城镇生活岸线、重大水利及水电枢纽地区岸线、重要水源地保护区岸线之外其他岸线，该类岸线约 303 公里。其他岸线区域内以现状自然岸线的保留区、一般性民生水利工程分布、过江运输通道及保护区、过江管线及其保护区为主，该区域岸线以维持自然岸线为主，严格控制除防洪工程的岸线加固、交通及市政等基础设施以外的建设活动。

表 1-4　汉江襄阳段沿江岸线分区利用指引表

岸线类型	范围	长度
港口与工业岸线	共五处。布局在老河口的陈埠港区、谷城的喻家湾港区，襄城的余家湖港区、宜城的小河港区、宜城的郭安港区	12 公里
城镇滨水生活岸线	结合城镇空间分布情况布局，主要集中在襄阳中心城区的滨江区域、老河口、谷城、宜城的滨江区域	75 公里
重要水利水电枢纽保护岸线	共四处。位于王甫洲水利枢纽、崔家营航电枢纽、新集水电枢纽（在建）、雅口航运枢纽周边	23 公里
重要水源地保护区岸线	结合汉江沿江城镇重要水源地保护区范围设置	11 公里
其他岸线	现状自然岸线的保留区、过江运输通道及保护区、过江管线及其保护区、一般性民生水利工程分布的岸线区域	303 公里

第五节　沿江五公里重点区域功能布局指引

一、谷城—老河口增长极功能布局指引

（一）强化协同，构建"两带三区"的功能布局

以老宜高速为分界，南北两部分的功能发展导向存在差异性。北部以生态景观资源为依托，适宜发展旅游、休闲、文化娱乐、养生居住类功能，而南侧以产业集聚为导向，适宜发展物流、产业、教育和综合类服务，强化交通走廊带动产业功能布局。依托滨江一系列景观节点，沿汉水积极协同培育区域性服务功能，增强对周边地区的吸引力。同时，利用产业、旅游规模壮大产生的服务需求，在中部共同培育区域服务功能。从整体上构建"两带三区"的空间格局，以引导和促进关联资源集聚，提升空间利用效率。

两带： 即依托南部交通走廊的产业集聚发展带以及沿汉江的生态特色服务带，分别发展先进制

造产业和服务产业的相关职能。

三区：即南部产业协同发展区，包括老河口产业园区、李楼（陈埠）—仙人渡产业园区、谷城产业园区；中部区域服务协同发展区包括冷集滨江特色服务中心、老河口滨水商业服务中心、谷城高铁站前综合服务中心区；北部旅游协同发展区，是以沿梨花湖风景名胜区为中心向北至丹江口沿线。

（二）携手三大园区建设，推进产业向南聚集

顺应区域经济流向，依托交通走廊大力建设老河口、谷城和李楼（陈埠）—仙人渡三大产业园区，促进工业空间整体向南集聚，协力打造先进制造业综合发展带。重点推进汽车零部件、循环产业、食品加工产业、纺织产业、生态工业等五大集群。携手三大园区一方面可共同申请并共享产业政策和品牌，同时通过合理竞争实现共赢发展。

（三）环水造心、沿江塑带，提升城市服务功能

环水造心：南部环绕王甫洲绿心，由冷集、老河口、陈埠及谷城高铁站前等综合服务区块共同构建组合型服务中心，并各自承担特色化职能。其中高铁站前区重点发展区域性商业商务、文化会展等生产性服务业，并适度发展高品质滨水居住组团；冷集地区择机发展职业教育以及滨水特色商业、娱乐服务中心；老河口地区继续完善城市综合服务功能，建设滨水商业服务中心，适度缩减、整合产业空间；陈埠（李楼）地区建设陈埠文体服务中心，打造高品质的区域性文体服务设施和配套居住服务功能，发展为重要的人口集聚组团。

沿江塑带：进一步强调汉江滨水地区的特色化发展，重点沿梨花湖到丹江口，布局休闲、娱乐和旅游服务功能。

（四）以汉江为轴，强化生态建设，串联沿线文化旅游资源

汉江湿地应重视生态保护和修复，保持原始风貌，以自然野趣为主导特征。王甫洲为江心岛，生态敏感性强，应严格控制建设开发，实现分层次分区段开发，主体上仍应保持生态本底特征。南河、北河绿廊，是汉江主要的次级水系，在生态保护和城市景观营造上具有重要作用。

重点环绕梨花湖景区建设休闲度假园。强化综合性旅游服务设施建设，打造区域度假、休闲、养生产业基地。以老河口、谷城为主体，围绕老河口、谷城城区发展人文历史以及休闲娱乐等功能。

（五）滨江新区建设带动老城改造，改善城市人居环境

推进滨江生态居住区建设，谷城向西、向北发展，老河口向南通过冷集、李楼—陈埠新区发展，带动旧城更新和人口疏解。存量空间的更新主要在提升滨江滨水地区景观风貌品质、优化城市绿地系统、建设特色商业休闲中心以及调整城区产业布局四方面进行改造提升。整理和提升汉江滨水环境，建设沿江带状公园。

加强谷城老街和老河口太平老街的修复和整治，在保护文物和街区风貌的前提下，结合传统建筑发展时尚旅游项目；积极发展传统美食、酒吧、茶艺、特色手工艺品、时尚演艺、文化展览、创意活动等，依托老街的传统码头及商会文化和太平街的小汉口风光，打造特色鲜明的文化旅游区。

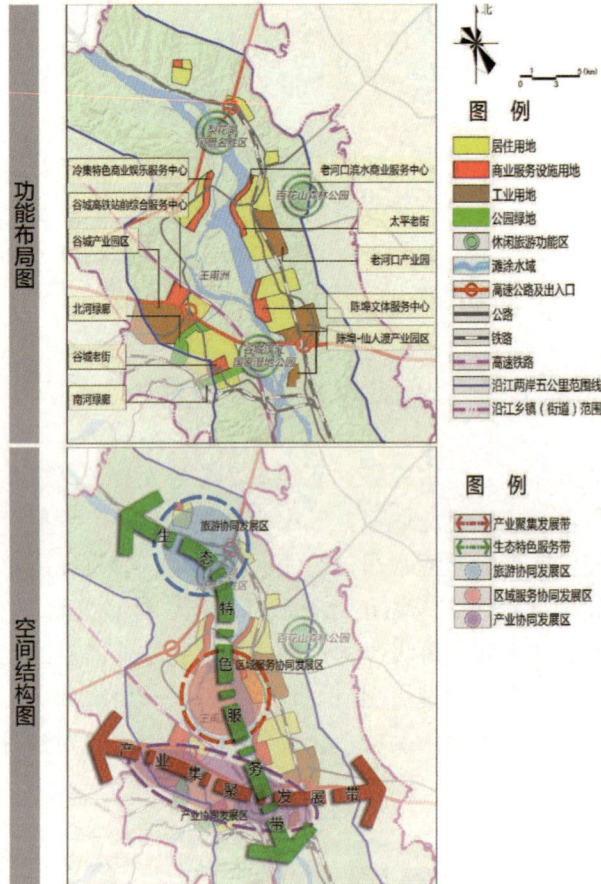

图 1-25　谷城—老河口增长极功能布局示意图

二、襄阳市区增长核心功能布局指引

（一）极化带动，构建"一带双心四片区"功能布局

作为增长极，应发挥高端引领作用、聚焦创新性产业中心，重点发展战略性新兴产业、高端制造业和创新型产业，大力培育研发设计等生产性服务业，带动周边地区形成横向配套、分工协作的产业一体化发展格局。

一带：南部文化旅游休闲带，发挥城区及周边丰富的自然旅游资源和历史人文遗迹优势，发展文化旅游、休闲娱乐等功能。

双心：是城市综合服务中心，包括传统商业中心区（襄城区人民广场老城商业中心、诸葛亮广场商贸中心），商务文化中心区（东津金融商务区、东津文化中心区）。

四片区：襄城（含卧龙）、樊城（含牛首）、襄州、东津四个城市片区。

（二）对水系岸线进行生态修复，加强水网绿化美化

实施水系连通及生态治理工程，推进大李沟、浩然河生态绿廊修复，联通南渠、古城护城河及汉江。结合滨水生态修复，加强滨江开放空间与内陆的整体性，打造滨水都市岸线。

对襄阳古城昭明台节点—古城南门节点—习家池一带沿线进行综合整治，通过一系列历史景观节点和绿化景观节点的塑造，打造襄阳融历史文化与自然景观于一体的文化旅游景观大道。

提升环岘山地区品质，强化隆中风景名胜区及岘山森林公园的生态建设，加强岘山周边及习家池一带的规划建设。

（三）延续历史文脉，突出滨江生活居住特色

保护襄阳古城，"降高减人"控制人口及城市建设高度；延续历史文脉，保护城市风貌，塑造城市特色。结合会馆等节点，修复城市文脉，延续历史记忆，促进九街十八巷、东津历史街区的保护与功能更新，创造活力空间。

高标准建设庞公新区和东津新区，推进生活居住功能拓展，其他区域主要沿滨江地区展开。着力突出山水生态格局，传承城市现有山、水、堤、田、城协调发展的空间特色。以山体、汉江为骨架，构建生态网络，营造宜居城市空间。

（四）提升城市中心服务能级与水平

打造城市综合服务双核心，构建特色服务中心。

双核心，包括传统商业核心区及商务文化核心区。传统商业核心区，以高端商业、商贸、现代物流和文化旅游为主导，发展现代服务业，结合功能更新，完善人民广场老城商业中心、诸葛亮广场长虹路沿线及滨江商贸中心。商务文化核心区包括东津金融商务、文化中心。东津新区充分依托和利用汉江沿线优良的景观资源，积极承接公共中心的转移。庞公片区打造成集旅游休闲、文化创意、生态宜居、商贸服务于一体的文化商务、旅游服务中心。

（五）整合自然旅游和历史人文资源，形成旅游产业集群

襄阳古城、古隆中、鱼梁洲三大景区为城区旅游发展的关键，围绕古城文化、三国文化、汉水文化三大旅游主题，整合城区丰富的自然旅游资源和历史人文遗迹，形成旅游产业集群，打造古城旅游产业集群、隆中旅游产业集群、鱼梁洲旅游产业集群、岘山旅游产业集群、樊城旅游产业集群、东津新区旅游产业集群等，突出城区旅游产业的品牌效应和核心带动作用。以卧龙镇区和牛首老镇区为基础打造高端度假旅游休闲服务基地，同时包含高端居住与低密度滨水社区。

在完善旅游产业功能的同时，积极导入旅游新业态，将项目建设与旅游地产、体育公园、热气球、露营地和房车营地相结合，打造集旅游休闲、文化娱乐、现代商业于一体的全国著名旅游休闲目的地。

（六）推动产业转移，优化产业空间格局

推动樊西产业园区转型升级。加快"国家新型工业化（军民结合）产业示范基地"建设，重点发展电子信息、航空航天产业；争取更多央企军工项目，形成通用航空的整机及零部件制造、培训、维护等完备的产业体系。

襄阳城区周边的樊城区牛首镇、卧龙镇等城镇处于襄阳市核心地区，是襄阳中心城区最直接的辐射区域，也是与襄阳中心城区产业配套或承接中心城区产业转移的首要地区，是襄阳实现城市跨越发展、生产力布局调整、空间布局优化的主要空间。

牛首镇区应加强与襄阳市区的产业协作，特别是物流仓储、文化旅游等产业的互动发展。卧龙镇在适度发展特色农产品加工业及三国元素的旅游工艺品加工业的同时，也是承接岘山周边企业搬迁的重要区域。

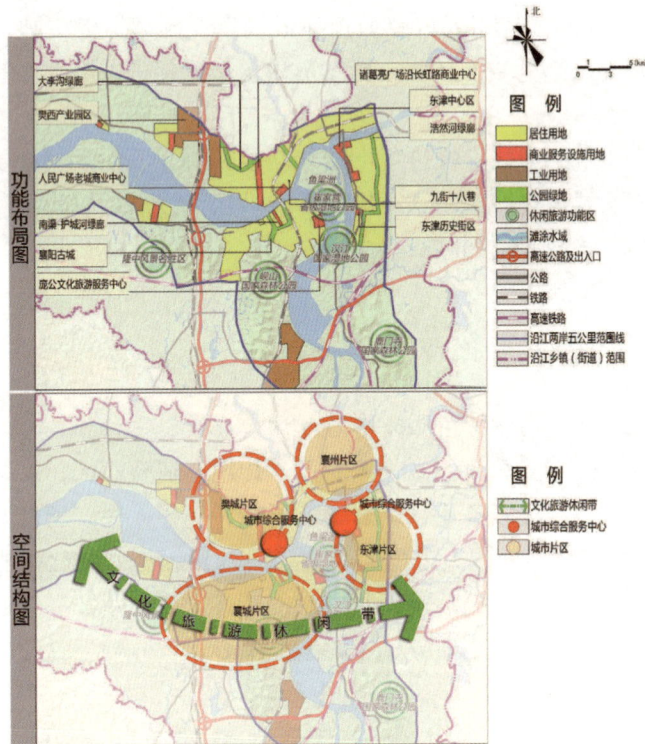

图 1-26　襄阳市区增长核心功能布局示意图

三、宜城增长极功能布局指引

（一）彰显楚文化内涵，构建"一核两片双带"功能布局

统筹多样化优势资源，突出文化、生态、产业优势，构建"一核两片双带"功能布局。

一核： 即鲤鱼湖城市核心区。

两片： 包括宜城城区片和雷河镇区片区。

双带： 包括循环经济产业走廊和都市农业休闲旅游带。

循环经济产业走廊：串联宜城产业园区及雷河镇区、大雁工业园区集聚发展循环经济产业。

都市农业休闲旅游带：串联南营、万洋洲湿地公园、郑集镇、流水镇等沿江区域，发展特色都市农业和休闲旅游。其中郑集镇、流水镇，依托特色农业，发展农副产品加工，建设宜居生态农业型小镇。

（二）提升城市服务水平，建设生态宜居城区

打造鲤鱼湖城市中心区，集聚商业商务功能，完善雷河镇区公共服务设施，满足城镇居民对美好生活的新需要，增加广场与绿地用地比例，着力打造鲤鱼湖绿廊，形成生态渗透廊道，建设生态宜居城区。同时，充分挖掘和利用楚王城文化资源，打造楚文化旅游名镇郑集镇。

（三）建设循环经济产业走廊

串联宜城产业园区及雷河镇区、大雁工业园区，形成完善循环经济产业链，加快建设专业型、特色型园区。加强产业分工协作，鼓励和引导区域化工产业入园，形成规模化和集群化发展。加强新建项目的环境影响评价，严把产业准入门槛，加大资源循环利用力度。

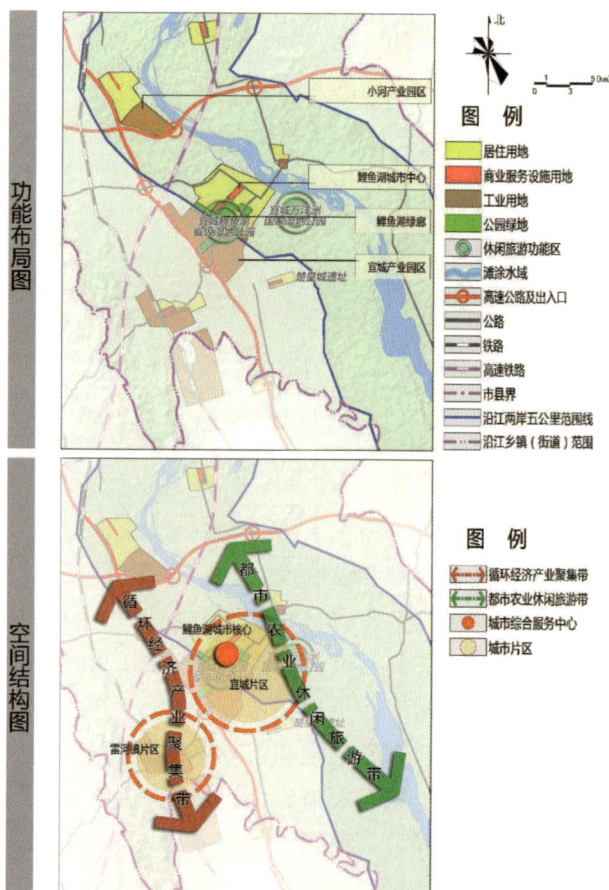

图 1-27　宜城增长极功能布局示意图

四、特色空间发展节点布局指引

庙滩镇区：滨江拓展，与太平店共同打造汉江水上休闲娱乐活动区，打造慢生活体验特色小城镇。

茨河镇区：镇区西部为老镇区，东部为新区，中间结合历史遗迹及自然山体布局红石岩生态公园。充分依托和彰显生态优势，建设滨江康养体验特色小城镇。

太平店镇区：沿江地区通过滨江居住与现代服务业的发展，提升人居环境与区域服务能力，以太平店百年老街为中心，以老镇区改造为契机，按照古镇原貌改造，修复历史古迹，充分挖掘历史文化资源，大力发展文化产业，配套发展庙会产业，建设太平镇传统风貌区。同时，适时推动太平店产业园园区（樊城经济开发区）化纤纺织和能源化工产能转移或升级。

以太平店为中心，整合带动庙滩、茨河镇共同打造以生态文化旅游为主的湖北旅游名镇、以农副产品加工为主的绿色农产品加工基地和以汉江生态宜居为主的沿江小城镇组群。

欧庙镇区—余家湖产业园区：整合欧庙镇区及余家湖产业园区资源，实现两区协同发展，形成生活居住及工业园区合理分区。控制并逐步搬迁余家湖医药化工产业，规划建设以电力能源、物流为主导产业，兼容汽车零配件、轻工制造、农产品加工等工业项目。

小河镇区：依托镇区及港口工业区形成生活居住及工业园区两大片区。积极发展临港工业、能源综合利用、商贸及综合物流服务等产业，建设成为鄂西北重要的物流集散地。共同建设襄阳新港小河港区沿江货运通道，加强襄阳新港小河港区对外交通联系。加强与汉江上游的唐白河港区、余家湖港区、郭安港区在港口功能、定位等方面的协调分工。

王集镇区及周边：包括鹿门山森林公园和以王集镇、南营寨为中心的都市休闲农业区。加强鹿门寺国家森林公园的开发和保护工作。推进王集镇、南营寨农业基地建设，重点发展休闲观光农业和乡村旅游体验产业等项目，将王集镇建设成为旅游风情小镇。

第六节　保障措施

一、建立协同管理体制

建立汉江襄阳段沿江县、市、区长联席会议制度。建立会商机制，对涉及重大事项实行会议协商，解决重大问题。成立专门的工作机构，负责日常协调、规划和项目实施、监督检查等工作。

建立定期交流制度。建立规划区相关县、市、区规划主管部门参加的定期交流制度，在交流中互相通报本县市区近期的工作计划和安排，便于相互协调。

建立设施建设协调制度。规划区公共服务设施和市政基础设施建设应按照共建共享原则统筹布局，建立设施建设协同机制，协调各方采取有效措施促进设施项目扩大服务范围。相邻地区的道路及沿线各类市政管线应统一坐标，预留接口。在相关规划确定的交通和基础设施廊道内进行相应的项目建设。

二、加大政策扶持力度

加强政策法律保障。结合国内外区域发展实践经验，建议出台和签订保障一体化发展的法律条文。从"规划立法"的角度对区域一体化实施提供坚强的保障；通过签订《合作框架协议》，明确各自建设目标和责任，协调解决重大问题，实现共促共赢。

争取国家及有关部委支持。抓住南水北调中线工程和国家推进长江经济带发展的历史性机遇，争取国家及有关部委的重大项目支持。加大省级财政资金对汉江流域襄阳段交通、能源、物流、旅游、社会事业等方面的投入。

三、创新相关机制

探索共建发展机制。探索灵活的园区共建发展机制。除了内部的共建园区之外，也可与省内外发达地区政府或开发区开展合作共建，或者争取省内外大型企业自建或共建园区。共同探索有益于共建园区的管理机制，包括公共事务管理、企业工商登记、税收缴纳办法、统计制度等。按照利益共享原则，对重大产业转移项目，可由合作各方商定利益分成办法，由项目输入地对项目输出地给予适当补偿，具体事宜由各方协商。

建立生态补偿机制。逐步探索建立科学合理的生态补偿机制，健全排污收费制度；建立生态补偿额度与水环境保护效果挂钩机制；健全生态保护财政转移支付机制；建立农业生态补偿机制；建立生态环境损害评估和赔偿机制。

四、强化规划实施落地

创新规划评估机制。成立规划评估工作小组，协调开展评估工作。加强第三方评估机制建设，不断提升规划评估质量。

推进重点项目。把规划落实情况纳入政府目标责任制考核，确保重大项目按期完成，重点任务落到实处。

第二章　沿江生态建设与环境保护规划研究

　　党的十九大将坚持人与自然和谐共生作为新时代坚持和发展中国特色社会主义基本方略的重要内容，将建设美丽中国作为全面建设社会主义现代化强国的重大目标，明确提出要求提供更多优质生态产品以满足人民日益增长的优美生态环境需要 。

　　2016 年 1 月，习近平总书记明确表示：在当前和今后相当长一段时间内，把修复长江生态环境摆在压倒性的位置，"共抓大保护，不搞大开发"。2018 年 4 月 26 日，习近平总书记在深入推动长江经济带发展座谈会上强调要确立生态优先的规矩，把修复长江生态环境摆在压倒性位置，坚持生态优先、绿色发展，加强改革创新，战略统筹，规划引导，以长江经济带发展推动高质量发展。2018 年 6 月，《中共中央国务院关于全面加强生态环境保护坚决打好污染防治攻坚战的意见》明确指出：要坚持保护优先，落实生态保护红线、环境质量底线、资源利用上线硬约束，深化供给侧结构性改革，推动形成绿色发展方式和生活方式。

　　2017 年 6 月，湖北省委、省政府印发《湖北长江经济带生态保护和绿色发展总体规划》，2017年 9 月，湖北省委、省政府印发《湖北长江大保护九大行动方案》，进一步细化落实了湖北长江大保护工作部署。2018 年 5 月，湖北省委、省政府提出要正确把握"五大关系"，用好长江经济带发展"辩证法"，做好生态修复、环境保护、绿色发展"三篇文章"，推动湖北长江经济带科学发展、有序发展、高质量发展。

　　为深入贯彻党中央、国务院关于长江经济带发展战略部署，认真落实湖北省委、省政府关于湖北长江经济带生态保护和绿色发展要求。汉江作为长江最长支流，在襄阳境内长度 195 公里，其沿江区域是汉江中下游水环境维护的重点区域，约占汉江总长度的 12.37%，是襄阳市的"母亲河"和"生命线"。因此必须统筹推进汉江生态经济带襄阳沿江发展，保护好汉江襄阳沿江区域生态环境，确保一江清水顺畅东流。

　　《汉江生态经济带襄阳沿江生态建设与环境保护规划研究》在贯彻落实国家、湖北省对长江经济带生态环境保护要求的基础上，基于汉江襄阳市沿江两岸乡镇（办事处）的行政区划范围，总面积约为 4267 平方公里，其中重点规划的汉江两岸各约 5 公里区域，客观分析了汉江生态经济带襄阳沿江区域面临的生态环境问题和有利的机遇形势，坚持生态优先、绿色发展的基本理念，明确了分区保护重点，以 2020 年近期目标和 2035 年远期目标的规划期限，构建了"生态功能保障基线、环境质量安全底线、自然资源利用上线"三线目标指标体系，提出了三水统筹、实施生态保护与修复、建设宜居城乡环境、推进绿色发展和提升环境治理能力等五大方面的任务，力争将汉江生态经济带襄阳沿江区域打造成汉江生态经济带绿色发展先行区。

第一节 基础与形势分析

一、生态环境基础分析

襄阳市处于我国地势第二阶梯向第三阶梯过渡地带,秦巴山系和大别山之间,地势自西北向东南倾斜,分为西部山地、中部岗地平原和东部低山丘陵三个地形区(图2-1)。市域西部山地海拔多在400米以上,全市最高山峰(官山)位于保康县境,海拔2000米,为汉江与长江的分水岭;中部岗地平原包括"鄂北"岗地(属于南阳盆地南缘)和汉江河谷平原(属江汉平原的北端组成部分);东部低山丘陵为大洪山的余脉及延伸地区。汉江生态经济带襄阳沿江区域海拔在50—827米之间,平均约为128米。其中西部地区谷城、樊城交界区域海拔较高,东南部地区宜城等区域海拔较低。

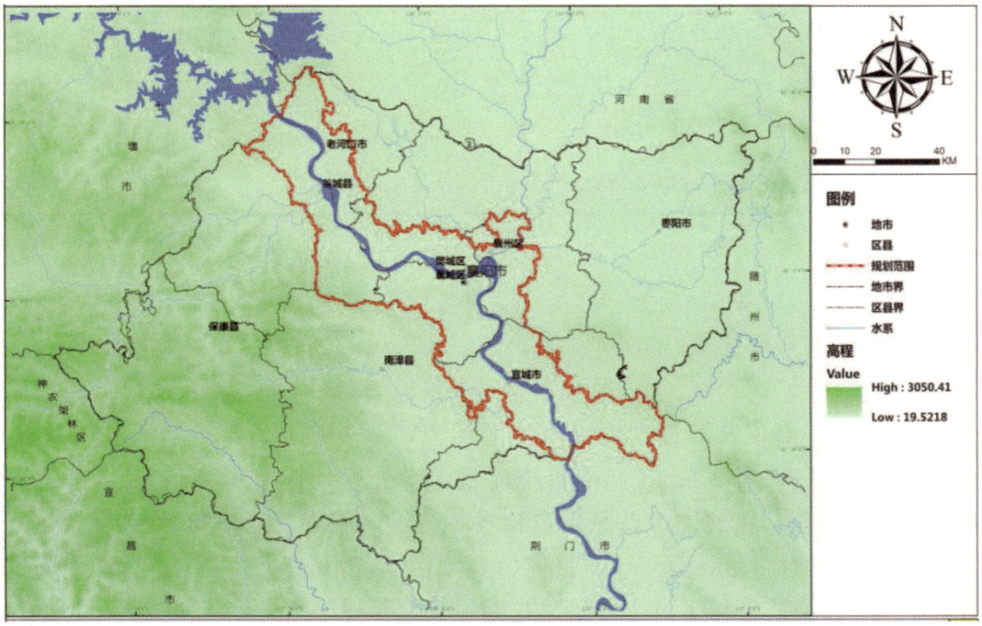

图2-1 规划区数字高程图

襄阳市规划区作为西部山区和江汉平原的过渡地带,是湖北省"四屏两带一区"生态安全战略格局中汉江流域水土保持带的重要组成部分(图2-2),生态环境保护战略地位突出。近年来,襄阳市坚持生态优先,狠抓汉江环境综合整治,大力实施"蓝天碧水""绿满襄阳"工程,不断完善生态环境管理制度、建立了环保与公、检、法打击环境犯罪联动机制和环境基础库、污染源监控系统、公众监督,全面建成覆盖市、县两级环保部门的全市信息专网,初步形成生态环境保护硬约束。完成了汉江襄阳段沿岸区域畜禽养殖污染源整改销号,汉江流域生态系统开始逐步修复。

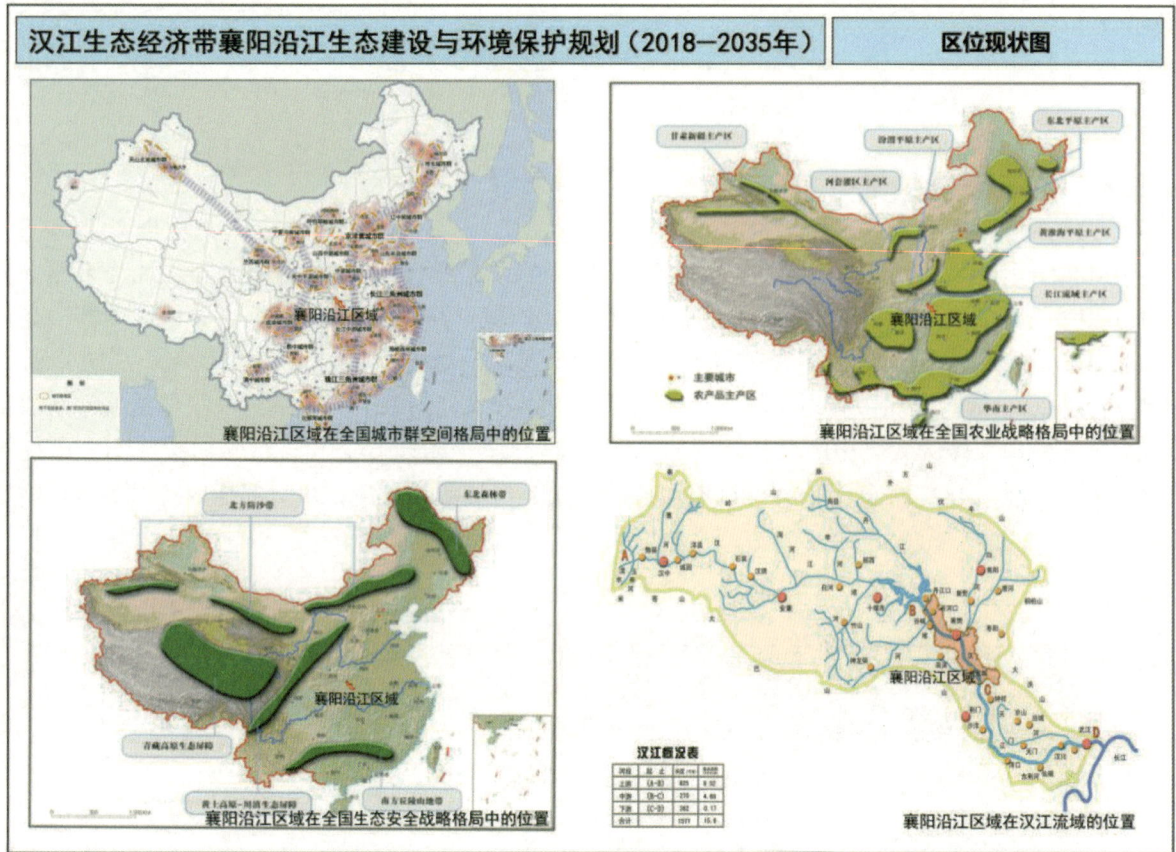

图 2-2　汉江襄阳沿江区域的区位现状

（一）水环境控制单元划定

汉江襄阳段自丹江市黄家港进入境，流经老河口市、谷城县，襄州区，横穿樊城区、襄城区，纵贯宜城市而出境入钟祥市，在襄阳市境流长 195 公里，有 30 多条支流直接汇入汉江，流域面积 17357.6 平方公里，占襄阳市总面积的 88%，占汉江流域总面积的 10.02%。主要支流包括北河、南河、小清河、唐白河及蛮河等。目前，襄阳市汉江沿江地区共有：沿江主要集中式饮用水水源地 13 处；涉水风景名胜区 1 处，即梨花湖风景区（图 2-3）；湿地公园 6 处，即湖北谷城汉江国家湿地公园、湖北长寿岛国家湿地公园、湖北襄阳汉江国家湿地公园、湖北万洋洲国家湿地公园、湖北鲤鱼湖省级湿地公园、湖北崔家营省级湿地公园。水环境质量总体良好。2016 年汉江干流襄阳段水质处于优良状态。6 个监测断面水质各监测指标稳定，除钱营断面外全部达到 Ⅱ 类标准，其中余家湖及郭安出境断面优于规定类别（规定 Ⅲ 类）。县级以上集中式饮用水源地水质 100% 达标 。

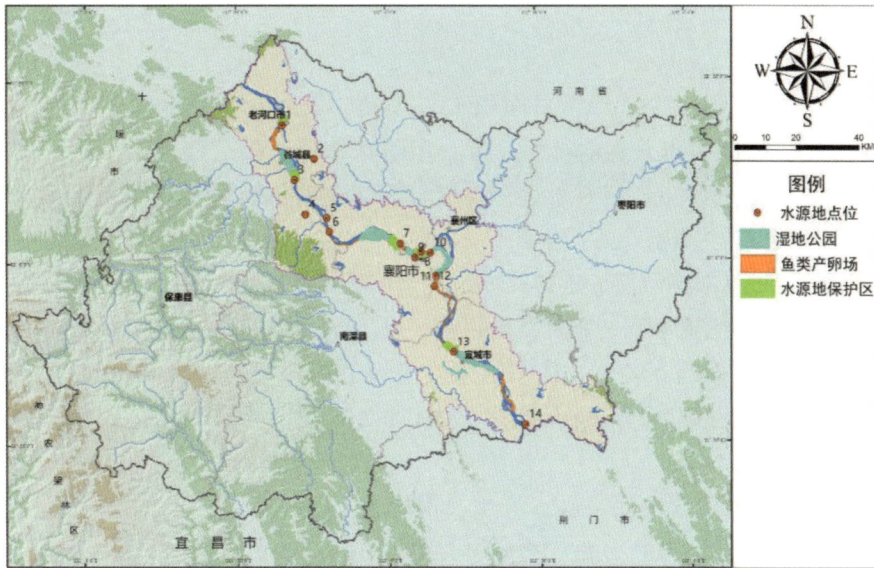

图 2-3　襄阳市沿江区域高功能水体分布

　　根据《湖北省水污染防治行动计划工作方案》中襄阳段水环境控制单元划定结果，襄阳市共划定 10 个控制单元分别为：北河襄阳市控制单元、滚河襄阳市控制单元、汉江襄阳市白家湾控制单元、汉江襄阳市余家湖控制单元、汉江襄阳市转斗控制单元、沮河襄阳市控制单元、蛮河襄阳市控制单元、南河襄阳市控制单元、唐白河襄阳市控制单元、漳河宜昌市—荆门市控制单元。基于 SWAT 模型的 watershed delineation 模块划分汇水单元，在汇水单元的基础上，结合行政边界和实际水系情况进行调整，并综合考虑汇水单元、水源地保护区边界等因素，分解 3 个单元为襄阳市沿江区域 166 个水环境控制单元（图 2-4）。控制单元的划分是污染源统计分析、环境容量计算、质量目标的确定、承载调控、分区管控重点任务等工作的基础工作空间平台。

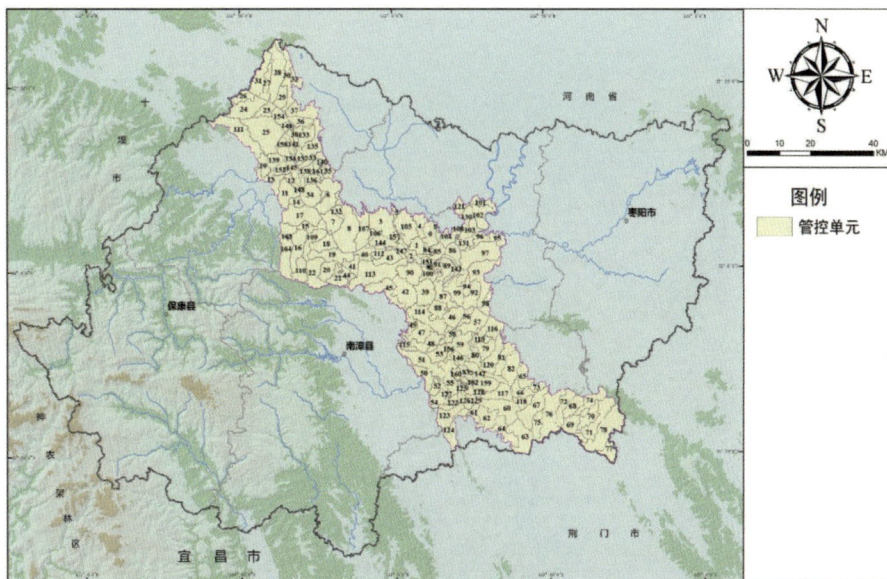

图 2-4　襄阳市汉江沿江区域管控单元划定

（二）重要生态空间识别

汉江沿岸现有国有林场 10 个，经营总面积 13.7 万亩，其中林业用地面积 12.3 万亩。现有国家生态公益林 5.1 万亩，省级生态公益林 2.1 万亩。在国有林场基础上建立了岘山、鹿门寺两个国家森林公园和百花山、承恩寺两个省级森林公园。汉江沿岸现有国有林场区位较好，自然资源和生物多样性丰富，基本实现了全绿化。

全市湿地资源丰富，共有湿地面积 155.5 万亩，占版图面积的 5.26%。主要分为河流湿地、沼泽和沼泽化草甸湿地、库塘湿地等 3 个大类。目前，研究区域共有湿地公园 7 个，总面积为 192.20 平方公里，占襄阳市总面积的 0.97%。其中国家级湿地公园保护区共 4 个，总面积为 114.45 平方公里。省级湿地公园保护区共 2 个，总面积为 39.01 平方公里。市级湿地公园保护区 1 个，面积为 38.75 平方公里。

基于 2016 年森林资源调查情况，汉江襄阳段沿岸 6 个县（市）区、37 个乡镇（街办）现有林地面积 190 万亩，其中有林地 130 万亩、灌木林地 36 万亩、未成林地 10 万亩、宜林地 6 万亩、无立方林地 5 万亩、苗圃 3 万亩；沿岸 1000 米控制范围的国土面积 61 万亩，其中林业用地 13.5 万亩、耕地 31.57 万亩、水域 1.17 万亩、裸露洲滩 10.3 万亩、未利用地 1.42 万亩、建设用地 13.3 万亩、森林覆盖率 23.79%。汉江干流有 30 个江心洲和外滩圩垸，面积约为 39 万亩；沿线建有湖北谷城汉江、湖北长寿岛、湖北襄阳汉江、湖北宜城万洋洲 4 个国家级湿地公园。

根据规划区域水源涵养、水土保持功能、土壤侵蚀评价结果，基于沿江区域国土二调数据，扣除建设用地、耕地等，衔接规划区内自然保护地分布，将生态保护红线区域、水源涵养功能极重要和重要区域、水土保持功能极重要和重要区域、水土流失强侵蚀区域、湿地公园、森林公园、风景名胜区、水源地、江心洲、产卵场、洪水调蓄区等类型，纳入沿江区域生态保护重要区域，得出规划区重要生态空间结果（图 2-5），总面积约为 1382 平方公里，约占规划区面积的 32%。

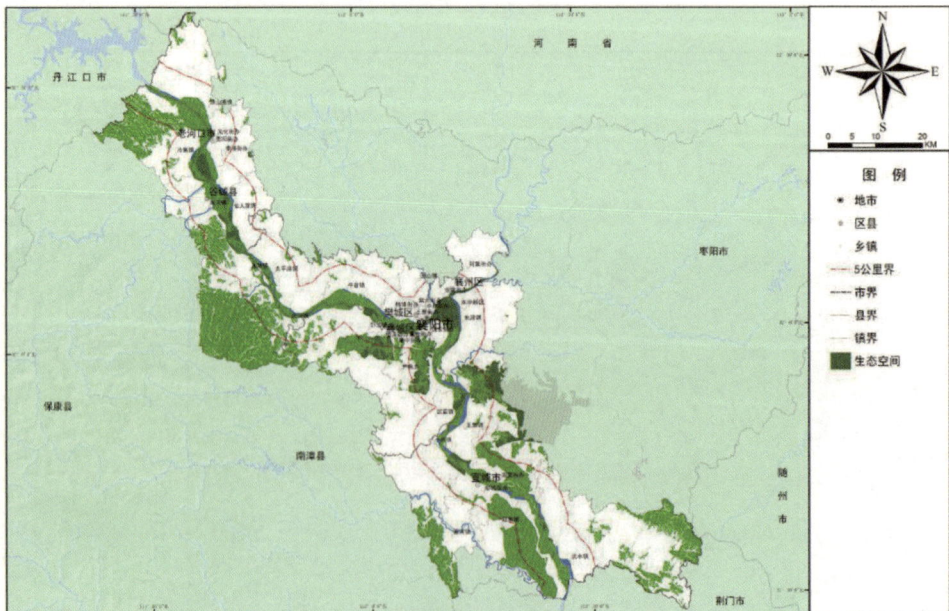

图 2-5　规划区生态空间分布图

将规划区域内重要且典型的生态空间简化为多个生态源，并基于最小成本路径方法的潜在生态网络模拟计算不同生态源之间的最小累计阻力值，获取规划区域、襄阳市域内的主要生态廊道。通过 Arcgis 中的距离分析模块生成规划区域各生态源点到其他各生态目的地的最小耗费距离表面及路径（图 2-6）。初步识别研究区内生态廊道的特点是以汉江为带，形成了市郊岘山—鹿门山—隆中山廊道、鄂北岗地廊道、薤山—梨花湖廊道等。

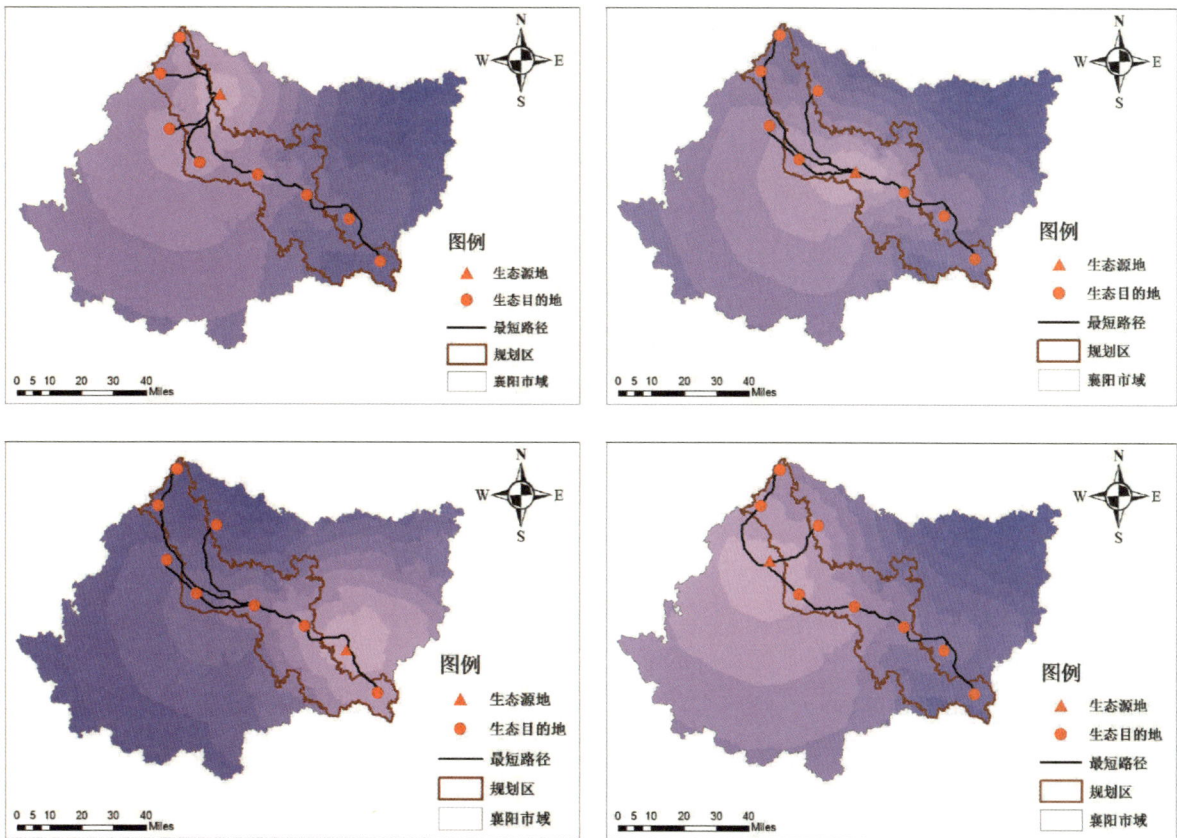

图 2-6 部分生态源点到各生态目的地最短路径

（三）大气环境特征解析

2016 年，襄阳市区平均优良天数比例为 65.8%，重度及以上污染天数比例为 6.3%。细颗粒物（PM2.5）、可吸入颗粒物（PM10）、二氧化硫（SO_2）、二氧化氮（NO_2）、臭氧（O_3）浓度分别为 64 微克 / 立方米、93 微克 / 立方米、15 微克 / 立方米、32 微克 / 立方米、92 微克 / 立方米。全市降水 pH 加权平均值为 6.5，未出现酸雨。

基于 WRF-CHEM 空气质量模型和国家大气污染物排放清单，模拟分析襄阳市及周边区域 PM2.5 浓度空间分布特征，为现状大气污染减排与治理重点提供方向。模拟结果表明襄阳市 PM2.5 年均浓度呈现显著的空间差异特征，汉江河道是市区与上下游间大气污染物主要输送通道。以汉江为分界线，东北部空气污染程度明显重于西南部；市区以及北部空气污染最重，汉江上游至主城区段空气污染相对较好，为城区清洁空气主要输送通道；主城区至汉江下游段空气污染相对较重，市区及周边污染源排放的污染物沿汉江下游河道持续输送到下游区域（图2-7）。

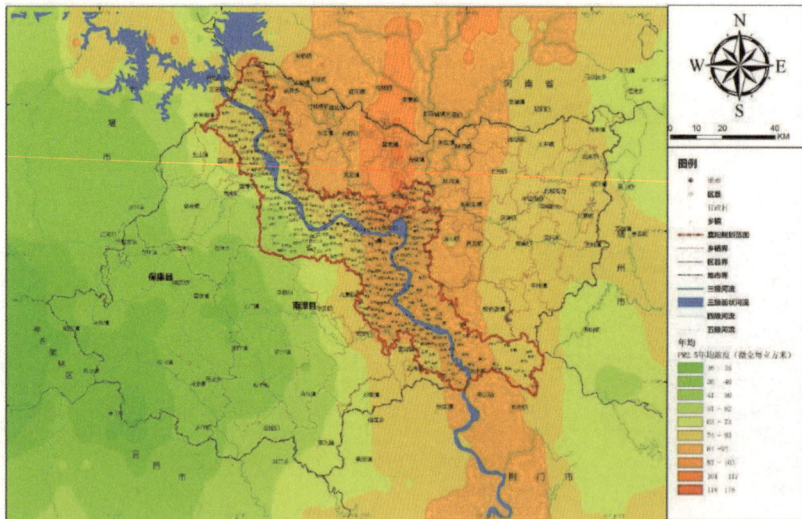

图2-7　2015年襄阳市PM2.5年均浓度空间分布模拟图

采用WRF中尺度气象模型和CALMET气象模型，结合气象观测、土地利用和地形高程数据，模拟分析襄阳及周边区域的大气流场特征（图2-8）。襄阳每年秋末至初春，频发静稳、逆温天气，空气流通性极差，本地源污染累积难以扩散，容易形成轻度—中度污染。同时，北方城市也因天气静稳、逆温而大面积污染气团积累，经常出现重度以上污染天气。持续一段时间后，随着强北风起，在东北风作用下，华北、黄淮污染气团经河南方城缺口进入南襄盆地，直接输入襄阳。而襄阳位于盆地南缘，南部有山体阻挡，造成本地积累的霾团叠加外来输入的霾团难以下泄扩散，导致襄阳空气质量在极短时间内由轻度污染飙升至重度、严重污染，且消退较其他城市缓慢。

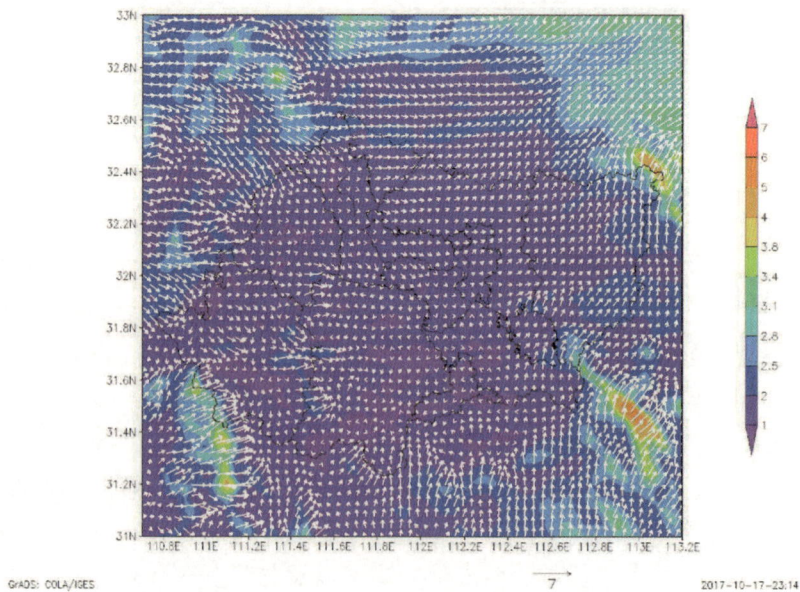

图2-8　冬季主导流场空间分布

对湖北省、襄阳周边城市及襄阳市重点区块三个尺度常规气象参数（风速、风向、湿度、混合层高度、温度、气压、云量、降水等），采用中尺度气象模型 WRF 耦合 CALMET 模式进行综合对比分析，考虑襄阳市 2016 年 1、4、7、10 月等典型月份作为研究对象，综合评估表明，在全国尺度上，襄阳市及周边城市属于空气资源禀赋一般区域，与我国的中部平原等区域相当（图 2-9）。城市圈尺度上，襄阳周边区域空气资源禀赋呈现显著的时空差异性，空气资源禀赋从西向东依次呈现递减的趋势。西部保康县空气资源禀赋最好，南漳县次之，枣阳市最差；汉江上游较好，下游较差。总体而言，襄阳整体属于空气资源禀赋一般的区域，但市区属于相对较差区域，本身开发强度已经较高，叠加扩散条件较差，存在潜在的环境风险事故，原则上属于限制开发区，应提高涉及废气排放项目准入标准，严格限制大规模废气排放产业布局。

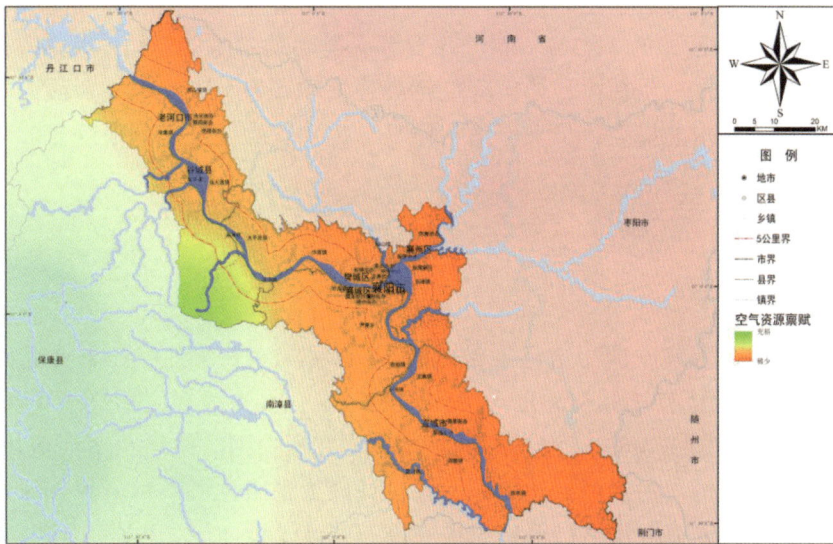

图 2-9　空气资源等级分区图

二、问题和压力

（一）生态环境

近十五年来，襄阳市沿江区域生态系统格局变化明显。基于全国土地覆被Ⅰ、Ⅱ级分类方法，采用襄阳市过去十年的遥感评估数据，定量地确定沿江规划区域内的生态系统演变情况。规划区域内的城镇面积增加约 37.73%，农田、森林、草地、湿地生态系统面积减少。森林生态系统结构较为单一、分布不均、抗逆性差、调节功能不足等问题突出。湿地萎缩、开发过度、人为干扰等现象明显。岸线开发存在违规占用挤占、非法开发利用等问题。受到南水北调中线调水和汉江梯级开发的叠加影响，环境承载力大幅下降。水生生物生态环境恶化、渔业种群结构失衡，重点保护品种、珍稀品种濒临灭绝。

森林生态服务功能不强，难以发挥其大屏障作用。虽然襄阳市森林覆盖率逐年上升，但从整体上看，森林资源质量较低，森林生态服务功能还比较脆弱，严重影响了森林综合效益的发挥。森林资源质量差，林地生产力低。全市国有林场森林活立木蓄积量 162.99 万立方米，亩平 2.7 立方米，低于全省平均水平（全省亩平 3.3 立方米），仅相当于全国平均水平的 45.7%（全国亩平 5.9 立方米）。

襄阳市的水土流失成因特征以水力侵蚀为主，兼有重力侵蚀；全市水土流失面积已达土地总面积的 31.7%，其中西部山地尤为突出；襄阳市土壤侵蚀程度以轻度和中度为主，二者之和占总流失面积的 95% 以上；鄂北岗地为全省年降水量最少的地区，且时空分布极不均匀，离均系数大，极易产生水土流失；开发建设项目造成的人为水土流失加剧，治理任务更加艰巨；径流泥沙直接输入汉江和长江，威胁江河；部分区域林草采伐开垦失度，水土流失加重，导致耕地毁损，有机质含量降低。

部分河段水生态系统受损，保护与修复压力较大。受连续干旱、水利工程建设与调度等因素影响，大部分河流适宜生态需水无法满足，特别是部分河流由于工农业取用水大幅增加，挤占了河道生态基流，出现断流现象，河道水生态系统严重受损，生物多样性、生态廊道功能、景观功能损失殆尽。水土流失面积占总面积的 31.7%，矿产开发等人类活动带来的新增水土流失问题日益加重。随着经济发展和人口密度进一步加大，如何降低污染强度和人为水土流失成为最大的难题；随着人们对水体亲水性和景观要求的提高，未来保护与修复退化生态的任务十分艰巨。

（二）环境质量

1. 水环境质量问题

部分支流水质较差，汉江干流岸边污染带影响突出。据 2016 年各汉江支流监测断面数据，在 17 个监测断面中，水质为优良（Ⅱ类和Ⅲ类）的占 82.4%；水质为轻度污染（Ⅳ类）的占 11.8%；水质为中度污染（Ⅴ类）的占 5.8%。污染断面主要集中在唐白河、滚河及蛮河流域。同时，受主要支流水质较差，沿岸排污口污水汇入的影响，在樊城区太平店排污口、清河入河口下游、襄城区南渠排污口下游 1.5 千米范围内及闸口至唐家坡 12.8 千米范围内形成岸边污染带。污染带内氨氮、总磷，高锰酸盐指数等因子超标严重，在肖家河等支流入汉江河口处已经发生了小范围的水华。

部分城市内河污染严重，部分河道黑臭水体仍然突出。据 2016 年城市内河监测结果，南渠作为城市纳污河渠，仍然受到重度污染，水质类别与上年劣Ⅴ类持平，主要超标因子为氨氮，超标 2.82 倍。据住建部和环保部对外公布的全国城市黑臭水体清单显示，襄阳市区共存在四段黑臭水体。月亮湾湿地公园内湖及南渠（麒麟路至三桥头）黑臭水体已经完成治理，南渠 603 桥至汉江入口处的大李沟（起点中航大道大李沟桥，终点为小清河入口）仍处于治理中。由于排水管网体系不健全、部分河道被棚盖等原因，沿江地区仍存在污废水排放口直排、合流制管道雨水溢流、分流制管道雨水溢流及改造难等，影响了城市黑臭水体治理进程。如：因周边区域排水不畅导致生活污水直接排入的现象时有发生，致使大李沟等黑臭水体治理进程缓慢。

饮用水源水质安全风险凸显。2011—2016 年饮用水源监测数据显示，白家湾和火星观饮用水源地水质监测指标中总氮长期维持在较高水平、总磷指标在 2010—2013 年间超过 0.05mg/L，不能满足《地表水环境质量标准》（GB3838—2002）中Ⅲ类水体要求。特别是 2009 年汉江市区段由江河向水库转变，加之南水北调中线工程实施，来水减少，导致自净能力降低，饮用水源地水质安全存在潜在威胁。此外，部分岸边污染带形成小范围水华，如不加以控制极有可能蔓延，对整个汉江市区段及饮用水源地构成威胁。

空气质量大幅改善，但污染程度依然较重。2016 年，襄阳市区细颗粒物（PM2.5）、可吸入颗粒物（PM10）、二氧化硫（SO_2）、二氧化氮（NO_2）同比分别下降15.8%、13.9%、5.9%、21.1%。二氧化硫、氮氧化物达标，PM2.5和PM10超标严重，分别超标0.8和0.3倍。2016年，襄阳市PM2.5浓度为$64\mu g/m^3$，在湖北省13地市排名位列末位，在338个城市中排名第283位。

2. 布局性、格局性问题

部分化工园区沿江布局，水环境风险隐患较大。汉江是襄阳市重要的饮用水水源地，但重化工企业多沿江分布，布局总体呈现近水靠城的分布特征，区域性、布局性环境风险突出，保障饮用水安全压力大。如：余家湖工业园临江布局，园区内化学原料及化学制品制造业企业多，工业生产总值比重大，环境风险单元数量多且风险多样化，生产的原辅材料和产品中包含大量危险化学品。距离汉江干流不足3公里，环境风险隐患较大（图2-10）。

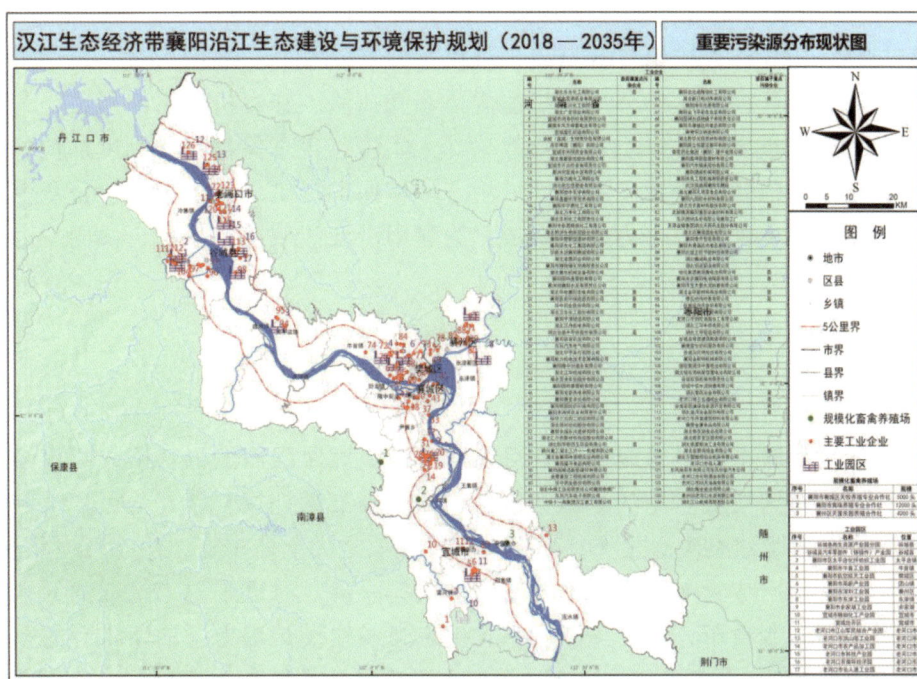

图 2-10　沿江重要污染源分布现状图

（三）环境管理体制

体制机制仍不完善，水管理体系不健全。对流域管理政出多门，有环保、水利、林业、渔业、水务、港航、旅游等多部门。襄阳市除宜城市实行了水务统一管理外，大部分城市或行政区的水务管理存在着条块分割、"多头管水"的现象，各部门职责交叉、权属不清，难以形成合力。基层水管体制与制度不健全，管理机制不活，管理设施落后，人才缺乏等问题仍然存在。水资源、水生态、水土保持监测能力和站网布局不能满足水利事务管理和社会服务的需要。业务应用系统建设很不平衡，信息安全保障能力有待提高。尚未建立环境事故预警及处理体系，缺乏对突发性环境事故的应急处理能力。

三、机遇与挑战

（一）重大机遇

习近平生态文明思想将建设生态文明作为中华民族永续发展的根本大计，将坚持人与自然和谐共生作为新时代中国特色社会主义思想和基本方略之一。2018 年 4 月 26 日，习近平总书记在深入推动长江经济带发展座谈会上强调要确立生态优先的规矩，把修复长江生态环境摆在压倒性位置，坚持生态优先、绿色发展，以长江经济带发展推动高质量发展，其重要战略思想对推动长江经济带生态文明建设、加强生态环境保护提供了坚实的理论基础和实践动力。湖北省委、省政府将长江经济带生态文明建设放在了更加突出的地位，明确表示做好生态修复、环境保护、绿色发展"三篇文章"，为襄阳沿江区域生态环境保护思路指明了方向。"推进汉江生态经济带建设"已上升为国家战略，为汉江襄阳沿江区域发展提供了发展新空间。襄阳大气、水、土壤污染防治行动计划全面展开，更严格的生态环境保护法规体系和执法、督察机制不断形成，为襄阳沿江区域生态环境保护提供了重要抓手。生态立市战略深入实施，生态保护红线制度加快建立，各级政府环境保护的责任逐步强化，为襄阳沿江区域生态环境保护提供了重要支撑。公众生态环境保护意识日益提升，生态环境保护的合力逐步形成，为襄阳沿江区域协调保护、协同发力奠定了社会基础。

（二）主要挑战

一是生态文明成为城市发展主旋律，在目前城市发展意愿强烈的形势下，实现经济发展和生态保护的双赢，面临较大挑战。党的十八大以来，党中央准确把握复杂局势，科学判断，正确决策，真抓实干，生态文明建设决心之大、力度之大、成效之大前所未有，生态环境状况明显好转。走向新时代，生态文明已成为人民生活不可或缺的关键一环。习近平总书记在党的十九大报告中指出，加快生态文明体制改革，建设美丽中国，生态文明建设被提上了前所未有的重要位置。生态文明建设成为千年大计，"美丽"成为建设社会主义现代化强国的重要目标，这不但将深刻影响中华民族的未来发展，而且将积极引领世界潮流和人类文明走向。习近平总书记对生态文明建设和生态环境保护工作作出了"两步走"的战略部署，提出要推进绿色发展、着力解决突出环境问题、加大生态系统保护力度、改革生态环境监管体制。坚持人与自然和谐共生成为习近平新时代中国特色社会主义思想和基本方略重要内容。"十二五"期间，襄阳 GDP 保持高速增长。2017 年全市实现地区生产总值 4064.9 亿元，按可比价格计算，增长 7.2%。分产业看，第一产业增加值 461.8 亿元，增长 3.5%；第二产业增加值 2147.8 亿元，增长 6.2%；第三产业增加值 1455.3 亿元，增长 10.3%。三次产业结构为 11.4：52.8：35.8。经济总量由全国城市第 75 位跃升至第 56 位，占全省的比重由"十一五"末的 9.7% 提高到 11.4%。规模以上工业总产值实现倍增，地方公共财政预算收入按可比口径实现翻两番，累计完成全社会固定资产投资、招商实际投资、工业投资分别是前五年的 4 倍、4.9 倍、3.7 倍，集聚世界 500 强企业 28 家。高新区综合实力居国家级高新区第 33 位。襄阳肩负着实现湖北省委、省政府确定的"三个三分之一"的目标，承担着建设汉江流域中心城市、在汉江生态经济带开放开发中发挥战略引擎作用的重要使命，正处于"四化"同步发展的快速发展期。同时，目前和未来较长一段时间内，生态优先、绿色发展逐步成为襄阳生态文明建设的主基调，满足人民群众日益增长的优美生态环境需要成为襄阳未来发展的重要目标之一。在新形势新时期之下，如何探索"绿水青山就是金山银山"发展路径，实现经济发展和生态保护的双赢，面临较大挑战。

　　二是调水及水电开发等对生态环境影响依然突出。根据长江水利委员会编制的《汉江干流梯级开发规划报告》，汉江流域共规划有 16 座大坝。汉江襄阳段位于丹江口大坝以下，处于汉江中游，其水文情势受到南水北调中线调水和汉江梯级开发的叠加影响。随着汉江梯级崔家营枢纽的建成，襄阳市部分江段已经形成库区，不利于污染物的扩散和分解，水环境状况形势严峻。汉江干流夹河以下河段梯级开发共有 8 级，分别为孤山、丹江口（大坝加高）、王甫洲、新集、崔家营、雅口、碾盘山和兴隆。由于南水北调中线调水及各水利枢纽的影响，汉江襄阳段中水历时减少，库区流速减缓，环境容量在多数时期存在下降的趋势。尤其是襄阳市区上游至崔家营坝址处，自然流态转变为相对静止的湖泊状态，不利于污染物扩散及自净，这类情况随着汉江的梯级开发还将继续。各类影响因素叠加，使汉江襄阳段抵御突发性水污染事故的能力降低。中线工程实施后，丹江口水库加坝调水（$80—145$）$\times 10^8$ 立方米水量，下泄水量大量减少，汉江襄阳段水位平均下降 $0.6—1.3m$。由于襄阳江段流量减少，水流变缓，水位稳定，使汉江中游沿岸城镇与工业排放污染物的稀释自净能力下降，根据《南水北调中线一期工程环境影响复核报告书》，在调水 95 亿立方米后，汉江襄阳段水环境容量损失约 21%—36%。预计未来梯级开发全部投入使用后，汉江干流襄阳段环境容量再次损失约 22%—29%。汉江襄阳段水环境承载力大幅下降。河道水量减少，对鱼类等水生生物影响较大。某些江段中原"四大家鱼"产卵场可能消失，喜急流生境鱼类种群将减少，如襄阳汉江水面 5.05×10^4 公顷，占全市总水面的 25.4%，汉江内有自然生长的鱼类 73 种，占全市总鱼类品种的 74.5%；实施南水北调工程后，鱼类资源初步估计减少 1/3 以上。

第二节　总体思路与目标

一、战略定位

（一）国家对襄阳生态环境要求

　　根据《全国主体功能区规划》提出的"七区二十三带"为主体的农业战略格局（图 2-11）。襄阳属于长江流域主产区，要建设以双季稻为主的优质水稻产业带，以优质弱筋和中筋小麦为主的优质专用小麦产业带、优质棉花产业带、双低优质油菜产业带，以生猪、家禽为主的畜产品产业带，以淡水鱼类、河蟹为主的水产品产业带。

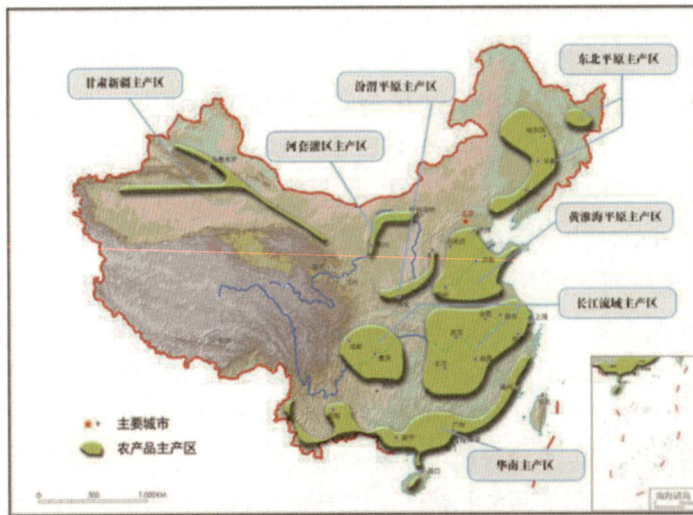

图 2-11　全国农产品战略格局

　　根据《全国生态功能区划》（图 2-12），襄阳位于秦岭—大巴山生物多样性保护与水源涵养重要区：该区包括秦岭山地和大巴山地，包含 3 个功能区：米仓山—大巴山水源涵养功能区、秦岭山地生物多样性保护与水源涵养功能区和豫西南山地水源涵养功能区。该区地处我国亚热带与暖温带的过渡带，发育了以北亚热带为基带（南部）和暖温带为基带（北部）的垂直自然带谱，是我国乃至东南亚地区暖温带与北亚热带地区生物多样性最丰富的地区之一，是我国生物多样性重点保护区域。该区位于渭河南岸诸多支流的发源地和嘉陵江、汉江上游丹江水系的主要水源涵养区，是南水北调中线的水源地。对应的生态保护主要措施主要有：加大已有自然保护区保护和天然林管护力度；对已破坏的生态系统，要结合有关生态建设工程，做好生态恢复与重建工作，增强生态系统水源涵养和土壤保持功能；停止导致生态功能继续退化的开发活动和其他人为破坏活动；严格矿产资源、水电资源开发的监管；控制人口增长，改变粗放生产经营方式，发展生态旅游和特色产业。

图 2-12　全国生态功能区划方案

2016 年 11 月 24 日，国务院印发《"十三五"生态环境保护规划》，其中要求全国统筹推进"五位一体"总体布局和协调推进"四个全面"战略布局，牢固树立和贯彻落实创新、协调、绿色、开放、共享的发展理念，按照党中央、国务院决策部署，以提高环境质量为核心，实施最严格的环境保护制度，打好大气、水、土壤污染防治三大战役，加强生态保护与修复，严密防控生态环境风险，加快推进生态环境领域国家治理体系和治理能力现代化，不断提高生态环境管理系统化、科学化、法治化、精细化、信息化水平，为人民提供更多优质生态产品。其中特别要求：在长江流域推进退化林修复，提高森林质量，构建"两湖一库"防护林体系；开展环境污染防治和生态修复技术应用试点示范，提出生态环境治理系统性技术解决方案；把保护和修复长江生态环境摆在首要位置，推进长江经济带生态文明建设，建设水清地绿天蓝的绿色生态廊道。统筹水资源、水环境、水生态，推动上中下游协同发展、东中西部互动合作；强化系统保护，加大水生生物多样性保护力度，强化水上交通、船舶港口污染防治。

（二）湖北省对襄阳生态环境要求

根据《湖北省主体功能区规划》定位，襄阳市的襄城区、樊城区、襄州区属于襄十随地区省级层面重点开发区域。该区域的功能定位为：全国重要的汽车生产基地，中部地区重要的交通枢纽，区域性物流中心和生态文化旅游中心，鄂西北地区经济发展的重要增长极。其主要发展方向：襄阳市的襄城区重点发展能源、化工、新型建材、旅游、商贸等；樊城区重点发展装备制造业、化纤纺织业和高新技术产业等；襄州区重点发展汽车及零部件制造、农副产品加工、纺织服装、现代物流等。

襄阳的宜城市、谷城市、枣阳市、老河口市位于襄随国家层面农产品主产区（图 2-13）。其功能定位要求该区域应发挥旱作农业优势，以粮食、油料生产和生猪养殖为主。积极推广可降解农膜，加快建立乡镇废旧农膜回收利用体系。鼓励养殖小区、养殖专业户和散养户适度集中，实施规模化发展，对养殖废弃物实施统一收集处理。科学施用化肥和农药，减少施用强度，控制面源污染。重点打造以高端粮油产业、有机蔬菜示范园、精品果业、有机茶园、有机特色养殖、有机农产品加工园区、生态休闲旅游等为主的"中国有机谷"。

图 2-13　湖北省农产品主产区分布图

根据湖北省"四屏两带一区"生态安全战略格局（图2-14），襄阳处于汉江流域水土保持带的重要节点位置。应加强水资源开发管理和控制性水利工程建设，开展生态修复性人工增雨作业，保障区域重点生态功能区及生态用水需求，加强区外水资源合理调配，切实保障丹江口水库水资源保护和向区外调水。

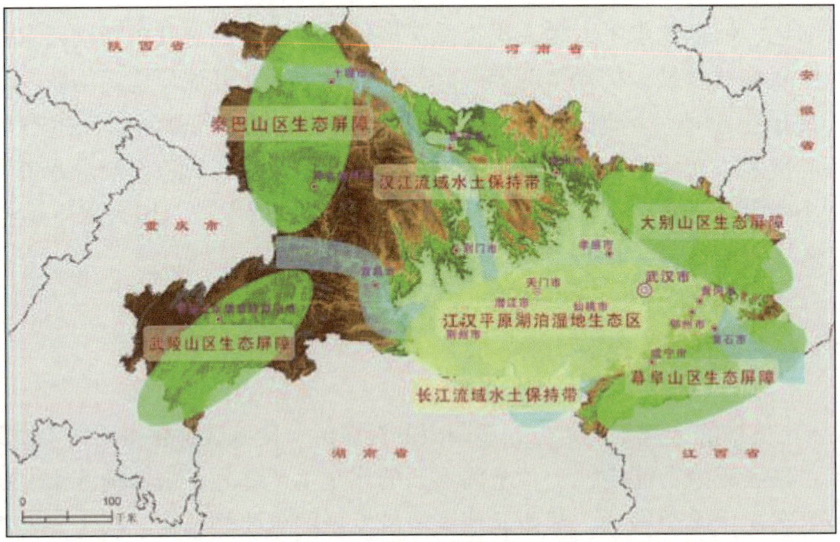

图2-14　湖北省生态安全战略格局分布图

根据《湖北省生态功能区划》，襄阳部分城市为襄十随地区，包括襄阳市的襄城区、樊城区、襄州区。该区主导功能是全国重要的汽车生产基地，中部地区重要的交通枢纽，区域性物流中心和生态文化旅游中心，鄂西北地区经济发展的重要增长极。管控政策为：加强汉江中游崔家营库区的保护和沿线县市生态保护。加强环境风险防控，确保丹江口水库水质安全。

根据《湖北省国民经济与社会发展第十三个五年规划纲要》，到2020年，湖北省生态环境质量进一步改善。生态省建设全面推进，"绿满荆楚"行动目标全面实现。能源资源开发利用效率大幅提高，节能减排水平进一步提升，全面完成国家下达的约束性指标任务。水、大气、土壤污染等环境问题得到有效遏制，人居环境显著改善。主体功能区布局和生态安全屏障基本形成。在长江经济带率先形成节约能源资源和保护生态环境的产业结构、增长方式和消费模式。

根据《湖北省生态环境保护"十三五"规划》，明确了以持续改善环境质量为核心，确立了污染治理、节能减排、生态平衡、风险防控、长江保护五项重点任务。以问题为导向，强化主体责任，坚持联防联治、协同共治，全面完成大气、水、土壤三大污染防治行动计划的任务，切实改善环境质量。全面加强污染专项治理，实现污染源稳定达标排放，强化城镇环境基础设施建设与运行，综合治理农村环境污染，大幅度削减污染物存量，充分发挥环境污染治理设施效益，降低生态环境压力。

（三）流域对襄阳生态环境要求

长江是我国的第一大河，发源于"世界屋脊"——青藏高原的唐古拉山脉各拉丹冬峰西南侧，干流流经青海、西藏、四川、云南、重庆、湖北、湖南、江西、安徽、江苏、上海 11 个省、自治区、直辖市（图 2-15），于崇明岛以东注入东海，全长约 6300 千米。襄阳位于长江流域中下游地区，属于长江的汉江流域。

根据《长江经济带生态环境保护规划》，未来汉江流域生态环境保护，将形成以下战略格局：强化河流源头保护。现状水质达到或优于Ⅱ类的汉江源头，应严格控制开发建设活动，减少对自然生态系统的干扰和破坏，维持源头区自然生态环境现状，确保水质稳中趋好。严格控制农业面源污染。积极开展农业面源污染综合治理示范区和有机食品认证示范区建设，加快发展循环农业，推行农业清洁生产，提高秸秆、废弃农膜、畜禽养殖粪便等农业废弃物资源化利用水平。建立流域突发环境事件监控预警与应急平台。排放有毒有害污染物的企业事业单位，必须建立环境风险预警体系，加强信息公开。

襄阳为长江中游城市群组成部分，根据《长江中游城市群发展规划》，其生态环境保护目标为：加强长江、汉江、清江、等流域水生态保护和水环境治理。实施水资源开发利用控制红线、用水效率控制红线，严格控制污染物排放总量。重点推进长江干流饮用水水源地保护和产业布局优化、汉江及湘江水污染治理和再生水利用。全面提高岸线资源使用效率，共同保护岸线资源。加强入河排污口整治和城乡污水、垃圾处理设施建设，完善污水收集管网和垃圾收运体系。加快推进工业园区污水集中处理厂建设。加强入河排污口监督管理，合理调整优化入河排污口布局。加大农业面源污染减排力度，划定畜禽禁养、限养区，畜禽养殖场配套建设废弃物处理和贮存设施。

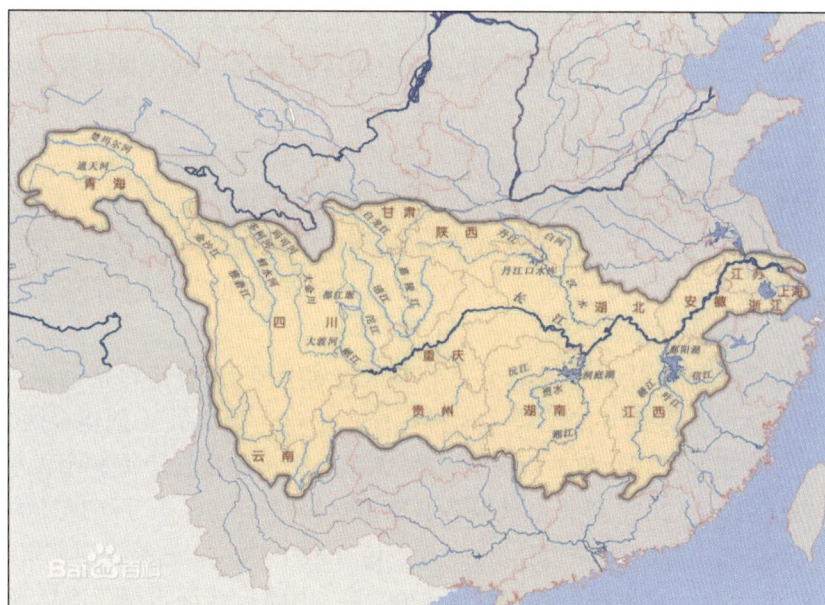

图 2-15　长江流域图

根据《湖北省汉江生态经济带开放开发总体规划（2014—2025 年）》（图 2-16），其生态环境保护目标为：环境保护和生态建设取得明显成效，绿色经济、循环经济、低碳经济有较大发展；工业污染、生活污染和农业面源污染防治达标，"三废"处理率及资源循环利用率高于全省平均水平；汉江干流水质稳定达到国家地表水Ⅱ类标准，主要支流水功能达标率 95%。

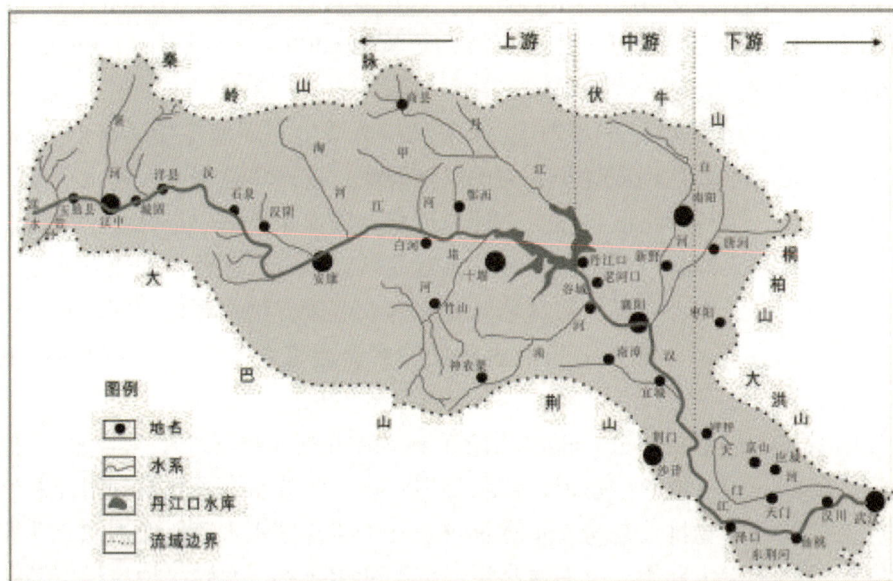

图 2-16　汉江流域图

（四）襄阳环境保护自身要求

根据《襄阳城市总体规划（2011—2020年）》，襄阳城市发展目标为：协调发展的区域中心，安全生态的宜居家园；活力高效的工业新城；开拓创新的文化名城。城市性质为：国家历史文化名城，湖北省省域副中心城市和新型工业基地城市。城市职能为：我国中部地区的重要交通枢纽之一和区域物流中心、山水园林城市；国内知名的历史文化型旅游目的地城市，湖北省武当山、神农架的旅游基地及鄂西北旅游服务中心；湖北省农副产品生产和加工基地。其中对生态环境保护的要求为：优化产业结构、提高资源利用效率、改善生态环境质量、增强可持续发展能力。实行污染物排放总量控制，确保实现襄阳市的化学需氧量和二氧化硫两项主要污染物指标减排目标。

根据《襄阳市国民经济与社会发展第十三个五年规划纲要》，襄阳将推动绿色低碳循环发展：大力发展清洁能源，大力发展循环经济，全面推行绿色生产生活方式。创建全国水生态文明示范区：确保98%以上工业废水实现稳定达标排放，到2020年，确保汉江干流襄阳段水质不低于Ⅱ类。开展大气污染防治行动：到2020年，市区及各县市城区环境空气好于Ⅱ级标准的天数逐年提高，环境空气中可吸入颗粒物（PM10）浓度比2015年下降20%。深入实施绿满襄阳行动：到2020年，全市完成植树造林50万亩，建设绿色示范乡村1200个，道路沿线周边绿化率达到100%。用制度保护生态环境：实施严格的水资源管理制度，建立最严格的林业资源保护制度，落实最严格的耕地保护制度，加快建立绿色GDP核算和考核体系，深入推进"全民环保行动"。

根据《襄阳市土地利用总体规划（2006—2020年）》，襄阳将以资源节约和环境友好为切入点，围绕国家"中部崛起"战略和鄂西生态文化旅游圈经济发展战略，促进土地利用方式的根本转变，逐步形成资源节约、持续利用、经济社会环境和谐发展的土地利用模式，将襄阳建设成为以汽车生产和高新技术为特色的新兴工业城市、国家级历史文化名城和生态环境良好的宜居城市，实现"全面保障、统筹协调、永续利用、和谐安全"的土地利用战略目标。规划期内土地利用目标是：严格执行国家土地宏观调控政策，落实省级规划确定的土地利用目标；严格耕地和基本农田保护，控制各类建设用地规模，确保重大工程建设用地；转变土地利用和管理方式，提高土地节约集约利用水平；遵循人与自然和谐共处的原则，协调土地利用与生态建设的关系，促进生态环境良性发展；以优化土地利用结构和布局为主线，合理统筹区域用地和城乡土地利用。

根据《襄阳市生态环境保护"十三五"规划》，襄阳市环境保护总体目标为：到 2020 年，全市生态环境质量总体改善。主要污染物排放总量大幅减少，环境风险得到有效控制，环境安全得到有效保障，生态系统稳定性持续增强，生产和生活绿色水平明显提高，生态文明制度体系基本完善，环境治理能力基本实现现代化，生态文明建设水平与全面建成小康社会目标相适应。环境质量：地表水断面达 III 类以上水质的比例达到 85.7% 以上；襄阳市区全年空气质量优良天数比例达到 80% 以上，重度及以上污染天数比例控制在 3% 以内，细颗粒物（PM2.5）平均浓度较 2015年下降 20% 以上；耕地土壤环境质量点位达标率达到 86% 以上。污染控制：全市化学需氧量、氨氮排放总量较 2015 年减少 12%，挥发性有机物排放总量较 2015 年减少 15%；二氧化硫排放量较2015 年减少 22%、氮氧化物排放总量较 2015 年减少 25%。环境风险：放射辐射源事故年发生率低于每万枚 1 起，重金属污染物排放强度下降率满足国家要求，突发环境事件处置率保持 100%。生态保护：积极创建生态文明模范市，全面落实生态保护红线区占管控，全市生态环境状况指数保持稳定。

（五）生态环境功能定位

襄阳位于湖北省西北部，汉江中游平原腹地，是湖北省地级市，省域副中心城市，国家历史文化名城，是长江中游城市群核心城市。根据《湖北省主体功能区规划》，襄阳市的襄城区、樊城区、襄州区属于襄十随地区省级层面重点开发区域。宜城市、谷城市、枣阳市、老河口市位于襄随国家层面农产品主产区。南漳县、保康县是国家秦巴生物多样性重点生态功能区。襄阳主要的主体发展定位为全国重要的汽车生产基地，中部地区重要的交通枢纽，区域性物流中心和生态文化旅游中心，鄂西北地区经济发展的重要增长极。农业发挥以粮食、油料生产和生猪养殖等为主的旱作农业优势。因此，汉江生态经济带襄阳研究区域规划区内（襄城区、樊城区、襄州区、东津新区、老河口市赞扬街道办、光化街道办、李楼街道办、仙人渡镇、谷城县城关镇、宜城市鄢城街道办、小河镇）绝大部分区域为省级层面重点开发区域，其他区域为国家层面农产品主产区。

结合襄阳市环境区位与自然生态特征，规划区生态环境功能定位为"一带两区"，即：

汉江流域中游区域水土保持带：襄阳沿江区域是湖北省"四屏两带一区"生态安全战略格局中汉江流域水土保持带的重要组成部分，是维护承担全区生态格局安全、生态系统健康稳定的重要廊道。

汉江流域中游水环境维护区：襄阳沿江区域作为汉江流域汉江中下游段水环境重要的流经区，是承担流域水环境调节功能和水环境安全维护功能的重要区域。

汉江流域生态文明试验区：根据《襄阳市国民经济和社会发展第十三个五年规划纲要》，襄阳在"生态一流，绿色发展创造示范"目标任务中，提出将襄阳建设成为全国可持续发展示范区、绿色发展先行区、生态保护示范区和重要绿色增长极。

二、指导思想

以习近平新时代中国特色社会主义思想为指导，全面贯彻党的十九大和十九届二中、三中全会精神，深入贯彻习近平生态文明思想，按照"五位一体"总体布局、"四个全面"战略布局和长江经济带"五个关系"的指导精神，坚持生态优先、绿色发展，坚持新发展理念，坚持底线思维、系统思维，围绕长江经济带"共抓大保护，不搞大开发"一条主线，以生态环境质量改善为核心，严守生态保护红线、环境质量底线、资源利用上线，统筹山水林田湖草系统治理，探索生态环境协同保护机制，把汉江生态经济带襄阳沿江区域建成汉江生态经济带绿色发展先行区。

三、基本原则

生态优先，绿色发展。尊重自然规律，坚持"绿水青山就是金山银山"的基本理念，把修复汉江生态环境保护摆在压倒性的位置，推进绿色发展，形成节约资源和保护环境的空间格局、产业结构、生产方式、生活方式。

问题导向，质量核心。把解决沿江区域突出生态环境问题放在首要位置，以提供更多优质生态产品满足人民日益增长的优美生态环境需要为目的，确保沿江区域生态环境质量只能更好、不能变坏，推动沿江生态环境质量持续改善。

统筹协同，系统保护。以襄阳汉江流域干支流为经脉，以山水林田湖草为有机整体，坚持区域一盘棋，统筹水陆、城乡、江湖、区县，统筹水资源、水环境、水生态，统筹产业布局、资源开发与生态环境保护，系统推进大保护。

底线思维，分区施策。确定生态保护红线、环境质量底线、资源利用上线，制定环境管理准入负面清单，强化生态环境硬约束。其中汉江干支流 1 公里范围内以保护恢复为主，汉江干支流 1—5 公里范围内以治理建设为主，实施精准治理。

四、发展目标

围绕"绿水青山就是金山银山"和"共抓大保护，不搞大开发"的发展理念，构建"生态功能保障基线、环境质量安全底线、自然资源利用上线"三线目标指标体系，通过 17 年左右的时间，将汉江生态经济带襄阳沿江区域打造成汉江生态经济带绿色发展先行区。

至 2020 年，生态环境质量总体改善，环境风险得到有效管控，生态环境保护水平同全面建成小康社会目标相适应。

2020—2035 年，节约资源和保护生态环境的空间格局、产业结构、生产方式和生活方式总体形成，生态环境质量实现根本好转。

五、分区保护重点

汉江干支流 1 公里范围以内，以保护恢复为主：该区域湿地、滩涂生态功能退化，工业园区沿江布局，污染重，风险隐患大。应加强区域内水土流失治理与生态修复，保护水生生态系统，维护生物多样性，恢复沿江沿岸湿地，确保水环境安全和水环境质量不下降。严禁新建重化工园区，严禁新建、扩建工业企业、畜禽养殖场（区）及其他可能污染水环境的项目。严控下游高污染、高排放企业向上游转移。加强船舶港口污染控制。

汉江干支流1—5公里范围以内，以治理建设为主：该区域环境基础设施建设滞后，畜禽养殖等农业面源污染严重，城市面源污染治理任务艰巨。应以"点（重点地块）—线（支流）—面（连片村庄）"为脉络，加强城镇环境基础设施建设，推进南河、北河等流域水环境治理，开展城乡清洁工程和农村环境连片综合整治，继续实施"绿满襄阳"提升行动。对工业园区进行生态化改造，对环境整治不达标的工业企业、园区实行消减。严控新建重化工和造纸行业项目。

第三节　重点任务

一、"三水① 统筹"，严保一江清水

以沿江区域水质改善为核心，以控制单元为基本空间载体实施精细化、差别化分区管理，突出汉江干流、中心城区黑臭水体等重点水体，明确"抓节水、治污水、净库水、保江水"的主攻方向，实施节水、增流、减污、提质、增湿五大重点任务，协同推进全流域水污染防治、水资源管理和水生态恢复，建成"和谐、优美、绿色"汉江。

（一）严守水资源利用上线，保障水资源可持续利用

1.实施最严格水资源管理

认真贯彻落实《湖北省城镇供水条例》和《湖北省人民政府关于实行最严格水资源管理制度的意见》。实行用水总量控制和定额管理，严格执行水资源开发利用控制红线。严格实施取水许可制度，对纳入取水许可管理的单位和其他用水大户实行计划用水管理。严格控制开采深层承压水，地热水、矿泉水、卤水的开发应严格实行取水许可和采矿许可。依法规范机井建设管理，凡未经批准的以及公共供水管网覆盖范围内的自备水井，一律予以关闭。新建、改建、扩建项目用水要达到行业先进水平，节水设施应与主体工程同时设计、同时施工、同时投运。

2.实施以水定城以水定产

合理确定城镇发展规模。遵循"以水定人、以水定产和以水定城"的总体要求，确定襄阳沿江区域城市人口聚集、产业发展的规模上限。以蛮河、唐白河及滚河流域等水污染严重地区为重点，合理控制新城建设规模，有效控制城镇居民用水量。按照500立方米/人为水资源临界值的国际标准，以襄阳市沿江区域近5年平均水资源量（不含客水）进行水资源极限人口测算，测算结果表明

---

① 生产水、生活水、生态水。

襄阳沿江区域极限总人口 235 万人，低于未来城市发展预期人口规模。

提升非常规水资源利用。建设海绵城市，将再生水、雨水和微咸水纳入水资源统一配置。推进再生水利用工程及配套设施建设，工业生产、城市绿化、道路清扫、车辆冲洗、建筑施工以及生态景观等用水，需优先使用再生水。推进高速公路服务区污水处理和利用。具备使用再生水条件但未充分利用的火电、化工、造纸、印染等项目，不得批准其新增取水许可。积极推动新建建筑安装中水设施，单体建筑面积超过 2 万平方米的新建公共建筑，应安装建筑中水设施。到 2020 年，整个区域内再生水利用率达到 10% 以上。

优化产业结构和布局。加快工业结构调整和产业升级，落实国家关于工业节水鼓励类、限制类和淘汰类产业政策。通过实施产业规划，采取政策措施，压缩印染、纺织、炼钢、造纸、机械加工等高耗水行业，全面推动工业企业节水工作。到 2020 年，电力、钢铁、纺织、造纸、化工、食品发酵等高耗水行业达到先进定额标准。加快第三产业发展，发展节水型服务业。城区严控高耗水、高污染项目建设。

3. 全面推进节水型社会建设

大力推进农业、工业、城镇节水，建设节水型社会。建立万元 GDP 水耗指标等用水效率评估体系，把节水目标任务完成情况纳入地方政府政绩考核。

全面开展农业节水。积极建设现代化灌排渠系，加快灌区节水改造，扩大管道输水和喷微灌面积。加强灌溉试验工作，建立灌区墒情测报网络，提高农业用水效率。重点实施提高农田灌溉基础设施水平、改进耕作和排灌方式、保水保墒等技术措施，实现农业种植制度和栽培技术从传统粗放型向现代集约节水型转变，农田用水从高耗低效型向节水高效型转变。到 2020 年，沿江区域农田灌溉水有效利用系数提高到 0.543 以上，2035 年达到 0.70 以上。

全面实施工业节水。严格执行国家鼓励和淘汰用水技术、工艺、产品和设备目录，加强工业节水先进技术的推广，鼓励企业实施节水技术改造。完善高耗水行业取用水定额标准，开展节水诊断、水平衡测试、用水效率评估，严格用水定额管理。到 2020 年，沿江区域万元工业增加值用水量比 2013 年下降 40% 以上。

全面推进城镇节水。推广节水设施和器具，提高城镇生活用水效率。公共建筑必须采用节水器具，逐步淘汰公共建筑中不符合节水标准的水嘴、便器水箱等生活用水器具。对使用超过 50 年和材质落后的供水管网进行更新改造，到 2020 年，管道漏水率控制在 12% 以内，节水器具普及率达到 85% 以上。到 2035 年管道漏水率控制在 10%，节水器具普及率达到 100%，全面普及节水产品认证制度。

4. 保障江河适宜生态流量

协调好上下游、干支流关系，深化河湖水系连通运行管理，完善水量调度方案。采取闸坝联合调度、水库联合调度、生态补水等措施，合理安排闸坝下泄水量和泄流时段，维持河流适宜生态用水需求，优先保障汉江及其重要支流最小生态流量，远期从保护和维护河流生态的角度出发，应保障适宜生态需水量（表 2-1）。2020 年前积极优化王甫洲、崔家营航电枢纽调度，缓解对防洪除涝、水环境容量的影响，发挥好控制性涉水工程在改善水质中的作用。2020 年后通过实施农业结构调整和节水、优化调度方式、退还生态水量、增加域外调水等综合措施，大幅度提高河道生态用水保障率，为水生态保护与修复提供基础水量保障。

表 2-1 汉江河流生态需水量核算表

河流	断面名称	最小生态需水量（亿 m³）	适宜生态需水量（亿 m³）
汉江	襄阳水文站	92.7	123.6—164.8
北河	谷城城关安家岗	0.9	1.3—1.8
南河	谷城格皇嘴	4.8	7.2—9.7
蛮河	宜城孔湾岛口	2.7	4.1—5.4
清河	樊城区清河口	1	1.5—2.0
滚河	东津镇孙王营	1.2	1.9—2.5
唐白河	襄州区张湾村	9.1	13.7—18.2
淳河	东津镇三合村	0.3	0.4—0.6

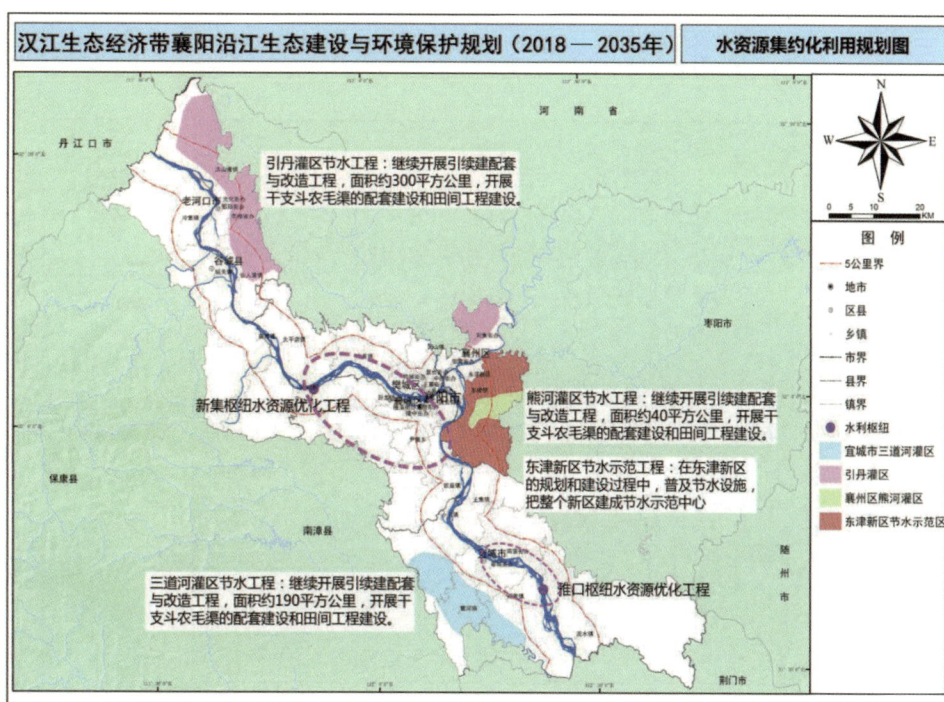

图 2-17 水资源集约化利用规划图

（二）坚守水环境质量底线，改善水环境质量

1. 协同推进汉江流域综合治理

以改善水环境质量为核心，协同推进实施"一江"（汉江）、"五河"（南河、北河、小清河、唐白河、蛮河）保护与治理为重点，推进实施流域水环境分类管控指引（专栏 2-1、图 2-18）。建立上下游联防联控协调机制，建立区域间污染防治、信息共享、应急处置联动机制。加大小清河、

唐白河、蛮河等主要支流水环境污染治理力度，加强沿岸农业面源污染控制，干支流 1 公里内严禁新建重化工园区，严禁新建、扩建工业企业、畜禽养殖场（区）及其他可能污染水环境的项目。加强蛮河等流域涉磷企业污染物排放控制。到 2020 年，唐白河、蛮河等 5 条入江河各控制断面水质均达到考核目标要求。到 2020 年，地表水质继续稳定改善。到 2035 年，稳定达到地表水质Ⅲ类标准。

专栏 2-1　汉江流域襄阳段分类划定与指引

水质改善类：包括现状水质未达规划目标要求，群众反映水体较差，以及污染相对较重的控制单元，共计 2 个，分别为蛮河孔湾控制单元及滚河琚湾控制单元；重点强化污染物排放总量控制，大幅削减污染物排放量，保障河道生态基流，确保消除重污染水体和城镇黑臭水体，使控制单元水质达到规划目标要求。

风险防范类：主要包括风险较大、需要重点防范的控制单元，共计 5 个，分别为唐白河张湾、小清河口、滚河云湾、汤店、蛮河申家嘴控制单元；重点加强流域风险监督管理，对重点污染企业开展安全检查，制定和完善水污染事故处置应急预案，明确预警预报与响应程序、应急处置及保障措施等内容，有效防范风险。

水质维护类：包括饮用水源、重要生态功能区、源头水以及现状水质较好等 8 个单元为水质维护类单元。按照"预防为主、保护优先"的原则，加大水环境保护力度，重点实施水源涵养、湿地建设、河岸带生态阻隔等综合治理工程，确保控制单元维持现有水质不退化。

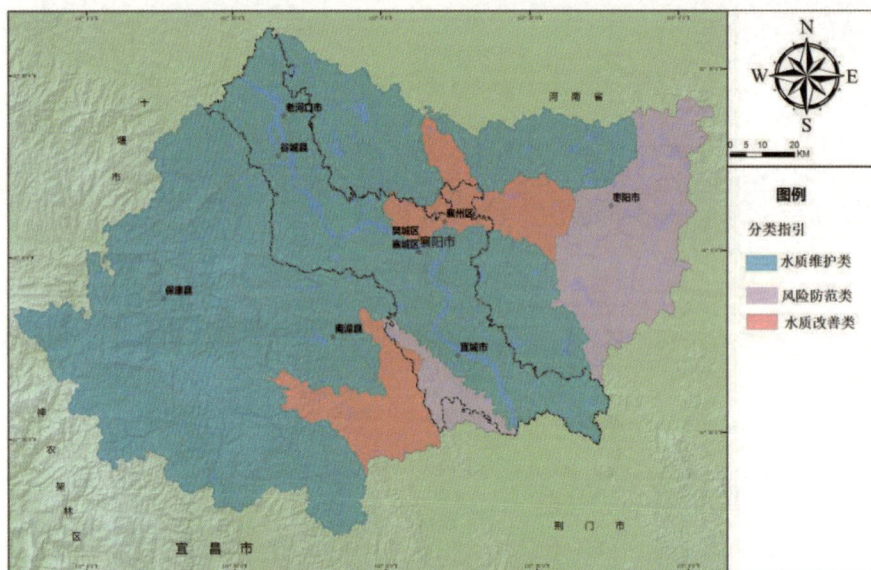

图 2-18　汉江襄阳段全流域分类指引

2. 强化水环境空间分区管控

根据自然汇流特征、水环境功能、水质状况和污染源分布特征，构建"流域—控制区—控制单元"三级空间管控体系。针对襄阳沿江区域，将所涉及 3 个省级水环境控制单元进一步细化为 166 个控制单元，在此基础上进一步划分为 5 类控制区域，实施精细化、差别化分区管理（图 2-19）。管控分区划分如下：

水源保护管控区：包括 2 个市级、3 个县级、7 个乡镇集中式饮用水水源地所在区域的 7 个控制单元，总面积 163.84 平方公里，占土地面积的 3.75%，涉及汉江、腾冲水库、八仙洞水库等河湖。

水源涵养管制区：包括水源地上游汇水区所在的 33 个控制单元，位于以下区域：鱼梁洲经济开发区、襄城片区、谷城县城关镇及小河镇等区域的沿江区域、卧龙镇、流水镇、冷集镇等区域（水源涵养林区）、茨河镇、庙滩镇全域。总面积 1042.56 平方公里，占土地面积的 23.89%，涉及南河、北河、湿地保护区等河湖。

工业管控区：包括 12 个工业园区及其他工业聚集区所在的 27 个控制单元，位于以下区域：鄋阳街道、鄀城街道、襄州片区、仙人渡镇、太平店镇、李楼街道、雷河镇、光化街道、樊城片区、谷城县城关镇、余家湖街道等工业园区及聚集区总面积 476.96 平方公里，占土地面积的 10.93%，涉及南河、小清河、唐白河等河湖。

农业面源管控区：包括农村生产生活区域所在的 75 个控制单元，位于以下区域，郑集镇、尹集乡、王集镇、欧庙镇、牛首镇、南营街道、洪山嘴镇等区域全域；小河镇、卧龙镇、流水镇、冷集镇等除水源涵养外其他区域；仙人渡镇、太平店镇、李楼街道、光化街道及东津片区等除工业及生活控制区外其他区域，总面积 2286.54 平方公里，占土地面积的 52.39%，涉及北河、南河、小清河、唐白河、淳河等河湖。

城镇生活管控区：包括中心城区、城镇区域所在的 19 个控制单元，位于鄋阳街道、鱼梁洲经济开发区、鄀城街道、襄州片区、襄城片区、太平店镇、樊城片区、东津片区、谷城城关镇等乡镇街道办的城区。总面积 394.20 平方公里，占土地面积的 9.03%，涉及北河、南河、汉江干流、小清河、唐白河等河湖。

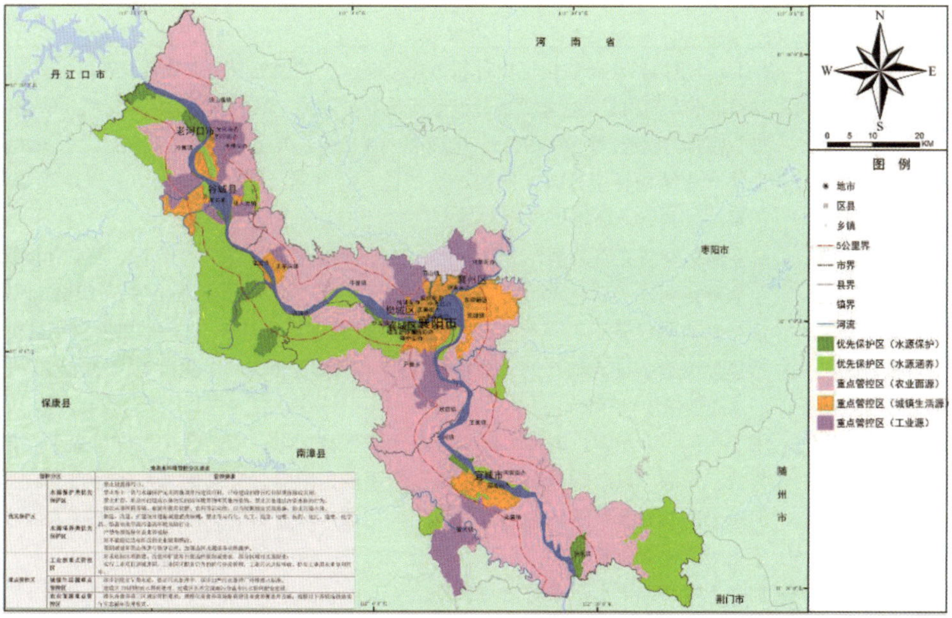

图 2-19　沿江区域水环境分区管控图

根据沿江区域水环境空间分区管控要求，明确沿江区域生态环境准入要求（表2-2）。

表2-2　沿江区域生态环境准入要求

功能类型	区域	准入要求
水源保护管控区	汉江、腾冲水库、八仙洞水库等河湖的饮用水水源区	（1）禁止在饮用水水源一级保护区内新建、改建、扩建与供水设施和保护水源无关的建设项目。 （2）禁止新建一切与水源保护无关的新增排污项目，遵循减量置换原则限批项目。 （3）不得从事堆放、倾倒、处置工业废渣、城市垃圾、医疗废弃物等固体废物。 （4）禁止围垦河道和滩地、新建码头及集中居住区。 （5）捕捞、垂钓、游泳、洗衣、洗车及其他可能污染饮用水水源的活动。 （6）严禁规模化畜禽养殖，排污口设置。水源地一级保护区禁止现有规模化畜禽养殖、排污口等按要求关闭及清退。 （7）法律、法规禁止的其他行为。 （8）对与饮用水水源保护区相邻的公路和航道采取必要的防护措施，防止运输危险化学物品的车辆和船舶发生事故污染饮用水水体。
水源涵养控制区	鱼梁洲经济开发区、襄城片区、谷城县城关镇及小河镇等区域的沿江区域、卧龙镇、流水镇、冷集镇、茨河镇、庙滩镇等区域（水源涵养林区）	（1）新、扩、改建项目遵循减量置换原则，禁止布局石化、化工、危废、电镀、医药、化肥、造纸、化学品、铅蓄电池等高污染高环境风险行业。 （2）严禁新增规模化畜禽养殖，在湖库型饮用水源集雨区一定范围内设立禁止规模化畜禽养殖区。 （3）限期对破坏的山体进行恢复治理。 （4）禁止毁林造田等破坏植被的行为，25°以上的陡坡耕地逐步实施退耕。 （5）加强生态公益林保护与建设，提升区域水源涵养和水土保持功能。 （6）最大限度保留原有自然生态系统，保护好河湖湿地生境，禁止未经法定许可占用水域。
工业源重点管控区	郑阳街道、鄂城街道、襄州片区、仙人渡镇、太平店镇、李楼街道、雷河镇、光化街道、樊城片区、谷城县城关镇、余家湖街道、冷集镇、庙滩镇、茨河镇等工业园区及聚集区	（1）沿江1公里内禁止新建化工项目和重化工园区，其他范围内一律禁止在园外新建化工项目。 （2）除经批准专门用于工业集聚的开发区（工业区）外，禁止新建、扩建造纸、磷化工、氮肥、印染、原料药制造、制革、农药、电镀类工业项目，鼓励对上述工业项目进行淘汰和提升改造。 （3）加快产业结构转型升级，严控新增产能，对尿素、磷铵、电石、烧碱、聚氯乙烯、纯碱、黄磷等过剩行业新增产能严格控制。实行工业项目退城进园。 （4）工业园区配备完善的雨污分流管网，工业污水达标排放，禁止工业废水直排汉江干流。工业集聚区污水处理应当达到《城镇污水处理厂污染物排放标准》一级A排放标准，并保证自动监测设备正常运行。现有污水集中处理设施达不到一级A排放标准的应当限期进行提标改造。排入汉江的工业源排污口，应设置相应的净化湿地，以保障最终排入汉江内的水质要求。 （5）中心城区、太平镇、老河口等水环境承载较高区域，应结合排污许可要求严格限制污染物排放，采取"以新带老、削老增新"等手段，限制设置新的入河排污口。在现状污染物入河量未削减到水域纳污能力范围内之前，该水域原则上不得新建、扩建入河排污口。 （6）禁止规模化畜禽养殖。 （7）加强土壤和地下水污染防治与修复。 （8）提高工业用水重复利用率，提升清洁化水平。 （9）最大限度保留区内原有自然生态系统，保护好河湖湿地生境，禁止未经法定许可占用水域；除防洪、重要航道必需的护岸外，禁止非生态型河湖堤岸改造；建设项目不得影响河道自然形态和河湖水生态（环境）功能。

功能类型	区域	准入要求
城镇生活源重点管控区	鄪阳街道、鱼梁洲经济开发区、鄂城街道、襄州片区、襄城片区、太平店镇、樊城片区、东津片区、谷城城关镇等乡镇街道办的城区	（1）污水收集管网范围内，禁止新建除城镇污水处理设施外的入江（河）排污口，现有的入江（或河）排污口应限期纳管（相关法律法规和标准规定必须单独设置排污口的除外）。 （2）中心城区、老河口等当前水环境承载超标的区域应采取"以新带老、削老增新"等手段，限制设置新的入河排污口。在现状污染物入河量未削减到水域纳污能力范围内之前，该水域原则上不得新建、扩建入河排污口。 （3）提高污水处理率，推进城镇雨污分流，防止污水直接排入汉江流域水体。新建城镇污水集中处理设施应当执行《城镇污水处理厂污染物排放标准》一级 A 排放标准，现有城镇污水集中处理设施达不到一级 A 排放标准的应当限期进行提标改造。排入汉江的生活源排污口，应设置相应的净化湿地，以保障最终排入汉江内的水质要求。 （4）城市建成区应逐步完成雨污分流和污水管网配套建设。 （5）城市城区的主要河流、湖泊滨岸带、生态功能保障区，禁止新建民宅和一切工业项目，现有的应逐步退出。 （6）中心城区等人群聚集区域，工业企业实行"退二进三"，禁止新建、扩建、改建造纸、磷化工、氮肥、有色金属、印染、农副食品加工、原料药制造、制革、农药、电镀等工业项目，现有的要限期关闭搬迁。 （7）最大限度保留区内原有自然生态系统，保护好河湖湿地生境，禁止未经法定许可占用水域；除防洪、重要航道必需的护岸外，禁止非生态型河湖堤岸改造；建设项目不得影响河道自然形态和水生态（环境）功能。
农业面源重点管控区	郑集镇、尹集乡、王集镇、欧庙镇、牛首镇、南营街道、洪山嘴镇等区域全域。小河镇、卧龙镇、流水镇、冷集镇等除水源涵养外其他区域。仙人渡镇、太平店镇、李楼街道、光化街道等除工业及生活控制区外其他区域、东津片区	（1）遵从畜禽养殖三区划定管控要求，《襄阳市汉江流域水环境保护条例》所划定的重点管控区内，严禁新建及扩建畜禽养殖场（区）。 （2）规模化畜禽养殖场配套建设完善的畜禽粪便处理设施；规模以下养殖场鼓励实行生态循环发展模式。 （3）有条件的村庄应建设人工湿地、生态沟渠、生物滤池等分布式污水处理设施，对农村生活污水进行收集和处理，改善农村水环境。 （4）加强农业面源污染治理，严格控制化肥农药施用量，加强水产养殖污染防治，逐步削减农业面源污染物排放量。 （5）禁止利用不符合农田灌溉水质标准的废水进行农业灌溉。

3.严格控制水污染物排放

实施沿江区域污染物排放总量控制。充分考虑承载空间格局，调整沿江区域产业布局，新建符合排放标准的涉水项目，在不影响水质达标的基础上，优先布局在水环境容量富余单元。目前，襄阳沿江区域氨氮总体上处于未超载状态，但沿江区域污染物排放空间分布不均，部分污染物排放集中区域处于超载状态。中心城区、老河口市区内主要污染物化学需氧量、氨氮和总磷承载率均处于超载状况。超载单元应实施涉水项目限批，新建、改建、扩建项目实行主要污染物排放等量或减量置换。对城镇污水处理设施进行提标改造达到一级A排放标准。综合防控农村、农业面源污染，减少水环境污染物排放。

加强入河排污口综合整治。全面开展襄阳市域汉江及重要支流140处排污口登记核查工作，关闭或调整位于禁设排污区内的排污口，对排污量大、达标排放仍不满足水功能区水质管理要求的排污口进行关闭或改造，实施污水深度处理工程；针对沿江区域规模以上7个污水排污口实施规范化建设，竖立排污口标志牌、公告牌，设置缓冲堰板等。对部分位置不合理、影响水功能水质管理目标的排污口实施改造，对排污口进行合并、整治等。排入汉江的排污口，应设置相应的净化湿地，以保障最终排入汉江内的水质要求。

4. 改善沿江区域水环境质量

加大饮用水水源保护力度。加强饮用水水源保护区规范化建设，水源保护区要设置明显的地理界标、警示标志及护栏围网等设施，饮用水水源一级保护区完成物理或生物隔离设施建设。推进中心城区及县城区备用饮用水源建设。完善乡镇水源保护区或保护范围划分，开展水源保护区检查。

实施不达标控制单元综合整治。根据沿江区域地表水考核断面所涉及的控制单元，建立控制单元环境质量目标管理与考核制度。各地要逐一排查本辖区内的地表水、地下水和饮用水水源等各类水体水质达标状况和对应污染源排放状况。对蛮河等未达到国家考核要求的断面，所在地区要制定达标方案，将治污任务逐一落实到控制单元内的排污单位，明确防治措施及达标时限，方案报上一级人民政府备案，定期向社会公布。对水质不达标的地区实施挂牌督办，必要时采取控制单元区域限批等措施。

切实整治城市黑臭水体。按照"一水一策"要求，结合地区实际，采取控源截污、垃圾清理、清淤疏浚、调水引流、生态修复等措施，加大黑臭水体治理力度，每半年向社会公布治理情况。中心城区建成区应于2020年底前，完成七里河、襄水河的清淤、除臭、治黑工程，基本完成其环境景观整治，实现城区黑臭水体治理目标。

防治地下水污染。定期调查评估集中式地下水型饮用水水源补给区等区域环境状况。石化生产存贮销售企业、工业园区、矿山开采区、垃圾填埋场等重点区域应进行必要的防渗处理。加油站地下油罐应全部更新为双层罐或完成防渗池设置。定期对石化生产存贮销售企业开展安全检查。逐步开展地下水环境质量常态化管理。报废矿井、钻井、取水井应实施封井回填。逐步建立地下水污染风险防范体系、监测体系和建立地下水监测信息共享平台。

开展船舶污染治理。全面排查全市现有运输船舶，依法强制报废超过使用年限的船舶，限期淘汰不能达到污染物排放标准的船舶，严禁新增不达标船舶进入运输市场；规范船舶水上拆解行为，禁止船舶冲滩拆解。以重要港口襄阳港及老河口、谷城、宜城等3个一般港口为重点，建立海事、港航、环保、城建等部门联合监管的船舶污染接收、转运、处置监管机制。禁止单壳化学品船舶和600载重吨以上的单壳油船进入汉江干线水域航行。继续推进老旧运输船舶和单壳油船提前报废更新。2021年起投入使用的内河船舶执行新的标准；其他船舶应于2020年底前完成有关设施、设备的配备或改造，经改造仍不能达到要求的，限期予以淘汰。

增强港口码头污染防治能力。加快船舶垃圾及水面漂浮物接收、转运及处理处置设施与监管措施建设，提高含油污水、洗舱水等接收处置能力及污染事故应急能力。港口、码头、装卸站的经营人应制定防治船舶及其有关活动污染水环境的应急预案。到2020年底前，全市所有港口、码头、装卸站及船舶修造厂达到建设要求，全面实现船舶污染物规范处置。

（三）推进水生态保护修复，提升水质净化能力

1. 完善汉江生态水网建设

2020年前，对蛮河孔湾等水质超标地区和中心城区等水资源匮缺地区，加强坑塘、河湖、湿地等自然水体形态的保护和恢复，开展水网清淤疏浚，实施河渠水网联通工程，实现城市河渠、湖库、湿地、主干河道相互联通。2035年前，采取生物与工程相结合的措施，开展城市河渠截污整治，对城市河湖水系岸线进行生态修复，加强水网绿化美化，建设河网连通、水质清洁、生态良好的生态水网体系。加强河道水生植物和岸滨植被缓冲带的保护，改善水生态环境。积极推进实施汉江干流和主要支流的清淤疏浚，对石河畈沟、黑鱼沟及北河故道等河流淤积严重的河流实施清淤疏，实施江河湖库水系连通，构建汉江生态水系。

2. 加强湖库保护与建设

提升湖库水质净化能力。深入贯彻落实《湖北省湖泊保护条例》，加强湖泊水库水资源统一管理和水污染源的监督管理；坚持保护优先和自然恢复为主，大力实施湖泊水库生态建设和保护工程，进一步提高沿江区域湖泊水库的优良水体比例。以汉江崔家营库区等湖库为重点，开展湖库生态环境安全评估，制定实施生态环境保护方案；严格建设项目环境准入，确保水生态环境良好；强化控源减排，开展湖库湿地与生物多样性保护，增强湖库自然修复能力，确保湖库及入湖库河流水质保持或优于现状。

3. 加强水生生物资源养护

严格保护汉江的重要水生野生动植物保护及相关自然保护区的监督和管理。重点加强汉江等鱼类集中产卵场、越冬场和索饵场的保护（表2-3），根据水产种质资源保护区主要保护对象的繁殖期、幼体生长期等生长繁育关键阶段界定特别保护期，特别保护期内不得从事捕捞、爆破、挖沙采砂等活动以及其他可能对保护区内生物资源和生态环境造成损害的活动。在汉江重要鱼类保护区开展重要经济水生动植物苗种的增殖放流。

表2-3　襄阳市重要鱼类保护区

名称	范围（km）	距上游产卵场距离（km）
王甫洲	老河口—谷城（18.0）	距丹江口（31.5）
茨河	洄流湾—茨河（22.5）	距王甫洲（9.5）
襄州	牛首—襄州（22.5）	距茨河（14.5）
宜城	宜城—关家山（41.5）	距襄阳（63）

二、维护区域生态安全，实施生态保护与修复

贯彻"山水林田湖草是一个生命共同体"理念，推进森林、河湖、湿地和城市生态系统保护与合理开发利用，保护生物多样性，提升生态系统综合服务能力。

（一）构建生态安全格局

1. 构建全市区域生态安全格局

构建襄阳全市区域的大"中"字生态安全格局（图 2-20）。建设以沿汉江干流衔接岘山—隆中山—鹿门寺的生态保育轴为中心，结合南河、唐白河等河流生态廊道与南崔家营、王甫洲、三道河、熊河、西排子河 5 个大型水库的生态节点，向四周串联西南大荆山系（含薤山等大巴山余脉）、鄂北岗地（北部农业生态功能区）、东南大洪山系（鹿门山、长山等）的环形生态屏障区，形成大"中"字的襄阳市区域生态安全格局。以开放多样的生态网络体系，保障襄阳全市域的生态安全。

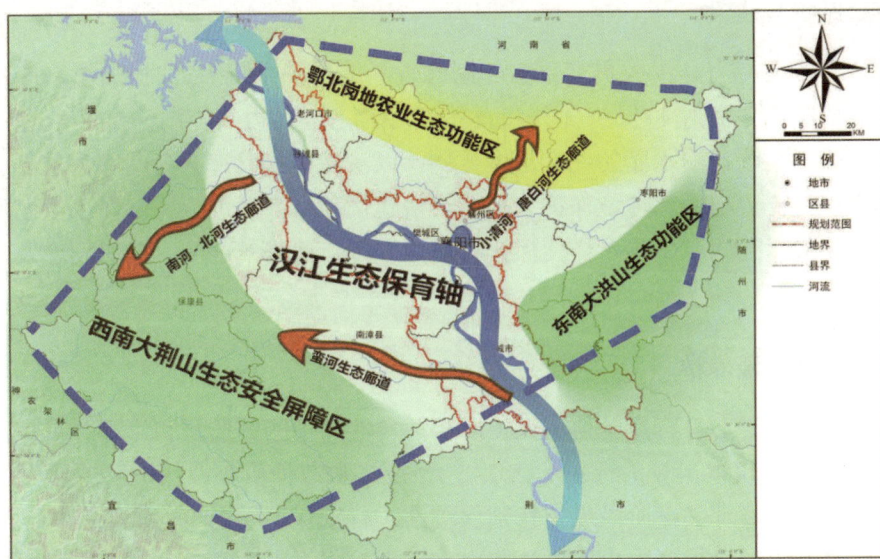

图 2-20　市域生态安全格局图

2. 构建沿江区域生态安全格局

构建"一轴三区，七廊多节点"的生态安全格局（图 2-21）。"一轴"即开展汉江干流生态保育和生态长廊建设，维护汉江生态流功能；"三区"即开展"刘营—庙滩林地水源涵养功能片区""岘山—隆中—鹿门寺生物多样性维护功能片区"和"雷河—关门山水土保持功能片区"的林地建设，维护江城之间、毗邻区域之间的生态空间结构；"七廊"为北河、南河等支流，建设多条滨河绿廊，发挥护蓝、增绿、通风、降尘等作用。"多节点"为江心洲岛、湿地公园、重要水库、产卵场等重要生态节点，维护水源涵养、生物多样性保护等功能。

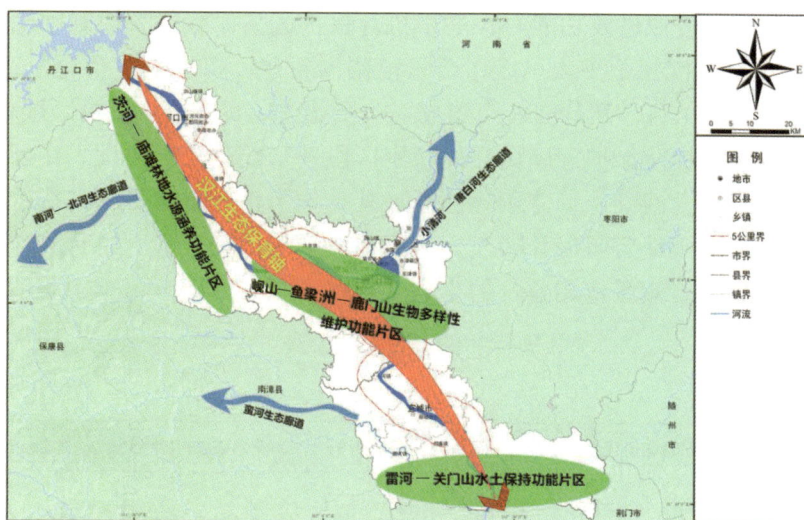

图 2-21　沿江区域生态安全格局图

（二）建设汉江生态长廊

建设湿地生态长廊。通过实施汉江及唐白河、小清河等重要支流和中小河流丰富的洲滩、湿地的保护与修复工程，形成以湖北谷城汉江国家湿地公园、湖北襄阳汉江国家湿地公园、湖北宜城万洋洲国家湿地公园等、湖北长寿岛国家湿地公园、湖北宜城鲤鱼湖省级湿地公园、湖北崔家营省级湿地公园为重点，以汉江干流及重要支流为脉络的湿地生态绿廊。在洲滩、河湾和浅水区域开展不同类型的水禽栖息地营建，选用当地乡土湿地植物如莎草科、禾本科、毛茛科、灯芯草科、旱柳、乌桕为主的草本植物构建草滩地、草本沼泽和森林沼泽类植被群落，恢复湿地生境。形成陆域入河污染物的天然生态屏障，有效发挥洲滩、湿地生态系统拦截净化、降解水体污染物的功能（图2-22）。

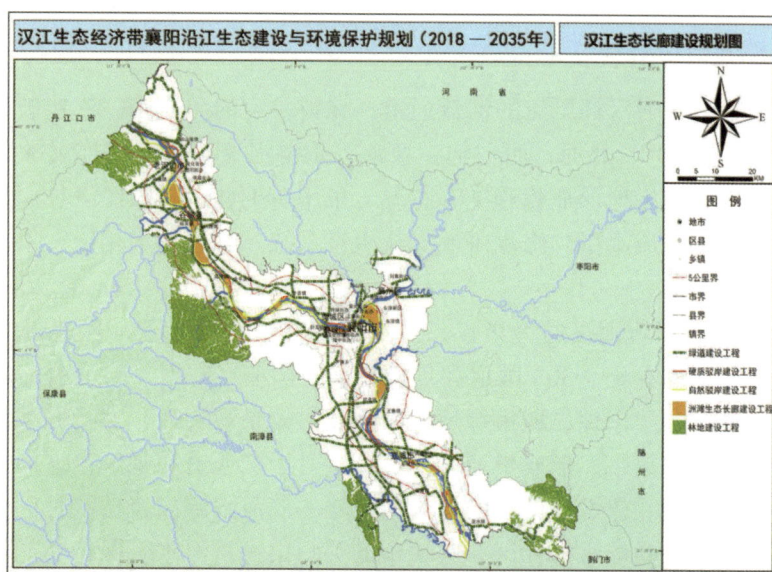

图 2-22　汉江生态长廊建设规划图

营造岸线生态长廊。按照岸线功能区，严格执行保护区、保留区、控制利用区和开发利用区边界和管理要求。严禁在汉江干支流岸线 1 公里范围内新建、扩建工业企业、畜禽养殖场（区）及其他可能污染水环境的项目，其范围内已建成工业企业，应实施重点整治、限期搬离。在港口、桥梁、泵站、河势控制、堤防保护等岸线开发利用区段进行硬质驳岸建设。在硬质驳岸的上方种植藤本植物，如漫长春藤、迎春、野蔷薇等，通过其垂挂生长对硬质驳岸进行覆盖。在汉江下游水土流失较为严重区域、湿地公园保育区段，河流地势平缓区域，基于原有河道护坡和护岸结构基础上，采用水体净化与自然绿地相融合的生态型堤岸，补植芦苇、菰草、香蒲等喜水净污的植物。（图 2-23）

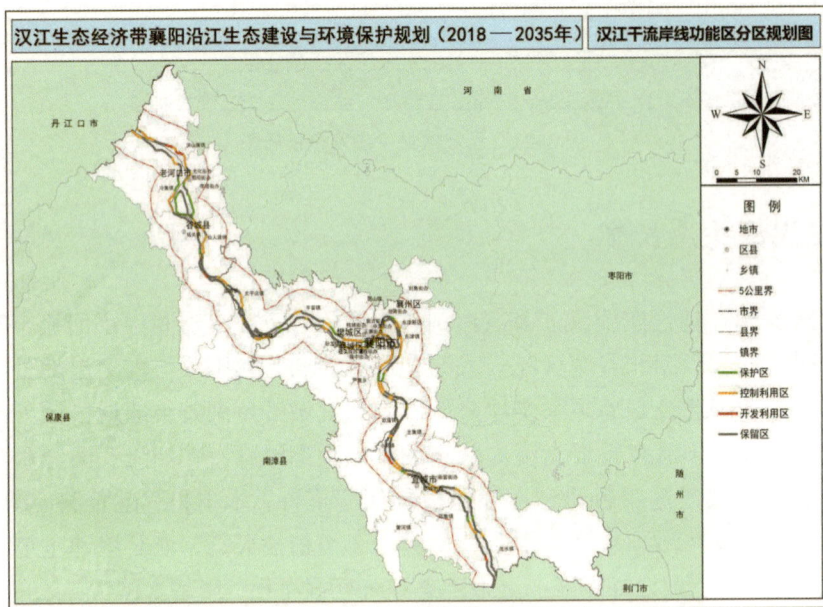

图 2-23　汉江干流岸线功能区分区规划图

推进滨河绿廊建设。疏通汉江干流的河流通道，保留一定的河漫滩、连接破碎的自然水域。构建汉江干流两岸 50 米及南河、北河、唐白河、蛮河等重要河流水系完善连续的廊道系统和连续的滨水绿地开放空间。结合两岸地形地貌和生态状况，采用防护林、高效经济林、速丰用材林，营造自然的植被群落，以稳固河流水岸，修复主要支流生态系统。打造林水相依、依水建林、以林涵水的汉江河流防护林地。

建设汉江绿道系统。以轨道交通为重点，实施绿色通道建设工程，打造骨干交通路网景观绿化带。依托二广、福银高速公路、303 国道和焦柳铁路等国道、省道、县道公路两侧不同的自然景观，重点针对河流水库、丘陵山地、城市绿地、田园乡村等景观特征，实行乔灌结合，打造四种层次分明、功能完善的绿色隔离带，形成贯通城乡、衔接骨干交通道和景区景点的道路林网。

强化重点片区林地建设。建设谷城县的刘营—庙滩—茨河水源涵养功能片区、襄城区的岘山—鱼梁洲—鹿门山生物多样性功能维护片区、宜城市的关门山—雷河水土保持功能片区的三条绿色林带。发展速生丰产用材林、高效经济林和生物质能源林，促进涵养水源、保护水土等国家储备林、生态公益林、生态防护林的建设，形成多层次、多功能的山地森林生态系统。襄阳城区以树、乔、灌、花、草相结合的立体生态绿化结构，重点打造鹿门山森林公园、隆中风景区、普陀堰风景区、邓城遗址公园以及唐白河、小清河等九条穿城河流的城市外围生态绿化带。

（三）提升生态系统功能

1. 推进森林生态系统功能

通过造（新造林）、封（封山育林）、抚（森林抚育）、补（补植补种）、改（低效林改造）等多项森林培育措施，推进"林业沃土"工程。合理控制湖北鹿门寺国家森林公园、湖北百花山森林公园、湖北承恩寺森林公园、湖北岘山国家森林公园、隆中风景名胜区的开发强度和游客规模，调整森林公园的树种结构，改善地形与水文条件，控制非本地植被的生物入侵和城市建设区对森林生态系统的干扰。对庙滩西南部低山丘陵地区、雷河西南部低山丘陵地区以及谷城刘营的林地保育地开展国家储备林建设与生态公益林建设项目，选用楠木、杉木、樟树等本土树种营造速生丰产林，采取透光抚育、补植、改造低效林等措施，提高林地单位面积蓄积量。

2. 加强湿地生态系统保护与修复

建立以汉江支流及重要水系汇合点、湿地公园、保护区和洲滩为主体的河流、湿地保护体系。严格控制南河、北河、唐白河、小清河及其与汉江交汇点周边的点源、面源污染，禁止新建排污口。对谷城与襄阳段的湖北襄阳汉江国家湿地公园、鲤鱼湖省级湿地公园实施挖沙治理、水面清淤疏通。选择本土适生植物，自然恢复湿地、洲滩岸线的植被。通过人工放流野生鱼苗和重建野生动物栖息地，逐步恢复湿地生态系统功能。在市区、宜城和谷城分别建设鱼类增殖放流繁育基地和水生动植物繁育基地，对长春鳊国家级水产资源实施重点保护。严格禁止长春鳊国家级水产种质资源保护区与江心洲滩的农田、建设用地的开垦侵占，保护珍稀物种的生存环境与湿地生态系统的多样性。加强湿地保护法制建设，严格湿地保护监管。严禁非法侵占湿地，严格限制与湿地保护无关的开发利用活动。继续加强退耕退渔还湿、修建湿地防护围栏等保护与管理措施，实现河湖、湿地生态系统水源开阔，生境多样。

3. 维护与修复城市自然生态系统

推进中心城区及特色小镇海绵城市建设。统筹推进沿江区域特别是中心城区城市绿地、排水、道路与广场、建筑与小区的建设，充分截留和利用雨水资源。采取屋顶绿化、雨水调蓄与收集利用、微地形等措施，提高建筑与小区的雨水积存和蓄积能力。推进海绵型道路与广场建设，增强道路绿化带对雨水的消纳功能，在非机动车道、人行道、停车场、广场等使用透水铺装。推进排水防涝设施的达标建设，加快改造和消除城市易涝点。采用下沉式绿地、雨水花园、植草沟、植被缓冲带、生态堤岸等设施，降低城市径流和初期雨水污染冲击。发挥鱼梁洲的"水清岛绿"的江心岛特色，配置具有观花赏叶价值的湿地植物和营造常绿落叶阔叶混交林地、建设湿地—污水处理厂的自循环净化系统，提升湿地水源净化功能。

（四）维护生物多样性

加强自然保护地的监督管理。开展沿江区域内自然保护地的人类活动遥感监测。对湖北襄阳汉江国家湿地公园、湖北鹿门寺国家森林公园、湖北岘山国家森林公园、长春鳊国家级水产种质资源保护区等自然保护地每年监测1次。强化监督执法，定期组织对自然保护地开展专项执法检查，严肃查处违法违规活动，加强问责监督。开展生态环境状况、生物资源丰度的调查评估，并定期发布监测评估报告。

开展物种保护与繁育。坚持就地保护与迁地保护相结合，加强对重要的生物廊道、野生动物迁徙停歇地等敏感区域的监督和管理。对中华秋沙鸭、黑鹳等重点保护鸟类实行周期性监测。在湿地及洲滩、汉江干流及重要河流建立鸟类、鱼类的养护与增殖体系。严格古树名木、珍稀植物的保护与管理。实行特有珍稀植物与古树名木的原产地保护，禁止"大树进城"。尊重本地植物习性，沿江区域优先推广应用观赏价值高的楸树、楠木、麻栎、樟树等本地乡土植物。加强外来入侵物种防控，维护地区生态安全。

建设生态科普教育和科学研究基地。依托汉江湿地自然资源，开展以湿地生态系统为特色的科普教育活动。在汉江干流湿地、鲤鱼湖湿地公园开展湿地净化展示、湿地自然科普等活动。结合重要物种栖息地恢复，开辟鸟类观赏区，提供观鸟屋、观鸟塔、观鸟通道等多种观鸟设施。积极申报纳入国家重点科研项目试点示范基地，围绕湿地监测、生态恢复、重要物种繁育等开展基础和应用研究。

三、改善环境质量，建设宜居城乡环境

以环境质量"只能变好、不能变差"为底线要求，衔接相关规划环境目标、标准和限期达标要求，统筹区域城乡，推进联防联控，实施分区施策，重点推进大气、土壤、农村环境污染防治，加快补齐环境基础设施短板，有效应对重点领域重大环境风险，建设宜居城乡环境。

（一）改善城市空气质量

1.构建通风廊道

襄阳市区常年处于汉江上游西北气流与下游东南气流辐合区，扩散条件整体较差，现有产业布局与逆江而上的主导气流呈错配态势，造成市区空气污染较重，且改善难度较大，需以通风格局优化城市建设格局与产业布局，形成有利于大气污染物扩散的空间格局。

结合襄阳污染物浓度空间分布和主导风环境，依托汉江河道、绿地、开敞空间，构建沿江区域"一核两轴"通风廊道体系（图2-24）。一核：指中心城区，现状空气污染较重，建成区全部纳入高污染燃料禁燃区。两轴：指以市区为中心，分别沿西北和东南方向汉江河谷。其中，上游为市区清洁空气主要来源，沿岸500米范围内严格限制风道上游街道宽度、降低建筑物高度和密度；下游污染相对较重，为市区污染物主要输送通道之一，优先实施大气污染综合整治，有效降低通道污染物浓度。

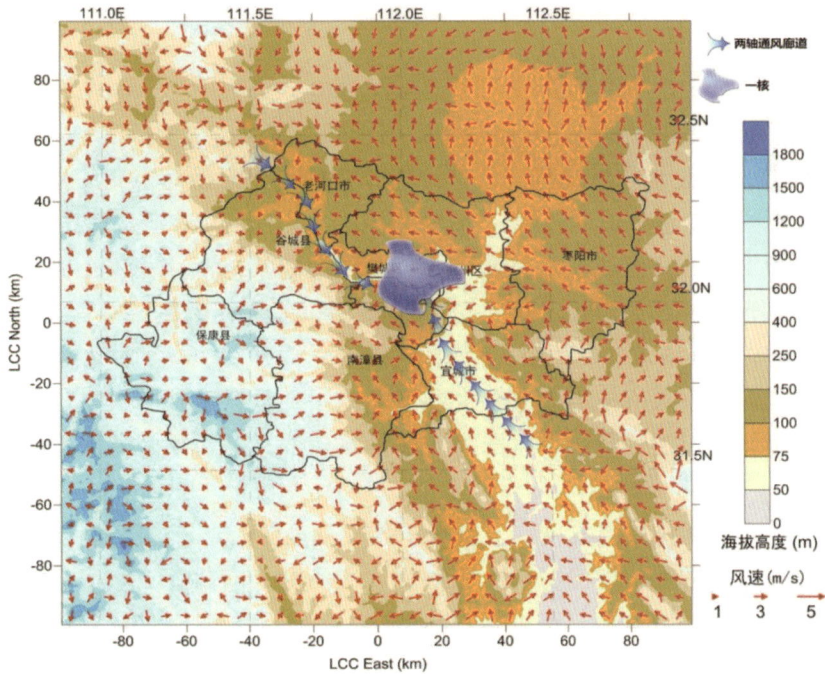

图 2-24　襄阳通风廊道示意图

2. 制定空气质量限期达标计划

制定分区域分阶段空气质量改善目标，持续推动减排。按照大气环境质量"只能更好、不能变坏"的基本要求，结合襄阳市自然地理状况、社会经济发展等基本情况，参照大气污染防治行动计划、环境保护规划等国家、区域、省域等上位规划的要求，考虑大气环境质量现状和改善潜力，综合确定沿江区域分阶段的大气环境质量底线为：到 2020 年，细颗粒物（PM2.5）年均浓度达到 $53\mu g/m^3$ 以下；优良天数比例达到 80% 以上；重污染天气控制在 3% 以内。到 2035 年，PM2.5 年均浓度达到国家二级标准，基本消除重污染天气。

编制实现分阶段环境目标的中长期减排规划，建立规划编制阶段的预评估制度和实施阶段的跟踪评估制度。完善区域联防联控机制，全面加大战略措施的执行力度。推动汉江上下游和市、县两级区域大气污染联防联控及重污染应急预警联动工作机制。

3. 推动能源与产业结构调整

推进能源结构战略性调整。提高能源使用效率，加强对高耗能行业管控，力争 2025 年实现碳排放峰值目标。提高清洁能源和可再生能源消费比重，继续保持燃煤消耗量负增长，2020 年煤炭消费比重下降至 50% 以内。划定并不断扩大沿江区域高污染燃料禁燃区范围，全面完成禁燃区范围内除城市集中供热和电站锅炉外燃煤锅炉、窑炉等高污染燃料设施的拆除或清洁能源改造。

推进产业结构战略性调整。优化区域工业布局，加快推进"两高一资"产业技术升级改造，严格禁止过剩产能新增项目用地。2020 年底前完成城市主城区的火电、钢铁、石化、化工、有色金属冶炼、水泥等重污染企业环保搬迁或改造。严格污染物排放总量指标作为环评审批前置条件的要求，新建排放二氧化硫、氮氧化物、工业烟（粉）尘和 VOCs 等大气污染物的项目实行总量倍量或减量替代。对未按期完成淘汰落后产能任务的区域，暂停办理建设项目核准、审批和备案手续。

4.实施重点废气排放行业深度治理

实施工业污染源全面达标计划。建立健全污染源管理体系，全面实施工业污染源自行监测和信息公开。2018年底前，工业企业要规范排污口设置，实施"阳光排污口"工程，编制年度排污状况报告。以钢铁、水泥、有色、玻璃、制浆造纸、印染、化工、氮磷肥、食品加工、原料药制造、农药、电镀等行业为重点，分区域制定重点行业企业限期整治方案，完善环保设施建设及运管措施。2020年，基本实现工业排放源稳定达标。到2035年，基本完成覆盖所有污染源的排污许可证核发工作，基本实现基于环境质量的污染源精细化管理。

深化燃煤锅炉特别排放限值技术改造和火电发电机组超低排放技术改造，对已完成技术改造的加强环保监管，确保稳定达到特别排放限值或超低排放要求。暂不具备改造条件的燃煤机组限期治理。

大幅削减挥发性有机物排放。实施挥发性有机物全过程控制，严格控制新增挥发性有机物排放，实行区域内现役源倍量削减替代。2019年底前，在石化、有机化工、表面涂装、包装印刷等行业实施VOCs综合整治。2020年，挥发性有机物排放总量较2015年减少15%。2035年，按要求完成油气回收在线监测设备安装，基本完成工业VOCs综合治理。建立健全挥发性有机物监管体系，实施VOCs排污收费。

5.强化移动源和面源精细化管理

大力发展公共交通。推动油品配套升级，加强对油品质量的监督检查，加大对劣质油、非标油等不合格油品的查处力度。加强机动车排污监控，充分利用"物联网+"建立移动源大数据系统，建成移动源监管监控平台。开展非道路移动机械普查，建立非道路移动源大气污染控制管理台账。加强船舶、工程机械、工业机械等非道路移动源基础情况和污染排放状况调查和监管。在船舶港口推广使用液化天然气等清洁燃料，2020年底前，基本完成沿江区域码头岸电设施建设和油气回收。

控制城乡污染，开展污染物协同治理。开展工业集聚区、村级工业园"散乱污"企业的连片综合整治，实行动态更新和台账管理。加强施工及道路扬尘污染治理。加强物料堆场粉尘污染整治力度，煤炭、煤灰、石膏等物料堆场应当实施密闭存储或设置防风围挡，堆场作业应当配套喷淋降尘措施。推动生活源挥发性有机物污染治理。推行绿色文明施工管理模式，严格治理施工扬尘。提高城市道路保洁考核标准，推广城市道路车行道机械清扫保洁组合新工艺。落实公路养护单位责任，加大郊区公路的除尘清扫保洁力度，建立考核标准，有效减少路面积尘。

（二）严守土壤环境安全底线

1.实施土壤污染风险分区管控

（1）防控分区划定

根据土壤污染状况、主要污染成因及污染源分布、环境风险特征等因素，以农用地及建设用地为重点，将沿江区域划分为优先保护区、重点管控区和一般管控区，实施分区分类管理（图2-25）。

优先保护区：根据土壤环境评估结果及农用地环境功能，将沿江区域范围内基本农田区域识别为优先保护区，总面积 1457.75 平方公里，占全域面积的 33.90%。

重点防控区（地块）：根据土壤疑似污染地块识别结果，将沿江区域疑似污染地块识别为土壤污染风险重点防控区，共 114 块，其中，化工企业用地 75 块、涉重企业用地 23 块、医药企业用地 7 块、污水处理企业用地 3 块、垃圾填埋场 3 处、矿山开采区 1 处及危险处理场地 2 处。

一般管控区：将农用地优先保护区及土壤污染风险重点防控区外的其他区域纳入土壤污染风险一般管控区。

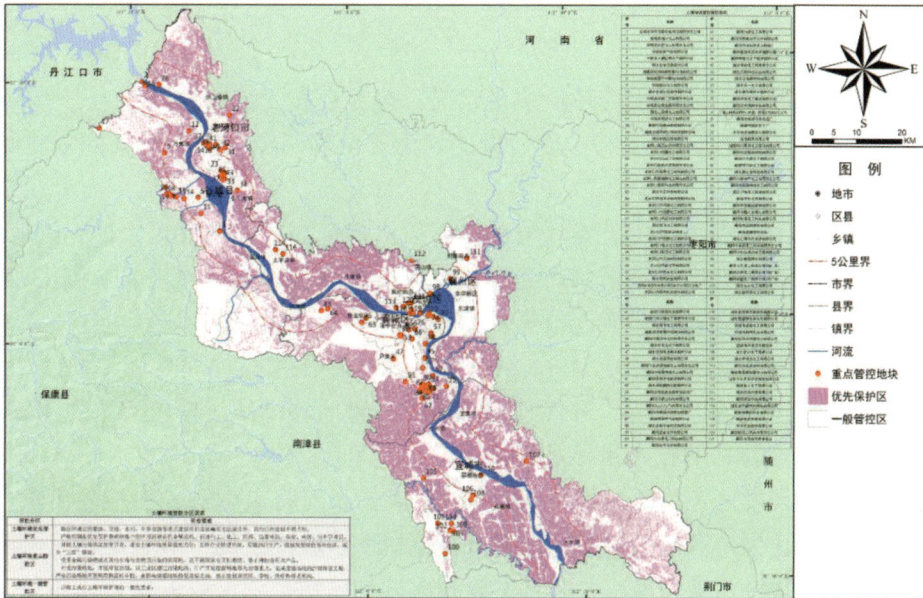

图 2-25　沿江区域土壤环境分区管控图

（2）管控要求

优先保护区：实行严格保护，确保面积不减少、土壤环境质量不下降，除法律规定的能源、交通、水利、军事设施等重点建设项目选址确实无法避让外，其他任何建设不得占用。

重点防控区：开展土壤污染状况加密详查，建立重点监控机制，增设土壤环境质量监测点位，实施定期监测；支持企业转型升级，实施清洁生产，鼓励发展绿色循环经济，减少"三废"排放。开展受污染耕地安全利用及修复。受重金属污染物或者其他有毒有害物质污染的农用地，达不到国家有关标准的，禁止种植食用农产品。对受污染场地，开展修复治理，以老工业区搬迁污染地块、矿产开发遗留场地等为治理重点，完成遗留场地的治理修复工程；严格污染场地开发利用和流转审批，在影响健康地块修复达标之前，禁止建设居民区、学校、医疗和养老机构。

一般管控区：完善环境保护基础设施建设。严格执行行业企业布局选址要求，禁止在基本农田集中区、居民区、学校、疗养和养老机构等敏感区域周边新建有色金属冶炼、焦化等土壤污染风险行业企业。引导优先发展绿色工业。

2. 开展土壤污染环境详查

重点针对土壤环境污染高风险区（谷城县城关镇、郑阳街道、李楼街道、欧庙镇、余家湖街道、庞公街道、雷河镇）、点位超标区、重点污染源影响区和土壤污染问题突出区域布设详查点位，2020 年底前建成土壤环境质量监测网络，实现土壤环境质量监测点位所有区域全覆盖。2020 年底前掌握沿江发展区土壤高风险行业企业、垃圾填埋场、渣场、尾矿库等场地和周边地块土壤污染地块分布和其环境风险情况。充分利用各部门数据，整合土壤环境质量调查结果，建立土壤环境基础数据库、信息化管理平台和共享机制，充分发挥土壤环境大数据在各领域中的作用。

重点监测土壤中镉、汞、砷、铅、铬等重金属和多环芳烃、石油烃等有机污染物，重点监管有色金属矿采选、有色金属冶炼、化工、焦化、电镀、制革行业。

3. 保障农用地土壤安全

对农用地实施分类管理。依据土壤环境质量状况，按污染程度将农用地划为三个类别，未污染和轻微污染的划为优先保护类，轻度和中度污染的划为安全利用类，重度污染的划为严格管控类，实施分类管理，保障农产品质量安全。

以农产品主产区县为重点，制定土壤环境保护方案；将符合条件的优先保护类耕地划为永久基本农田；禁止在优先保护类耕地集中区域新建有色金属冶炼、石油加工、化工、焦化、电镀、制革等行业企业；现有相关行业企业逐步搬迁或退出。

在安全利用类耕地集中的县（市、区），结合本区域主要作物品种和种植习惯，制定实施受污染耕地安全利用方案，采取农艺调控、替代种植等措施，降低农产品超标风险。强化农产品质量检测。加强对农民、农民合作社的技术指导和培训。

加强重点县（区、开发区）重度污染耕地的用途管理，及时将重度污染耕地划出永久基本农田，依法划定特定农产品禁止生产区域；对威胁地下水和饮用水水源安全的，要制定环境风险管控方案，并落实有关措施。涉及重度污染耕地，要制定实施相应的种植结构调整或退耕还林还草计划。

4. 严控建设用地环境风险

对从事过有色金属矿采选、有色金属冶炼、石油加工、化工、焦化、电镀、制革、医药制造、铅酸蓄电池制造、废旧电子拆解、危险废物处理处置和危险化学品生产、储存行业生产经营活动的用地，列为疑似污染地块清单。根据土壤环境详查，建立污染地块名录及开发利用负面清单并进行动态更新。符合相应规划用地土壤环境质量要求的地块，可进入用地程序。

对拟收回土地使用权以及用途拟变更为居住、商业、学校、医疗、养老机构等公共设施的疑似污染地块，要进行初步调查，并评估土壤环境质量风险。不符合相应规划用地土壤环境质量要求的地块，必须进行治理修复。

暂不开发利用或现阶段不具备治理修复条件的污染地块，由所在地县级人民政府组织划定管控区域，设立标识，发布公告，开展土壤、地表水、地下水、空气环境监测；发现污染扩散的，有关责任主体要及时采取污染物隔离、阻断等环境风险管控措施。

5. 加强土壤污染源头防控

将沿江区域建设用地土壤环境管理要求纳入城市规划和供地管理体系，土地开发利用必须符合土壤环境质量要求。强化新建项目环境准入约束，严格执行相关行业企业布局选址要求，禁止在居民区、学校、医疗和养老机构等周边新建有色金属冶炼、焦化等行业企业。对于排放重点污染物的建设项目，在开展环境影响评价时，要增加对土壤环境影响的评价内容，并提出防范土壤污染的具体措施。严格工矿企业的环境监管，切断土壤污染来源，有效控制重金属、有毒化学品和持久性有机污染物进入土壤环境。

6. 开展污染治理与修复试点示范

以影响农产品质量和人居环境安全的突出土壤污染问题为重点，制定土壤污染治理与修复规划，建立治理与修复项目库。结合城市环境质量提升和发展布局调整，对现阶段开发利用价值高、环境风险大的工业企业污染地块，优先开展土壤污染治理与修复。重点实施对象为城区退役污染工业场地，以及老河口市及谷城县循环产业园区等重金属污染较严重区域。在耕地土壤污染程度高、环境风险及其影响较大的区域，按照防污染、控风险、治突出的"防—控—治"指导思想，确定治理与修复的重点区域。

（三）加强农村农业环境整治

1. 开展农村生活源污染治理

推进农村生活污水处理设施及配套管网建设。全面开展农村生活污水治理，因地制宜选择区域型、集中型、联户型、分户型污水处理模式（人工湿地、生物滤池等）。优先安排饮用水源地保护区范围内的村庄农户进行无害化厕所改造。在一般农村地区，推广使用双瓮漏斗式、三格化粪池式厕所。在重点饮用水源地保护区内和城镇污水管道覆盖区的村庄和农村新型社区，推广使用水冲式厕所。用"以奖代补""以奖促治"政策，推行农村生活垃圾"户集、村收、乡镇运、县处理"的机制，推广鼓励农村居民垃圾分类回收、减量处理再利用等农村生活垃圾处理模式，因地制宜推行卫生填埋、焚烧、堆肥或沼气处理等方式。农村生活垃圾集中收集基本实现规划区行政村全覆盖，实现河（池塘、沟渠）面无废弃漂浮物、河岸无垃圾、河中无障碍物等"三无"目标。

2. 推进农业生产面源污染治理

防治畜禽养殖污染。 贯彻落实国务院《畜禽规模养殖污染防治条例》，制定年度方案。科学规划布局，推行标准化规模养殖。全面落实畜禽养殖禁养区和限养区，汉江干支流1公里范围以内禁止畜禽规模养殖，汉江干支流1—5公里范围以内严控畜禽养殖总量。推进清洁生产和生态化养殖。全域清理违法违规畜禽养殖项目，实施养殖废弃物综合治理工程。以宜城、襄州等地为重点开展畜禽养殖清粪方式改造。规模化畜禽养殖场（小区）配套建设粪便污水贮存、处理、利用设施。鼓励堆肥发酵还田、沼液沼渣还田、生产有机肥、基质生产、燃料利用等方式，促进养殖废弃物资源化利用。到2020年，沿江区域规模化畜禽养殖场粪便利用率达到90%以上，90%以上的规模化畜禽养殖场配套完贮存设施；50%以上的养殖专业户实施粪污集中收集处理和利用。2035年前，沿江区域内规模化畜禽养殖场粪便利用率力争达到95%以上，80%的散养密集区实现畜禽粪便污水分户收集、集中处理利用。

防治水产养殖污染。 严格执行禁养区、限养区、适养区划定方案。严格控制水库养殖面积。开展禁止投肥养殖行动，全面清理整顿严重污染水体的水产养殖场所。强化风险监控，加强养殖投入品管理，深化水产养殖水污染治理。推行生态洁水渔业，合理确定水产养殖规模，限制投饵式网箱养殖和施肥养殖等不合理的养殖模式；推广池塘循环水养殖技术，鼓励立体养殖，构建养殖湿地生态处理系统，实现水产养殖废水的净化处理和循环利用，减少污染排放。

控制种植业污染。大力推进"两减两清"工程。深入推进测土配方施肥，推进有机肥资源合理利用，减少化肥投入，提高耕地质量水平。大力推广低毒低残留农药、高效大中型药械，重点推行精准对靶施药、对症适时适量施药，推行农业病虫害绿色防控和专业化统防统治，实现农药减量减污。针对水源保护区、水源涵养区和大中型灌区，利用现有沟、塘、窖等，配置水生植物群落、格栅和透水坝，建设生态沟渠、污水净化塘、地表径流集蓄池等设施，净化农田排水及地表径流。加强秸秆综合利用与禁烧。通过完善秸秆收储体系，支持秸秆代木、纤维原料、清洁制浆、生物质能、商品有机肥等新技术产业化发展，加快推进秸秆综合利用。强化重点区域和重点时段秸秆禁烧措施，不断提高禁烧监管水平。2020 年前，测土配方施肥技术推广覆盖率达到 90% 以上，化肥利用率提高到 40% 以上。2035 年前，推广资源节约型农业清洁生产技术。（图 2-26）

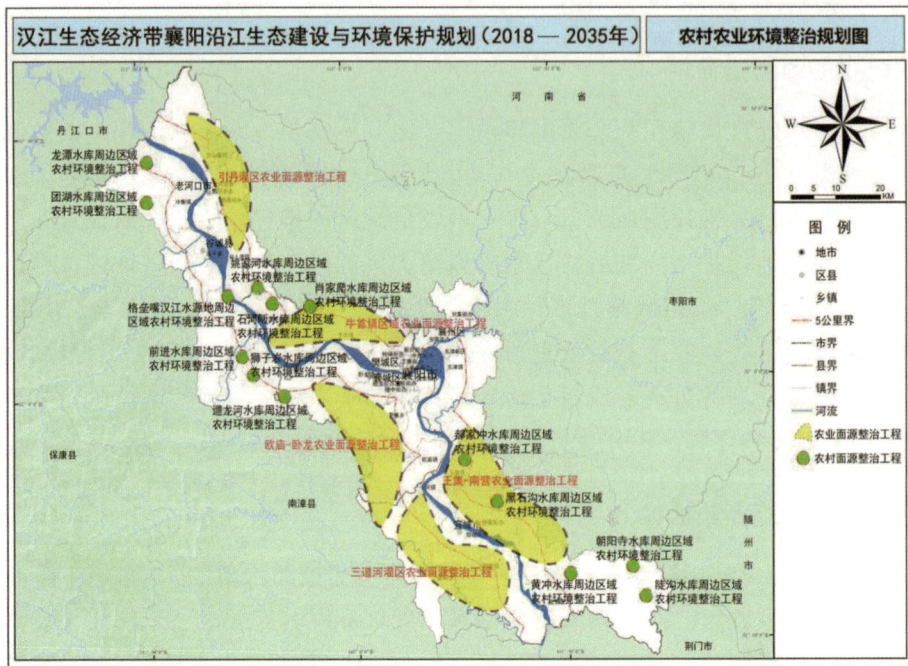

图 2-26　农村农业环境整治规划图

3. 推进美丽乡村示范创建

按照美丽乡村的生态环境要求，采取连片绿化、整村推进的方式，建设环村绿化带、村庄风景林、水源涵养林，让森林入村、绕路、依水、围田，实现房前有景、院中有果、屋后有林，常年绿树成荫、四季花果飘香的绿色美丽乡村。突出自然资源优势，加强历史文化和传统村落保护、发展乡村生态旅游。以一线穿珠的方式，对沿线自然风光、民俗风情、农家乐、历史遗址、古渡风貌等不同的人文特色、民俗特点进行有机的针对性规划和分层设计，建成层次多样、特色鲜明的现代农业生态观光旅游示范区。

（四）加强环境基础设施建设

1. 提升污水处理能力

全面加强现有污水处理设施治污能力。一是全面推进敏感水域污水处理厂一级 A 排放提标改造工程，2018 年底前完成李楼街办、城关镇、鄂城街办等污染物承载率超载区域污水处理厂提标改造，2019 年底前全部完成沿江区域污水处理厂一级 A 排放提标改造。二是加强配套管网建设。强化城中村、老旧城区和城乡接合部污水截流、收集。现有合流制排水系统应加快实施雨污分流改造，难以改造的，应采取截流、调蓄和治理等措施。加快中心城区和老河口、宜城，尤其是崔家营、王甫州库区等区域内污水收集管网特别是支线管网建设。新建污水处理设施的配套管网应同步设计、同步建设、同步投运。除干旱地区外，城镇新区建设均实行雨污分流，有条件的地区要推进初期雨水收集、处理和资源化利用。三是加强企业污水处理能力建设。完成对宜城市湖北雅新家纺股份有限公司、燕京啤酒（襄阳）有限公司、雷大工业园区、湖北省邓林农场襄邓化肥厂、宜城市雪涛纸业有限公司、湖北金源化工股份有限公司等企业进行工业污水处理设施升级改造，按照《湖北省汉江中下游流域污水综合排放标准》执行。对目前污水直接进入江河湖库等水环境的企业停止污水直排行为，建造工业废水集中处理厂进行工业污水处理，或将企业污水进入城市污水处理厂进行污水处理。

加快城镇与农村地区污水处理设施建设。2018 年底前，优先在三类区域布局新建污水处理厂。一是沿江重点区域，以汉江干支流一公里为界，在崔家营库区等区域建成污水处理厂。二是污染物承载率超载区域，在光化街办、东津新区等区域建成污水处理厂。三是规划人口集聚区与城镇化率增长较快等重点发展区域，包括东津镇、尹集乡、小河镇等。到 2020 年，沿江区域所有重点镇均应具备污水收集处理能力，城镇污水处理设施达到相应排放标准或再生利用要求，新建城镇污水处理设施需强化脱氮除磷。到 2030 年，全部乡镇均建有污水处理设施并稳定运营实现达标排放。强化污水处理设施运行监管，处理能力在 500 吨 / 日以上的城镇污水处理厂站，必须安装在线监测装置，监测水质水量。建设渗滤液处理设施在线监测系统，实时监控其排水量、排水水质。推进污泥处理处置，将污泥处理处置设施建设纳入城镇市政基础设施建设范围，统筹实施。

2. 强化固体废物治理

推进再生资源的源头减量、过程防污、最终无害。建立再生资源回收体系，做好回收网点、再利用园区的布局规划，进一步推进回收网点进社区、进学校、进企业等。积极探索"无废城市"建设，推动固体废物资源化利用。以化工、电力、化肥等大宗固体废物行业为重点，做好大宗工业固体废物产生企业的清洁生产审核工作，促进固体废物的减量化、资源化。加快化工废渣提取回收烧碱、硫酸、硫黄等精细化工产品的技术研发和产业化步伐，提高综合利用产品附加值，大力发展循环经济，全面推进资源综合利用。规范完善再生铅、再生铝，以及废钢铁、废塑料、废旧轮胎等综合利用行业管理。继续推动再生资源利用行业的圈区管理工作，将小、散、乱的再生利用企业纳入谷城经济开发区再生资源园等园区统一管理，提升行业整体环境保护水平，降低二次污染。税收部门对全市有回收、储存和处置再生资源资质的企业实施税收优惠。规范铅蓄电池废液等再生资源回收利用全过程的污染防治工作，加强对沿江区域内再生资源回收过程中环境污染防治工作的监督管理，开展再生资源违法排污专项活动，对严重违法行为联合工商等部门予以取缔，或移交公安机关。

提高工业固体废物和危险废物处置能力。加强工业固体废弃物和危险废物的收集管理。完善废物分类收集运输和贮存过程中的污染监测及应急措施。新建危险废物处置设施，重点加强含铅废物（HW31）与废脱硝催化剂（HW50）等危险废物的集中处置能力。整顿危险废物产生单位自建贮存利用处置设施，鼓励大型危险废物产生单位和工业园区配套建设规范化的危险废物利用处置设施。开展历史遗留危险废物排查和评估项目，制定危险废物监管重点源清单。全面实施危险废物网上管理，企业危险废物必须根据成分，采用专用容器进行分类收集。

实现城镇垃圾处理全覆盖和处置设施稳定达标运行。续建襄阳市生活垃圾焚烧发电厂，2020年实现日处理1700吨规模；新建市区应急备用生活垃圾填埋场。加快县城垃圾处理设施建设，加快完善乡镇垃圾无害化处理设施建设。2020年前，在东津镇、尹集乡、太平店镇、牛首镇等城镇化率快速提高的区域新建垃圾转运设施，2030年前在小河镇、雷河镇新建垃圾转运设施。在农村集中居民点建设生活垃圾堆放池、农村垃圾集中垃圾处理站，确保农村固体废弃物"户分类、村收集、镇清运、区处理"，实现垃圾分类运输、分类处理。2020年，实现城市生活垃圾无害化全处理。按照人口规模、交通条件、垃圾产生量等因素，合理配置垃圾收集、转运和运输设施建设，提高收运能力。加强垃圾渗滤液处理处置、焚烧飞灰处理处置、填埋场甲烷利用和恶臭处理，尤其强化洪山头垃圾填埋场等已封场的垃圾填埋场渗沥液处理，向社会公开垃圾处置设施污染物排放情况。加大历史遗留非正规生活垃圾填埋场治理和建筑垃圾简易填埋场规范管理力度。加快建设城市餐厨废弃物、建筑垃圾和废旧纺织品等资源化利用和无害化处理系统。完善生活垃圾分类回收设施，以中心城区为重点，建设生活垃圾分类示范区。强化农村地区生活垃圾分类工作，将灰土类垃圾从生活垃圾中分离并单独运输、处理，对混凝土、预制件、渣土等进行综合回收利用。（图2-27）

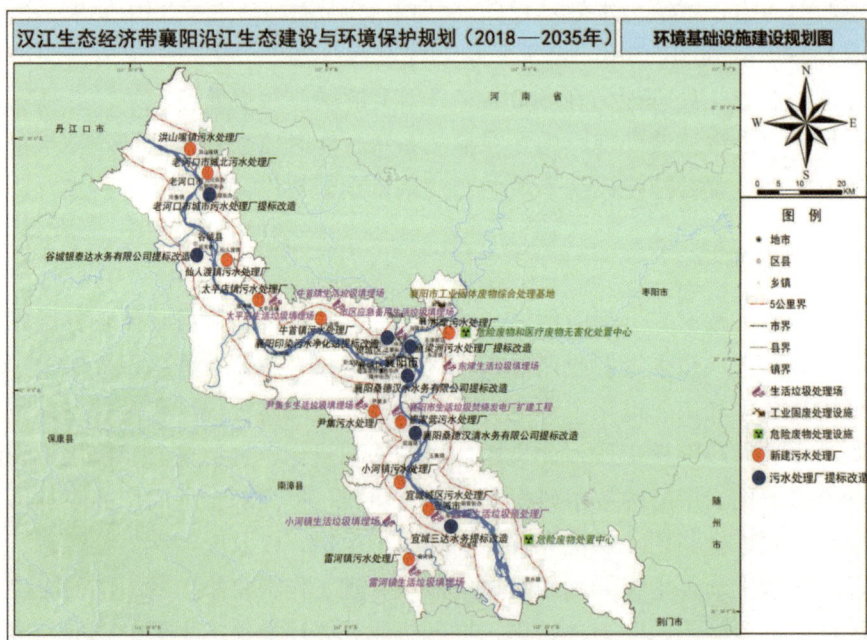

图2-27 环境基础设施建设规划图

（五）防范环境风险

1.实施环境风险分区防控

建立风险源空间数据库，根据"风险源—暴露途径—风险受体"进行风险评价，识别沿江区域高风险防控区和中风险防控区，实施重点防控。

（1）高风险防控区

高风险防控区：主要为环境高风险源临近敏感受体，存在布局性问题或者突发性事故风险较为严重的区域。主要集中在余家湖、王寨街道办、雷河镇、老河口仙人渡镇及谷城城关镇内工业与敏感受体交织区域，总面积为73平方公里，约占规划区面积的1.70%。

防控要求：以余家湖、太平店镇和雷河化工园区等为重点，加强涉危险化学品制造、储运、使用的园区环境风险防控。太平店镇和雷河化工园区等园区落实安全防护要求，严格限制居住、商贸等人群密集功能组团设置，禁止建设学校、医院、商场等。余家湖、王寨街道办内在沿江1公里范围内的企业应逐步减小规模，有序搬迁入园。化工企业及重点管控企业应与学校、医院、商城等保护目标之间设置环境风险隔离区，在风险隔离区范围内应禁止新建居住区、学校等环境敏感目标。沿江区域人口聚集区内不再新建危险化学品生产储存企业，已有相关企业实施搬迁。加强涉危企业、加油（气）站环境风险管理，禁止在人口聚集区规划新建危险化学品输送管线。严禁在饮用水源地等环境敏感区内新建或扩建可能引发环境风险的项目。加强饮用水源及鱼类产卵场等敏感水体周边移动型环境风险源防控。

（2）中风险防控区

中风险区域主要为高风险区的外围区域（图2-28），是防范环境风险的重要缓冲区域。总面积为198平方公里，占规划区面积的4.60%。

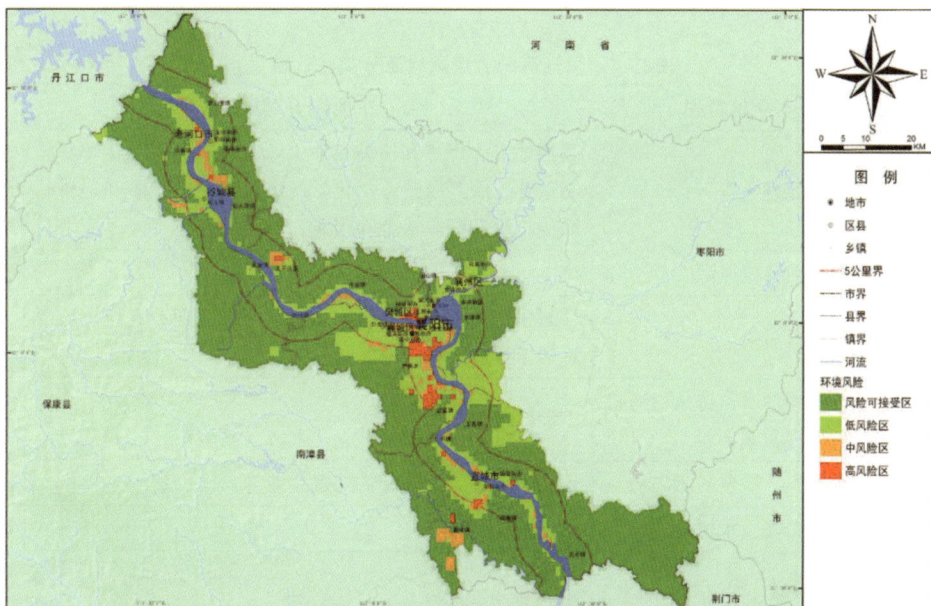

图 2-28 沿江区域环境风险管控分区图

防控要求：实行严格的环境准入和环境管理措施，禁止新建煤电、石化、化工、冶金等环境高风险项目。完成环境风险企业的风险监控预警体系建设，实现突发水环境事件监控预警和有毒有害气体监控预警。

2. 开展环境健康风险调查

开展区域环境与健康监测、调查和风险评估。重点针对高风险源集中区域（余家湖街道办、太平店镇、雷河镇、老河口及谷城循环产业园区）内环境风险源进行环境风险监控、评估，建立环境风险源数据库以及覆盖污染源监测、环境质量监测、人群暴露监测和健康效应监测的环境与健康综合监测网格。开展重点区域环境与健康影响调查。评估人群环境健康风险，识别健康风险较高区域、风险因子、风险类型、易感人群。2020年和2035年分别完成中心城区和沿江区域环境与健康监测、调查和风险评估。

加强危险化学品、涉重金属等工业企业等环境风险评估。依据《环境保护法》《突发环境事件应急管理办法》对企业环境风险防范的要求，结合《企业突发环境事件风险评估技术指南（试行）》等技术方法，重点针对优先风险防控企业名录开展工业企业环境风险评估工作。针对化学原料和化学制品制造业、金属采选业、金属冶炼和压延加工业等重点行业发布环境风险评估报告范例，提高环境风险评估的规范化和效率。将评估结果作为风险排查、隐患治理、监督检查以及预案编制与管理等重要依据。督促沿江工业企业定期开展环境风险评估，将评估结果纳入环境风险源数据库，并作为项目审批、日常监管的重要依据。

3. 强化重点风险源环境风险管控

着力优先控制名录，优化环境风险布局（表2-4）。严控具有较高环境风险影响的危险化学品制造业、电力热力生产供应业、涉重金属企业、水的生产和供应业、固体废弃物处置企业、医疗卫生行业等重点风险源。重点风险源周边须设置安全防护距离及必要的缓冲地带。

表2-4 沿江区域重点风险源分类统计表

行业	风险类型	主要评价对象	企业数量
危险化学品制造业	突发环境风险	石油加工、炼焦和核燃料加工业；化学原料和化学制品制造业；医药制造业；化学纤维制造业；橡胶和塑料制品业；废弃资源综合利用业；	71
电力热力生产供应	累计性环境风险	火电	2
涉重金属企业	重金属污染	金属采矿业；黑色金属冶炼和压延加工业；有色金属冶炼和压延加工业；金属制品业；制革	11
水的生产和供应业	营养类物质、持久性有机污染物和重金属	市级污水处理厂	5
固体废弃物处置业	二噁英、重金属污染物	垃圾填埋场、危险废物处置企业等	4
纺织行业	土壤污染、水污染	纺织业	2

加强化工园区风险防范。积极开展沿江区域余家湖、雷河、太平店等化工园区环境风险评价。加强对园区内环境风险热点的监管。加强化工园区监控预警平台建设，分别建立园区突发水环境事件监控预警平台和有毒有害气体泄漏监控预警平台。在重点环境风险源和环境敏感保护目标周边设置针对突发环境事件预测预警的监测点位，依托于网络实现监控数据的传输，通过平台进行预警信息的发布、事故影响后果的分析以及应急响应措施的制定。

4. 遏制重点风险领域重大环境风险

（1）加强核与辐射环境安全管理

强化核与辐射全过程安全管理。加强辐照、医疗、科研、探伤等领域核与辐射安全监管，完善资料台账，建立在线监控平台。加强中心城区等放射源集中区域风险监管。对移动探伤用放射源单位实施重点监管。加强废旧弃用放射源的清查收贮工作。加强辐射事故应急处置能力建设。加强放射性物品转让、贮存和运输过程的安全监管。

（2）加强饮用水源安全防护

完善从水源到水龙头全过程安全监管。加强地级及以上饮用水水源风险防控体系建设。各级政府及供水单位应定期监测、检测和评估本辖区内饮用水水源、供水厂出水和用户水龙头水质等饮水安全状况。环境保护主管部门应当加强饮用水水源地的水环境质量监测和监督检查，按月及时发布饮用水水源地水环境质量监测信息。供水单位应当建立健全水质检测制度，完善水质检测设施，按照国家规定的检测项目、频次，对原水、出厂水、管网末梢水等进行水质检测，建立检测档案，并每日向城镇供水、卫生主管部门报送水质检测资料。卫生主管部门应当加强饮用水的卫生监督检测，按日发布饮用水卫生检测信息。

推进城市备用饮用水源建设。2020年底前，中心城区应建成具备安全供水能力的备用水源；2025年底前，沿江区域单一水源供水的县级以上城市及有条件的乡镇应建设至少1个具备安全供水能力的备用水源。进一步优化沿江取水口和排污口布局。强化对水源周边可能影响水源安全的制药、化工、造纸、采选、制革、印染、电镀、农药等重点行业企业的执法监管。

（3）严防交通运输次生突发环境事件风险

强化船舶环境风险防范。加强水上危化品运输安全环保监管和船舶溢油风险防范，实施船舶环境风险全程跟踪监管，严厉打击未经许可擅自经营危化品水上运输等违法违规行为。加快推广应用低排放、高能效、标准化的节能环保型船舶，建立健全船舶环保标准，提升船舶污染物的接收处置能力。严禁单壳化学品船和600载重吨以上的单壳油船进入江汉干流航线。

强化道路运输风险防范。加强危化品道路运输风险管控及运输过程安全监管，推进危化品运输车辆加装全球定位系统（GPS）实时传输及危险快速报警系统，在集中式饮用水水源保护区、自然保护区等区域实施危化品禁运。

（4）提升市政基础设施安全防护水平

提高危险废物安全处置水平。升级改造沿江区域现有危险废物集中处置设施，进一步提升重点区域重金属固体废物安全处置能力。开展历史遗留危险废物排查和评估。整顿危险废物产生单位自建贮存利用处置设施，鼓励大型危险废物产生单位和工业园区配套建设规范化的危险废物利用处置设施，推动区域合作建设危险废物利用处置设施。适当支持水泥回转窑等工业窑炉协同处置危险废物。

严格落实重大市政基础设施安全防护距离。强化变电站、高压电力线路走廊、长输管线、火电、供热站、城市快速路、高速公路、地下管廊、垃圾处理厂（含转运站）、污水处理厂（含泵站）等重大市政基础设施安全防护，严格落实安全防护距离。

增强港口码头环境风险防范能力。提高含油污水、洗舱水等接收处置能力及污染事故应急能力。到2020年底前，沿江区域所有港口、码头、装卸站及船舶修造厂达到船舶污染防治应急建设要求，全面实现船舶污染物规范处置。

5. 严格落实各类应急机制

严格环境风险预警预案管理。强化重污染天气、饮用水水源地、有毒有害气体、辐射等风险预警。推动建立环境应急与安全生产、消防安全预案一体化的管理机制，加强有毒有害化学物质、石油化工等行业应急预案管理。

强化突发环境事件应急处置管理。深入推进区域、流域和部门突发环境事件应急联动机制建设，健全综合应急救援体系。实施环境应急分级响应，建立健全突发环境事件现场指挥与协调制度，完善突发环境事件信息报告和公开机制。

四、推进绿色发展，形成绿色生产生活方式

实施绿色驱动战略，推动资源能源全面节约集约和循环利用。严格环境准入，推动构建现代化的绿色产业体系。倡导形成简约低碳的生活方式，把生态资源转化为生产生活优势，推动形成绿色发展方式与生活方式。

（一）加强资源能源节约集约

加快构建形成资源节约型生态经济带。以"严控"为主导，实施最严格的水、岸线、土地、耕地等自然资源管理制度，开展各类资源开发利用总量与强度控制。严格执行取水许可制度，实行市、县两级取用水总量控制。严控规划区新增建设用地，有效管控东津新区等新城新区无序扩张，坚持严格保护耕地特别是基本农田，控制非农业建设占用耕地。以"高效"为引导，有效推动汉江两岸资源集约高效循环利用。率先实施企业节水技改工程，降低单位产品取水量和排污量。新增建设用地计划指标向民生项目和产业用地节约集约效果好的地区倾斜。建立城市废弃物资源化利用体系，加快推进生活垃圾分类处置，实施废电池、废灯管、废弃电子产品等有毒有害垃圾统一回收处置。

示范建成清洁高效的现代化能源体系。加强商品煤质量管理，大力推进以电代煤、以气代煤和以其他清洁能源代煤。以保障水生态流量为前提，有序推进新集、雅口、南河青山等梯级枢纽建设。稳步推进襄州、宜城等地风电资源开发。推进农光互补、渔光互补、地面电站、屋顶分布式等多种形式的光伏发电项目建设，积极推进新能源智能电网试点示范项目建设。鼓励开发生物质气化发电和生物质能源综合利用技术。深入推进谷城等国家绿色能源示范县建设。以结构性、技术型、制度性节能为重点，全面推进经济带工业、建筑、交通运输、公共机构等重点领域节能。实施"万家企业节能行动"，推行合同能源管理（EPC），建立建筑能耗定额等制度，促进全社会节能降耗。

（二）源头推动产业体系绿色化

严格落实产业准入要求。 按照《襄阳市汉江流域水环境保护条例》和《湖北省长江经济带产业绿色发展专项规划》，严格落实襄阳沿汉江区域产业准入要求（表2-5）。对资源环境影响突出、经济社会贡献偏小的行业原则上应列入禁止准入类。深化研究水耗、能耗、污染物排放量、环境风险等一项或多项指标作为行业环境准入清单的限定条件。

表2-5　沿江区域产业准入规定

区域	准入要求
生态保护红线	按照国家生态保护红线管控办法进行管理。
除生态保护红线之外的生态空间	原则上按限制开发区域的要求进行管理。限制有损生态系统服务功能的产业落地。
汉江干支流1公里范围内	严禁新建、扩建工业企业、畜禽养殖场（区）及其他可能污染水环境的项目，严禁设置垃圾填埋场等有毒有害物质贮存场所。
汉江干支流1—5公里	新建项目，要在环保、安全等方面从严控制。
沿江区域规划范围内	1.禁止发展石油加工、炼焦及核燃料加工业，化学原料制造业，非金属矿物制品业，黑色金属冶炼及压延加工业，有色金属冶炼及压延加工业，电力热力生产业等高耗能产业； 2.禁止新建印染、电镀、酿造等污染严重的企业，禁止皮革或皮毛制造产业进入； 3.限制新建煤炭及制品批发市场。
牛首镇、太平镇、樊城片区	1.禁止大规模水电开发、火（核）电发电项目； 2.禁止粮食转乙醇、食用植物油料转化生物燃料项目； 3.禁止填湖造景、造地的旅游项目、房地产项目； 4.限制发展黑色金属冶炼及压延加工、有色金属冶炼及压延加工、非金属矿物制品、石油加工及炼焦、化学原料制造、纺织（印染）、化学纤维制品、饮料制造、造纸及纸制品等高耗水产业以及纸浆原料林基地建设。
小河镇、王集镇、郑集镇、流水镇、雷河镇、南营街道办、鄂城街道办	1.禁止以物流中心、标准厂房、工业用地等名义建设商贸市场项目； 2.限制发展占地面积大、产出效率低的产业； 3.工业园区，新建项目投资强度必须达到省定要求； 4.限制发展易破坏生态植被的采矿、建材等产业，矿产资源开发项目必须进行环境影响评价并实施环境修复； 5.限制发展黑色金属冶炼及压延加工业、有色金属冶炼及压延加工业、非金属矿物制品业、石油加工及炼焦业、电力热力生产业、化学原料及制品制造业、纺织（印染）业、化学纤维制品业、饮料制造业、造纸及纸制品等高耗水产业； 6.限制纸浆原料林基地建设。
城关镇、庙滩镇、冷集镇	1.限制发展易破坏生态植被的采矿、建材等产业，矿产资源开发项目必须进行环境影响评价并实施环境修复； 2.限制发展黑色金属冶炼及压延加工业、有色金属冶炼及压延加工业、非金属矿物制品业、石油加工及炼焦业、电力热力生产业、化学原料及制品制造业、纺织（印染）业、化学纤维制品业、饮料制造业、造纸及纸制品等高耗水产业； 3.限制纸浆原料林基地建设。

注：部分依据来源于《襄阳市汉江流域水环境保护条例》和《湖北省长江经济带产业绿色发展专项规划》。

推动工业园区生态化循环化建设。积极推进园区加快完成污水处理、固废处置、清洁能源等环保基础设施建设，要求余家湖化工园、太平店化纤纺织工业园等工业园区实施生态化改造，2020年前，沿江区域所有工业园区完成生态化建设或改造。以襄阳高新区为龙头，实施高端再制造、智能再制造示范工程。以国家城市矿产示范基地、国家新型工业化（再生资源综合利用）产业示范基地为依托，全力推动谷城、老河口再生资源工业园建设，加快完善"废铅—再生铅—铅酸电池""废铝—再生铝—汽车铝铸件、铝制品""废钢铁—汽车零部件（铸锻件）""废塑料—注塑企业""废家电—金属再利用""废轮胎—翻新轮胎—再生橡胶制品"等六大产业链条。

推动加快制造业绿色化进程。实行对传统工业绿色化改造，以汽车零部件、纺织、食品、医药、化工等传统产业为重点，对生产过程和产品实施清洁化、无害化、有机化与低碳化等绿色改造。全面推行清洁生产，确保规模以上工业企业排放稳定达标；推进工业节水改造，实现工业用水循环利用率达到 90% 以上。鼓励壮大资源节约、低碳环保、经济高效的绿色产品制造业。建设绿色工厂，发展绿色工业园区，打造绿色供应链，开展绿色制造工艺推广行动。支持企业从设计、原料、生产、采购、物流、回收等全流程强化产品全生命周期绿色管理。支持企业推行绿色设计，开发绿色产品，推动包装减量化、无害化和材料回收利用。以节能电机、电机节能与控制设备、大气治理设备、城市及工业污水污泥处理设备、危险固体废弃物处置设备、烟气脱硫除尘系统装置等研发生产为重点，大力发展节能环保装备产业。

（三）绿色引导公共基础设施建设

科学调度汉江流域梯级枢纽。汉江流域梯级水利枢纽开发应符合流域综合规划和防洪规划，对雅口、新集等正在建设的梯级枢纽，要科学地进行联合调度，在保障防洪安全和供水安全的前提下尽量发挥水库的生态效益。对唐白河两河口等新建枢纽加强评估，降低生态风险、持续观测评估河湖水位、水量变化对水质、水生生物多样性、重要物种栖息地以及泥沙量的影响，加强特有生境长期定位监测，严防重大生态风险。加强航道整治的生态环境影响与风险评估，有序实施汉江干支流航运开发。

促进交通绿色低碳发展。加强标准化、现代化运输装备和节能环保运输工具推广应用。发展城市公交、铁路、内河水运等低碳环保型运输方式，推进结构性节能减排。推广使用混合动力、天然气动力和电动车等节能环保型车船，引导技术性节能减排。加强船用 LNG（液化天然气）燃料推广力度，重点在城市公交、出租车、城市配送等领域推广应用新能源和清洁能源交通运输工具，鼓励 LNG 在水运行业推广应用，在襄阳港等港口装卸机械和运输装备中优先使用电能或天然气作为动力。实施沿江区域绿色低碳交通试点示范工程，开展绿色低碳交通示范专项活动。

推动城市绿色出行设施建设。实施公共交通优先发展战略，提高公交网络覆盖程度，方便居民利用公交出行。推广低碳交通工具，大力推进全国新能源汽车推广应用城市建设，清洁能源和新能源公共交通、公共服务车辆的比重达到 98%。加快沿江区域新能源汽车充电设施建设，政府机关、大中型企事业单位带头配套建设，继续实施新能源汽车推广，鼓励居民购买使用小排量、低能耗的机动车和新能源汽车。建设完善城市专用自行车道，建立健全公共自行车租赁系统。

（四）倡导形成绿色生活方式

大力推动全民绿色行动。 创建节约型机关。加快推进无纸化办公，依托"三网融合"和云计算等技术，建立完善政府信息资源共享交换平台。推进政府机构建筑物、照明系统、电梯等节能改造。实施政府绿色采购，优先将自主创新的节能环保产品纳入政府采购范围，建设资源节约型和环境友好型机关。倡导非政府机构、企业实行绿色采购。强化绿色消费意识，加快衣食住行向绿色消费转变。实施全民节能行动计划，实行居民水、电、气阶梯价格制度，推广节水、节能用品和绿色环保家具、建材等。

建设绿色清洁家园。 以建设国家可再生能源应用示范城市为抓手，实施绿色建筑行动计划，坚持节地、节水、节能、节材、环保智能化，大力推进既有建筑节能改造，推广先进节能技术，建设低碳、低固废、低污水排放和低能耗的示范建筑，提高新能源和可再生能源建筑应用比例。推进绿色建筑示范工程，在沿江区域优先加快建设一批绿色建筑集中示范区、绿色生态城镇和绿色生态示范城区。研究落实垃圾强制分类标准要求，以街道（乡镇）为单位的垃圾分类示范片区创建工作为抓手，加快建立分类投放、分类收集、分类运输、分类处理的垃圾处理系统。全民动员，积极组织家庭积极开展餐厨垃圾、可回收物、有害垃圾、其他垃圾等分类投放、分类收集。

五、提升环境治理能力，守护绿水青山

强化整体性、专业性、协调性，探索创新沿江区域生态环境保护行政管理体制。营造有利于生态优先、绿色发展的法律法规、政策环境，提升沿江区域生态环境协调保护水平。推动全民参与生态环境保护，构建全面生态环境保护的社会行动体系。

（一）创新生态环境管理体制

推进生态环境保护行政管理体制改革。 落实党和国家机构改革总体部署安排，加快推进襄阳市属各部门相关职能的统筹和整合，使汉江流域襄阳段的治理和保护工作由以往的多龙治水、分段管理、条块分割转为统筹规划、集中治理、全面保护，提升沿江区域生态环境治理协调水平。创新生态环境治理机制，优化"三水共治"合作，全面落实"河长制""库长制"，确定襄阳沿江区域河湖保护名录，落实河库管护责任主体并细化职责。建立资源利用与生态功能保护、环境质量要求相结合的协调联动机制。

积极推进生态环境保护制度建设。 加强党的领导，确定襄阳各级党委和政府主要领导是本行政区域生态环境保护第一责任人，各相关部门要履行好生态环境保护职责。实施生态环境保护"清单式"管理，做到任务明确、责任到人、追责有据。继续深化落实空间、总量、项目"三位一体"环境准入制度，全面实施战略和规划环境影响评价，切实强化源头防控。严格落实用途管制制度，以解决水、大气、土壤等突出环境问题为目标，守住环境质量安全底线。综合考虑襄阳沿江区域生态保护红线、森林、湿地、湖泊等重要生态系统，建立完善襄阳沿江区域生态补偿机制与政策体系，积极呼吁国家相关部委完善对南水北调中线工程建设补偿机制。积极推动与荆门、武汉等下游地区

建立横向生态补偿机制。

建立健全生态环境保护市场体系。抓紧出台第三方治理的相关规章制度和管理办法，逐步建立第三方治理模式持续发展机制。完善资源环境价格机制，推行排污权、用能权有偿使用和交易制度，力争开展碳排放权交易试点，优先探索建立沿江区域覆盖资源环境各类要素的产权交易市场。

（二）健全生态环保法规制度

完善法律法规。 制定《襄阳市湿地保护条例》《襄阳市洲岛保护条例》，报湖北省人民代表大会常务委员会批准后施行，明确湿地、洲岛管理过程中各部门职责，形成合力推动湿地、洲岛保护。宣传贯彻《襄阳市汉江流域环境保护条例》。积极推进针对研究区域的襄阳市大气污染防治条例、土壤污染防治条例、生态保护补偿条例等资源环境类地方法规的制订，推动危险废物等领域相关立法工作。

加强汉江流域环保法规制度文件的衔接与完善。 衔接襄阳市环保、水利、农业、林业、城建、交通、公安等部门对襄阳市汉江流域环境保护监督管理的工作标准、程序等工作制度，减少生态环境保护的监管内耗。遵循"共饮一江水，同治一条江"的原则，统一汉江流域环保法规条例环境标准，推动汉江流域沿岸地区积极协商制定汉江流域生态环保法规制度，并对各地区已有相关法规制度进行衔接和协调。统一汉江上下游生态补偿标准，以法规制度修订推动形成汉江流域空间开发与保护、节约资源、保护生态系统的法规与制度体系。

完善生态文明评价考核制度。 落实国家《生态文明建设目标评价考核办法》，制定体现襄阳沿江区域生态文明建设要求的生态文明建设目标评价考核办法，完善体现生态文明要求的目标、评价、考核机制，考核结果作为各级领导班子和领导干部奖惩和提拔使用的重要依据。探索编制襄阳沿江区域自然资源资产负债表，2021年前完成沿江区域自然资产实物量负债表编制，对领导干部实行自然资源资产和环境责任离任审计。落实环境生态损害赔偿制度，通过诉讼等方式对造成沿江区域生态环境污染损害的单位追究生态环境损害赔偿责任。建立健全环境问题约谈惩戒制度。

（三）强化生态环保社会共治

发挥企业生态环保主体责任。 落实排污许可"一证式"管理，依法依规启动排污许可证核发工作。加快建设覆盖沿江区域的襄阳市排污许可证管理信息平台，固定污染源的企业基本实现排污许可全覆盖。各排污企业要建立环境保护责任制度，明确单位负责人和相关人员责任。企业依法自主公开环境信息，自觉履行企业环境责任，主动接受公众监督。企业自主公开环境信息应主要包括：企业基础信息、排污信息、防治污染设施的建设和运行情况、建设项目环境影响评价、排污许可实施情况、突发环境事件应急预案以及其他应当公开的环境信息，国家重点监控企业还应公开其环境自行监测方案。

宣传提高公众环境意识。 整合传统媒体和新兴媒体资源，深入宣传党和政府加强生态文明建设和环境保护的决策部署，广泛宣传我国资源环境国情和环境保护法律法规。开展以绿色生活、绿色消费为主题的环境文化活动。在各幼儿园、小学有序开展环境教育活动，培养少儿"从小做起、从身边做起"的环保意识。在电台开设环保科普栏目，加强社会责任意识教育和简约适度、绿色低碳生活方式宣传，引领生活方式向绿色化转变。

发挥社会监督作用。建立环境保护公众参与平台，通过圆桌会议、意见征集、听证会等形式，让公众参与襄阳沿江区域水环境质量改善和城市黑臭水体整治清单的选择、涉及群众利益的重大决策和汉江沿岸建设项目决策。利用好"12369"环保举报热线、"12369"微信举报平台等载体，有序推进有奖举报等方式，鼓励公众与社会组织监督政府环保行为与企业的排污及治理行为，利用新媒体手段，推动公众对污染现象"随手拍""随手传""随手报"。

（四）建立区域协同治理体系

形成流域生态环境联合保护机制。积极实施襄阳沿江区域生态环境大治理、大保护，强化各部门有关生态环保标准、政策、执法等领域协同与对接。建立襄阳沿江区域水污染防治协作机制，有序整合不同领域、不同部门、不同层次的监管力量，把水生态环境风险纳入常态化管理，有效推动汉江区域生态系统保护、环境污染防治、环境风险防范、环境纠纷处理和协调等工作。统筹上下游左右岸，严格监管汉江沿岸企业污染排放，管控流域内无序采砂行为，规范洲岛居民生活污染排放及岛上餐饮等污染排放。健全沿江区域环境应急联动机制，提高突发环境事件应急协作水平。完善沿江区域环评会商机制。

建立区域联防联控和城乡协同的治理模式。破解行政区划约束，创新政府管理体制，推进襄阳市、县、乡、村保护与发展合作，有效预防、解决区域协作面临的问题。加强统筹规划、制度法规等政策设计，落实地方政府责任，实行沿江区域环境质量与在跨区域协作履职尽责双重考核。与河南省南阳市建立定期联席会议制度，就唐白河及其上游唐河、白河实施联合监测、联合执法、应急联动、信息共享。

（五）强化智慧环保能力建设

构建襄阳沿江区域智慧环保体系。根据《襄阳市政务信息资源共享管理暂行办法》，建立襄阳市沿江区域生态环保信息数据库，实现沿江区域生态环境质量、湿地保护信息、沿岸企业等污染源排放、危险废物、环境执法、环评管理、核与辐射等数据整合集成、动态更新、共享应用。研究制定沿江区域"互联网＋环保"建设方案，建立沿江区域环境网格化管理系统，开发沿江区域环境监测监控一体化平台、业务协同平台、指挥决策平台，逐步建设覆盖全面的实时在线环境监测监控系统，实现沿江区域污染源一证管理、水环境监测预警、空气质量预警预报、移动执法、环境应急、风险防控、固废管理等管理业务应用系统集成和整合，为沿江区域生态安全提供保障。

第三章　沿江水利发展规划研究

汉江生态经济带是长江经济带的重要组成部分，也是连接长江经济带和丝绸之路经济带的战略通道，更是南水北调中线工程的核心水源区和重要影响区，发挥着承东启西、连南接北的纽带作用，在流域经济社会发展中具有重要的战略地位。

汉江生态经济带襄阳段在整个经济带中具有重要的引领作用，加快汉江生态经济带襄阳段建设，对实现"两个中心、四个襄阳"①的区域发展目标具有极其重要的意义。伴随着经济社会的快速发展，襄阳沿江水安全保障要求不断提高，水生态环境约束日益增强，如何响应新时代发展要求、以水资源可持续利用促进沿江经济社会可持续发展，已经成为襄阳市亟待解决的重大问题。《汉江生态经济带襄阳沿江水利发展专项规划研究》坚持"创新、协调、绿色、开放、共享"的发展理念，按照"节水优先、空间均衡、系统治理、两手发力"的新时代治水方针，以"国际视野、全面创新、突出特色、重在方向、先进引领、项目落地"为编制原则，通过实地调查研究、广泛听取专家和当地相关部门意见等方式，以优化水生态空间格局与功能、加强水生态保护与修复、强化供水工程建设、完善防洪排涝体系、推进农村水利现代化建设、促进汉江生态长廊建设、开展智慧水利建设为重点，充分衔接相关规划，提出了沿江水利发展的总体目标、布局、发展方向、主要任务及重点工程与项目，可为未来一段时间沿江水利发展提供技术指导和支撑。

研究范围为汉江两岸 5 千米内的区域，以乡镇（办事处）行政区划为界，考虑到流域、灌区的完整性，水资源配置、防洪排涝、水生态与水环境等分别扩大到相应流域和灌区。

第一节　研究背景

汉江在襄阳市境内全长 195 千米，约占汉江总长度的 12%，是襄阳的母亲河。汉江襄阳沿江地区是襄阳人口、产业最为集中的区域，加快沿江水利建设意义重大。经过多年的努力，襄阳沿江水利建设取得了巨大的成就。随着汉江水文情势的改变和经济社会的快速发展，沿江地区新老水问题交织，不能适应新时代发展要求，面临严峻挑战。

一、水资源开发利用现状

（一）水资源开发与利用

全市各类水利设施（蓄水、引水、提水）综合供水能力达 45 亿立方米，2017 年全市总用水量

---

① 两个中心：湖北省域副中心城市、引领汉江生态经济带的流域中心城市；四个襄阳：产业襄阳、都市襄阳、文化襄阳、绿色襄阳。

33.98 亿立方米，比上年减少 0.28 亿立方米，其中农业（即农林牧渔畜）、工业、城镇公共用水、居民生活用水、生态环境用水量分别为 16.93 亿立方米、12.11 亿立方米、1.96 亿立方米、2.83 亿立方米、0.16 亿立方米，分别占总用水量的 49.8%、35.6%、5.8%、8.3%、0.5%。2017 年全市总耗水量 13.53 亿立方米，占全市总用水量的 40%，其中农业（即农林牧渔畜）、工业、城镇公共耗水、居民生活耗水、生态环境耗水量分别为 9.82 亿立方米、1.70 亿立方米、0.62 亿立方米、1.24 亿立方米、0.14 亿立方米，分别占总用水量的 72.6%、12.5%、4.6%、9.2%、1.1%。

襄阳沿江目前共有 279 座水库，其中大型水库 1 座，中型水库 23 座，小（1）型水库 51 座，小（2）型水库 204 座，总库容 9.47 亿立方米，兴利库容 5.86 亿立方米。

全市共有城乡供水、工业、生活等取水口 24 个（详见附表 3-1），年最大取水量为 99442 万立方米。

（二）防洪与排涝体系建设

全市已基本建成以堤防、水库、分蓄洪区组成的防洪体系，汉江干流及其重要支流为主的江河堤防总长度为 634 千米；以防洪为主要功能的水库 7 座，防洪库容 1.66 亿立方米。经过多年的治理和建设，目前中心城区防洪标准基本达到 100 年一遇标准，重要县（市）城区达到 50 年一遇标准，其余乡镇达到 20 年一遇标准。

针对城市排涝，中心城区开展了襄水河、七里河等城市排涝渠道的综合整治，建成排涝泵站 27 座，大幅提升了排涝能力，应急体系基本建成。

（三）农村水利基础设施建设

引丹、熊河等大型灌区续建配套与节水改造项目稳步推进，中型灌区节水配套改造项目已启动实施，大中型灌区灌溉水利用系数达到 0.52。系统实施了农村饮水安全巩固提升工程，农村饮水不安全问题得到极大改善，普及率达到 85.63%。

（四）管理制度与能力建设

三条红线指标已分解到各县（市、区），建立了管理责任和考核制度，基本落实了最严格水资源管理制度。初步建成水文水资源监测站网和用水计量监测系统，年用水 30 万立方米以上企业全部安装了取水监控设备，水管理的监测能力不断加强。开发了市防汛抗旱指挥调度系统、防汛抗旱多媒体动态沙盘系统、防洪重点工程视频监控系统、防汛视频监控系统，水利信息化建设成效显著。基层水利服务体系的人才结构趋于合理，水行政管理能力提升明显。

二、发展定位与需求

推动长江经济带发展，打造中国经济新支撑带，已成为国家重大战略，修复长江生态环境放在长江经济带发展压倒性位置。《关于依托黄金水道推动长江经济带发展的指导意见》将长江经济带战略定位为：具有全球影响力的内河经济带、东中西互动合作的协调发展带、沿海沿江沿边全面推进的对内对外开放带和生态文明建设的先行示范带。《长江中游城市群发展规划》把包括襄阳市在内的长江中游城市群战略定位为：中国经济新增长极、中西部新型城镇化先行区、内陆开放合作示范区、"两型"社会建设引领区。为落实国家长江经济带发展战略及相关规划，湖北省发展战略定位为：承东启西、连南接北的"祖国立交桥"，长江中游核心增长极，内陆开放合作新高地，全国生态文明建设先行区。

湖北省着力实施《湖北汉江生态经济带开放开发总体规划（2014—2025 年）》，目标是将汉江生态经济带建成"绿色汉江、富强汉江、安澜汉江、畅通汉江、幸福汉江"，并要求襄阳发挥战略引擎作用。未来 10—20 年将是襄阳市经济社会发展的关键时期，应紧紧抓住国家实施长江经济带、"一带一路"、老工业基地改造、"中国制造 2025"、生态文明建设等重大战略的重要机遇，结合国家相关部委在襄阳市部署的多项改革创新试点①，围绕"一极两中心"的宏伟目标，全力推进水利现代化建设，为可持续发展提供强有力的水利支撑与保障。

三、复杂水问题

（一）水生态空间管控薄弱，岸线开发利用率低

水生态空间管控薄弱。城市化进程加快以来，人口、产业集聚与水系格局不匹配问题日益突出，人水争地矛盾不断加剧，空间管控存在薄弱环节。汉江干流及主要支流、各中小河流和水库的水生态空间边界不确定，亟须划定水生态红线；部分水库以及小型河流水功能区划工作尚未开展；存在河流生态空间被挤占等问题。

岸线开发利用率低。襄阳市中心城区岸线全长 105 千米，仅有 18.2 千米岸线进行有效建设利用，占全长的 17.4%，且多为无系统性开发；岸线的管理涉及多部门，但各部门管理职责不明确、缺乏协同管理机制，导致大量岸线被无序占用；城区岸线休闲、娱乐等功能性设施和景观平台开发不足，汉江沿岸得天独厚的历史文化资源优势没有得到有效展示和利用。

（二）部分河段水生态系统受损，水环境保护形势不容乐观

水生态系统受损。受工农业用水增加、梯级水库建设与调度等因素影响，河道生态基流被挤占，部分河流的适宜生态需水无法满足，河道水生态系统严重受损，生物多样性、生态廊道功能、景观功能降低。

水环境保护形势不容乐观。襄阳境内汉江干流水质基本满足 Ⅱ 类标准，但在排污口附近多为 Ⅲ、Ⅳ 类。随着南水北调工程引水规模的增加、新集和雅口两个枢纽工程的建成，以及现有的王甫洲和崔家营枢纽，汉江襄阳段未来水动力条件将发生重大改变，水环境承载力降低，水污染风险加剧。

---

① 襄阳市国家级试点或示范区包括：（1）汉江流域水利现代化试点；（2）国家可持续发展实验区；（3）国家现代农业示范区；（4）全国水生态文明建设试点城市；（5）国家创新型试点城市；（6）国家智慧城市试点；（7）国家新型工业化（新能源汽车）示范城市；（8）再生资源回收体系建设试点城市；（9）全国科技进步示范市；（10）全国安全发展示范试点城市。

（三）水资源利用效率偏低，供水系统抗风险能力不强

水资源利用效率总体偏低。襄阳市用水效率总体偏低，2017 年万元 GDP 用水量为 84m³（全省均值为 77m³）、万元工业增加值用水量为 62m³（全省均值为 63m³），农田灌溉水有效利用系数为 0.518，农田灌溉亩均用水量 490m³，亟须加强全方位节水。

供水系统抗风险能力不强。沿江城市主要从汉江及支流取水，水源相对单一，急需建设城市备用水源。

（四）城市内涝压力较大，洪涝调度亟待加强

城市内涝压力进一步加大。城市雨洪蓄滞空间不足，排水系统负担加重；自然排水格局与分区被打乱、河道淤积，致使排水不畅；排水设施建设标准较低，排水管网管径偏小、泵站抽排能力不足；王甫洲和崔家营枢纽蓄水运用，洪水期河水顶托使城市内涝外排概率降低。未来随着襄阳沿江城市化发展，雅口和新集枢纽的相继建成，以及极端天气事件的影响，城市内涝的压力将进一步加大。

洪涝调度亟待加强。襄阳市地形南北高、中间低，南部为丘陵山区，北部为黄土岗地，城区中心则为汉江冲积平原区，故其防洪局势为"内忧外患"并存。外有汉江、唐白河、小清河的洪水威胁，内有丘岗地坡面汇流造成的内河上游洪水威胁及崔家营蓄水，外江水位抬高造成的内河下游出口排水不畅等内涝压力，亟须制定洪涝调度规则与预案，对可能产生的洪涝灾害进行超前研究与防范。

（五）农村水利建设有待加强，农村饮水安全水平有待提高

水利基础设施分布不均衡。目前，襄阳市内大部分区域水利条件都有了较大改善，但仍存在农业灌溉的供水质量、灌溉技术和排水、补水技术与当前先进的农业生产技术要求不相匹配的问题。

农业供水工程体系不完善。部分泵站、涵闸和灌溉渠系设计灌溉保证率不高，特别是抗旱标准仅 4—5 年一遇，抗旱保证率较低。

农村饮水安全有待加强。农村饮水安全问题虽得到基本解决，但仍然存在工程规划布局不完备，水源与水厂建设规模不匹配；管道建设标准偏低，供水漏失率较大；水质安全保障不足，个体小水厂消毒设施等水处理设施不完备，水质检测不规范；饮用水源地保护措施不完善；管理自动化程度低，水费计收不合理等现象，农村饮水安全亟待加强。

（六）科技创新能力严重不足，水利现代化水平亟待提升

水利技术人才队伍建设相对滞后，水利科技的总体水平同深入贯彻落实水利现代化的新要求还不相适应，水利科技进步在水利事业发展中的支撑和保障作用还需进一步加强，水利科技创新能力亟待提高。基层水利服务体系相对薄弱，水利信息化建设水平不高；监测设施缺乏、自动化程度偏低、管理手段落后，与提高水安全保障能力的要求不相适应，水资源、水环境、水生态监测预警系统还需要进一步完善，亟须提升水利现代化水平。

第二节　总体思路与战略

深入贯彻落实党的十九大精神，遵循新时代发展理念和治水方针，立足沿江地区河流发育、区位优越、发展潜力巨大的特点，按照市委市政府"提升首位度、打造增长极、争当排头兵，奋力开创'两个中心、四个襄阳'建设的新局面"的战略部署，以水利发展支撑发展方式转变为主线，以水资源可持续利用促进经济社会可持续发展为重点，优化水生态空间格局与功能、加强河湖生态化治理、强化节水供水工程建设、完善防洪排涝体系、推进农村水利现代化建设、促进汉江生态长廊建设和开展智慧水利建设，把襄阳沿江地区建设成汉江生态经济带水利现代化标杆与典范。

针对襄阳沿江地区水资源条件、经济社会发展特征以及存在的问题，创新治水理念、拓展治理思路、明确治理对策，提出新时代沿江水利建设的指导思想、目标任务和总体布局。

一、基本原则

（一）人水和谐，科学发展

坚持人水和谐理念，从"五位一体""四化同步"的高度，加强襄阳沿江水利建设。根据"多规合一"的总体要求，规范以汉江干流为主的水系空间均衡管控，以水定城、以水定地、以水定人、以水定产，提高用水效率和效益，实现水资源的可持续利用，促进经济社会可持续发展。

（二）保护优先，防治结合

遵循"把保护修复长江生态环境摆在压倒性位置，共抓大保护，不搞大开发"的战略要求，重视水生态系统的自我修复能力，强调自然水生态系统的完整性和稳定性，全面加强汉江干流、主要支流及严重受损的水生态系统保护与修复。坚持抓主抓重，统一规划、协同推进，以中心城区和规模以上企业废污水收集处理为重点，全面实施城乡水环境保护与治理。

（三）统筹兼顾，合理安排

坚持山水林田湖草系统治理，统筹上下游、左右岸、城市与农村、流域与区域、近期与长远、局部与整体、工程措施与非工程措施，合理安排好相关重大任务与重点工程。

（四）因地制宜，突出重点

从实际出发，因地制宜、因水制宜，坚持现代化标准和国际化眼光，坚持先进性与适宜性，重点解决好防洪保安、供水保障、洲滩湿地保护、生态长廊建设等事关全局、群众关注、影响民生福祉的重大问题。

（五）创新模式，提升能力

从影响和制约沿江水利建设的体制机制问题入手，以模式创新为重点，强化统筹规划、政策引导，注重发挥市场作用。加强智慧水利建设，充分发挥水利科技进步的引领作用和人才队伍的支撑作用，全面提升现代治水能力。

二、总体目标与布局

（一）总体目标

依托沿江良好的自然山水环境，系统治理、综合施策，引导襄阳市人口发展、产业布局和经济发展方式与水资源承载力相匹配，实现水生态服务价值和经济社会价值的耦合，推动经济社会发展与水资源环境保护的协同，把襄阳沿江地区建成为汉江生态经济带水利现代化建设的标杆。水生态空间得到全面优化与有效管控，水生态系统稳定，城乡供水量质兼备、用水效率显著提高，防洪排涝水平显著提升，农村水利现代化建设、汉江生态长廊建设、智慧水利建设取得显著进展，水利发展保障措施落实到位，实现"水清岸绿、城美人富"的美好愿景，为襄阳沿江地区可持续发展提供强有力的支撑与保障。

（二）总体布局

根据自然水域分布格局，结合城市空间发展布局与功能体系，以"优化调整经济社会用水行为"和"保护修复生态系统结构功能"的人水两端协调发展为切入点，构建"一心三园、一廊六片"的沿江水利发展总体布局（详见图3-1）。

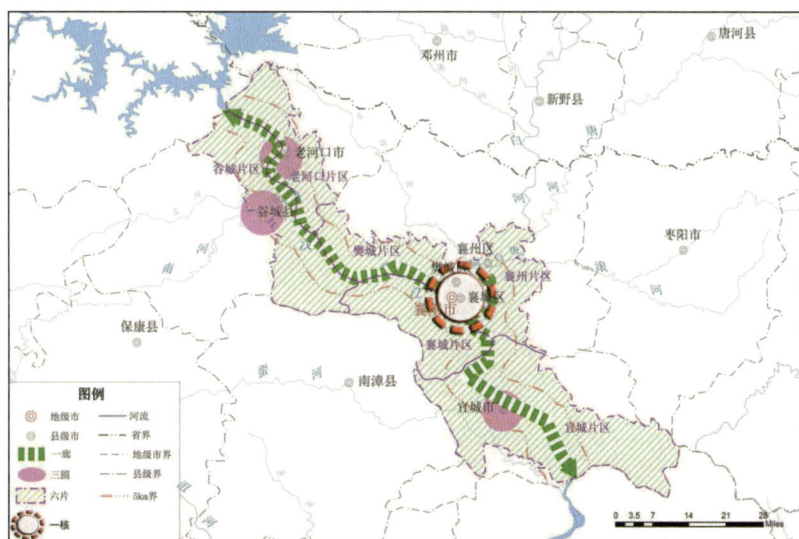

图 3-1　总体布局图

一心，以襄阳市中心城区为核心建设区域现代治水标杆，三园，把老河口城区、谷城城区和宜城城区建设成为滨江花园式宜居城市；一廊，把汉江生态长廊建设成为具有国际影响力的河流生态治理典范，六片，建设汉江两岸六个现代化生态灌区示范片。

一心。以"协调发展的区域中心""安全生态的宜居家园""活力高效的工业新城"和"开拓创新的文化名城"为目标，优化襄阳市中心城区的水生态空间布局和功能，统筹协调点源、面源治理，开展水污染防治与总量控制达标排放；强化节水型城市建设，加快供水管网改造，减少管网漏损率，强化工业节水减排，促进城区产业结构转型升级。推进低影响开发建设，提高中心城区防洪除涝能力和雨洪资源利用水平。

三园。根据区域人口、资源、环境和产业差异，实施分区开发。老河口市重点开展节水减排和水环境保护与水源涵养建设，重点加强水源地上游的水源涵养林和清洁小流域建设，强化周边地区农村面源污染治理和农村垃圾处理，严格水源地周边排污口管控，推进工业园区化生产，完善配套污水处理设施建设。谷城县重点开展高效生态农业示范区建设，完善农村水利基础设施，加强农田退排水生态化治理，推进南河、北河等重要支流的沿岸堤防加固和河道整治项目建设，完善城镇防洪保安体系。宜城市重点结合乡村振兴、田园综合体、特色小镇工程，开展生态灌区建设，规范汉江岸线空间的开发与利用，依法查处非法侵占河道湿地、非法采砂等行为。

一廊。划定水系生态红线，加强江河湿地自然岸线形态保护，加强洲滩固沙护岸林、防浪林和生态风景林建设，保护河流廊道功能，加强河道水环境综合整治，保障河流生态流量，修复河流生态系统。在保护好水生态环境和确保防洪安全的前提下，结合河道堤岸生态化建设和改造，注重融入汉水文化精髓，打造百里汉江生态长廊。

六片。在老河口、谷城、襄城、樊城、襄州、宜城6个县区，以灌区为单元，建设6片集中连片、设施先进、节水减污、生态稳定、环境良好、与现代农业相适应的现代化生态灌区。优化配置灌区水资源，实施水肥一体化灌溉，强化生态化沟塘湿地的优化组合，构建多尺度监测、灌溉、排水与农业面源污染一体化智慧管控的系统模式。

第三节　重大战略对策与关键技术

遵循生态文明建设重大战略部署和"节水优先、空间均衡、系统治理、两手发力"新时代治水思路，结合最严格水资源管理制度和河湖长制等国家治水要求，把握"节约用水"这一前提，处理好水与经济社会发展及生态保护的关系。严守发展和生态两条底线，坚持"山水林田湖草生命共同体"，采取水生态空间保护与均衡管控技术、河库生态化治理技术、防洪排涝精准化管控技术、节水供水工程建设、农村水利现代化建设、汉江生态长廊建设、智慧水利建设等重大战略对策与关键技术，为未来一段时间沿江区域水利现代化发展提供强有力的技术支撑与保障。

一、水生态空间保护与均衡管控技术

水生态空间是治水兴水的重要载体和基础，针对沿江地区水生态空间管控薄弱和岸线开发利用偏低等问题，以全面协调生态空间、生活空间和生产空间为核心，强化水生态空间红线意识，对具有重要水生态服务功能的河流、水库、岸线、饮用水水源地等划定水生态空间和保护红线，加强水生态空间的保护、修复、监控与管理，全面优化水系格局，提升水系综合功能。

（一）水生态空间和保护红线

1.水生态保护红线概念及内涵

生态红线对维护国家和区域生态安全及经济社会可持续发展具有重要战略意义，是必须实行严格管理和保护的国土空间管控线。生态红线区域是具有重要生态服务功能的区域，包括调节气候、净化环境、涵养水源、保持水土、营养物质循环、保护生物多样性和美化景观等，以及具有重要生态防护功能的区域，包括洪水调蓄、防风固沙、预防侵蚀、灾害防护和海岸带防护等。划定生态红线是实施生态分区保护、分级管理和分类指导的有效手段（燕守广等，2014）。

水生态空间是生态空间和国土空间的重要组成部分，水生态保护红线是生态保护红线的重要组成部分，划定并严守水生态保护红线，对于防止河湖水域被侵占、维护河湖健康稳定、水生态系统良性循环具有重要作用。

根据张建永等人对水生态保护红线定义，水生态保护红线是水生态空间范围内具有特殊重要生态功能、必须强制性严格保护的区域，是保障和维护国家水生态安全的底线和生命线，其所围区域既是水生态空间中维护水生态系统良性循环、保障河湖健康的核心生态区域，也是保障水生态服务或生态产品等可持续供给的重要区域（张建永等，2017）。

2.水生态空间及保护红线划定

水生态保护红线作为生态保护红线中的关键核心区域，在生态保护红线空间中具有"主动脉"的作用（杨晴等，2018），划定水生态保护红线对提升自然生态的系统性、完整性和连通性，对保护水生态空间自然生态系统良性循环具有重要意义。划定水生态保护红线是在生态功能区划指导下实施水生态空间保护和管控的细化，也是贯彻节约优先、保护优先和自然恢复为主方针的具体化，对于妥善处理保护与发展的关系、从根本上预防和控制各种不合理开发建设活动对生态功能的破坏、构建生态安全格局具有重要作用。

2013年5月，习近平总书记在主持中央政治局第六次集体学习时强调"要牢固树立生态红线的观念"，为划定生态红线指明了方向。2017年5月环境保护部、国家发展改革委印发的《生态保护红线划定指南》，重点明确了陆地国土空间生态保护红线的划定程序和要求，但未对水生态保护红线划定提出明确的要求和方法。

汉江生态经济带水生态空间及保护红线的划定，要在坚持尊重自然、顺应自然、保护自然的前提下，依据现有自然生态环境条件，以"山水林田湖草是一个生命共同体"的重要理念为指导，根据国家《生态文明体制改革总体方案》《关于加资源环境生态红线管控的指导意见》《关于划定并严守生态保护红线的若干意见》《全国河道（湖泊）岸线利用管理规划技术导则》等文件的要求，在国家主体功能区划、水功能区划、生态功能区划基础上，进行合理划定，从而加强水生态空间管控，重塑流域生态环境。

（1）河流生态空间

河流生态空间的划定与明确应依据以下准则：已划定治导线的河流采用治导线为临水控制线，

未划定治导线的河流根据防洪规划等规划综合分析确定。

依据国务院和湖北省人民政府批准的水功能区，襄阳沿江河流可分为一级水功能区共9个（附表 3-2），其中保留区 7 个，开发利用区 2 个；二级水功能区共 10 个（附表 3-3），其中饮用水源区 4 个，工业用水区 4 个（饮用水源和工业水源有重合），过渡区 3 个，排污控制区 3 个。

襄阳沿江共有河流型饮用水水源地 16 个（附表 3-4）。针对饮用水水源地中已经划定保护区的，以水源地二级保护区边界线为基础，划定空间保护红线；对于其余未划定保护区的，开展水源地保护区划定，并确定水源地二级保护区边界线范围内为需要保护的核心区域。

（2）水库生态空间

水库生态空间应以水库最高洪水位进行划定。目前，襄阳沿江的中型以上水库及重要的小（1）型水库和小（2）型水库水功能区划已经全部完成。

对于已经开展水库工程管理与保护范围划定工作的水库，统筹考虑水库校核洪水位与工程管理保护范围，研究划定水库水域保护核心区的岸线边界线。对于未划定管理保护范围以及水功能区的水库，按照水库的功能定位，明确需要保护的水域核心区面积，并划定岸线边界线范围。

襄阳沿江共有水库型水源地 6 个（附表 3-5）。水库型饮用水水源地空间保护红线的划定参照河流型水源地。

（二）水生态空间保护与恢复

1. 水生态红线刚性约束

以水生态空间保护红线约束和引导，促进区域土地开发、人口发展、产业布局等活动与水生态空间相适应。在河流、水库等水生态空间保护红线划定的基础上，研究确定水生态空间的管控目标，并在区（县）级行政区内进行管控目标分解。各区（县）级行政区以红线为约束，控制并引导建设用地规模，将水生态空间保护红线的管控要求纳入经济社会发展规划及相关专项规划中，将水生态空间保护红线作为区内空间开发的底线，强化建设开发的边界管制。对于规划拟发展的行业或规划生产建设用地不满足水生态空间保护红线管控目标要求的，要对规划空间布局进行优化调整。

2. 水生态空间保护

对河流生态空间保护红线范围内的区域进行界桩保护；对水库生态空间保护红线范围内的区域，通过界桩、建设绿化隔离带等措施进行保护；对岸线生态空间，严格分类管理，建立岸线功能区数据库，近期规划开发襄阳市汉江岸线功能区基础信息平台，并开展基于四大分区的岸线资源综合评价，为科学决策、精准决策提供基础支持；饮用水水源区生态空间保护红线范围内，设置明确的地理界标和明显的警示标志及防护设施。实行水生态空间功能区划全覆盖。

切实将水功能区划作为水资源合理开发、有效保护以及水环境综合治理的重要依据之一，及时向社会发布区划成果，加大宣传力度，与河长制紧密结合，明确管理责任。建立水功能区用途与目标管制制度，明确水功能区分类保护和管理要求，强化功能管理，严格水功能区划调整，防止水质目标退化。强化水功能区水量水质状况统一监测，建立水功能区管理信息系统，并定期向社会公布水功能区水量水质状况。

3. 受损水生态空间的调整和恢复

在水生态空间格局优化的基础上，坚持最大限度保护原生态系统、加快修复受损水生态空间的基本思路，通过控源截污、河道生态化治理、水资源节约与高效利用等，逐步恢复和提升城市水系综合功能，结合滨水空间建设、水文化教育宣传、水产业开发等，同步提升汉江生态经济带襄阳段水生态空间的生态服务价值、景观美学价值和人文历史价值。

系统考虑水生态空间功能定位与区域经济社会发展规模之间的关系，对受到挤占、损害等不利影响的水生态空间，进行空间恢复和重建。对于区域内人口已超出水生态空间承载能力的区域，采取必要的移民措施，退还或恢复水生态空间；对于水生态空间承载负荷处于临界状态的区域，以水生态空间为约束，适时对区域规划建设用地与经济发展规模进行优化调整。

（三）水生态空间均衡管控

1. 水生态空间及均衡管控内涵

（1）水生态空间内涵

生态空间是指具有自然属性、提供生态服务或生态产品为主体功能的国土空间。水生态空间是为水文—生态过程提供场所，直接为人类提供水生态服务或生态产品，以及保障水生态服务或生态产品正常供给的空间，包括河流湖泊等水域空间、岸线空间、涵养水源和保持水土所需的陆域空间、行蓄滞洪涉及的区域等（张建永等，2017）。水生态空间是构成生态空间的核心要素和关键组成，是生态文明建设的根本基础和重要载体，具有不可替代的资源功能、生态功能和经济功能，对其他类型空间起到重要的支撑和保障作用。

（2）水生态空间均衡管控内涵

水生态空间管控是国土空间管控的基础保障，是加快推进水生态文明建设、保障国家水安全和生态安全的重要支撑。加快推进水生态空间管控工作，强化水资源、水环境、水生态保护红线刚性约束，有利于协调优化水生态空间开发保护格局，推动建立"多规合一"空间规划体系；有利于有效保护和恢复水生态系统、促进江河湖泊休养生息；有利于进一步完善水利发展总体格局，强化水治理与管控体系；有利于健全水生态文明制度体系、提升水资源水环境承载能力。

我国在新型城镇化、工业化、农业现代化发展过程中所面临不同程度的水资源短缺问题，需要牢牢把握"空间均衡"原则，强化水资源环境刚性约束，以破解水资源短缺问题，实现城市布局与水资源水环境承载力均衡。"空间均衡"，不仅仅是新时期水资源空间配置的一项基本原则，更是新常态下推进经济结构调整与产业转型升级的一种倒逼机制。在传统发展模式下，水资源只是一种支撑经济发展的要素资源，往往被动满足经济社会发展的需求。在经济新常态下，水资源同样需要转型变革，不再单纯地以需定水、以需定供。反过来，水资源要转变为一种主动约束因素，转变成为城市发展与经济发展的强约束指标，要以水资源的约束条件确定城市与经济发展的边界条件，倒逼城市与经济发展集约节约利用水资源。在新型"四化"推进过程中，坚持以水为先、以水为限，因水制宜、量水而行，做到"以水定城，以水定地，以水定人，以水定产"，推动经济转型升级与产业结构调整。

坚持水资源"空间均衡"配置，实现水资源可持续发展目标，要进一步探索构建"空间均衡"

配置水资源的约束指标体系。建议以最严格水资源管理制度的"三条红线"指标与水资源开发利用率、城乡水面率作为实施"空间均衡"配置水资源的主要约束指标，并争取纳入省域国土空间利用规划以及城市总体规划、土地利用总体规划与流域综合规划中。其中应探索将水资源开发利用率作为流域（区域）水资源的开发边界；将最严格水资源管理制度的用水总量指标作为流域（区域）水资源的利用边界；将最严格水资源管理制度的纳污限排指标作为流域（区域）水资源的保护边界；将城乡水面率作为流域（区域）江河水域的保护边界。可通过国土空间规划的"禁建区、限建区、适建区"等空间界限管制和最严格水资源管理制度的"三条红线"指标以及"水面率、水资源开发利用率"等约束指标管控手段，对流域与区域涉水工程的空间界限和开发利用强度、生态空间比例等指标进行科学有效管制。

2. 水生空间均衡管控的基本原则

（1）顶层设计，严格管控

全面落实主体功能区规划，从战略性、系统性出发，设定并严守水资源水环境水生态红线，实行最严格的保护和管控措施。遵循经济规律，实施优化配置，增强水资源格局与经济社会格局的适应性，引导经济社会发展与水生态保护红线管控相适应，促进区域与区域之间经济社会的协调发展。预留必要的水资源开发利用空间，保障经济社会可持续发展。

（2）因地制宜，分类管控

立足不同地区水资源、水环境、水生态及经济社会发展的区域差异性，统筹考虑主体功能区的功能定位，针对水资源、水环境、水生态保护红线管控的实际需求，研究提出差别化、针对性、可操作的分类管控要求。

（3）多规合一，系统管控

水生态空间管控布局、管控指标、管控措施、管控制度的制定等，要加强部门之间的沟通协调，与相关红线制定主管部门在红线管控目标设置、政策制定等方面充分衔接，使水生态空间行业管控支撑和融入国土空间管控、国家治理体系的系统管控。

（4）监测监管，责任管控

提出建立与水生态空间管控相适应的制度体系，落实管控责任；强化水生态空间监控能力建设，与"多规合一"空间信息管理平台对接，建立水生态环境网格监管体系，强化水生态空间监管等要求。

（5）区别管控原则，创新管控措施

水生态空间管控规划中宜根据不同区域的特点，以及不同的管控对象和目标要求，分类提出有差别化、针对性的管控原则。根据不同的管控原则，综合考虑水生态空间不同功能分区的管控需求，实施"一区一策"分级分类管控，提出有针对性的具体管控措施，鼓励各地大胆创新，积极探索具有区域特色、高于国内标准的先进管控措施。

（6）建立管控制度，强化管控保障

围绕水生态空间管控的现实需求，把改革创新作为基本动力，破解水生态空间管控的体制机制约束，建立水生态空间管控制度体系。探索省域水生态空间管控规划立法立规，纳入生态文明建设考核管理。明确水生态空间监控能力建设、执法能力建设等要求，并为规划落实制定保障措施。

3. 水生态空间监控与管理

目前，水利部门根据水法、河道管理条例等法律法规，对包括湖泊、人工水道、行洪区、蓄洪区、滞洪区等在内的河道，按照统一管理和分级管理相结合的方式进行管理；2017年，水利部出台了《水功能区监督管理办法》，对江河、湖泊、运河、渠道、水库等地表水体水功能区进行保护和监督管理；水土保持法对预防和治理水土流失，保护和合理利用水土资源，减轻水、旱、风沙灾害，改善生态环境进行了规定，在水土流失重点预防区和重点治理区，实行了地方各级人民政府水土保持目标责任制和考核奖惩制度。

在对水生态空间进行严格管控的新形势下，亟须以河长制为抓手，建立蓄滞洪区、水库库区、湖泊、地下水、饮用水水源地的保护和管理以及水功能区限制纳污、生态环境用水保障等相关法规和管理制度，限制准入，严格水生态空间的用途管控；培育多元参与的水生态环境治理保护与修复的市场体系，吸引社会资本积极参与水生态空间的治理保护与修复。

从水的资源、环境、生态属性出发，在水生态空间功能分类的基础上，构建以流域为基础的水生态空间管控制度，实现源头严控、过程严管、损害赔偿、责任追究的全过程管控，形成以空间规划、水流产权、用途管制、水生态环境治理与修复、最严格水资源管理、水资源有偿使用和水生态补偿、绩效评价考核和责任追究等措施为主，产权清晰、责任明确、多元参与、激励约束并重的流域水生态空间管控体系，是落实生态文明体制改革总体方案、推进生态文明建设的重要举措（刘伟等，2018）。

（1）强化水生态空间与保护红线管控作用

加强水生态保护红线的规划约束。以实现流域经济社会发展与生态环境保护相协调为目标，围绕襄阳市不同分区的功能定位，强化规划审批和项目审批，在入河排污口设置、水资源论证、取水许可和排污许可等实施过程中，强化水生态保护红线管控要求，建立严格的水生态空间准入制度。将水生态空间与保护红线管控要求纳入经济社会发展规划及水资源、水环境等相关专项规划中，以水生态保护红线作为区域空间开发的底线，强化水生态空间的管制和约束作用。在老城区改造中，要努力恢复被挤占的水生态空间；在新城区建设中，要把水生态空间作为区域产业布局、用地规划的前置条件，确保适宜的水生态空间。

实施分类分级管理，强化水生态空间总体管控。依据水生态系统服务功能类型和管理目标与要求，实施水生态保护红线区域分级管控措施，满足面积不减少、功能不降低的基本管控要求。对水生态保护红线内的区域，实行最严格的管控措施，严禁不符合主体功能定位的各类开发活动，对必要的科学研究、生态保护活动严格依法审批流程，对区内已建或在建项目应限期关停和拆迁，原有建设用地不得随意扩建和改建，对现状已存在生态环境问题的红线区域，有针对性的加强水源涵养、水土保持、水生态修复等措施，不断提升和改善区域内生态环境健康。对红线以外的水生态空间区域，按照功能定位和用途管制要求，依法制定区域准入条件，实行差别化管控措施，加强资源环境综合管理，严格限制与水生态空间功能定位相背离甚至有损水生态空间功能的开发建设活动。在水生态空间与保护红线划定的基础上，制定并出台"汉江生态经济带（襄阳段）水生态保护红线管控办法"，以水生态保护红线为引导，促进流域土地开发、人口发展、产业布局与水资源水环境承载力相适应。

（2）加强水生态空间监管制度与能力建设

建立水生态空间监管平台。依托国家生态保护红线监管平台和襄阳市智慧水务建设，将水生态空间监测纳入水务一体化监督管理平台，强化水生态空间的远程视频监控与自动化控制系统建设，实现对水生态空间状况在线实时监测，及时发现并查处破坏水生态空间的行为。加强水务、生态、国土等部门间生态保护红线监测网络体系的互联互通，不断优化联合监督举报功能。

建立考核与责任追究机制。按照分级分区管理的原则，各级人民政府对辖区内水生态保护红线的划定与管理全面负责，水务部门为水生态保护红线划定和管理工作的执行单位，发改、生态、国土等相关部门对水生态空间保护、监督和管理负责。制定并出台沿江地区水生态保护红线管控考核办法，将水生态保护红线考核纳入经济社会发展指标体系、水生态文明建设目标评价考核体系、各级政府和领导干部政绩考核体系，严格领导干部离任审计与责任追究。

二、河库生态化治理技术

强化水资源和水环境承载力约束，逐步实现襄阳沿江水环境功能提升与改造，实施以生态用水量保障为主的水生态系统保护与修复，着力提高河道生态用水保障率，有序推进河库生态化治理，加强汉江洲滩湿地修复，大力加强水源涵养林、清洁型小流域建设，全面提升襄阳沿江的水生态环境质量。

（一）水环境承载能力约束

水环境承载力离不开特定的技术背景，一方面水环境承载力的生态极限与一定技术水平有关，另一方面通过提高技术水平和优化水管理可以提高水环境承载力。依据水功能区划，从维护河湖健康、保障河湖生态服务功能，促进流域水资源可持续利用的角度，统筹考虑各水功能区的纳污能力、水质保护目标等要求，加强水功能区管理、划定入河污染物限排红线，强化水环境承载力约束。

1. 水环境承载力

国内外学者以纳污能力支撑能力、外部作用和社会经济规模等不同形式，对水环境生态承载力进行了定义。归纳起来，水环境承载力概念可以分为广义、狭义两种。其中广义水环境承载力是指在某一时期、某种状态下，某一区域水环境对人类活动的支持能力（郭怀城，1995）；狭义水环境承载力则被等同于"水环境容量""水环境（水体）纳污能力"或者"水环境容许污染负荷量"等，即在一定水域，其水体能够被继续使用并仍保持良好生态系统时，所能够容纳污水及污染物的最大能力（汪恕诚，2002）。

水环境承载力概念均强调水环境的纳污功能，关键分歧在于其水资源供给功能上。水环境作为生态环境的组成部分，具有环境属性；其水体属于水资源范畴，具有资源属性，因此水环境承载力研究仅仅考虑质量是不够的，还要有数量表征。赵卫等人进行了总结，水环境承载力可理解为"某一区域水环境系统在特定历史阶段，一定自然条件和技术水平下，当水管理和社会经济达到最优时，持续支撑社会经济系统的最大能力"。水环境承载力包括污染承受能力和资源承受能力两部分；"持续承载"表示以维护生态环境良性发展为条件，以可持续发展为原则，保证水环境系统功能的可持续正常发挥（赵卫等，2007）。

2. 加强河湖水功能区管理

水功能区是指为满足水资源合理开发、利用、节约和保护的需求，根据水资源的自然条件和开发利用现状，按照流域综合规划、水资源保护和经济社会发展要求，依其主导功能划定范围并执行相应保护标准的水域。水功能区是水资源管理的基本单元，实行水功能区限制纳污是保障水体功能达标的根本途径（彭文启，2012）。

2010 年国务院批复的《全国主体功能区规划》提出的战略目标体系中明确要求主要江河湖库水功能区水质达标率提高到 80% 左右。2012 年国务院发布了《国务院关于实行最严格水资源管理制度的意见》，这是继 2011 年中央 1 号文件和中央水利工作会议明确要求实行最严格水资源管理制度以来，对实行该制度做出的全面部署和具体安排。《国务院关于实行最严格水资源管理制度的意见》要求确立水资源开发利用控制红线、用水效率控制红线和水功能区限制纳污红线。

3. 划定入河污染物限排红线

水功能区限制纳污红线即以与水体功能相适应的保护目标为依据，根据水功能区水环境容量，严格控制水功能区受纳污染物总量，并以此作为水资源管理及水污染防治管理不可逾越的红线（彭文启，2012）。水功能区限制纳污红线以总量控制为核心，以提高水功能区达标率为工作目标，以建立和完善考核和评估制度、水功能区限制排污总量管理、入河排污口管理、饮用水水源地达标、河湖健康评估等制度为主要抓手，建立统筹水量、水质和水生态的水资源保护监管体系，促进水污染治理和水体功能改善，推动饮用水水源地安全保障、水生态系统保护与修复等工作的开展，为水资源的可持续利用提供支撑和保障。

水功能区限制纳污红线兼具自然、社会和管理属性。其自然属性表现在，水功能区纳污能力是根据水资源及水生态自然状况，结合水体功能保护目标要求和严格的水文条件计算得到的。其社会属性体现在与水资源开发利用状况及当地的经济发展状况的结合，水功能区限制纳污方案需要根据水资源状况及经济社会发展阶段特点区别对待。水功能区限制纳污的管理属性指水功能区纳污能力，是约束污染源向水体排污的限制条件，具有法律强制性。

4. 污染物入河量及水功能区纳污能力

调查统计河库水功能区入河排污口布局及规模，耦合各控制断面汇水区农村生活、农业生产及农村分散养殖污染源，采用《水域纳污能力计算规程》（GB25173—2010）计算方法，对各区市县及重要江河库水功能区污染物入河量进行分析。

以国家及省级考核重要江河库水功能区为对象，根据现有监测资料状况，开展汉江、南河、北河、蛮河、唐白河等骨干河流及刘桥水库、北郊水库等重要水库水源地共 32 个水功能区的水域纳污能力计算与复核，详见附表 3-6。

（二）河库生态化治理

1. 生态用水保障

（1）生态需水

生态需水是一个复杂的概念，至今国内外对其仍没有形成一个明确统一的定义，出现了诸如环境需水、生态用水、生态耗水等不完全相同、但又紧密联系的概念（崔瑛等，2010）。

1996 年，格雷克（Gleick）给出明确的基本生态需水的概念，即提供一定质量和一定数量的水给自然生境，以求最少改变自然生态系统的过程，并保证物种多样性生态完整性。2001 年，钱正英等在《中国可持续发展水资源战略研究综合报告及各专题报告》中从广义和狭义的角度，给出具有普适性的生态环境需水定义。广义的生态需水是指维持全球生态系统水分平衡包括水热平衡、水盐平衡、水沙平衡等所需用的水，狭义的生态环境需水是指为维护生态环境不再恶化，并逐渐改善所需要消耗的水资源总量（钱正英等，2001）。很多研究以此定义为基础，如 2003 年，粟晓玲等给出生态需水的定义，是指维持全球或区域生态系统和谐稳定与修复脆弱生态系统使其形成良性循环，并能最大限度发挥其有益功能使其提供最大生态服务，达到诸如水热平衡、源汇动态平衡、生态平衡、水土平衡、水沙平衡、水盐平衡等生物、物理、化学平衡，并在单位生态用水提供最大生态服务条件下所需要消耗的最小水量（粟晓玲等，2003）。2007 年，严登华等提出，生态系统由生物和非生物环境组成，从生态学的角度来看，生态需水就是在一定的生态目标下，维持非生物环境的适宜性和生物的生理生命活动所需要的水量（严登华，2007）。

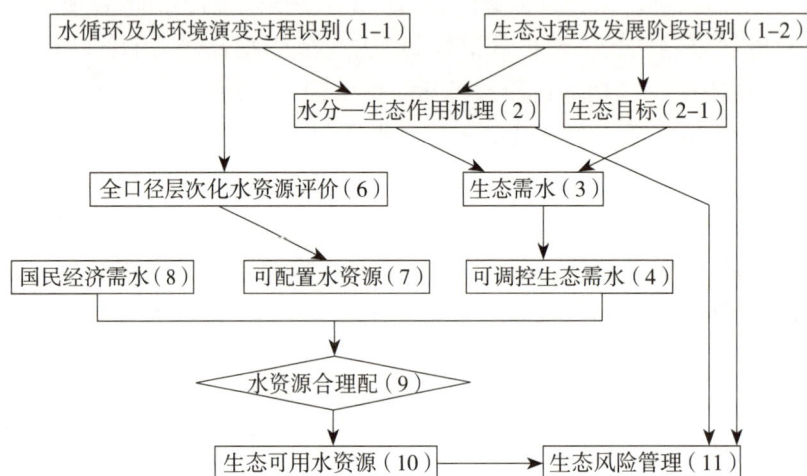

图 3-2　生态需水理论研究框架

按照生态需要和实际用水，可将其分为生态需水和生态用水（Falkeiunark M，1995）。生态需水是从生态系统自身需求的角度来说的，是生态系统自身固有的属性，其水量配置是合理的可持续的。生态用水则强调某种生态水平下或某种生态系统平衡条件下的实际使用水量（马乐宽等，2008）。生态水量未必是合理和可持续的，但可以人为进行控制，即生态用水量可能由于水资源的短缺小于其对应的生态需水量，也可能由于水资源丰沛或不合理利用大于生态需水量，但生态需水是生态用水的依据（崔瑛，2010）。

生态需水分为河道外生态需水和河流生态需水。河道外生态需水主要是植被的生态需水，包括天然植被和人工植被的生态需水（粟晓玲等，2003）。河道内生态需水通常是指河流为了维持某一特定生态系统的基本生态功能，河道应保持的流量（钟华平等，2006）。河道内生态流量一般指维持水生和岸栖生物生存的最小需水量（沃特·福林 Walling Ford，2003）。

（2）生态需水量

综合相关研究成果，根据《河湖生态环境需水计算规范》（SL/Z712—2014），采用 Tennant 法，对襄阳市境内流域面积大于 30 平方公里的河流的基本生态需水量进行计算，年内水量较枯时段和较丰时段生态流量占同时段多年平均天然流量的百分比分别取值（表 3-1）。

表 3-1　河流生态需水量

河名	汇入	断面名称	流域面积	Tennant法	90%保证率法	采用	2016年			2022年			2035年		
							非汛期 (m³/s)	汛期 (m³/s)	生态需水总量 （万m³）	非汛期 (m³/s)	汛期 (m³/s)	生态需水总量 （万m³）	非汛期 (m³/s)	汛期 (m³/s)	生态需水总量 （万m³）
汉江	长江	黄家港水文站	95217	231	256	231	23.1	69.3	145696.3	46.2	92.4	158669.3	46.2	92.4	158669.3
		王甫洲水库工程	95886	233	258	233	23.3	69.8	146720	46.5	93	159784.1	46.52	93	159784.1
		襄阳水文站	103261	277	278	277	27.7	83.1	174709.4	55.4	111	190265.8	55.4	111	190265.8
		崔家营水库	130624	317	351	317	31.7	95.1	199874.4	63.4	127	217671.4	63.38	127	217671.4
		宜城岛口	132021	320	355	320	32	96.1	202012	64.1	128	219999.3	64.06	128	219999.3
北河	汉江	潭口水库	608	1.66	1.35	1.66	0.829	2.49	5228.8	1.658	3.32	7843.2	1.66	3.32	7843.2
		谷城城关安家岗	1191	2.84	1.61	2.84	1.42	4.26	8956.3	2.84	5.68	13434.5	2.84	5.68	13434.5
南河	汉江	谷城格垒嘴	6514	7.65	17.24	7.65	7.65	23	48271.6	15.3	30.6	72407.3	15.3	30.6	72407.3
蛮河	汉江	宜城孔湾岛口	3207	4.3	4.98	4.3	4.3	12.9	27099.2	17.2	17.2	40648.9	17.2	17.2	40648.9
渭水	汉江	渭水水库	167	0.136	0.561	0.136	0.136	0.407	855	0.271	0.542	1282.6	0.271	0.542	1282.6
		宜城小河镇荣河	347	0.282	1.17	0.282	0.282	0.845	1776.6	0.563	1.127	2665	0.563	1.13	2665
清河	汉江	樊城区清河口	1938	1.56	3.69	1.56	1.56	4.67	9821.8	3.11	4.67	14732.7	3.114	4.67	14732.7
唐白河	汉江	朱集镇瞿湾	19399	11.7	26.6	11.7	11.684	35.05	73693.4	23.368	35.05	110540.1	23.37	35.052	110540.1
		董坡水文站	21330	12.8	29.2	12.8	12.85	38.54	81028.9	25.69	38.54	121543.4	25.69	38.54	121543.4
		襄州区张湾村	23975	14.4	32.8	14.4	14.44	43.32	91076.8	28.88	43.32	136615.2	28.88	43.32	136615.2
莺河	汉江	莺河二库	255	0.213	0.108	0.213	0.213	0.64	1346.4	0.427	0.854	2019.6	0.427	0.85	2019.6
		流水镇余棚村	514	0.429	0.218	0.429	0.429	1.287	2705.7	0.858	1.716	4058.5	0.858	1.72	4058.5
淳河	汉江	东津镇三合村	683	0.463	0.308	0.463	0.463	1.39	2923.2	0.927	1.854	4384.9	0.927	1.85	4384.9

对于在生态基流被严重挤占的河流，应以调整河、库、水电站等水量调度方式为主，结合农业结构调整和节水、退还生态水量、增加域外调水等综合措施，提高河道生态用水保障率。并依据水系重点断面指示物种的生态需水要求，制定科学合理的水生态调度模式，保障河流生态流量，修复河流生态系统。

2. 河库生态化治理

以洲滩、滨水岸线、湿地保护与治理为主要内容。采用"效法自然，生态治理"的设计理念，在上游截污治污工程实施的基础上，根据河道的原始断面形态及河床、河岸的相对高差，结合河道沿岸的土地利用情况，通过河道底泥生态清淤、河道断面改造，去除现有硬质驳岸及硬质河底，构建生态河床和生态护岸，重建水生植物群落，对河道或湖岸进行生态修复，最大限度地减少入河污染物，建成河滨生态景观带。

（1）洲滩、湿地保护与治理

洲滩湿地是河流湿地中一个重要类型，分布于河川主体之中，能展现其地表水与地下水相互影响植被分布的水文现象，具有介于水域生态系统和陆域生态系统的特质。四面临水的地理环境使其拥有整体环形的水陆交错带和滩涂湿地，因而蕴藏着丰富的动植物资源，形成独特的湿地生态系统类别。处于流动的河流水体之中的洲滩湿地既具有渗透、蓄水、降解污染的功能，又能利用其天然的环境形态来疏导洪水的排放，同时也能为人们提供良好的亲近自然的空间，集视觉景观与生态功能于一体，具有与其他地貌形式难以媲美的特点（常道义，2017）。随着经济社会的快速发展，受自然因素和人为干扰因素影响，洲滩湿地被垦殖、侵占，表现出面积减小、水文状况改变，生物多样性降低，景观退化等特点。有效保护和恢复水生动植物栖息地，形成陆域入河污染物的天然生态屏障，有效发挥洲滩、湿地生态系统拦截净化、降解水体污染物的功能，对洲滩、湿地进行保护与修复，应本着尊重自然、动态平衡的原则，使恢复后的洲滩湿地成为可持续的、具有一定抗击自然风险能力的生态系统，同时，在恢复的过程中，结合必要的防洪基础设施建设，形成滨水绿带，做到社会效益与自然效益等综合效益的实现，保护和修复汉江及唐白河、小清河等重要支流和中小河流丰富的洲滩、湿地资源，构建以汉江重要支流为脉络的襄阳市"大汉江湿地生态系统"。

（2）水生生物保护

良好的水生生态系统在维系自然界物质循环、能量流动、净化环境、缓解温室效应等方面功能显著，对维护生物多样性、保持生态平衡有着重要作用（朱党生等，2011）。在全面加强河湖管理、维系河流生态功能的同时，还应积极开展水生生物保护。对水生生物的保护要以维护生态系统良性循环为基本出发点，结合区域内的水生态系统类型、敏感生态保护对象、主要生态功能类型及其空间分布特征，识别主要水生态问题，有针对性地提出对策措施，要避免将河段简单地从自然生态系统中割裂开来进行人工化设计（王浩等，2010）。对汉江生态经济带主要采取水生生境保护以及增殖放流等措施。

（3）水生生境保护

首先应通过工程调度与监控管理等措施保障生态基流，然后针对各类生态敏感区的敏感生态需水过程及生态水位要求，提出具体生态调度与生态补水措施；对于湖库，提出面源、内源及富营养化等控制措施；维护河湖连通性与生境形态以及对生境条件的调控，其中生境形态维护主要包括天然生境保护、生境再造、"三场"保护等。生境条件调控主要指控制低温水下泄、控制过饱和气体以及水沙调控等。此外，要注重非工程措施在水生态保护与修复工作的作用，加强监测，实施水生态事前保护，在法律法规、管理制度、技术标准、政策措施、资金投入、科技创新、宣传教育及公众参与等方面加强建设和管理，建立长效机制（朱党生等，2011）。

（4）增殖放流

主要指通过水生生物人工增殖放流的抚育行为，对水生生物保护物种和渔业资源的保护措施，包括珍稀鱼类物种保护型增殖放流和经济鱼类资源增殖型增殖放流。

近年来，我国开展增殖放流对天然渔业资源的增殖和恢复起到了积极的作用，并取得了可喜的成绩。但增殖放流数量与资源恢复的需要尚存在一定的差距，如增殖放流缺乏统一的规范和科学指导，个别地方存在着无序放流以及放流品种种质不纯的问题，影响了放流效果；大部分地区没有制定长期增殖放流的规划，放流工作还没有提上议事日程，尚未引起充分重视；放流资金支持不足，放流的重要意义和作用宣传不够（赵法箴，2004）。

各区域应根据本流域生态特点，深入研究放流水域的生物种群结构、营养结构和水域生态流量，确定适宜的放流种类、规格以及合理的放流数量、地点和时间。要加强对放流种群的动态监测，跟踪评估放流生物的生长及资源变动情况，研究其对放流水域生态系统结构和功能的影响机制和程度，保障增殖放流持续健康开展。同时，应从流域总体角度，合理规划布局流域濒危水生生物驯养繁殖基地，加强种群遗传保护和管理的研究，制定科学的水生生物人工放流制度，保护水生生物遗传多样性和生物多样性。

（5）滨岸带保护与修复

滨岸带是陆地生态系统和水生生态系统之间进行物质、能量、信息交换的重要过渡区域（Naiman，R.J，1997），不仅可作为生物的生境和迁徙通道，且具有滞滤陆源污染物、屏障灾害、提供优美视觉景观等生态服务功能（何萍等，2014）。杨胜天等人对滨岸带概念的发展和完善过程进行了详细的梳理，从广义和狭义两个层面对滨岸带的概念进行解析（杨胜天等，2007）。广义滨岸带是指靠近水边，植物群落组成、植物种类多度及土壤湿度等同高地植被明显不同的地带，也就是与水体有任何直接影响的植被；狭义滨岸带指水—陆地交界处的两边，直至水体影响消失为止的地带，具体的范围和起始边界应根据水体特征和研究需要对滨岸带的范围进行具体界定。总体来看，滨岸带具有如下特征：①在位置上临近水体；②在范围上没有明确的边界；③在生态功能上属于水陆生态系统的过渡带具有边缘效应；④在天然形态上通常表现为线型（王超等，2018）。

滨岸带能够延缓降雨径流的输出，提高土壤的保水持水能力，同时能够改变河流水体的流态、流速及留长分布，对河流径流汇集过程具有明显的调节效应。由于滨岸带系统能够经历与耐受周期性的干湿交替，并具有发达的植被系统和丰富的土壤微生物类型，独特的水文和地球化学条件使其成为氮磷迁移转化的热区，在面源污染的阻控方面也有着非常显著的效果（Vidon P，2010）。此外，由于处在水体生态系统和陆地生态系统的交错地带，滨岸带系统具有明显的环境梯度，为不同物种的生存创造了条件，在维持生物多样性方面具有重要作用。

随着社会经济的迅速发展以及人类活动的干扰，滨岸带已出现了系列严重的环境问题，如沉积物污染、河流水温升高、陆生和水生动物栖息地丧失等（Naiman，R.J，1997）。认识到滨岸带的重要性，许多国家都开展了滨岸带恢复和保护的工作。1997年，美国国家资源保护中心（NRCS）制定了过滤带保护措施标准；2003 年，美国和加拿大共有 60 个省（区、州）政府机构正式书面发布滨岸带管理指南类的文件。美国有 49 个州制定了河岸缓冲带设置规范；瑞典规定，河岸缓冲带设置宽度在 10—30 米，依设置地点的敏感度而定；爱尔兰林业及水质规范则建议缓冲带宽度设计要根据坡度及侵蚀情况而定，在中等或较陡的坡地，缓冲带宽度最小为 10—20 米，而在侵蚀严重的地区，缓冲带的宽度则应在 15—25 米之间（何萍，2014）。

针对汉江生态经济带滨岸带存在的问题，在结合河段水环境功能定位，根据河湖滨岸带生态功能需求，划定水生态保护红线，拓展河道物理空间自然形态。通过城镇、水利、农田等规划全面实施滨岸带保护行动，清理非法占用河道和开垦土地，采取租用、补偿、激励等多种经济政策，协调相关方利益，释放滨岸生态空间。实施闸堰水文生态调度，恢复河流上下游纵向和河道—滨岸横向的拟自然水文节律动态，提高河流上下游连通性，拓展河湖横向滩地宽度，保障并维持所释放空间的自然结构特征和生态功能。重视支流和小型河流的滨岸带保护和恢复。在植被结构恢复方面，农田、农村集水区河段强调滨岸植被的面源污染截留功能，城市河段强化植被的固岸护坡和景观等功能（何萍，2014）。对硬质驳岸和自然驳岸采取不同的措施进行恢复。

硬质驳岸生态修复。在河流的整治保护中，应尽量减少硬质堤岸，创建有利于湿生植物、水生植物的生长环境。采用石笼、生态袋技术、植被床技术和植物配置等手段将水泥质驳岸"软"化，创造有利于淤泥附着，适宜湿地生物栖息的条件，从而为恢复河滨带植物群落，形成完善的水生态系统建立良好的基础。在硬质驳岸的上方种植藤本植物，如长春藤、迎春、野蔷薇等，通过其垂挂生长对硬质驳岸进行覆盖。

自然驳岸生态修复。结合河岸现有的湿生植物生长分布，因地制宜，根据河滨不同的坡岸类型，在植物种类选择和空间布局上，充分考虑湿生植物的生态习性、净污功能和景观效应，适当补植芦苇、菰草、香蒲等喜水净污的植物，既可消减面源污染，又可稳固堤岸、美化河滨环境。

三、节水供水工程建设

水资源日益紧缺已经对我国经济社会发展构成了严重威胁，甚至成为经济社会发展的"瓶颈"，节水是实现水资源优化配置与可持续利用的前提和关键（陈莹等，2004）。实施节水战略，需农业、工业、生活节水并重（吴普特等，2003）。

襄阳沿江地区的农业和工业发展水平位于汉江生态经济带前列，加强沿江供水能力建设，对于保障沿江工农业的可持续发展，保障居民生活用水安全，以及减少南水北调中线工程实施对汉江水源地取水量的影响有重要的意义。根据沿江经济发展、产业结构特点与水资源环境承载力，加强节水型社会建设及达标考核，开展水资源消耗总量和强度双控行动，可以提高水资源的利用效率和效益，缓减水资源供需矛盾。依据"立足本地水开发、强化非常规水利用、适度外调水补充"的总体思路，以总量控制、节水优先、协调发展、多源互补为原则合理配置水资源，完善供水安全保障工程，加强应急保障能力建设，集约高效利用水资源。

（一）节水型社会建设

1. 农业节水

农业是用水大户，农田灌溉又是农业的用水大户。农业的特点在于，虽然其经济效益相对较低，但由于其肩负着确保食物安全的重任，社会效益十分巨大。因此，在节水战略中，应把农业节水放在首位。农业与生态用水的浪费主要发生在渠系输水、田间灌水、土壤储水保水和作物（植物）用水等环节。农业与生态节水是指通过工程、农艺、生物和管理措施尽可能减少各用水环节的水量损失，提高农业用水的水利用率和水的生产效率（康绍忠等，2004）。

在沿江地区，应以中型灌区为主，逐步开展灌区续建配套节水改造工程，加强农业工程节水建设。沿江乡镇涉及53个中、小型灌区，其中中型灌区39个，小型灌区14个，灌区基本情况见附表3-8。要加快泵站等渠首建筑物的更新改造，干支渠道防渗处理、渠系建筑物配套建设、排水沟和灌区量测水设施建设，同步推进灌区规模化高效节水，因地制宜选择管灌、喷灌、微灌等节水灌溉新技术，实现节水减排。

加强农艺节水、生物节水与工程节水的有机结合。基于农作物的需水规律，完善耕作保墒、覆盖保墒、增施有机肥等节水技术，因地制宜地采用适水种植、合理配水、水肥结合、综合调控的节水型种植结构，逐步建立与襄阳沿江水资源条件相适应的节水高效农作制度，实现生物、农艺、工程等节水措施的有机结合。其中要重点关注水稻控制灌溉技术。规划近期以迥龙河水库灌区和渭水水库灌区等12个重点中型灌区为主，开展工程节水、农艺节水和生物节水建设。

专栏 3-1　水稻控制灌溉技术

在水稻返青后的各个生育阶段，田面不再建立水层，根据水稻生理生态需水特点，以土壤含水量作为控制指标（土壤水分控制上限为饱和含水率，下限则视水稻不同生育阶段，分别取土壤饱和含水率的60%—80%适宜组合），确定灌水时间和灌水定额，从而促进和控制水稻生长，较大幅度地减少水稻生理生态需水量，达到节水高产目的。

---

2. 工业节水

节水具有明显的动态效应，随着节水水平的不断提高，节水的难度将越来越大。工业节水的重点在于现有工业的节水，新兴工业原则上应符合当时的节水标准，随着节水技术和节水要求的提高，在今后的发展进程中也具有一定的节水潜力，但相对于现有工业，其节水潜力要小得多。工业企业通过采取重复回用、串联使用、节水器具和工艺改造等各类节水措施，可提高工业用水重复利用率，尚可进一步降低工业用水定额，并由此减少工业用水的需求量（郑在洲等，2004）。

推进节水型工业园区建设。东津新区（经开区）等新建园区在规划布局时要统筹供排水、水处理及水梯级循环利用设施建设，实现公共设施共建共享，推广串联式循环用水布局，鼓励企业间的串联用水、分质用水、一水多用和循环利用；襄阳市高新区等已有园区应将节水作为产业结构优化和循环改造的重点内容，推动企业间水资源循环利用，强化节水及水循环利用设施建设。

推动沿江高耗水企业空间布局优化和产业结构调整。推动高耗水企业向工业园区集中，促进可利用再生水的企业与城市污水处理厂、再生水厂就近布局。依法依规淘汰高耗水行业中用水超出定额标准的产能，促进产业转型升级。严格水资源总量和强度控制，并根据水资源变化和节水效果定期调整，倒逼企业提高节水能力。

加强工业节水改造。实施高耗水企业水效领跑者引领行动，加快节水工艺改造，大力推广高效用水工艺、高效冷却工艺、高效洗涤工艺、高效循环用水、污（废）水再生利用等节水工艺和技术；全面推行水平衡测试；2022年和2035年工业用水重复利用率分别达到81%以上和88%以上。

专栏3-2　工业节水改造

汽车是襄阳市的支柱产业，生产工艺尽可能将直流用水系统改为循环用水、循序用水或串联用水；发展含酚、电镀、含铅等废水处理回用等技术，提高污废水回用率，积极推广零排放废水处理技术。

电力工业（火力发电）要提高循环水浓缩倍率，开展梯级利用、分类处理、充分回用，减少外排水量。推广高级氧化和膜处理耦合的污水回用技术，实现电厂的清洁生产；利用发电余热、废料等在工业区大力发展循环产业。到2022年，火电厂每千瓦时发电量耗水降至1千克，消耗水量（不含直流冷却水量）比2016年下降7%左右。

在纺织工业集中的樊城、谷城、老河口、宜城等地近期推广高效短流程前处理、低浴比染色等节水工艺；推广实施纺织废水膜法深度处理与回用、喷水织机废水处理回用等技术，实现节水减排。

化工行业要推动实施"清浊分流"改造，建立多层次的废水回用系统，强化水的内部循环，有效提高循环水浓缩倍数，加强水处理技术和设备的研发。到2022年，废水实现稳定达标排放，水重复利用率提高到95%以上。

食品行业要改进发酵工艺，节约冷却水，重点加强冷凝水、清洗水的回收利用，到2022年，吨产品用水降至10m³。

---

3. 生活节水

主要从加强城镇供水管网改造、推广先进的节水型器具，加强服务业节水以及加大公众参与力度几个方面来进行。

加强城镇供水管网改造。重点对使用超过年限、材质差、积垢淤塞的灰铸铁管道进行更新改造，降低管网漏损率。完善供水管网检漏制度，通过供水管网独立分区计量（DMA）和水平衡测试等方式，加强漏损控制管理。积极推广分质供水，优水优用，加强中水利用。

推广先进的节水型器具。新建民用建筑必须采用节水器，已建民用建筑应引导居民淘汰现有住宅中不符合节水标准的生活用水器具；政府机关、商场宾馆等公共建筑必须采用节水器具，并限期淘汰不符合节水标准的便器水箱等生活用水器具。

加强服务业节水。合理限制洗浴、洗车、高尔夫球场等高耗水服务业用水，实行特种用水价格。强制要求使用节水产品，加快节水技术改造，严禁盲目扩大用水景观、娱乐的水域面积。

加大公众参与力度，促进节水型示范区建设。通过宣传教育、政策引导等措施，激发全民参与水生态文明建设的热情与动力，创造共建共享的良好局面。规划期内，完成35个节水型示范社区（各区县市及高新区分别建设5个）、3个节水型示范医院（市中心医院、第一人民医院、中医院）、7个节水型示范学校（各区市县及高新区分别建设1个）。

4. 非常规水开发利用

非常规水资源主要包括：污水再生水利用、雨水利用、海水利用等。根据汉江生态经济带地理区位和水资源状况，区域内没有海水、苦咸水等可以利用，矿井较少且水量较小，主要利用在矿山、矿区等，对于城市利用价值不高。结合区域实际，确定汉江生态经济带襄阳沿江地区可利用的非常规水主要为污水再生水、雨洪水。

（1）再生水开发利用

《国务院关于印发水污染防治行动计划的通知》（国发〔2015〕17号）提出以缺水及水污染严重地区城市为重点，完善再生水利用设施，工业生产、城市绿化、道路清扫、车辆冲洗、建筑施工以及生态景观等用水，要优先使用再生水。根据我国其他地区再生水利用经验，再生水处理成本高是大规模利用再生水的主要制约因素。应抓紧研究襄阳市当地水源供水水价调整机制，理顺当地水、外调水和再生水等不同水源水价关系，积极探索工业企业再生水利用价格补贴机制是实现再生水利用的首要举措。同时，要研究相关产业利用再生水的鼓励政策，通过政策引导和价格杠杆等多种措施并举，促进工业领域再生水利用。再生水主要用于河道外生态用水、城市杂用水、水质要求不高的部分工业用水以及河道内景观补水。

以人口和工业相对集中，污染较为严重的沿江乡镇为重点，加快雨污分流污水管网建设，加快再生水回用管网的铺设，逐步提高再生水利用率。工业、农业、保洁、车辆冲洗、城市绿化、环境和生态用水等领域优先使用再生水。在生活用水集中的学校、宾馆等建筑单元逐步推广再生水回用设施。在有条件的新建住宅小区示范建设再生水回用系统。具备使用再生水条件但未充分利用的火电、化工、造纸、印染等高耗水项目，不得批准其新增取水许可。在襄城区、樊城区、襄州区、襄阳市高新区、经开区、鱼梁洲、老河口市区、谷城市区和宜城市区建设再生水回用系统。

（2）加强雨洪集蓄与利用

雨水作为水循环系统中的一个关键要素，在构建可持续水循环系统过程中发挥着重要作用。"使雨水尽快远离城市"的传统"防水"理念已经无法满足现代城市的雨洪管理要求，国内很多学者开始倡导雨洪资源化管理的思路。因此，对城市雨洪实施调蓄，进行有效的控制利用具有重要意义。而低影响开发（Low Impact Development，LID）方法与传统雨洪控制利用方法相比，具有可持续、分散化、节省投资、与场地开发和景观设计相结合等特点，实施LID不但能够减少径流流量，提高径流水质，而且通过采用本地化、生态化、低能耗的雨洪控制利用设施，可实现开发区域可持续水循环（王建龙等，2009）。

生态雨洪调蓄系统作为城市的"绿色海绵"，把雨水直接外排的传统排水模式向就地滞洪蓄水转变，利用透水铺装、植被渗沟、下凹绿地和湿地水体等景观要素，重建接近自然的水循环过程，将雨水分散蓄留、逐步净化和缓慢吸收，一方面增强城市对暴雨的适应能力，一方面利用雨洪水恢复湿地系统，营造具有多种生态服务的城市生态基础设施（莫琳等，2012）。结合襄阳市海绵家园建设，在新建小区、城市道路、公共绿地等完善雨洪资源利用设施，推进雨洪资源化利用。城市地区，应维护绿地面积，将广场等硬化表面改建为透水地面，增大降雨入渗；在沿江区市县逐步推行雨污分流，将雨水引入湖库等水域；建设屋顶雨水集蓄系统，集蓄雨水用于冲洗厕所、洗衣、浇灌绿地。重点加强民用建筑、工业建筑的建（构）筑物、占地与路面硬化面积之和在3万平方米以上的工程建设项目，总用地面积在2万平方米以上的公园、广场、绿地等市政工程项目的雨水收集利用设施配套建设。农村地区应因地制宜，积极推广水库、塘堰等雨水集蓄利用措施。

（二）供水安全保障工程建设

1.构建多水源联合供水格局

随着经济社会的快速发展和城市化进程的加快，一些区域特别是城市的水资源供需矛盾日益突出，仅仅依靠挖掘本地常规水源已无法满足其用水需求，而且单一水源供水模式具有较高的脆弱性，致使城市或区域供水系统存在较大的安全隐患。多水源联合供水能够为受水区提供较为稳定的新水源，降低当地水资源结构的脆弱性，可为缓解城市或区域水资源供需矛盾提供强有力的水源保障，但同时也使供水系统更为复杂，给当地水资源的调配管理提出了新要求（于冰，2015）。要实现水资源科学分配，不只是修建水源工程，而更重要的是运用现代系统科学的方法去管理，从管理上要效益。管好、用好现有水源工程，对有限的水资源进行优化调度，这对缓解城市供水紧张的局面具有十分重要的意义和价值（黄强等，1999）。

在汉江襄阳沿江地区应坚持分质供水，优水优用，通过骨干水源、水系连通和城市管网互联互通工程建设，科学统筹蓄水与引提水、新鲜水与再生水，加强雨洪集蓄利用，优化水资源调配，形成以汉江为主、水库为辅等多水源联合供水格局，全面提高沿江农业、工业和生活供水安全保障水平。沿江地区主要从汉江取水，水量水质基本能得到保证。但仍需要加强应急水源地建设，纳入供水管网系统。重点开展谷城县潭口水库，东津新区的官沟水库等应急水源地建设（表3-2）。

表3-2　襄阳沿江应急水源地建设

序号	应急水源	所属市县	所属乡镇	供水范围	供水量（万t/d）
1	潭口水库	谷城县	石花镇	谷城城区	6
2	官沟水库	东津新区	张家集镇	东津新区	8

2.加强供水基础设施建设

供水基础设施规模由需水量而定，受水源质量和技术水平的影响，用年供水总量来度量。年新增供水能力受到生产需水年增加量、生活需水年增加量和水源污染程度的作用（孔静静等，2018）。在进行供水基础设施建设时，从资源、技术、供水安全、经济、高效等方面统筹考虑，打破区域供水界限，进行供水规模的合理预测。

应最大限度利用现有供水系统的富余资源，调整现状供水格局、优化系统布置、实现大中型水厂系统之间的平衡调度及协调发展；逐步完善城市供水管网设施，不断扩大城市集中供水服务范围，形成多源联网、安全可靠的供水系统；对现有供水设施进行升级改造，应提高供水水质、保障供水水量，合理降低消耗，提高供水安全性，逐步实现"水厂布局大调整、制水工艺大提升、供水管网大改造"。根据襄阳市水文水资源情势变化、气候变化对城市供水体系的影响，结合襄阳市人口、产业发展战略，立足流域视角，考虑区域上游来水对襄阳市的影响，统筹水量与水质双重影响，系统谋划沿江地区供水基础设施建设策略。加强水源工程配套水厂及配水管网建设，提高管网覆盖率，对城市东津新区、深圳工业园管网进行扩建改造，对樊城区、襄州区等沿江区市县供水管网进行升级改造。同时，应制定完善的管理方案，创新管理工作方式，总结经验，做好多元化的管理工作。

（三）应急保障能力建设

1.应急备用水源及其配套设施建设

按供水情形分析，城市应急水源可以认为是在连续干旱年、特殊干旱年（95%来水频率以上）、突发水污染事故以及紧急状态等非常规情形下具备保障城市用水的供水水源（李爱花等，2016）。应急水源来源可以是备用水源、深层地下水、水库死库容以及通过联合调度等措施挖掘现有常规供水水源和通过转换水利工程功能（如水库发电、供农用等用水转换为应急城市供水）的应急供水潜力、海水淡化、再生水、应急调水等各种水源。

城市备用水源是城市应急水源的重要组成，是城市应急进行水源储备的供水水源。与其他应急水源相比，备用水源一般需要专门规划和建设，比常规涵养和维护的要求也更高，在应急情形下的保障程度也更高。对有条件的城市，应优先建立城市备用水源。在实际操作中，城市应急水源和备用水源难以清晰界定和区分，往往统称为城市应急备用水源（李爱花等，2016）。城市应急备用水源包括地表水、地下水和其他水源，其来源通常有通过备用水源储备应急供水量、通过现有水源和水利工程挖潜、通过流域和区域水资源配置工程的联合调度和水量统一调度、动用区域深层地下水、从外区域（流域）应急调水等几种方式。配套设施的主要工程类型则包括（李爱花等，2016）：

① 输水工程及配套。包括对已有的输水工程及配套设施的维修改造，对已有、在建和规划的水源及水利工程，新建应急输水工程及配套设施。如对以灌溉为主的水库进行城市应急备用输水工程及配套建设。

② 水源联网工程。包括河湖连通、水系联网、多库串联、地表水与地下水、外调水与当地水联调等工程，在应急期间对不同水源进行水量调剂，增加应急供水量。

③ 供水系统联网工程。对相互独立的供水系统实施应急备用配套联网工程，如城市不同区域的供水系统联网、城市与周边乡镇的供水系统联网、与毗邻城市的供水系统联网等。

④ 地下水工程。包括新建地下水井等并进行应急备用输水及配套建设。

应急备用水源工程建设要根据城市自然条件、经济社会发展状况等因地制宜地进行建设，本着先挖潜再新建的原则，合理选择和确定规模及标准。在汉江生态经济带沿江地区宜多途径、多方式、高标准增加应急备用水源储备，所有备用水源均应具备供水条件。

2. 水质监测与应急调度平台建设

供水应急调度指供水风险期采取工程或非工程措施进行水量应急调度，以最大限度满足城市居民及主要生产部门的用水需求（王思琪等，2018）。平台的构建应包含水质监控信息网络建设和调度管理中心建设。

建立水质监控信息网络，完善水质在线监测及预警，设置警报系统，构建水质管理及水质突发事件应急处理的信息共享平台，确保任何情况下各个相关职能部门之间的信息沟通渠道畅通。

建立调度管理中心，上联市水利、市城建、市应急事故指挥部等部门、供水单位负责人，下联水厂、供水管网、抢修服务站的负责人和值班人员，确保系统能及时发布调度指令，指挥实施供水系统的各项应急处置措施。

3. 干旱与突发水污染事件应急供水对策

（1）干旱应急供水对策

当供水水源处于干旱期时，城市供水安全保障工作面临较大压力（邵东国等，2014）。开展城市供水干旱预警与应急调度工作可在供水水源能力不足的条件下，及早预报旱情并作出水源应急调度安排，以使城市生活、生产用水等平稳有序地度过水源干旱期。

城市供水水源启动干旱预警时，预示着水源供水能力已出现明显下降，应针对城市供水干旱预警与应急调度两个工作环节，在对城市供水干旱预警等级、预警指标、预警标准与预警线研究的基础上，根据预警工作的需求，制定供水应急调度策略。根据干旱预警等级适时启动相应的应急预案，合理调配水资源，优先满足城乡居民生活用水，统筹兼顾工业、农业和生态用水，适当调整用水定额，定时定量供水，压缩居民、单位和企业生产用水，暂停高耗水企业生产。采取定时定量供水、科学调度，合理利用抗旱水源、多渠道开源、应急性打井，适当超采地下水等措施，保障基本用水安全。

（2）突发水污染事件应急供水对策

突发性水污染事故是指由于自然灾害、机械故障、人为因素及其他不确定性因素引发固定或移动的潜在污染源偏离正常运作状况，突然地大量排放污染物，经过各种途径进入水体，从而造成水环境污染的事故。其污染物的流失方式是随机而且突然泄漏、排放的（胡二邦，2009）。随着经济迅猛发展，突发性水污染事故的发生越来越频繁，重大水污染事件可导致水质恶化、影响生活生产用水安全、造成经济损失和生态环境破坏，甚至是重大的人员伤亡。对潜在的环境风险进行科学合理的分析与评价能够为风险管理提供指导，可有效预防和减少突发性水污染事故的发生（张珂等，2014）。突发性水污染事故风险评价涉及大尺度、多源多受体以及复杂的风险作用关系，需要对其展开研究，在发生突发水源污染事故和供水水质不达标事件时，采取工程应急调度措施，启用水源应急系统，由应急水源向净水厂输水或直接由应急系统供水或第二水源供水，重点保障基本生活用水和特殊行业用水。建立饮用水水源污染来源预警、水质安全应急处理和水厂应急处理"三位一体"的饮用水水源应急保障体系。

四、防洪排涝精准化管控技术

我国当代的防洪战略正从"控制洪水"向"洪水管理"转变。传统的"控制洪水"的模式偏重强调工程技术的重要性，寄希望于通过加强水利工程体系建设增强对洪水时空分布的调控能力，以保障重要区域特别是中心城市的防洪安全。然而，面对城市的迅猛扩张以及防洪形势发生的新变化，人们逐渐意识到单纯依靠防洪工程体系达到确保防洪安全的期望是不切实际的，超标准洪水风险与暴雨内涝致灾已对城市发展构成严重的威胁，而单纯依靠提高防洪标准来保护城市安全不仅需要巨额的资金投入，而且面临更为复杂的制约因素，甚至可能形成区域之间、人与自然之间的恶性互动，不利于可持续的发展。正是在这样的背景下，防洪战略从"控制洪水"向"洪水管理"转变成为迫切的需求。洪水管理是人类按照可持续发展的原则，以协调人与洪水的关系为目的，理性规范洪水调控行为与增强自适应能力等一系列活动的总称。洪涝风险管理，需要在深入细致分析城市洪水风险特性与演变趋向的基础上，综合运用工程与非工程防洪措施，辅以风险分担与风险补偿机制，构建人与洪水共存的治水方略。

目前国内外常用的城市洪水风险管理应用技术包括洪水风险分析与评估、洪水风险图绘制与发布、防汛应急预案制定与修编、城市雨洪蓄滞与渗透等。当前基于水力学原理的洪水模拟技术可详细计算洪水演进过程中各水力学要素值（淹没水深、洪水流速、淹没历时等）的变化情况，为洪水风险管理应用技术的发展提供了精细的计算手段。

襄阳沿江防洪工程是汉江中下游防洪体系的重要组成部分，对减轻长江干流（汉口段）和武汉市的防洪压力，保障长江经济带和汉江生态经济带建设平稳有序发展具有重要意义。针对目前沿江防洪排涝存在的问题，以丹江口水库为支撑，实施外部防洪工程及内部防洪排水工程，对重点支流和中小河流进行堤防达标和河道疏浚等综合治理，达到防御标准内洪水的要求。结合街区尺度"小海绵体"建设与城市尺度"大海绵体"建设，优化洪涝水蓄滞空间与出路，加强城市的防洪排涝治理。创新洪涝水治理理念，建立洪水风险管理策略，最大限度地降低流域洪涝水灾害损失，构建适于沿江的现代化洪涝综合防治体系，实现人与洪水的和谐共处。

（一）城市建成区防洪除涝建设

城镇化是人类发展的必然过程，是体现国家经济发展的重要标志。我国城镇化的快速推进已经导致"城市病"问题越来越突出，直接影响城镇化进程的质量。尤其是在资源环境方面，城市防洪排涝设施的建设远落后于城市化进程，内涝已成为我国许多城市遭遇强降雨后的普遍状态（刘昌明，2016）。

城市的防洪排涝体系建设应遵循尊重自然、因地制宜、就地消纳的原则，在兼顾城市（城镇）建设的同时，充分利用地形、地貌以及自然生态景观等，采用多种工程措施，给洪水以出路，维系城市良性水循环，减小城市扩张对水循环的影响。基于现状城市防洪排涝能力，因地制宜通过实施或改造多种 LID 措施（如渗、滞、蓄、净、用、排等）消纳本地产水量和污染负荷，减小各区外排水量，从而减轻排水管网的排水压力以及初期雨水对受纳水体的污染；对于超标水量通过地表、城市水系、水塘和湿地等排水和调蓄，提高城市的内涝防治能力，实现雨洪资源的合理利用，是解决城市水问题、实现良性水循环的重要举措。采用的研究框架见图 3-3。

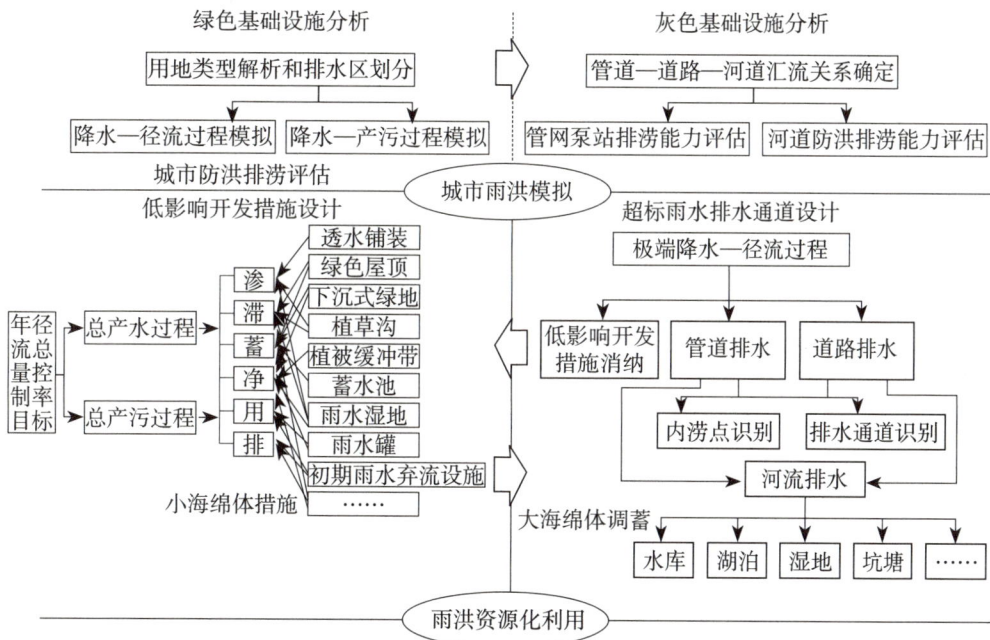

图 3-3　基于良性水循环的海绵城市规划框架

由于人类活动的加剧，城市下垫面发生变化改变了产汇流条件。短时局地暴雨由于来水快、输水慢、积涝多，由此导致城市洪涝成灾，目前已逐步成为流域（区域）的防汛重点。

在城市建成区，应按照"快慢相宜、净绿相济"的总体思路，大力推进海绵城市建设，因地制宜扩大城市透水空间，建设雨水调蓄设施，统筹防洪排涝、水资源综合利用与水环境保护，妥善安排城市洪涝水滞蓄和外排出路，提高区域吸水、蓄水、排水、净水和释水功能，实现雨水"慢排缓释"，有效控制地表径流系数，从而达到水量上削峰、水质上减污、雨水资源化利用和城市水生态保护的高度融合。统筹源头径流控制系统和城市雨水管网系统建设。城市雨水管渠系统即传统排水系统，与源头径流控制系统共同组成径流与水的收集、转输和排放。

建设襄阳市中心城区江北片区、襄城片区、卧龙片区、东津新区四大独立防洪保护圈，改善襄阳市中心城区"内忧外患"的防洪形势。根据襄阳市河流水系分布特性，城市以汉江、唐白河和小清河为界可划分为樊城与高新西区、襄州与高新东区、襄城区与东津新区四个独立排水区。各排水区的内涝防治重现期采用中等城市标准取20年一遇。结合中小河流治理对各排水区主要排水河道进行达标建设，初步形成排水格局，保证各区的防洪排水安全。统筹源头径流控制系统，通过对雨水的渗透、储存、调节、转输与截污净化等功能，有效控制径流总量、径流峰值和径流污染。严格城市河湖、湿地、沟渠、蓄洪洼地等河湖水域岸线的用途管制，划定河湖管理范围和水利工程管理与保护范围，保持其滞留、集蓄、净化洪涝水的功能。

根据沿江的水系格局和水资源条件，通过清淤疏浚、连通工程、涵闸调控、水系调度等措施，恢复河流、湖库、洼地、湿地等自然水系互通，提高雨洪径流的调蓄容量、调配灵活性和水体流动性。

此外，在进行防洪排涝体系建设的过程中，在做到补工程短板的同时加强监管。需要全面发挥市政、水利等部门的职责和作用，做好防洪排涝管理数据的传递和共享工作，并确定各个部门职责，实现洪涝处理水平的提升。另一方面，从多个角度入手，建立完善的应急预警机制，注重对城市暴雨洪水分布情况的监管，提高数据采集和传递水平，优化风险管理机制，根据城市各个领域的水文信息，加大堤坝建设力度，减少洪涝给城市带来的危害。

专栏3-3　襄阳市中心城区海绵城市建设
以东津新区开挖鹿门湖2.45km²、配套排水泵站和樊西新区开挖湖面1.5平方千米、配套排水泵站建设为试点，逐步向中心城区推进海绵家园建设。中心城区拟新建7座泵站，改扩建15座泵站；同时改扩建古城、樊东、樊西、檀溪、庞公、鱼梁洲6个片区城市排水管网长约360km。

（二）小流域综合治理

小流域综合治理是为了充分发挥水土等自然资源的生态效益、经济效益和社会效益，以小流域为单元，在全面规划的基础上，合理安排农、林、牧等各业用地，因地制宜地布设综合治理措施，治理与开发相结合，对流域水土等自然资源进行保护、改良与合理利用（王礼先，2006）。小流域综合治理，要坚持水土流失防治与改善生产条件相结合，水土流失治理与生态环境建设相协调，检查合理利用水土资源，综合规划，统一治理，优化配置，全面发展（张洪江等，2016）。此外，要根据所处地理区位和社会经济发展水平的不同，因地制宜地制定所要达到的治理目标、采用的防治措施。结合襄阳沿江区域的现状，以水系保护和水源涵养为重点，以南河、北河、唐白河、蛮河、小清河等汉江主要支流，以及苏家河、大李沟、淳河等中小河流为主要治理对象，开展小流域为单元的综合治理。除采取植树造林、建设经果林等多种措施，修复生态、治理水土流失、涵养水源等包含以防治水土流失、改善生态环境和增加经济收益等为主的各项措施之外，还需要增加必要的保水措施、生活及生产污水收集与处理措施、生活及生产固体废弃物的收集运输和处置措施等。

（三）加强洪水调度与风险管理

洪涝灾害，具有自然与社会的双重属性，是自然因素和社会、经济等非自然因素综合作用的结果（周魁一，2004）。随着水利部提出了可持续发展的治水新思路，我国防洪减灾实现了从洪水控制到洪水管理的战略转移（汪恕诚，2004），从重视水利工程建设转变为在重视工程建设的同时，加强非工程措施的运用。其中，防洪减灾的非工程措施包括了洪水预报预警、洪水调度、洪水风险、洪泛区管理等方面的内容（王栋等，2006）。洪水的风险管理是非工程措施的核心内容（刘国纬，2003）。

对汉江生态经济带可能面临的洪水灾害，应在以现代化的防洪治涝理念为指导的前提下，树立适度承担风险和规避洪涝水风险的防灾观念，以洪水风险图应用为抓手，推进防洪风险管理，并重点开展洪涝灾害调度管理，从而实现从洪水控制到对洪水进行全面管理的转变。

1. 洪水风险管理

由于洪水的随机属性，使人类在洪泛平原进行的开发成为一种风险开发，即在获取开发利益的同时，必须承担着着可能遭受洪灾损失的风险，因此，人类对洪泛平原的开发是伴随着承受洪水风险走过来的。人们期望在洪泛平原获取最大的开发利益而所冒的洪水风险最小，于是引进了洪水风险的概念。洪水风险是一种防洪减灾的非工程措施，其在防洪减灾中主要体现为风险分析和风险管理，并通过风险管理达到协调人与洪水的关系，避免和减轻洪灾损失的目的（刘国纬，2003）。洪水风险管理的步骤大致如下（李原园，2013）：

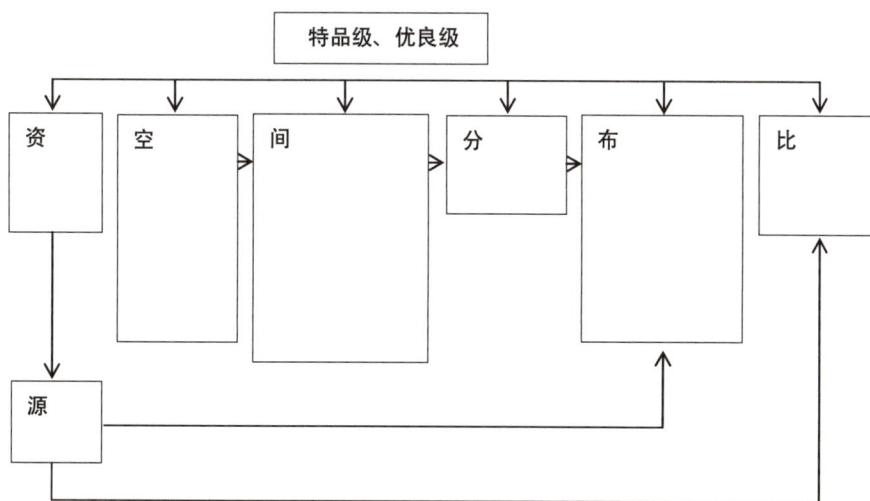

图3-4　洪水风险管理主要内容图

启动风险管理机制后，要针对管理的各项措施运行情况及其产生的效果，随时进行监测与考察，不断搜集新信息，反馈到管理部门，随时对措施作出改进或调整。

在管理过程的不同阶段，风险是不断变化的，必须针对不同阶段动态变化的主要洪水风险，实施人工实时干预，从而使初始风险转变为剩余风险，并以剩余风险是否与经济社会发展水平相适应为标准，对洪水管理结果进行测评与评定。风险识别、风险评估、风险决策、风险应对与风险评定贯穿于风险管理的整个过程，流程大致为：结合社会的需求与愿望对风险进行识别，依据政策指导制定洪水风险对策规划以及地区、部门风险对策计划，规划（计划）实施，剩余洪水风险估计，管理效果评价（李原园，2013）。

目前国内已针对重点防洪保护区、蓄滞洪区、洪泛区、重要防洪城市以及部分中小河流保护区开展了不同重现期的洪水风险分析，并制作了洪水风险图，在防洪规划、防洪工程建设、防汛抢险、规范国土开发管理、增强全社会防洪减灾意识等方面发挥了重要的作用（黄琨等，2017），而防洪区域地形地貌、下垫面及工程设施建设、气候等条件在不断变化，洪水演进路径、传播时间、淹没风险及其分布情况也在不断变化，只反映特定频率洪水或暴雨条件下的洪水风险图更新难度较大，相比之下，实时洪水风险的快速动态分析对防汛应急指挥更具实际意义（苑希民等，2018）。

因此，要结合智慧水利平台建设，加快推进襄阳市洪水风险图管理系统的建设，搭建洪水风险图综合管理平台，推进洪水风险图应用，根据最新编制的洪水风险图，结合防洪应急预案、抗旱应急预案等已有工作基础，开展新型城镇化发展形势下沿江洪涝水风险评估与动态监控，识别洪涝灾害高风险区并及时向社会公布。

在搭建好襄阳市洪水风险图系统的基础上，加强洪水风险管理，协调城市建设和产业发展布局与防洪排涝的关系，规范和调控经济社会活动。通过控制易涝区产业发展与布局，加强区域监测监控，设置渍涝警示牌等措施，加强洪涝水风险管理。

健全洪涝风险管理制度，加强城市建设、居民点、商业区和工矿企业等选址洪涝影响评价与审批；根据城镇化发展需求，进一步修订防汛排涝应急预案，完善不同洪水风险区域居民避洪安置方案，形成完备的洪涝应急管理制度，积极探索并建立洪涝保险制度。

2. 防洪排涝调度与管理

随着人口迅速增长和社会财富不断积累，尤其是对洪泛平原过渡和无序开发，即使已修建了大量防洪工程，但洪灾损失仍有增无减，各地超标准洪水频繁发生，迫切需要提高防洪标准，然而防洪工程的防洪标准毕竟是有限的，人们不可能完全希冀于防洪工程措施解决洪水灾害问题。基于上述事实，人们开始反思人与洪水的关系，希望找到适应当代和未来人水关系的防洪减灾策略。

洪水调度是人与洪水的对话，既要尽可能满足人们的主观愿望，也不能违背洪水的客观规律。人们的主观愿望是，使自己的生命、财富、社会功能和生存发展环境不受洪水的破坏或尽量减轻其破坏；而洪水则要求有足够的行洪通道和必要的调蓄场所。因此，洪水调度的最高追求即通过充分发挥防洪工程措施的功能，缓和洪水情势，协调人与洪水的矛盾，达到最大限度减轻洪水灾害的目的（刘国纬，2003）。流域防洪联合调度作为非工程措施在不增加工程投资前提下显著增加了防洪效益，一直受到工程界的高度关注。通过精心调度骨干工程，利用水库的拦洪削峰作用，统筹兼顾防洪兴利，可有效应对江河洪水，确保防洪安全，为冬春农业灌溉用水提供有力保障（何晓燕等，2018）。

加强汉江水库群的联合调度。随着汉江干流梯级综合开发利用工程的完成，干流丹江口水库以下建成王甫洲、新集、崔家营、雅口等4座水利梯级枢纽，在汉江干支流堤防达标加固建设的基础上，实施干流梯级水库群的联合调度，降低洪水风险。联合调度以单水库防洪调度的理论和方法为基础，但必须根据水库自身及上下游防护对象的防洪标准以及防洪控制点河道安全泄量，研究如何通过各防洪工程的联合调控达到系统各防护对象的防洪要求，以防止上下游、干支流之间共同承担防洪任务时发生矛盾，出现洪灾加重的现象（何晓燕等，2018）。

制定防洪排涝水系调度方案，加强洪涝统一调度，依托信息化建设，实现实时自动化调度。加强水雨情、道路积水点、城市水淹区的监测、预警预报体系建设，实现实时雨情、水情、工情及调度运行等基础资料的共享。加大对重点河段、重点地区的监测、巡查，加强洪涝预报预警系统建设，加强基于水雨情实时监测信息的决策、调度体系建设，利用高新技术完善洪涝预报调度系统硬件设施，升级开发洪涝预报软件系统，提高防洪排涝调度水平及管理效力。

五、农村水利现代化建设

2011年中央1号文件提出，努力走出一条中国特色的水利现代化道路。农村水利现代化是水利现代化、农业现代化、国家现代化的组成部分，是农业现代化与新农村建设的基础。要实现农业现代化和水利现代化，实现农村水利现代化是关键。在农村水利现代化进程中，应把工作重点放在补短板上，用现代的观点、理念指导农村水利，用现代材料设备装备农村水利，用现代科学技术改造农村水利，用现代方法经营管理农村水利，推进现代化生态灌区建设，推进农村饮水安全巩固提升，发挥农村水利的整体效益，使农业、农村有更强的抗御自然灾害能力，为实现水资源可持续利用、农业可持续发展、保障国家粮食安全、提高农村生活水平、改善农村环境提供基础支撑，促进全面建成小康社会。

襄阳是全国著名产粮大市，全国十大夏粮产区之一和全国20个重要商品粮基地之一。然而襄阳沿江农村亟须解决水利基础设施不均衡、农业用水有效利用率不高、农业供水和抗旱保证率低、农村饮用水源地建设薄弱、饮用水不合格等突出问题，亟须加强现代化生态灌区建设，全面提高节水水平，消除传统灌区负面影响，加快农村水源地建设，进一步提升农村饮水安全水平，从而全面增强沿江农村水利现代化建设，保障粮食安全。

（一）农村水利现代化内涵及建设思路

1. 农村水利现代化内涵

关于水利现代化，发达国家的普遍提法主要包括观念的现代化、生产技术和装备现代化以及水利管理现代化三个方面（刘树坤，2003；顾浩，2004）。作为农业、农村经济社会发展基础设施的农村水利必须适应客观形势变化要求，加快现代化建设步伐。

农村水利现代化以科学发展观为指导，以农村生活、农业生产、农村生态"三生"服务为目的，用人与自然和谐的现代理念指导农村水利建设，用先进技术、先进工艺、先进设备打造农村水利设施，用现代科技引领农村水利发展，用现代管理制度、可持续的管理机制健全农村水利管理，建成与社会经济发展相适应的防灾抗灾有力、农村饮水安全、灌排设施完备、管理运行健康、灌溉用水高效、农村环境良好的农村水利工程与管理体系，大幅度提高农业综合生产能力与生产效率，是一个逐步发展、不断成熟、全面实现的过程，可为我国农业现代化提供基础支撑，满足水利现代化乃至中国现代化进程中对农村水利发展的需求（韩振中等，2012）。农村水利现代化的核心是科学化，目标是以水资源的可持续利用为农业、农村现代化提供保障。

2. 农村水利现代化建设思路

农村水利是认识和利用自然规律、改造自然的事业，不同国家和地区自然条件差异很大，农村水利内容有很大区别。我国农村水利目前尚存在工程老化失修严重、抗御自然灾害能力低、用水效率亟待提升、灌溉用水有限、管理体制不健全等突出问题，应该有针对性采取有效措施，建设、管理并重，软、硬措施并举，优先解决最为薄弱的环节，稳步推进农村水利现代化建设。优先改造已有工程，统筹安排新建工程；优先推进农村饮水安全建设，统筹谋划村镇排水与污水处理；优先改善、恢复和保护已有灌溉面积，统筹扩大新增灌溉面积；优先进行防灾减灾工程建设，统筹提高灾害应急响应与应对管理能力；优先采取成熟的新技术、新工艺、新产品，统筹应用传统技术与方法；优先满足民生迫切需求，统筹改善农村生态环境（韩振中等，2012）。

我国各地经济发展水平、农村水利现状条件差异较大，应该根据不同区域特点与发展能力，合理确定发展目标与发展步骤。为了推进现代化应建立一套客观、综合、科学的评价方法和指标体系，有利于明确方向、统一思路、找出差距，为科学决策提供依据。农村水利现代化的评价指标，应当充分包容不同类型地区特点，如干旱与丰水、山区与平原、水田与旱作物等；有一定的横向可比性，同时应尽量反映现代化的共性特征和本质，便于及时准确地监测指导现代化进程；应涵盖防洪除涝安全，农村饮用水安全，灌排工程设施完善、满足现代农业生产的需要，水资源高效利用、农村生态环境良好，管理体系健全高效，可持续发展有效支撑等各个方面。

经济发达地区应率先实现农村水利现代化，为其他地区提供经验与模式，引领我国全面实现农村水利现代化。

（二）现代化生态灌区建设

1. 现代化生态灌区内涵

综合分析国内外灌区研究成果与发展经验，现代化灌区的内涵可以概括为，用人与自然和谐的现代理念指导灌区建设，用先进技术、先进工艺、先进设备打造灌区工程设施，用现代科技引领灌区发展，用现代管理制度进行灌区管理，建成与社会经济发展相适应的防灾抗灾有力、灌排设施完备、工程运行可靠、灌溉服务高效、生态环境健康的灌区，具有较高的农业综合生产能力与生产效率，满足农业现代化与国家现代化进程对灌区发展的要求（韩振中，2013）。

现代化生态灌区作为灌区发展的高级阶段，是农村水利现代化建设不可或缺的首要条件，是农业可持续发展的重要保障，还是农业增产增效的重要途径。良好的生态系统是现代化生态灌区生产力发展的基础，建设现代化生态灌区必须利用先进的水利技术及种植技术，由单一生产功能逐步向保障粮食安全、供水安全、服务节水型社会建设和水生态环境保护、农村景观建设等多重任务发展，突出水资源高效利用与生态环境保护。

专栏 3-4　现代化生态灌区

现代化生态灌区是在人与自然和谐理念指导下，以维持灌区生态系统的稳定及修复脆弱的生态系统使其形成良性循环为目的，通过灌区水资源高效利用、水环境保护与治理、生态系统恢复与重构、水景观与水文化建设、灌区生态环境建设以及监测与管理方法等多方面的生态调控关键技术措施，形成的生产力高、灌区功能健全、水资源配置合理、生物多样性高而单位水量提供的生态服务功能最大的节水型灌区（杨培岭，2009），是现代化灌区发展的高级阶段。

现代化生态灌区的关键技术体系包括灌区水资源高效利用关键技术，灌区水环境保护与治理关键技术，灌区生态系统恢复与重构关键技术，灌区水景观与水文化建设模式，灌区生态环境监测与管理方法。

---

2. 优化配置灌区水资源，提高灌区节水水平

目前我国水资源浪费严重，灌溉水利用率低下，灌溉定额普遍偏高，灌溉水超出实际需水量的 1 倍左右。截至 2015 年底，全国耕地灌溉面积 65873 千公顷，节水灌溉工程面积 31060 千公顷，占全国耕地面积的 77.2%，而喷、微灌面积占耕地灌溉面积的比例仅为 13.68%。近年来，全国高效节水灌溉面积大幅提升，告别传统大水漫灌，由"浇地"转向"浇作物"，农业生产方式因水而变，灌溉水有效利用系数达到 0.542，距离《全国水资源综合规划》中制定的 2030 年农田灌溉水有效利用系数提高到 0.6 的目标尚有一定差距，且远低于世界一些发达国家 0.7—0.8 的水平。襄阳市大中型灌区灌溉水利用系数仅有 0.52，节水潜力巨大。

灌区现代化的发展其构成条件之一为能保护和改善生态系统，具有较高的水污染防治水平（茆智，2004）。应遵循可持续发展理论建设现代化生态灌区。生态型灌区的可持续主要包括生态持续、经济持续和社会持续，其中生态持续是基础，经济持续是条件，社会持续是目的，应该追求自然、经济、社会复合系统的持续、稳定和健康发展。结合襄阳市灌区现状以及存在的问题，在襄阳市沿江地区打造节水型、生态型的现代化灌区。

（1）要有安全保障体系，防止洪涝灾害，避免因灌溉工程带来的生命财产损失，没有这个体系，不能算实现现代化。加强建设完善的农田与村镇防洪、除涝体系，使防洪工程达到规定的设计防洪标准，在经济集中区域防洪标准可适当提高。

（2）合理优化地配置使用水资源，有较完善的排灌系统和可靠的水源供水能力，广泛采用节水技术，水源供需平衡，充分发挥水资源的经济效益和环境效益。灌区水资源既要满足农业生产、农村生活，还要满足灌区生态需水要求。通过对灌区生态需水阈值的计算，寻求水资源在农业生产、农村生活与生态需水之间的合理配置，满足单位产值的水资源消耗最小、生态服务功能最大的要求，保障水资源开发利用和生态环境保护兼施，充分发挥水资源的综合效益。

（3）能保护和改善生态系统，具有较高的水污染防治水平，特别是能够保持和改善骨干水源和灌区内地表水和地下水的水质。这就需要结合实际实施面向农业面源污染控制的农田节水灌溉及养分资源管理技术、灌区小型污水处理工艺优化及新型、高效、低廉的处理技术开发、自然沟渠和人工湿地构建技术及水生植物合理配置模式（杨培岭等，2009）。由于灌区内沟渠、河湖等水流形态的差异构成了在流速、流量、水深、水温、水质、水文脉冲变化、河床材料构成等多种生态因子的异质性，形成丰富的灌区生物群落多样性，要对灌区内的林草植被及河湖沟渠水体进行保护与修复。

（4）灌区内居民要有较优美的生活环境和居住环境。以综合发挥灌区多重功能为目标，研究灌区滨水景观格局的形成、结构、功能特征以及灌区水景观斑块格局和生态学过程。结合灌区中城镇干渠、河道、湖泊、湿地等滨水地区，打造戏水型、赏水型、认知型和游憩型等生态水景和亲水平台，探索景观桥、木栈道、瀑布跌水、溪流、生态水池等亲水平台配置形式，打造生态灌区水景观。

（5）在工程建设维修养护和运行管理中广泛采用高科技，具有现代化信息管理和优化配水的能力。首先，加强灌区信息化建设，基于遥感（RS）、地理信息系统（GIS）、全球定位系统（GPS）、土壤时域反射仪等多种信息采集技术，全面获取灌区的降水及河流、水库、地下水位等水雨情，渠首、渠系、渠系建筑物、排水管网等工情，土壤墒情，作物种植结构作物布局等信息，通过通信链路和计算机网络传输给管理部门。管理人员借助软件系统对数据进行浏览、查询、统计、汇总，并形成报表，以此作为灌区建设和管理的依据或参考。其次，加强灌区数字化建设，系统地结合水、肥料、作物等学科及专家的知识，在信息化的基础上，针对灌区各种作物，以及具体的土壤、气候等条件，建立科学、合理、精准的供水和供肥等过程模型。根据供水过程中的情况变化，对模型参数作随机调整及再运用，以此指导灌区灌溉，甚至进行生活和工业供水及防洪等水资源的调配。最后，加快灌区智能化建设，结合高标准基本农田建设，以信息化所获得的土壤墒情及农作物生长需等各种数据作为参数，自动选择匹配的模型，由计算机及各种控制设备和设施智能控制供水和供肥建筑物和设备的运行，实现灌区的精准灌溉。

（6）有符合国情、行之有效的管理体制、管理组织和良性运行的机制以及科学的决策程序、有合理的水费计收办法，能做到依法管水，科学管水。对于工程管理、用水管理制定相关管理条例、管理细则或管理办法；出台灌溉用水"总量控制、定额管理"管理办法；制定合理的水价与水费计收制度。

（7）有一支素质较高的管理队伍，建立比较完善的灌排技术服务推广体系。设立灌区专管机构对灌区的运行进行管理，清晰职责，明确责任，实现灌区无缝覆盖。

专栏3-5　高标准基本农田建设

通过农村土地整治建设，形成集中连片、设施配套、高产稳定、生态良好、抗灾能力强，与现代农业生产方式和经营方式相适应的基本农田。通过开展水源工程加固，农田灌溉渠道防渗、喷灌、微灌等现代节水灌溉技术，布置明沟、暗渠等排水工程，修建水闸、量水设施、渡槽等渠系建筑物，支撑高标准基本农田建设。近期规划在大型灌区（引丹灌区、熊河灌区）以及重点中型灌区发展高标准农田30万亩。

专栏3-6　襄阳沿江灌区精准灌溉建设

在沿江智慧水利建设的整体框架下，以大田耕作为基础，通过3S技术等现代化监测手段，获取种植区气象资料、农田墒情资料、作物生长资料，综合农作物的生长模型，确定不同作物在生长发育期的灌溉用水量及灌溉时间，根据监控结果采用精准灌溉工程技术（喷灌、微灌和渗灌等）实时精量灌溉，以确保作物在各个生育期中的需水量，从而达到高产、优质、高效和节水的农业灌溉措施。

根据精准灌溉、精准用药、标准施肥相结合的原则，通过在项目区开展灌溉水源、田间喷滴微管网、末端渠道生态治理等现代高效节水灌溉控制系统建设，实现源头控制、过程管理和末端治理，逐步形成精准灌溉工程建设与现代农业、生态旅游、环境保护三结合的"襄阳精准灌溉模式"，创建全省"三少"（少用一方水、少撒一两药、少施一斤化肥）活动示范基地。

3. 构建灌区灌溉、排水、湿地系统运行模式

农田排水沟渠及塘堰系统是《湿地公约》定义"湿地"概念里重要的组成部分，其作为农田与水体之间的一个过渡带，具有排水和生态湿地双重功效，能够通过土壤吸附、植物吸收、生物降解等一系列作用，降低进入下游受纳水体中的氮、磷等化合物的含量，对生态型灌区的建设起着重要作用（何军等，2012）。

自然状态下农沟—斗沟尺度三段典型沟渠和一处塘堰对稻田氮磷污染去除效果较好，并且对氮磷的去除呈现一定的抗冲击自修复能力，即在污染负荷达到其承载力而净化能力降低一定时间后其对氮、磷的各项净化作用恢复（何军等，2011）。在充分了解和认识自然条件下沟渠塘堰湿地系统对农田排水的氮、磷污染去除效应和规律后，进行减污型农田排水沟渠塘堰湿地系统构建以合理高效去除农业氮磷面源污染。

减污功能的农田排水沟塘系统应具备其水利工程属性；毛沟—斗沟尺度排水沟渠尾端或塘堰出水口修建控制排水闸、低坝，沟渠或塘堰中种植当地的优势植被；支沟—干沟尺度排水沟渠采用适合的生态护岸及护底工程，排水系统上的排水闸、退水闸等水工建筑物运行工况中考虑其生态减污功能（何军等，2012）。应强化生态化沟塘湿地的优化组合，包括区域性水生植物的种类、数量及其搭配方案，构建满足最佳去污要求的田间节水灌溉、沟系控制排水、库塘湿地截留净化的系统模式，确定达到最佳去污能力的系统调度方案，充分发挥节水灌溉—控制排水—湿地截留系统的净化作用。

——生态排水沟建设。通过灌区内部排水沟道的生态化改造，形成兼顾沟道排水需求和生态系统保护的生态型排水系统。沟道设计应注重形态的差异性和材料的异质性。通过沟道纵向设计上适度的蜿蜒曲折和横断面设计上的形态多样，构建错落有致、景观优美的生态型排水沟道。通过卵石、碎石、块石、土壤等多种设计材料的合理配比，营造结构安全、适宜沟内生物栖息的良好环境。沟道护岸、缓冲带设计采取植树种草、蜂窝状预制板等近自然措施，尽量避免硬质材料对地上地下生态系统的隔离。

——人工湿地建设。兼顾水体净化和利用价值，在灌区末端或低洼易涝区因地制宜的退田还湿，建设分散化的小型人工湿地，通过生物降解途径减轻农业污染对水资源、生态环境的不利影响。控制合理的湿地比例，兼顾水体净化与灌区生产。

——绿化建设。加强滨岸带的绿化建设。滨岸缓冲带对农田地表径流中携带的营养物质、颗粒物、农药等污染物，具有较高的截留、吸收作用，同时还具有滨岸景观、生物栖息地、廊道连接、改良土壤生境、水土保持等多种功能。结合灌区工程确权划界，以主干渠道和节点工程为依托，突出地域性、系统性、层次性、乔灌草结合，生态和经济效益并重，全面开展灌区绿化建设，注重植入具有区域特色的文化元素，形成高雅别致、错落有致、美观和谐的绿化风景，打造绿色渠系、网格生态和文明乡村相得益彰、绿意盎然的现代化灌区，彰显荆楚特色和襄阳厚重的文化底蕴。

4. 促进农业发展方式的调整

生态灌区建设的目的就是实现人水和谐。应以乡村振兴战略为指导，结合特色小镇、田园综合体等相关策略，推进沿江农业的转型与发展。推广测土配方施肥技术，推广绿色防控技术，减少化学肥料以及农药施用量。

> **专栏 3-7　沿江农业转型发展**
>
> 　　1. 调整农业结构。加快发展观光休闲农业、高科技农业、市场创汇农业等城郊农业新形态，推进农业生产清洁化、生态化等农业新理念；转变一批以粮食安全和规模化养殖等为主的传统农业，建立一批以市场需求为导向，以提供低污染、高附加值、高品质农产品为主的现代农业。
>
> 　　2. 以灌溉新技术支撑农业新业态。大力推广管灌、滴灌、喷灌等精准节水灌溉新技术，支撑沿江平原农业新业态；平原地区灌区，范围包括襄城、樊城区全境，谷城县城关、茨河、冷集、庙滩，老河口市光化办事处、李楼、仙人渡、鄂阳办事处，襄阳市东津新区，宜城鄢城办事处、南营办事处、雷河镇、流水镇、王集镇和郑集镇，该范围建设汉江流域高效生态农业示范区，可采用水稻控制灌溉方式进行节水，加强农田退排水生态化治理，充分利用生态沟渠和灌区末端分布式湿地，对农业面源进行有效拦截、吸附、沉积、转化和吸收，有效降低进入水体的农业面源污染负荷；城郊地区，范围包括襄城、樊城全境，襄州张湾办事处、刘集街道、东津镇，宜城王集镇、雷河镇，其发展定位为建设襄阳市居民特色蔬菜、供给基地，区域农产品物流中心，该区域可充分发挥喷滴灌优势，为机械化、集约化、设施化、高效化、工厂化农业提供水利支撑，建设高效节水高端示范区。

　　结合沿江现代农业示范区水利配套工程建设以及宜城市全国新型城镇化建设试点水利配套工程等现代水利核心示范区项目，近期规划在迴龙河水库灌区等重点中型灌区，率先完成现代化生态灌区建设，重点是开展农业精准灌溉建设。到 2035 年，现代化生态灌区建设推广到石河畈水库灌区等一般中型灌区，全面完成沿江中型以上灌区的现代化生态灌区建设。

（三）农村饮水安全巩固提升

　　农村饮水安全事关亿万农村居民对美好生活的向往，是打赢脱贫攻坚战的重要任务之一。要实施农村饮水安全巩固提升工程，进一步提高农村供水保证率、水质合格率、自来水入户率和工程运行管理水平，健全"从源头到龙头"的农村饮水安全工程建设和运行管护体制机制。在人口相对集中、有水源条件的地区，通过联村并网，推进规模化集中供水，进一步提高农村饮水安全和供水保证程度。在主城周边农村地区，通过延伸供水管网，扩大供水范围，推进城乡供水一体化。近期实现农村集中式供水受益人口比例达到 95% 以上，供水水质达到国家标准，重要集中式饮用水水源地供水保证率 95% 以上。

> **专栏 3-8　襄阳沿江农村饮水安全巩固提升工程**
>
> 　　**老河口市。**规划近期老河口市饮水安全工程共计 25 处。其中，新建王甫州供水工程等集中供水工程 2 处；马冲水厂等技术提升工程 23 处。
>
> 　　**谷城县。**近期规划农村饮水安全提质增效工程 97 处。其中，庙滩水厂、城关水厂等管网延伸工程 5 处，小型集中和分散供水工程 92 处。
>
> 　　**襄城区。**充分利用城市水厂，对已建卧龙水厂及市政四水厂进行管网延伸，对新集水厂、卧龙水厂等水厂进行改扩建和技术提升。
>
> 　　**樊城区。**改扩建集中式供水工程 1 处（长寿岛水厂），管网延伸供水工程 1 处（胥营水厂），通过改造水厂净化工艺提升（胥营水厂），建设樊城区水质检测中心。
>
> 　　**襄州区。**东津新区新建老营水厂，对东津水厂等水厂进行改建。高新区的农村饮水安全管网延伸规划主要包括襄阳市五水厂管网延伸工程、东风汽车第二动力厂水厂延伸工程。
>
> 　　**宜城市。**规划近期开展宜城市农村饮水安全规划巩固提升工程共计 4 处，均为集中式供水工程，其中新建讴乐供水工程 1 处，改、扩建工程 3 处。规划近期宜城市农村饮水安全"十三五"规划精准扶贫工程共计 18 处，均为脱贫攻坚集中式供水工程，其中管网延伸工程 16 处，新建供水工程 2 处，改、扩建工程 1 处。

六、汉江生态长廊建设

河流生态廊道涉及水域，岸边水利设施及护坡护岸，河岸绿化三部分，是生态环境的重要组成部分，关系着防洪排水、水利水电、灌溉、饮用水等涉及人民生命、健康、生活等方面的内容。

根据景观生态学原理，针对沿江存在水生态环境安全形势下降，水源地保护力度不大，社会经济发展与生态环境保护矛盾突出等问题，充分利用汉江襄阳段河势稳定、洲滩湿地发育、人文积淀深厚的优势，运用国际先进的理念与技术，生态廊道建设与岸线保护和开发利用相结合，开展水安全保障、水生态恢复和水文化创建，通过系列手段，使河道具有生物栖息地，生物生态河流廊道，滨水过滤带，生物银行及其他生态功能，把汉江襄阳段建设成生态长廊、景观长廊、文化长廊、产业长廊，使其兼具防洪保安、水源涵养、水质净化、生态修复、人居环境改善等综合功能，为汉江流域生态修复提供可借鉴的成功经验，成为具有国际影响力的生态长廊和河流生态修复典范。

（一）汉江生境保育

——滩涂驳岸修复。驳岸根据不同岸段的功能布局，设计不同的驳岸形式，保留现状乡土植被，对现状自然堤岸及洲滩湿地加以保护。通过生态措施提高河道的污水自净能力。中心城区防洪堤宜增加亲水平台元素设计，5年一遇洪水淹没区可与湿地系统结合以实现洪水调蓄和雨水净化；在保证防洪安全的前提下，采用生态型堤岸，解除硬质河堤对河水的束缚。

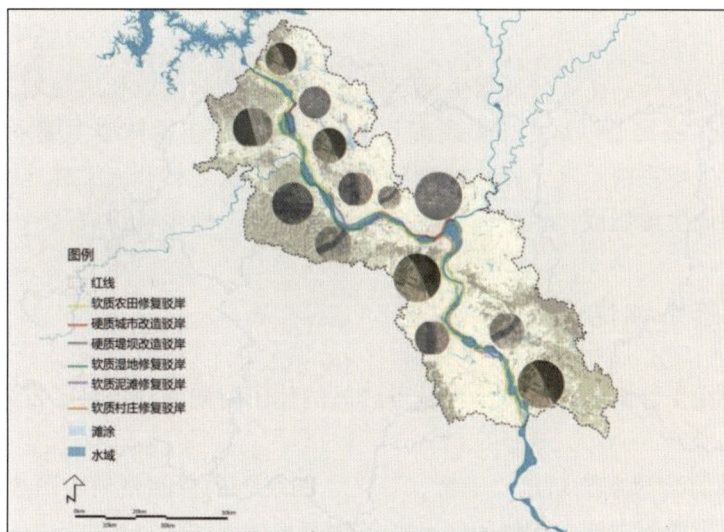

图 3-5　汉江生态长廊驳岸改造规划

——现状生境的保留与修复。现状主要生境廊道为汉江及支流河道，斑块为水库、林地、树林草地、洲滩湿地。

汉江廊道修复。疏通主要泄洪河流通道，保留一定的河漫滩；重新连接破碎的自然水域通道；

组合现状零碎的洲滩湿地；创建汉江河流防护林带，营造近自然状态下的植被群落来保护水岸；修复主要支流生态系统。

生境斑块修复。主要通过创建水源保护区周边防护林地；连接斑块之间的空隙；组合零碎的斑块营造迂回斑块；延伸斑块边缘至河流廊道；增加大斑块之间的脚踏石斑块；基于现状水土流失的问题，重点在老河口、中心城区和宜城等地的汉江沙滩地和丘陵岗地进行造林，严格执行国家退耕还林等政策，开展大规模植树造林。

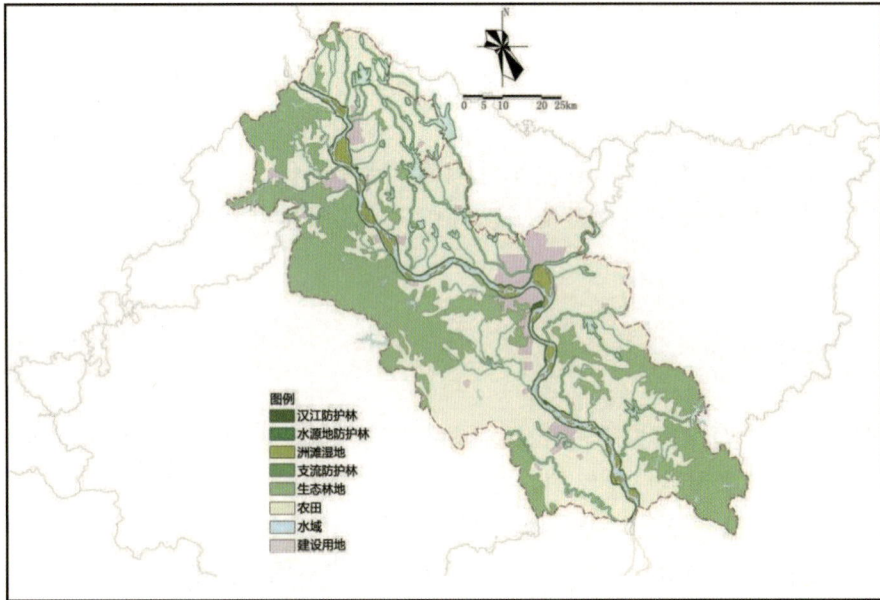

图 3-6　汉江廊道生境系统规划图

——生境系统空间布局。在综合现状生境、生态基础设施和土地利用规划的基础上，优化生境系统空间布局。根据植被类型可对生境做出细致的分类，主要包括林地生境系统、湿地生境系统、生产性生境系统三大生境系统。其中，林地生境系统由自然次生林和人工林地组成；湿地生境系统由河流廊道和洲滩湿地生境组成；生产性生境系统由水田和旱地生境组成。

（二）汉江游憩系统建设

汉江生态长廊依托良好的生态环境，为城市居民的休闲游憩活动提供了友好的环境空间，为人与自然的交流提供场所。

襄阳市汉江流域的游憩系统划定"一带、三区、四线"的空间格局（图3-7）。一带为汉江生态景观游憩带；三区为襄阳古城文化休闲区、河谷生态水休闲区和宜城生态农业休闲区；四线为三国文化精品游线、汉江遗产精品游线、汉水休闲精品游线、生态和农业精品游线。

——滨江游憩空间。滨江游憩空间主要是沿汉江两岸及江中州岛的用地空间，应保持以自然驳岸形成的良好江滩环境，利用两侧林带，水田构成自然防洪堤，游憩设施以滨江道路为骨架，依托滨江机动车路形成自行车和电动车交通，重要的江州岛设置游船摆渡。

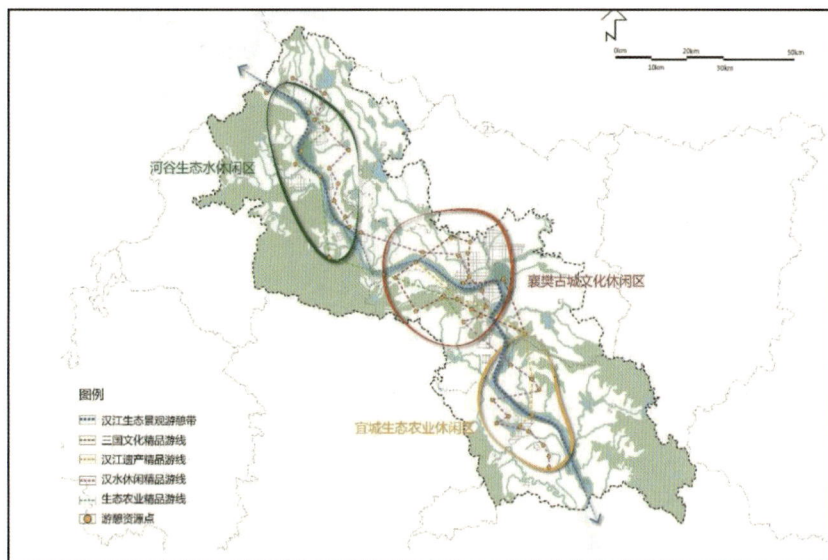

图 3-7　汉江流域游憩系统规划结构图

——湿地游憩空间。湿地游憩空间主要功能在于保护区域的水生态安全与雨洪生态安全，具有重要的生态保护功能。在进行游憩功能开发时宜以生态功能为主，游憩设施不应对其生态功能造成干扰与影响，可适当布置电瓶车与自行车道路及游步道，临近城市区域湿地可开发成为湿地公园。

——林地游憩空间。在保证林地生境的生态系统安全前提下，选取生态高安全区域进行游憩开发，规避自然灾害影响，游憩设施主要依托现有乡道省道构建，完善山地游步道、自行车和电动车交通，适当布置旅游服务设施，解说系统等。

——滨水游憩空间。滨水游憩空间依托大中型水库与自然河流周边的绿化带与自然保护区为主，可结合其生态功能特点，有机布置慢行系统与服务设施节点。

七、智慧水利建设

深入贯彻落实国家网络强国战略思想和"互联网+"行动计划，针对襄阳市现有的防汛抗旱、水资源监测、水库管理等系统兼容性差、基础测点不足、标准不统一、缺乏核心功能、与汉江生态经济带加快推进水务跨越式发展的战略需求不匹配等问题，强化水务业务与信息技术深度融合，深化水务信息资源开发利用与共享，坚持公共服务与业务应用协同发展，进一步完善水资源、水环境、水生态监测及信息发布系统，形成覆盖全流域的资源环境承载力动态监测网络，充分发挥信息技术在水务工作中的平台作用，构建互联互通、信息共享、协同发展的水务信息业务平台，显著提高水资源利用效率和精细化管理水平，以信息化驱动水环境治理体系和治理能力现代化，为水环境治理弯道取直、后发赶超创造宝贵条件。

根据国家水利现代化的战略要求和湖北省水利信息化的总体部署和安排，根据襄阳市水生态文明建设规划确定的智慧水利总体系统框架，发展思路、发展方向、总体发展战略和重大行动计划，以及各阶段目标与重点建设任务，本规划在此基础上梳理并提出沿江地区推进智慧水利建设的措施与安排。

沿江智慧水利建设重点包括监测体系、水利信息化平台、业务应用系统、信息化保障环境 4 个方面。

（一）监测体系建设

建设以先进感知技术为核心的天地空一体化水利基础信息采集与传输系统，以缓解不断增长的业务需求与信息资源不足的矛盾。

1. 基础监测能力建设

加强气象、水文、环境、生态等水安全信息基础设施的建设，优化气象、水文、环境、生态站网点布局，扩大覆盖范围，加强监测环境和设施保护，强化水文测报和重点河湖监测能力，实现信息共享，全面提高服务水平。完善水资源、水环境、水生态信息综合采集和工程监控体系，提升自动采集站比例，挖掘沿江各类水利信息资源，重点加强水文测站、水文监测中心、水质监测中心及地下水监测等基础设施建设，加强重要控制断面、重要水功能区、重点排污口和重要水生态功能区水量水质监测设施和应急监测设施的建设，加强水源地、取用水户取水与排水计量监测设施的建设，加强水土保持和信息管理网络。

2. 基于遥感的水环境水生态监测能力建设

遥感技术是在现代物理学、空间技术、计算机技术、数学方法和地球科学理论的基础上建立和发展起来的边缘科学，是一门先进的、实用的探测技术。目前正进入一个能快速、及时提供多种对地观测及测量数据的新阶段。水资源水生态环境遥感监测以各类生态、植被参数、水环境参数反演技术为依据，通过遥感手段动态进行流域 / 区域干旱监测、水土保持、水源涵养量、土地利用动态、水环境质量监测。汉江生态经济带是长江经济带的重要组成部分，也是连接长江经济带和丝绸之路经济带的战略通道，更是南水北调中线工程的核心水源区和重要影响区，在流域经济社会发展中具有重要的战略地位，但其对应的基础监测能力存在着较大不足，推进基于遥感的水环境、水生态、陆面生态环境监测能力建设并搭建水资源水生态监测信息系统已经成为当务之急。

3. 业务互通与综合业务平台建设

加快防汛抗旱、水资源管理、水质监测与评价、水土流失监测等水资源水环境信息系统建设，为社会提供全面、快捷、准确的水信息服务，以水利信息化带动水利现代化。建设和完善全市水利信息网络，建设市、县（区）水行政部门重点水利工程运行管理单位、水文水资源分局的局域网，建成市、县（区）相关部门的互联互通政务外网，建设和完善基于全市水利水生态文明信息网的视频会议系统的信息交互与业务应用。

具体而言，完善水利信息网、数据中心等，结合现代信息技术手段，完善防汛抗旱指挥系统，健全水资源管理信息系统、水土保持监测信息系统、水环境监测信息系统，建立水利工程管理信息系统、农村供水管理信息系统、安全生产信息建设等。

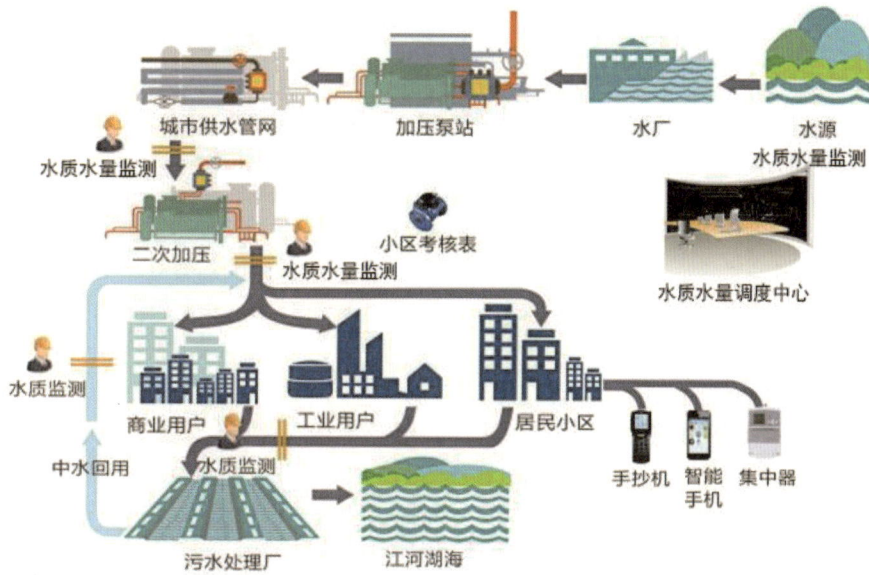

图 3-8　重要取用水户智慧监测体系建设

（二）水利信息化平台建设

推进河长制管理平台、防汛抗旱信息化系统、水资源管理信息系统、水文信息化系统、河道执法信息化建设、襄阳水利建设质量信息管理系统、电子政务系统、数字襄阳水利、灌区信息化建设等。新建以洪水预报、灌区墒情—精准灌溉智能系统、城市防洪排涝管理系统、水量—水质—水生态联合调度系统、供水精准化实时调度管理系统为核心功能的水利信息化平台。

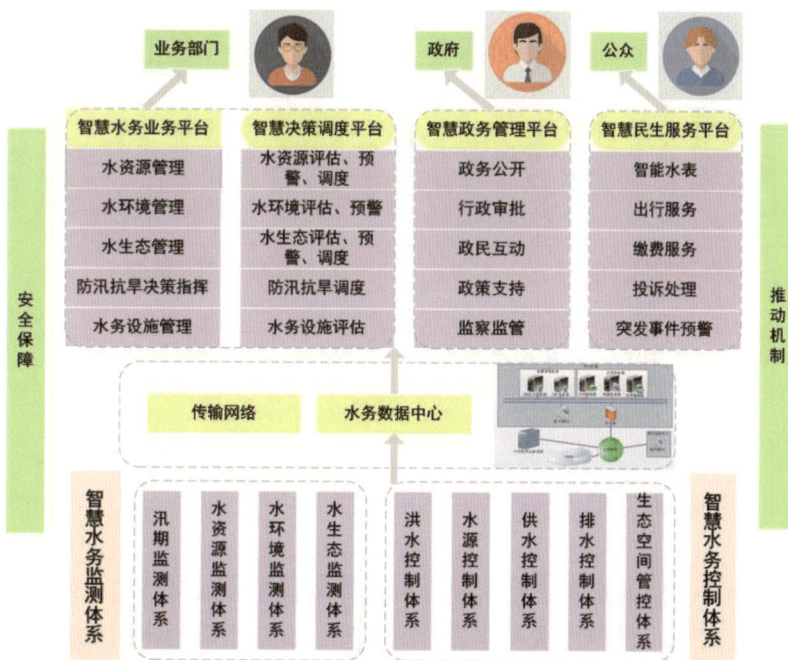

图 3-9　智慧水务平台框架图

专栏 3-9　大数据与云计算

　　大数据是指无法使用传统和常用的软件技术和工具在一定时间内完成获取、管理和处理的数据集，具有数据规模大、数据多样性、数据处理时效性、结果准确性和深度价值 5 个特征。大数据则通过云计算的形式，将这些数据分析处理，提取有用的信息，即大数据分析。

　　云计算是计算机技术和网络技术相融合的时代产物，代表着"第三次 IT 浪潮"。利用云计算技术，以低成本提供超强的计算能力、高可靠性、高安全性等优势，将水利信息化建设推进信息共享时代，有效实现水利信息资源的整合，提高信息资源的利用率与应用水平。

　　云计算和大数据实际上是工具与用途的关系，即云计算为大数据提供了有力的工具和途径，大数据为云计算提供了数据源。

（三）业务应用系统建设

　　强化业务应用系统的高度协同与高度集成，优化业务流程，实现精简高效的业务模式；协同各大业务应用，避免各自为战，互不相连；实现技术革新，引入当代信息化新技术，加强云技术等高新技术的应用。在当地原有业务应用的基础上，重点建设基于分级管理的水利统一门户；基于资源共享与业务协同的水利业务应用系统；集综合监测、预警预报和调度决策为一体的、基于数字模拟与虚拟仿真的水利管理系统。全面提高水利业务应用系统建设的水平，实现动态监测、早期预警、快速响应和应急调度，提升水利业务应用能力与服务水平，适应水利现代化的发展需求。

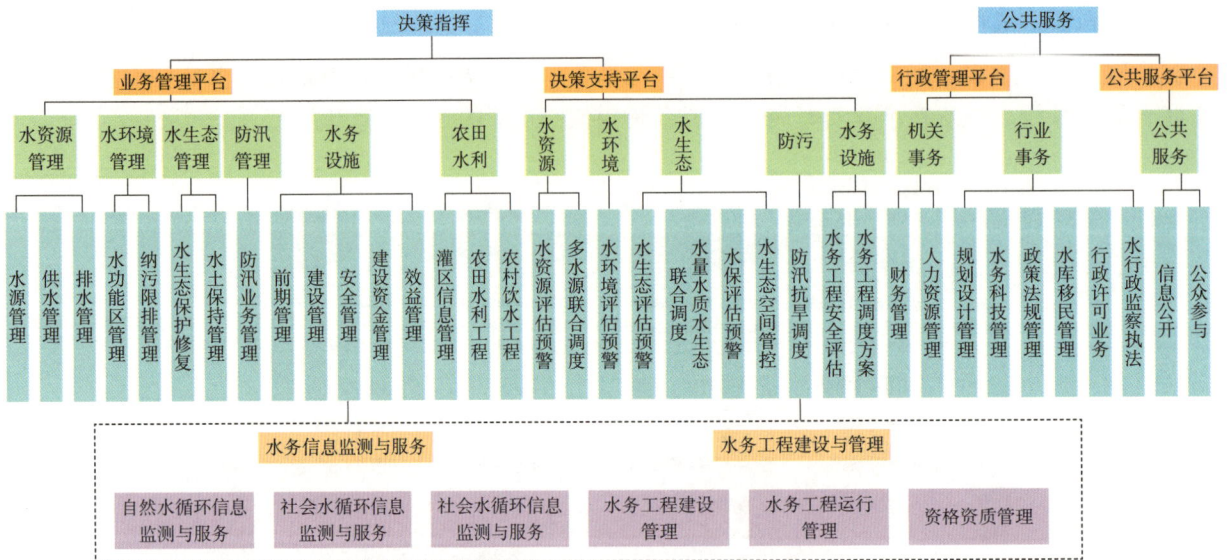

图 3-10　智慧水务业务框架图

（四）信息化保障环境建设

　　重点建设面向大数据管理的水利信息化标准规范体系；建设以网络信息安全为主的安全保障体系；建设基于分级管理的运行维护体系；建设分工合理、责任明确的体制机制。

1. 水务信息化标准建设及安全保障

按照国家信息化标准化体系、水务技术标准化体系，充分考虑汉江生态经济带水务信息化的特点和建设需求，在湖北省现有的水务信息化建设框架之下，细化、完善汉江生态经济带水务信息化建设标准体系，建立和完善水务信息化标准管理与协调机制，完善标准制定机制。

加强水务网络与信息安全保障系统建设，逐步完善各级水务部门信息安全防护体系，建立健全水务网络与信息安全事件应急响应机制，完善网络与信息安全事件应急管理，实现水务信息系统物理安全、网络安全、数据安全、应用安全，为水务信息化发展提供安全保障。

建立数据加工、更新、维护、服务的机制和数据运行、维护、更新及信息安全保障。完善沿江地区各级水务部门信息系统运行维护机构，制定和完善运行维护标准和规范，全面应用信息系统运行保障技术措施，逐步落实运行维护经费，积极推动建立稳定的以中央、省级财政投入为主，市、县级财政投入为辅的水务信息化建设和运行投入机制，形成较为完善的信息系统运行维护体系，以保障水务信息化工作的正常开展，充分发挥水务信息化在政府决策、经济发展和社会公众服务中的作用。

2. 人才队伍建设

加强相应领域涉水重大问题研究以及涉水重大问题关键技术的研发与推广工作。重点加强汉江干流渠段化水生态水环境演变趋势、挑战及应对措施（优化调度研究），加强水资源优化配置、城镇防洪排涝建设、农村水利现代化、智慧水利建设、水生态保护与修复等工作，研发并推广适合沿江灌区的精准灌溉模式，研究生态灌区建设中关键技术问题，加快喷滴、微灌、墒情监测、水利工程生态化改造等成熟高新技术和科研成果的转化应用。推进"智慧水利"建设，提升水治理智慧化水平。

加强涉水工程生态调度。以科学确定南河、滚河、蛮河、北河等重点河流生态流量为基础，加强河库水量调度管理，完善水量调度方案，采取闸坝联合调度、水库联合调度、生态补水等措施，合理安排闸坝下泄水量和泄流时段，维持河流适宜生态用水需求，重点保障枯水期生态基流。积极优化王甫洲、崔家营航电枢纽调度，缓解对防洪除涝、水环境容量的影响，发挥好控制性涉水工程保护生态环境的作用。

增加水利科技经费，加大对科研成果推广与转化的扶持，在水利建设与管理中鼓励积极稳妥采用新技术、新材料、新工艺，不断提升水利科技含量。开展水利国际、国内交流与培训，加强与大专院校、科研院所的合作，搭建科研攻关、技术创新平台。整体推进全省水利人才队伍建设，建好一个博士后科研工作站、一个院士专家工作站、争创一个省部级重点实验室等水利高端引领人才培养平台建设；通过引进、培训、培养等措施，着力解决县、乡基层水利人才短缺问题，抓好县市水利局长和水利站长轮训、水利"三支一扶"等工作，大力实施基层水利专业技术骨干知识更新工程。建立职工终身教育体系，开展职工教育培训。

3. 加强组织领导

（1）领导班子重视水务现代化建设

各级政府、水务系统主要领导及各级河长要高度重视水务现代化工作、亲自过问水务现代化工作，通过组织学习强化自身对于水务现代化、智慧水务建设的认识和理解，充分认识水务系统加快推进信息化建设与管理的紧迫性和长期性，充分认识水务现代化工作对加快推进经济带环境治理和水务中心工作的重要性和必要性，并从根本上改变信息化工作可有可无的临时性观念或信息化仅仅是信息系统建设的片面认识。尤其要加强对信息化工作的指导，在资金使用上给予充分支持，理顺管理体制机制，明确信息化建设与管理的职责和任务，配备熟悉信息化工作的分管领导和信息化从业人员，并把水务信息化建设和管理工作纳入对局机关各处室、直属各单位的绩效考核的内容，对落实信息化建设和管理任务不力导致严重后果的要给予问责。

（2）成立水务管理组织机构

成立襄阳沿江水利建设领导小组，由市政府主要领导任组长，分管领导任副组长，相关部门参加。领导小组充分发挥决策、指导、协调、推动作用，建立工作推动机制，细化分解各部门职责，强化协作配合。建立水资源资产负债表，将河流情况、水资源质量等级分布及其变化情况纳入干部离任审计考核制度的评价体系。

开展河道等级划分工作，完善河库管护标准体系和监督考核机制，全面推行河长制。建立市、县、乡三级"河长"系统，并增加社区、街道、行政村等基础社会管理单元，在襄阳市地方党委政府的统一领导下，按照河长制统一部署开展工作，履行责任，同时接受党委政府组织的检查、督查、调度、考核、奖惩和问责等。

推动基层水利行业能力建设。构建以区级行政区为单元，以基层水务服务机构为主体，农村（社区）自主管理组织参与的基层水务服务体系，制定基层水务服务体系建设标准。

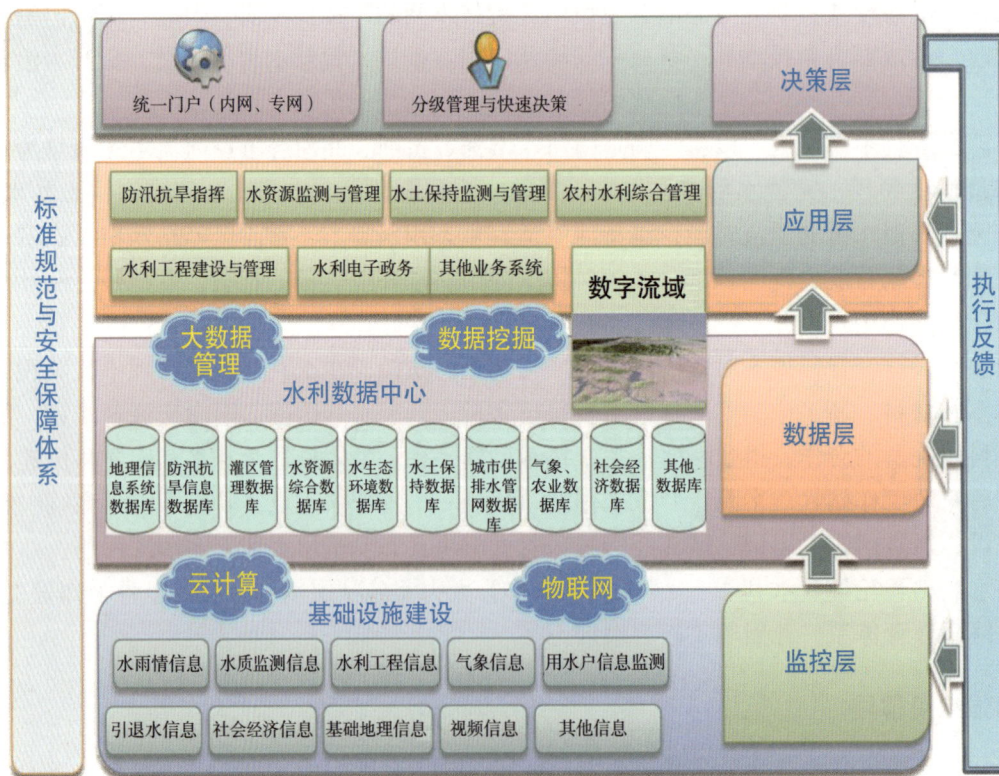

图3-11　智慧水利管理机构与能力建设

4. 理顺管理体制

（1）加强政策制度制定

完善和强化水务设施建设、管理运行维护、管理办法和绩效考核评估等各种规章制度制定。做好沿江地区水务信息化的标准和规范要求编制工作，加强顶层设计和组织管理，为实现水务信息资源的全面共享打下良好的基础。统一规范化和标准化建设可有效避免低水平的重复开发建设，降低开发的费用和成本，为信息化工作提供技术支撑和保障。建立信息化考核机制。明确各级水务部门信息化工作的责任和义务，从机构保障、制度保障、项目成效、特色创新等多方面加强对信息化工作的监督和管理，全面推进各地水务信息化水平。

（2）明确职责分工和协作

水务信息化不仅是信息化负责科室（处室）的工作，也是水务其他业务部门的工作。由业务部门提出信息化建设项目需求、信息化负责科室（处室）根据业务功能的需求，编制实施方案、项目招标、开发建设、使用培训、验收后，交业务科室（处室）管理使用。提高业务科室（处室）对信息化工作的认识和积极性，杜绝借业务工作繁忙，将工作推诿给信息化负责科室（处室）的现象发生；加强信息化负责科室（处室）对业务的学习和研究，避免对深层次的功能需求考虑不全，造成信息化效果和实际需求脱节的现象发生。因此要进一步明确信息化负责科室（处室）和业务科室（处室）对专项信息化建设的职责和分工。

5. 提高资金保障

建立政府引导、市场运作、社会参与的多元化筹资机制。以市区投入为主、积极争取中央及省级资金支持，有效整合地方财政资金，切实落实地方公共财政投入，用足用好国家、省级支持政策。拓宽投融资渠道，积极吸引国家政策性银行、国际金融组织、商业银行和社会资金参与城市排水系统、污水处理、水生态保护与修复等项目，创造良好的投资环境。

积极推进水生态补偿。探索建立南水北调中线工程水生态补偿机制。合理评估南水北调中线工程对汉江襄阳段生态环境保护、经济社会发展、水基础设施的压力和影响，积极助推南水北调中线工程生态补偿机制建立，多渠道融集资金，形成多维长效水生态补偿方式，对襄阳沿江地区进行补偿，专项用于汉江防洪除涝、水源地保护与建设、灌区节水改造、生态修复。

各级财政建立重点水利工程运行维护基金。依托湖北省和市级水利建设基金，参照中央水利建设基金的支出结构，按照水利建设基金和当年本级财政一定占比，强力推进沿江市县区各级财政建立重点水利工程运行维护基金，专项用于汉江重要河段堤防、引丹灌区、熊河水库及灌区等重点水利工程维修养护与更新改造。

附表

附表 3-1　襄阳市现状取水口统计表

序号	区域	取水口名称	取水口位置	年最大取水量（万 m³）	主要取水用途
1	樊城区	襄阳中环水务有限公司米公水厂取水口	汉江左岸樊城火星观段	8000	城乡供水
2	樊城区	东风汽车公司第二动力厂水厂取水口	汉江左岸白湾社区二组后堤防 100 米处	1500	城乡供水

续表

序号	区域	取水口名称	取水口位置	年最大取水量（万 m³）	主要取水用途
3	樊城区	襄阳市水务集团第五水厂取水口	汉江左岸梁坡村一组砂石厂旁	7300	城乡供水
4	樊城区	襄阳安能热电有限公司取水口	汉江振华路段	230	电力、热力生产
5	樊城区	化纤二水厂取水口	太平店镇上茶庵村后 50 米处	400	城乡供水
6	樊城区	襄阳开天热电有限责任公司取水口	汉江振华路段	50	电力、热力生产
7	樊城区	化纤一水厂取水口	太平店镇王台村旁 100 米处	400	城乡供水
8	襄城区	湖北华中药业有限公司取水口	汉江襄城砚山段	50	医药制造
9	襄城区	华电集团湖北襄阳发电厂取水口	汉江右岸襄城区余家湖办事处钱营村	73004	火（核）电
10	襄城区	襄阳市水务集团第二水厂取水口	汉江右岸襄城区夫人城	1400	城乡供水
11	襄城区	襄阳市水务集团第四水厂取水口	汉江右岸襄城区一桥头	3300	城乡供水
12	老河口市	老河口市供水二公司取水口	汉江老河口段	52	工业、生活
13	老河口市	湖北江山重工有限公司取水口	汉江老河口段	354	工业、生活
14	老河口市	老河口市葛洲坝水泥有限责任公司取水口	汉江老河口市洪山嘴段	160	工业
15	老河口市	老河口市供水一公司取水口	老河口汉江胜利码头	450	城乡供水
16	宜城市	襄阳水务集团宜城天河供水有限公司取水口	宜城市小河镇汉江洪山嘴段	1000	城乡供水
17	谷城县	谷城县庙滩镇安全水厂取水口	汉江庙滩段	60	城乡供水
18	谷城县	谷城县冷集镇沈湾水厂	汉江冷集镇沈湾段	10	城乡供水
19	谷城县	谷城县冷集镇尖角水厂取水口	冷集汉江段	35	城乡供水
20	谷城县	谷城县茨河镇白龙庙水厂取水口	茨河汉江段	10	城乡供水
21	谷城县	谷城县供水总公司取水口	谷城城关格垒嘴汉江段	1440	城乡供水
22	宜城市	宜城市襄水源自来水有限公司取水口	宜城市雅口汉江东岸	50	城乡供水
23	宜城市	燕京啤酒有限公司取水口	宜城市汉江段	45	工业
24	宜城市	安能生物质热电有限公司取水口	宜城市汉江段	142	电力、热力生产

附表 3-2　襄阳沿江河流一级水功能区

序号	一级功能区	河流湖库名称	河段位置	起始断面	终止断面	长度（km）
1	汉江老河口—襄樊保留区	汉江	老河口—襄樊	傅家寨陈家港	樊城区竹条	99
2	汉江襄城—宜城保留区	汉江	襄城—宜城	襄城区余家湖王营	宜城岛口	64
3	汉江襄樊开发利用区	汉江	襄樊市区	樊城区竹条	襄城区余家湖王营	32
4	北河谷城保留区	北河	谷城	潭口水库坝下	谷城城关镇安家岗	55.4
5	南河谷城保留区	南河	谷城县	谷城紫金镇玛瑙观	谷城城关王家咀	105
6	唐白河襄阳保留区	唐白河	襄阳区	襄阳区朱集镇刘湾	襄阳区张湾镇	38.6
7	蛮河南漳—宜城保留区	蛮河	宜城市	武镇申家咀	宜城雷河	20
8	蛮河孔湾—岛口保留区	蛮河	宜城市	宜城孔湾大桥	宜城岛口	46
9	蛮河雷河开发利用区	蛮河	宜城	宜城雷河	宜城孔湾大桥	18

附表 3-3 襄阳沿江河流二级水功能区

序号	二级功能区	河流	所属区县	起始断面	终止断面	长度（km）	功能区排序
1	汉江襄樊樊城饮用水源、工业用水区	汉江	襄樊市	竹条镇	闸口	14	饮用水源、工业
2	汉江襄樊樊城排污控制区	汉江	襄樊市	闸口	唐家坡	8.2	排污
3	汉江襄樊鱼梁洲过渡区	汉江	襄樊市	唐家坡	鱼梁洲尾	4.4	过渡
4	汉江襄樊襄城饮用水源、工业用水区	汉江	襄樊市	闸口	钱家营	8.2	饮用水源、工业
5	汉江襄樊襄城排污控制区	汉江	襄樊市	襄水排污口	湖北制药厂排污口	1.5	排污
6	汉江襄樊钱家营过渡区	汉江	襄樊市	湖北制药厂排污口	湖北制药厂排污口下游2km	2	过渡
7	汉江襄樊余家湖工业用水、饮用水源区	汉江	襄樊市	湖北制药厂排污口下游2km	余家湖王营	6.3	工业用水、饮用水源
8	蛮河雷河工业用水、饮用水源区	蛮河	宜城市	雷河镇	东方化工厂	9	工业、生活
9	蛮河雷河排污控制区	蛮河	宜城市	东方化工厂	孔湾大桥上游2km	7	排污控制
10	蛮河雷河过渡区	蛮河	宜城市	孔湾大桥上游2km	孔湾大桥	2	过渡

附表 3-4 襄阳沿江主要集中式饮用水水源地（河流型）

序号	水源地	所属市县	所属乡镇	水源地类型	河湖水库名称	供水范围	供水量（万 t/d）
1	汉江胜利码头水源地	老河口市	—	河流	汉江	光化街办等	3
2	汉江格垒嘴水源地	谷城县	城关镇	河流	汉江	城关镇	8.6
3	冷集镇尖角水厂水源地	谷城县	冷集镇	河流	汉江	冷集镇	0.41
4	冷集镇沈湾水厂	谷城县	冷集镇	河流	汉江	冷集镇沈湾	0.19
5	汉江白家湾水源地	樊城区	柿铺街道办事处	河流	汉江	樊城区柿铺办事处等	35
6	火星观水源地	樊城区	—	河流	汉江	汉江樊城饮用水源、工业用水区、樊城区、襄城区、檀溪街办	55
7	胥营水厂水源地	樊城区	太平店镇	河流	汉江	太平店镇	0.5
8	汤店水厂水源地	襄州区	东津镇	河流	汉江	陈坡村	0.4
9	汉江襄城水源地	襄城区	昭明街道	河流	汉江	襄城城区、庞公办事处、欧庙镇	14
10	汉江襄轴至520厂取水口	襄城区	—	河流	汉江	—	—
11	宜城天河供水有限公司汉江水源地	宜城	鄢城街道	河流	汉江	宜城市市区	5
12	襄南监狱自来水厂汉江水源地	宜城	襄南监狱	河流	汉江	湖北省襄南监狱	0.08
13	雅口移民水厂汉江水源地	宜城	流水镇	河流	汉江	移民新村	0.4

附表 3-5　襄阳沿江主要集中式饮用水水源地（水库型）

序号	水源地	所属市县	所属乡镇	水源地类型	河湖水库名称	供水范围	供水量（万 t/d)
1	马冲水库水源地	老河口市	仙人渡镇	水库	马冲水库	王家楼村	0.4
2	孟桥川水库水源地	老河口市	袁冲乡	水库	孟桥川水库	光化	0.3
3	庙滩陈营水厂水源地	谷城县	庙滩镇	水库	八仙洞水库	庙滩镇	0.9
4	秦咀水厂水源地	襄州区	东津镇	水库	秦咀水库	秦咀村	1
5	襄阳市畜牧场二水厂水源地	襄州区	东津镇	水库	羊桥水库	蓄牧场	0.06

附表 3-6　襄阳市重要河库水功能区限排方案表

功能区名称	水系	河（湖）库名称	河段	起始断面	终止断面	长度（km）面积（km²）	现状水质	水质目标	COD（t/a）现状入河量	现状纳污能力	2020纳污能力	2030纳污能力	2020限制排污总量	2030限制排污总量	氨氮（t/a）现状入河量	现状纳污能力	2020纳污能力	2030纳污能力	2020限制排污总量	2030限制排污总量
孟桥川老河口保留区	干流北岸	孟桥川	老河口市	老河口袁冲东王土沟 孟桥川水库坝下	孟桥川水库库尾 老河口光化张家营	21.8	II	II												
北河谷城保留区	汉江中游	北河	谷城	谷城紫金镇彦家洲 潭口水库坝下	潭口水库库尾 谷城城关镇安家岗	55.4	II	II	47	157	157	157	157	157	2	16	16	16	16	16
南河保康马桥保留区	汉江中游	南河	保康县	保康马桥镇鸡公岭	保康马桥镇河坪	23.4	III	III												
南河保康寺坪保留区	汉江中游	南河	保康县	保康寺坪镇台口王家坪	谷城紫金镇玛瑙观	44.1	III	III												
南河谷城保留区	汉江中游	南河	谷城县	谷城紫金镇玛瑙观	谷城城关王家咀	105.0	III	III	1621	1621	1621	1621	1621	1621	597.9	202	202	202	202	202
清溪河保康保留区	汉江中游	清溪河	保康县	保康后坪镇	保康过渡湾镇	50.8	III	III												
蛮河保康—南漳保留区	汉江中游	蛮河	保康县—南漳县	河源	三道河水库坝前2km	79	II	II												

续表

功能区名称	水系	河（湖）库名称	河段	起始断面	终止断面	长度（km）面积（km²）	现状水质	水质目标	COD（t/a）						氨氮（t/a）					
									现状入河量	现状纳污能力	2020纳污能力	2030纳污能力	2020限制排污总量	2030限制排污总量	现状入河量	现状纳污能力	2020纳污能力	2030纳污能力	2020限制排污总量	2030限制排污总量
蛮河三道河水库开发利用区	汉江中游	蛮河	南漳县	三道河水库坝前2km	三道河水库坝前	2.0	Ⅱ	Ⅱ	53.2	53.2	53.2	53.2	53.2	53.2	0.72	0.72	0.72	0.72	0.72	0.72
蛮河三道河水库坝下保留区	汉江中游	蛮河	南漳县	三道河水库坝下	南漳造纸厂上游	3.5	Ⅲ	Ⅲ												
蛮河南漳开发利用区	汉江中游	蛮河	南漳县	南漳造纸厂上游	南漳武镇	15.5			488.4	488.4	488.4	488.4	488.4	488.4	174.4	174.4	174.4	174.4	174.4	174.4
蛮河南漳—宜城保留区	汉江中游	蛮河	南漳县—宜城市	南漳武镇	宜城雷河	20.0	Ⅳ	Ⅳ												
蛮河雷河开发利用区	汉江中游	蛮河	宜城	宜城雷河	宜城孔湾大桥	18.0			749.7	592.9	592.9	592.9	592.9	592.9	543.7	146.5	146.5	146.5	146.5	146.5
蛮河孔湾—岛口保留区	汉江中游	蛮河	宜城市	宜城孔湾大桥	宜城岛口	46.0	Ⅳ	Ⅳ	2644.9	2644.9	2644.9	2644.9	2644.9	2644.9	1764.7	1764.7	1764.7	1764.7	1764.7	1764.7
小清河襄—樊城保留区	干流北岸	小清河	襄阳区	襄阳黑龙集李楼	小清河三桥	70.5	Ⅲ	Ⅲ												
小清河襄阳开发利用区	干流北岸	小清河	襄阳区	小清河三桥	入汉江口	4.0	劣Ⅴ													
白河豫鄂缓冲区	汉江中游	白河	襄阳区	省界	襄阳区朱集镇刘湾	10.0	劣Ⅴ	Ⅳ	96	96	96	96	96	96	8	8	8	8	8	8
唐河豫鄂缓冲区	汉江中游	唐河	襄阳区	省界	襄阳区程河镇	14.0	Ⅳ	Ⅲ	63	63	63	63	63	63	5.3	5.3	5.3	5.3	5.3	5.3
唐河襄阳保留区	汉江中游	唐河	襄阳区	襄阳区程河镇	襄阳区双沟镇	34.0	Ⅳ	Ⅳ	92	92	92	92	92	92	7.7	7.7	7.7	7.7	7.7	7.7
唐白河襄阳保留区	汉江中游	唐白河	襄阳区	襄阳区朱集镇刘湾	襄阳区张湾镇	38.6	Ⅳ	Ⅳ	3790	1901.7	1901.7	1901.7	2400	1901.7	319.4	99.8	99.8	99.8	150	99.8

功能区名称	水系	河（湖）库名称	河段	起始断面	终止断面	长度（km）面积（km²）	现状水质	水质目标	COD（t/a）						氨氮（t/a）					
									现状入河量	现状纳污能力	2020纳污能力	2030纳污能力	2020限制排污总量	2030限制排污总量	现状入河量	现状纳污能力	2020纳污能力	2030纳污能力	2020限制排污总量	2030限制排污总量
滚河枣阳—襄阳保留区	汉江中游	滚河	枣阳市~襄阳区	枣阳石梯水库坝下	襄阳区东津唐家店	109.1	IV	IV	99.5	99.5	99.5	99.5	99.5	99.5	104.9	104.9	104.9	104.9	104.9	104.9
孟桥川水库供水水源保护区	干流北岸	孟桥川水库	老河口市	库区		11.9km²	IV	II												
潭口水库供水水源保护区	汉江中游	潭口水库	谷城县	库区		2.13km²	II	II												
金盘洞水库供水水源保护区	南河	金盘洞水库	保康县	库区			II	II												
三道河水库		蛮河	南漳县	库区			II													
廻龙河水库开发利用区	干流南岸	廻龙河水库	襄城区	库区		2.78km²	II													
塚子埦水库		塚子埦水库	襄阳区	库区																
官沟水库开发利用区	唐白河	官沟河水库	襄阳区	库区		8.45km²	II													
刘桥水库供水水源保护区	汉江中游	黑清河	枣阳市	库区		4.02km²	III	III	7.19	7.19	7.19	7.19	7.19	7.19	0.22	0.22	0.22	0.22	0.22	0.22
北郊水库供水水源保护区	汉江中游	滚河	枣阳市	库区		2.87km²	III	III	5.6	5.6	5.6	5.6	5.6	5.6	0.19	0.19	0.19	0.19	0.19	0.19
熊河水库保留区	汉江中游	熊河	枣阳市	库区		14.6km²	III	III												
汉江丹江口—襄樊保留区	汉江干流	汉江	老河口市	丹江口水库坝前	襄阳县竹条镇	107	II	II	13761	6400	6400	6400	6400	6400	802	719	719	719	719	719

续表

功能区名称	水系	河（湖）库名称	河段	起始断面	终止断面	长度（km）现状面积（km²）	现状水质	水质目标	COD（t/a）						氨氮（t/a）					
									现状入河量	现状纳污能力	2020纳污能力	2030纳污能力	2020限制排污总量	2030限制排污总量	现状入河量	现状纳污能力	2020纳污能力	2030纳污能力	2020限制排污总量	2030限制排污总量
汉江襄樊开发利用区	汉江干流	汉江	汉江襄樊樊城饮用水源、工业用水区	竹条镇	闸口	14	Ⅱ	Ⅱ	184	3625	3625	3625	1500	1500	15.1	302.1	302.1	302.1	134.5	134.5
			汉江襄樊襄城饮用水源、工业用水区	闸口	钱家营	8.2	Ⅲ	Ⅲ	614	2122	2122	2122	1095	1095	58	176.8	176.8	176.8	78.8	78.8
			汉江襄樊襄城排污控制区	襄水河排污口	湖北制药厂排污口	1.5			15448	7359	7359	7359	7359	7359	1375	858.9	858.9	858.9	858.9	858.9
			汉江襄樊钱家营过渡区	湖北制药厂排污口	湖北制药厂排污口下游2km	2		Ⅲ	164	621	621	621	621	621	2	34.1	34.1	34.1	34.1	34.1
			汉江襄樊余家湖工业用水、饮用水源区	湖北制药厂排污口下游2km	余家湖王营	6.3	Ⅲ	Ⅲ	30	1957	1957	1957	1957	1957	12	116.1	116.1	116.1	116.1	116.1

附表3-7　襄阳沿江乡镇大中小灌区情况

序号	灌区名称	所在县区市	水源名称	取水方式	灌溉面积（万亩）	
					设计	有效
一、重点中型灌区（5万—30万亩）						
1	渭水水库灌区	襄城区	渭水水库	蓄	5.6	3.5
2	迴龙河水库灌区	襄城区	回龙河水库	蓄	5.3	2.9
3	尹集泵站灌区	襄城区	汉江	提	5.2	2.7
4	滚河长渠灌区	襄州区	滚河	引	7	5.2
5	朱岗泵站灌区	老河口市	境内总干渠	提	5.4	1.5
6	前进干渠灌区	老河口市	境内总干渠	蓄	11.4	7.8
7	朱排岗灌区	老河口市	境内总干渠	提	5.4	1.9
8	莺河二库灌区	宜城市	莺河二库	蓄	11.4	10.6

续表

序号	灌区名称	所在县区市	水源名称	取水方式	灌溉面积（万亩）	
					设计	有效
9	谭湾水库灌区	宜城市	谭湾水库	蓄	5.2	3.9
10	前进水库灌区	谷城县	前进水库	蓄	5.3	2.2
11	八仙洞水库灌区	谷城县	八仙洞水库	蓄	3.5	2.8
12	南河水库灌区	谷城县	南河水库	蓄	5.5	1.6
二、一般中型灌区（1万—5万亩）						
1	石河畈水库灌区	樊城区	石河畈水库	蓄	2.5	2
2	冢子湾水库	樊城区	冢子湾水库	蓄	4	2
3	姚河水库	樊城区	姚河水库	蓄	1.5	0.8
4	白龙堰水库	樊城区	白龙堰水库	蓄	1.2	0.75
5	普陀堰水库	樊城区	普陀堰水库	蓄	1	0.7
6	黑龙堰水库	樊城区	黑龙堰水库	蓄	1	0.6
7	黄龙堰水库	樊城区	黄龙堰水库	蓄	1	0.7
8	秦咀水库灌区	襄州区	秦咀水库	蓄	2.8	0.8
9	汤店泵站灌区	襄州区	汉江	提	1.5	1.2
10	王河泵站灌区	襄州区	唐白河	提	4.3	1.2
11	马套泵站灌区	襄州区	唐河	提	1	0.8
12	马冲灌区	老河口市	马冲水库	蓄	2.9	2.7
13	唐沟灌区	老河口市	唐沟水库	蓄	2.07	1.5
14	黑虎山灌区	老河口市	黑虎山水库	蓄	1.3	1
15	冯营灌区	老河口市	冯营水库	蓄	2.5	1.2
16	凉水泉灌区	老河口市	凉水泉水库	蓄	1.2	1
17	黄庄灌区	老河口市	境内总干渠	提	1	0.5
18	陡沟水库灌区	宜城市	陡沟水库	蓄	3.37	1.75
19	沙河水库灌区	宜城市	沙河水库	蓄	2.83	2.3
20	龙潭灌区	谷城市	龙潭水库	蓄	2.3	1.9
21	狮子岩灌区	谷城市	狮子岩水库	蓄	2.8	2.1
22	团湖灌区	谷城市	团湖水库	蓄	3.6	2.4
23	打磨沟灌区	谷城市	打磨沟水库	蓄	1.1	0.7
24	石龙沟灌区	谷城市	石龙沟水库	蓄	1.1	0.8
25	青龙嘴灌区	谷城市	青龙嘴水库	蓄	1.2	0.5
26	大发沟灌区	谷城市	大发沟水库	蓄	1.1	0.45
27	刘营灌区	谷城市	刘营水库	蓄	1.1	0.8
三、小型灌区（1万亩以下）						
1	三八水库（小二）灌区	襄城区	水库	蓄	0.29	0.2
2	中槽堰水库灌区	襄城区	水库	蓄	0.22	0.22
3	赵冲水库灌区	襄城区	水库	蓄	0.24	0.24
4	陡坡水库灌区	襄城区	水库	蓄	0.25	0.25
5	余湾水库灌区	襄城区	水库	蓄	0.3	0.25
6	彭沟水库灌区	襄城区	水库	蓄	0.31	0.27
7	王坟水库灌区	襄城区	水库	蓄	0.31	0.27
8	东西槽堰水库灌区	襄城区	水库	蓄	0.29	0.29

序号	灌区名称	所在县区市	水源名称	取水方式	灌溉面积（万亩）	
					设计	有效
9	丁沟水库灌区	襄城区	水库	蓄	0.38	0.35
10	双石碥水库灌区	襄城区	水库	蓄	0.42	0.42
11	黄土坡泵站灌区	襄城区	河湖泵站	提	0.51	0.44
12	三八水库灌区	襄城区	水库	蓄	0.77	0.76
13	千弓水库灌区	襄城区	水库	蓄	0.92	0.84
14	肖家河灌区	襄城区	水库	蓄	0.96	0.9

第四章　沿江综合交通运输体系研究

近年来，"绿水青山就是金山银山"的理念深入人心，党的十九大报告提出要"坚持人与自然和谐共生"，坚定走生产发展、生活富裕、生态良好的文明发展道路。襄阳市委、市政府紧扣时代脉搏，提出打造长江经济带重要绿色增长极。汉江在襄阳境内195公里，横跨6县市20个乡镇，是襄阳最宝贵的生态资源，保护好、利用好汉江关乎襄阳绿色经济发展大计。

汉江是长江重要的支流，水资源丰富、航道条件较好，以武汉长江中游航运中心为核心的沿江港口体系构建取得重大进展，积极拓展沿江港口物流服务功能是未来发展趋势。对接"一带一路"倡议，需要加快建设开放型交通运输基础设施和运输服务网络体系。全国综合运输大通道有二连浩特至湛江、烟台至重庆、福州至银川"二纵一横"在襄阳汇集，《"十三五"现代综合交通运输体系发展规划》提出将襄阳建设成为全国性综合交通枢纽城市，要求围绕沿江高铁和航空站点建设一批综合交通枢纽。进入新时代，以绿色发展理念构建汉江沿岸生态友好、清洁低碳、集约高效的立体交通运输走廊，是汉江生态经济带战略的核心内容，是襄阳市承接国家重大战略、促进区域协调发展、实现发展质量效率动力变革的重要支撑。

第一节　现状与问题

面对复杂严峻的国内外经济形势，襄阳市紧紧围绕"一主两副"、加快建设汉江流域中心城市等战略部署，积极加快综合交通运输网络建设，顺利完成或推进了一批重要交通基础设施项目。沿汉江经济带作为襄阳市经济社会发展的重要支撑带，近年来交通基础设施投资持续增长，综合交通基础设施规模不断扩大，基本形成了以汉江航道、铁路、高速公路为主骨架，以国省干线公路为补充的综合运输主干网络，综合交通运输保障能力和服务水平显著提升，为襄阳沿江地区以及全市经济社会跨越式发展发挥了重要支撑引领作用。

一、沿江综合交通运输发展现状

经过多年建设与发展，尤其是汉江生态经济带决策提出以来，汉江经济带襄阳沿江交通建设迅速推进，交通基础设施规模不断扩大，综合交通运输网络不断完善，有力支撑了汉江经济带的形成与发展。目前，汉江经济带襄阳沿江综合运输网络已初步形成了由焦柳铁路、汉丹铁路、襄渝铁路、福银高速、二广高速、麻竹高速、G316、G207和汉江航道等交通干线构成的综合交通网络主骨架格局。截至2016年，汉江经济带襄阳沿江交通线路里程总长（不含管道）约2万公里。

（一）铁路发展基础较好，全面开启高铁新征程

目前，汉江经济带襄阳沿江铁路网主要由焦柳、汉丹、襄渝三条铁路干线及铁路支线构成，形成"一横一纵"格局，铁路营业里程约115公里，路网密度达到2.8公里/百平方公里，分别是襄阳市和湖北省平均水平的1.6倍和1.3倍，每万人平均拥有铁路里程0.7公里，为全国平均水平的77.8%。虽然汉江经济带襄阳沿江铁路已完成电气化改造，但在高速铁路大发展的背景下，襄阳相比于已开通沪汉蓉客专的另一省域副中心城市宜昌，铁路设施已明显落后。2015年以来，蒙华铁路以及汉十高铁、郑万高铁等国家干线铁路在襄阳相继开工建设，汉江经济带襄阳沿江铁路发展即将迈入高铁时代。

表4-1　襄阳市主要铁路干线情况表

线　路	焦柳铁路	汉丹铁路	襄渝铁路
铁路等级	Ⅰ	Ⅰ	Ⅰ
正线数目	双	双	双
牵引质量（吨）	4000，部分5000	5000	4500
牵引种类	电力	电力	电力

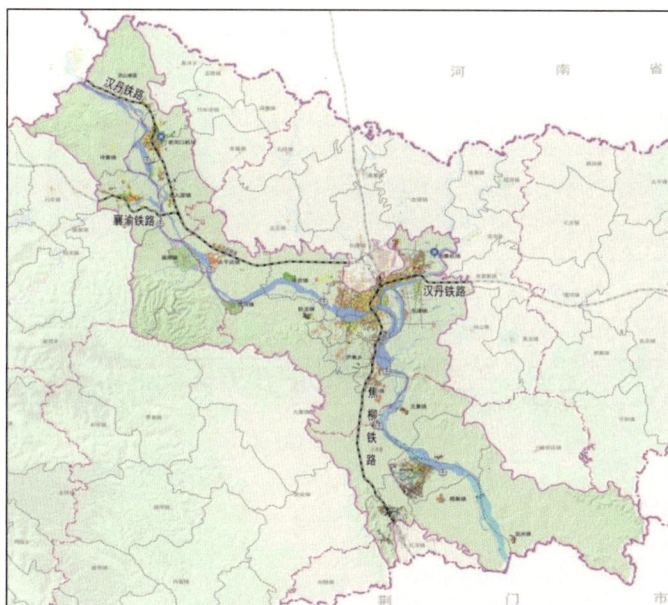

图4-1　汉江经济带襄阳沿江铁路发展现状示意图

（二）公路规模不断扩大，网络结构进一步完善

近年来，汉江经济带襄阳沿江公路网规模不断扩大，基本形成了以高速公路为主骨架，以国省道为脉络，以农村公路为基础，横穿东西、纵贯南北、沟通周边的公路网格局。截至2016年，汉

江经济带襄阳沿江公路通车总里程达到约19000公里，公路网密度达到466公里/百平方公里左右，每万人平均约111公里，分别为全市的约3倍和2倍，实现所有建制乡镇通国省道和二级以上公路。其中，高速公路基本形成由福银高速、二广高速、麻竹高速、老宜高速、绕城高速等构成的"二横二纵一环"高速公路骨架网，通车里程约150公里。在国省干线公路方面，省道S302丹江口至樊城段、省道S217东津至宜城段等沿汉江东岸干线公路，国道G207襄城至荆门界段、国道G316丹江口至谷城段等西岸干线公路，全部规划为一级公路，将于"十三五"期间全面建成。在汉江过江桥梁建设方面，共规划布局过江桥梁共17座，其中已运营通车10座，在建5座，规划2座。除宜城流水汉江大桥（规划）外，其余在建和规划桥梁将全部于"十三五"期间建成通车。

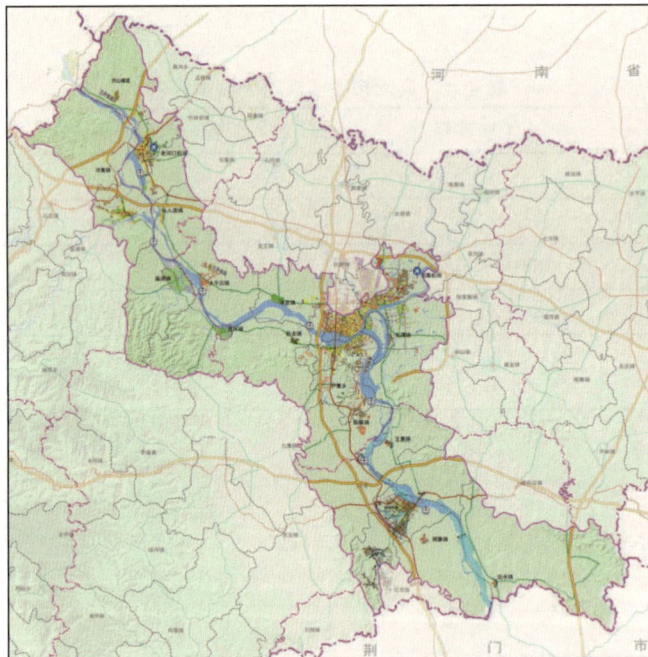

图4-2　汉江经济带襄阳沿江公路网络发展现状示意图

专栏4-1　汉江经济带襄阳段过江桥梁建设情况
1. 建成
（1）316省道老河口光化大桥
（2）福银高速公路仙人渡汉江桥
（3）二广高速公路汉江桥
（4）汉江三桥
（5）汉江二桥
（6）汉江一桥
（7）鱼梁洲大桥
（8）东津大桥
（9）麻竹高速汉江桥
（10）宜城汉江大桥

专栏 4-1　汉江经济带襄阳段过江桥梁建设情况
2. 在建
（1）老谷高速公路汉江桥，预计 2017 年底基本建成
（2）316 国道河谷大桥，预计 2019 年建成通车
（3）庞公大桥，预计 2019 年建成通车
（4）绕城高速公路汉江桥，预计 2019 年建成通车
（5）346 国道宜城汉江二桥，预计 2019 年建成通车
3. 规划
（1）207 国道西移改建工程牛首汉江桥
（2）宜城流水汉江大桥

（三）内河航道网络发达，港航建设取得新突破

汉江经济带襄阳沿江水路交通优势显著，境内内河航道通航总里程达 541.2 公里。其中主航道汉江航道通航里程约 195 公里，现状为Ⅳ级航道，日常维护水深 1.6 米，可通行 500 吨级船舶，随着汉江梯级开发的全面完成，"十三五"末将达到千吨级航道。唐白河航道长约 22 公里，目前正在实施唐白河（唐河）航运开发工程，"十三五"末也将形成千吨级航道。港口建设方面，襄阳新港"三主四辅"发展格局加快形成，小河港区、陈埠港区相继开工建设，喻家湾港区、郭安港区和主城区水上旅游港区完成前期工作，目前汉江经济带襄阳沿江共有太平、贾家洼、白家湾、樊城、清河口、六两河、老龙堤、小北门、闸口、三里庙、余家湖等港口码头，除清河口位于小清河、六两河位于唐白河以外，其他均位于汉江两侧，多为砂石料及煤炭专用码头。全港自然岸线长度约 14.2 公里，码头总延长 6636 米，共有泊位 97 个，其中生产性泊位 84 个，非生产性泊位 2 个，客运码头泊位 4 个，平战结合码头泊位 7 个，仓库 2228 平方米，堆场 142845 平方米，装卸机械 155 台，设计年综合通过能力 962 万吨、15 万人次。规划建设的汉江四级枢纽中，王甫洲、崔家营完成建设，雅口航运枢纽已正式开工，新集枢纽、唐白河航运开发、梯级枢纽库区间尾水航道整治正加紧开展前期工作。港口规划建设方面，2014 年省政府批复了《襄阳港总体规划》，襄阳港共规划泊位数 179 个，其中货运泊位 70 个，年通过能力 4870 万吨；客运泊位（旅游）101 个，年通过能力 534 万人次。

（四）机场建设加快发展，区域地位明显提升

汉江经济带襄阳沿江现有襄阳刘集机场和老河口机场两座。其中，老河口机场为军用机场。襄阳刘集机场现有跑道长 2400 米，宽 45 米，飞行区等级为 4C，可起降波音 737 等大中型客机。停机坪面积 24720 平方米，有 4 个机位，可同时停靠 4 架 B737 型飞机。航站楼总建筑面积 3800 平方米，设计吞吐能力 15 万人次 / 年，货运区面积 1500 平方米，可同时处理货物 500 吨，停车场面积为 16000 平方米。目前襄阳机场在飞航线和通达城市数分别为 19 条和 18 座。同时，幸福航空已于 2016 年 10 月在襄阳机场驻场，实现了襄阳民航历史性突破。

为进一步巩固襄阳机场区域地位，提升民航通达能力，目前正按照一类航空口岸对襄阳刘集机场进行改扩建。一期将现有跑道向北延长（200米）至2600米，新建站坪机位7个（5C2D）、航站楼2万平方米、廊桥5个、新建货运站1800平方米、停车场18000平方米，配套建设助航灯光、通信、气象等工程以及供电、给排水、制冷等辅助生产生活设施。二期新增南端局部平行滑行道、垂直联络道，新建配餐中心4200平方米、旅客过夜用房等。

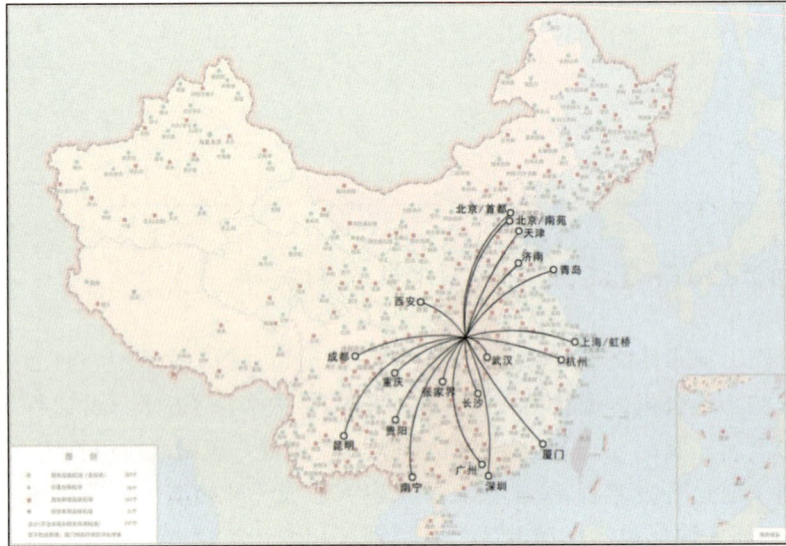

图4-3　襄阳机场航线分布示意图

（五）站场建设快速推进，园区布局日渐完善

专栏4-2　襄阳全市现有主要场站
1. 汽车站
全市现有客运站点92个（一级站4个、二级站8个、三级站3个、四级站2个、五级站71个、简易站4个），候车棚2167个，基本形成了以中心城区枢纽站场为核心，县（市）客运站场为骨架，乡镇站点为节点，辐射农村的客运基础设施体系。
2. 火车站
铁路车站包括焦柳线上的郜营、襄阳北、襄阳、襄阳南、余家湖、王树岗、朱市、宜城、上大堰，武康线上的襄阳东、枣阳、兴隆集、随府店、陈家湖、谷成和黄家营以及汉丹线上的老河口、洪山嘴、丹江等20多个车站。其中襄阳站为主要客站、襄阳东站为辅助客站，襄阳北为编组站，其余为中间站。

客运枢纽方面，襄阳汽车客运中心站、襄阳旅游长途汽车客运站、襄阳汽车客运东站、宜城市汽车客运中心站、老河口市高速汽车客运站、谷城县北辰汽车客运站等新建或改扩建项目相继投入运营，襄阳汽车客运西站、南站正在抓紧推进，东津公铁换乘中心已取得工程可行性批复，高铁沿线各公铁换乘中心正在开展前期工作，汉江经济带襄阳沿江基本形成了以中心城区站场为核心，县市客运站场为节点，辐射农村，外连全国各地的客运站场基础设施体系。货运枢纽方面，全市范围内已建成襄阳汽车产业物流园（光彩国际物流园）、东风合运物流园、义城物流园、四季农贸城等各类物流园11个、港口货物堆场10个、货运站场（公路和铁路货场）11个以及各类城乡商贸流

通网点 400 多个，服务范围遍布全国各地。其中，大部分的货运枢纽位于沿江经济带内，对汉江经济带的开放开发发挥着重要支撑作用。

二、沿江综合交通运输存在问题

总体来看，汉江经济带襄阳沿江综合运输体系已具备良好的发展基础，有力支撑了地区经济社会的持续快速发展，但也存在一些突出问题，尤其是与汉江生态经济带建设，全面建成小康社会、建设汉江流域中心城市以及经济社会发展的总体要求相比，仍然存在一些突出问题和矛盾。

（一）全国综合交通枢纽地位不强

襄阳是《"十三五"现代综合交通运输体系发展规划》确定的全国性综合交通枢纽，尽管襄阳综合交通运输体系建设取得显著成绩，但与国家赋予的建设成为全国性综合交通枢纽，扩大辐射范围和辐射能级的要求相比，仍然存在明显差距，尤其是高铁建设滞后，汉江梯级开发缓慢，交通枢纽地位有所下降。从交通区位来看，襄阳位于武汉城市圈、关中城市群、中原城市群、成渝城市群等四大城市群地理中心位置，但距离四大中心城市距离相对较远，通达时间都在 3 小时以上，随着郑西、京广、沪汉蓉高铁的相继建成，武汉等中心城市对周边的辐射和吸引强度大幅提升，襄阳周边地区将更多地选择四大中心城市中转，而襄阳距离国家高速交通主轴仍然较远。同时，汉江梯级开发尚未完成，通航条件亟待改善，襄阳水运优势尚未得到充分发挥。总体来看，随着周边城市高速公路尤其是高速铁路加快建设，襄阳交通发展的比较优势已不复存在，交通枢纽地位正在逐步弱化，甚至存在被边缘化的趋势，由此对汉江经济带综合开发的水平及其在区域乃至国家中的地位带来较大制约。

表 4-2　襄阳与周边城市交通条件比较

城市	高速铁路	干线铁路	高速公路	干线航道	机场
襄阳	无	两条	两条	四级	4C
宜昌	一条	一条	四条	三级	4D
南阳	无	两条	三条	无	4D

（二）综合交通运输通道能力不足

一是汉江黄金水道尚未形成，跨江运输通道整体通行能力不足。目前，汉江航道等级偏低，梯级开发进展缓慢，雅口、碾盘山枢纽尚未建成，汉江千吨级航道建设目标还未实现，严重制约了汉江"黄金水道"功能的充分发挥。跨汉江公路桥梁数量相对较少，隔江相望的城镇譬如老河口与谷城县城、庙滩镇与太平镇等，缺乏便捷公路连接。另外，随着沿江城市的跨江联系日趋紧密，过江交通运输需求快速增长，部分过江通道已达到甚至超过了设计通行能力。

二是综合运输通道对外联通性不足，跨区域对外运输通道以及城际运输通道发展缓慢，空间布局不能适应沿江经济带未来发展要求。现有运输通道尚未实现沿江经济带与襄阳全域的有效联通，尤其是与南漳、保康等相邻县市之间缺乏快速通道衔接，而且老河口、谷城至丹江口跨市域的通道联系也有待进一步加强。

三是沿江两岸快速公路运输通道尚未打通。目前，汉江西岸主要有二广高速檀溪至孔家湾段、省道S303、S305、S205等公路，东岸主要有省道S302、S218等公路。总体上，西岸沿江通道基本上已打通，且离江岸线在5公里范围以内；东岸除了老河口至襄阳市区已打通外，襄州至宜城襄北农场段尚未快速通道连接，汉江东岸缺乏一条南北向运输通道。

（三）综合交通基础设施网络不优

一是高速铁路发展相对缓慢，目前沿江经济带仅有焦柳、汉丹、襄渝三条普通干线铁路，虽然已开通至武汉的动车组列车，但至今尚未开通高速铁路。

二是高速公路建设规划仍未完成，不能充分发挥网络整体效益，沿江经济带主要干线、重要城镇出口能力紧张，207国道沿线穿越多个集镇，城区段与内环线共线，过境交通和城市交通干扰大，运输效率低下；217省道、218省道现状等级低、线型差等问题突出。

三是沿江地区旅游交通有待进一步加强。旅游公路是目前沿江公路建设的短板，沿江重要景区与干线公路之间尚未实现全面连接，"断头路"问题突出，景区与干线公路间联系薄弱，绿道建设明显滞后。

（四）综合交通运输体系衔接不畅

一是枢纽集疏运体系尚不健全。客运站与周边道路衔接不畅，大型运输客车无法较快驶入快速路和对外通道，影响枢纽周边路网的通行能力。货运枢纽集疏运体系的发展与城市发展也存在一定矛盾，部分物流园区过于集中，集疏运货车与城市交通相互干扰，降低了集疏运效率。刘集机场集疏运线路单一，缺乏与市区便捷衔接的专用道路，与高速公路衔接不顺畅。

二是城市内外交通衔接不畅，城市交通与过境交通干扰严重。襄阳市是鄂西北重要的交通枢纽，独特的地理区位和快速增长的交通需求导致过境交通规模较大。但目前过境公路街道化现象普遍，国道207、国道316等众多干线公路已成为城区内部重要的城市主干道路，大量过境交通、城市对外交通与快速增长的城市交通之间相互干扰，矛盾日渐突出，既降低了过境交通通行效率，也影响了城市的发展。

三是多种运输方式衔接不畅。各种运输方式尚未形成有机衔接，公铁、公水、铁水等多式联运还不能实现有效衔接，枢纽集疏运体系尚不完善，缺乏"零距离换乘"和"无缝衔接"的综合客货运输枢纽，尤其是现代化立体式综合客运枢纽站场发展滞后，旅客换乘仍显不便。

（五）综合交通运输整体效能不高

一是客运服务能力不足，服务水平不适应经济社会要求。快速铁路运输服务能力不足，尤其是到武汉、西安等周边大中城市的城际列车和动车组班次较少，襄阳机场与北京、上海等热点城市之间的航班密度较低，难以满足汉江经济带襄阳沿江对外快速客运需求，旅游客运的综合服务水平亟待提升。

二是交通运输整体效能有待进一步释放。汉江经济带襄阳沿江现行交通发展模式较为传统，对新需求、新消费、新业态、新模式等响应不足。交通运输发展更多依托资源要素投入拉动，现代技术、改革创新贡献不足，仍然处于传统支撑经济社会发展阶段，交通运输的先行引领作用有限，交通运输与关联产业融合联动不足，各方式各主体信息等资源共享公用水平不高，资金短缺、环境约束等矛盾日益突出，影响着沿江交通运输整体效能的进一步发挥。

第二节　形势要求

一、建设新时代的生态汉江要求襄阳打造绿色交通系统

党的十九大报告把坚持人与自然和谐共生作为基本方略，进一步明确建设生态文明、建设美丽中国的总体要求。汉江孕育着汉水文化、汉文化，三千里汉江，精要在襄阳，沿线风光秀美，资源富集。襄阳的发展要落实好"绿水青山就是金山银山"，以汉江生态文明为主题做文章，提供优质生态产品以满足人民日益增长的优美生态环境需要，以绿色发展理论建立生态友好、清洁低碳、集约高效的绿色交通运输体系，合理利用汉江，有效保护生态环境，促进汉江生态经济带城乡、人口、经济、资源环境协调发展。

二、"一带一路"倡议要求襄阳建立开放型交通运输体系

襄阳自古以来，就是万里茶马古道上的一个绕不开的点。2017年4月，湖北自贸区襄阳片区挂牌成立，2017年6月，湖北襄阳保税物流中心（B型）正式投入运营，襄阳从内陆腹地走向开放前沿，正通过全力建设汉江流域中心城市、打开国际物流大通道，加快融入"一带一路"建设，加速引导企业走出去和建设物流大通道。国际集装箱的班列从襄阳发出，开往宁波港北仑港站，据统计，2016年铁海联运发送标准集装箱1552个，2017年上半年襄阳与"一带一路"沿线国家贸易总值4.93亿元，占进出口总值的42.4%。要加快建立开放型交通基础设施和运输服务网络体系，助推襄阳构建经济新开放格局，打造现代化的经济体系。

三、建设长江经济带要求汉江与长江等内河联系更紧密

长江是货运量位居全球内河第一的黄金水道，汉江是长江重要的支流，水资源丰富、航道条件较好，长江经济带覆盖了汉江。随着以武汉长江中游航运中心为核心的沿江港口体系构建取得重大进展，积极拓展沿江港口物流服务功能是未来发展趋势。《关于依托黄金水道推动长江经济带发展的指导意见》和《长江经济带综合立体交通走廊规划（2014—2020年）》等国家级规划都提出，要加快建设江汉运河、汉江高等级航道。《湖北省综合交通运输"十三五"发展规划纲要》提出，以建设武汉长江中游航运中心为重点，加快推进襄阳港口群的建设。

四、全国性综合交通枢纽定位要求重塑襄阳交通格局

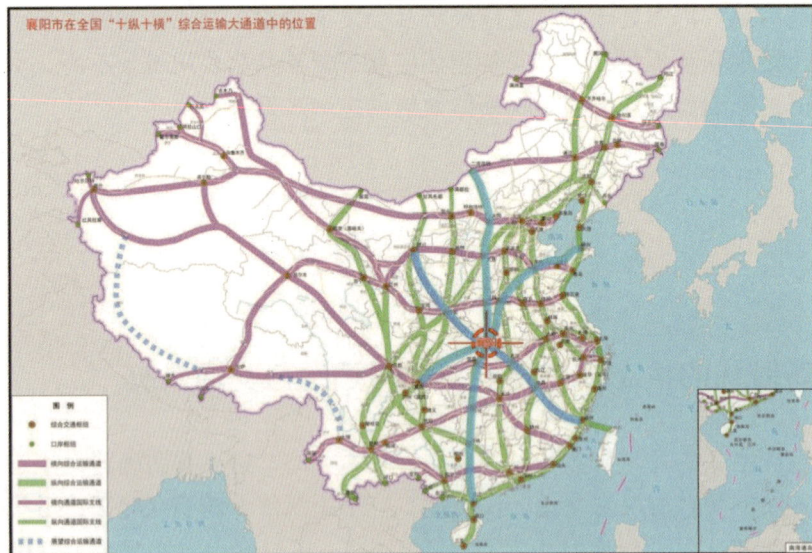

图 4-4　襄阳在全国综合运输大通道的位置

国务院颁发的《"十三五"现代综合交通运输体系发展规划》，提出了将襄阳建设成为全国性综合交通枢纽的发展定位。如图 4-4 所示，"二纵一横"（二连浩特至湛江运输通道、烟台至重庆运输通道、福州至银川运输通道）全国综合运输大通道将在襄阳汇集，以境内 3 条干线铁路、6 条高速公路、襄阳机场改扩建、汉江航运体系等一批重大交通基础设施建设和投入运营为契机，将襄阳打造成为全国重要的高铁枢纽城市、国家路网通达中心城市、国家一类航空口岸和全国内河航运主要港口，成为连接武汉、中原、成渝、关中四大城市群的重要枢纽。

五、"一主两副"等省级战略孕育着交通新机遇新动力

"一主两副"战略不仅确立了湖北发展的"三极"，还明确了武汉与襄阳的主副关系，对襄阳而言，加强与武汉的联系，形成战略互动至关重要。具体来讲，将加快完善水陆运输通道，有效衔接长江中游航运中心，以汉十高铁开通为契机，利用武汉与襄阳客运便利性跃升，推进襄阳与武汉的同城化发展。在"两圈一带"战略中，湖北省提出要建设鄂西生态文化旅游圈，其中襄阳是核心节点，要充分利用自然生态环境和人文环境来发展旅游业。目前，制约襄阳旅游业发展的最大短板是交通，不仅无直飞国际航班，飞国内各省会城市、旅游城市的航班也少，旅游景区之间和景区内部的交通基础设施仍然有较大改进空间。

六、打造长江经济带重要绿色增长极需以汉江为切入点

在湖北开启"建成支点、走在前列"、全面建设社会主义现代化强省新征程中，进一步提升人

与自然和谐共生的现代化建设水平，襄阳市委决定推进绿色发展、打造长江经济带重要绿色增长极。汉江是襄阳境内最为重要的水资源，是襄阳保持生态优势的最宝贵财富，坚持人与自然是生命共同体的发展理念，打造长江经济带重要绿色增长极，必须保护好、利用好汉江生态资源。用绿色、智能、集约、高效等新交通发展理念围绕汉江打造现代化交通运输体系，为襄阳培育最可持续的核心竞争力，让襄阳成为汉江流域乃至湖北长江经济带绿色发展的样板城市、全国可持续发展创新示范的典型模式。

第三节　发展思路

一、指导思想

全面贯彻党的十九大和习近平总书记系列重要讲话精神，落实襄阳市委打造长江经济带重要绿色增长极的决定，坚持发展率先与生态优先相促进，坚持交通运输服务人民的理念，坚持交通运输适度超前率先发展的原则，以打造汉江航运中心和绿色景观交通体系为重点，构建沿江现代综合交通运输体系，推动交通与产业融合发展，形成经济发展新动能，为打造全国性综合交通枢纽城市、构建沿江生态经济带、促进经济社会持续健康发展提供有力支撑。

二、基本原则

坚持交通体系方式间系统间协调发展。充分利用各种交通运输方式的比较优势，合理布局交通基础设施资源。注重不同方式有效衔接，鼓励开展铁水、公铁等联程运输服务，推进现代综合交通枢纽建设。满足人们多样化、高品质的出行需要，支持发展个性化、定制化运输服务。大力发展公共交通，推进城乡交通运输一体化。利用现代信息技术驱动生产组织和管理方式转变，提升交通体系智能化水平。

坚持交通运输与生态、景观协同发展。牢固树立"绿色发展"理念，加强生态环境保护，综合高效利用土地、通道、岸线及枢纽资源，集约和引导空间综合开发利用。发展景观交通应尊重生命、保障游客高品质出行的基本权益，注重交通与自然、心理环境的和谐发展。正确处理好经济发展同生态环境保护的关系，把生态环境保护摆在更加突出的位置，自觉推动绿色发展、循环发展、低碳发展。

坚持交通运输与产业、城市融合发展。优化整合交通运输与旅游资源，加快形成交通运输与旅游融合发展的新格局。围绕满足游客不断增长的旅游需求，增强旅游交通有效供给，提升旅游交通服务品质，带动相关产业发展，激发转型发展新动能。大力发展自驾车、房车营地，配套建设生活服务功能区。推进港口、高铁和机场等重要交通枢纽场站拓展其他产业功能，打造依托综合交通枢纽的城市综合体和产业综合区，发展港口经济、高铁经济和临空经济等。

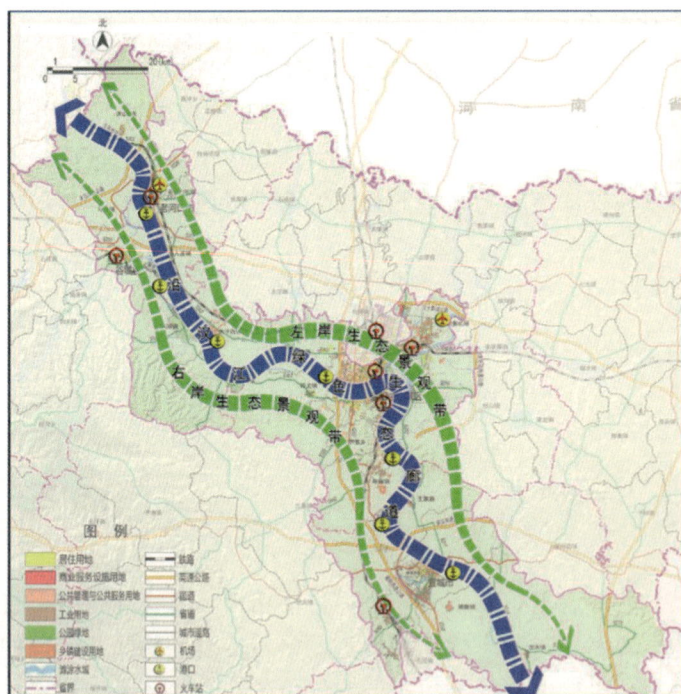

图 4-5　汉江经济带襄阳沿江综合交通"一廊两带多点"空间布局示意图

三、总体布局

立足于市情和区域发展战略要求，汉江经济带襄阳沿江综合交通运输体系在空间布局上将形成"一廊、两带、多点"的总体发展格局。

一廊：以汉江为轴线，融交通于沿江生态景观之中，建成上中下游相协调、人与自然相和谐的沿汉江绿色生态廊道。

两带：以快速路为主轴、以滨江绿道带为重点，连接特色小镇、人文景区，构建形成左、右岸两翼生态景观交通带。

多点：以铁路站、机场、主要港区和公路客货站为枢纽，构建汉江沿岸大能力、快速度的对外交通运输通道体系。

四、阶段目标

2022年，基本建成现代化的沿江交通运输基础设施网络体系。建成汉江干流千吨级航道和现代化、规模化港区。初步建成沿江景观公路框架体系。以高铁站和机场为枢纽，初步建成对外快速交通网络，实现高速铁路3小时通达武汉、郑州、重庆等周边特大城市，机场建成一类航空口岸。

2035年，全面建成绿色生态、服务高效、交产融合的现代化沿江交通运输体系，形成"一廊两带多点"的空间网络格局。拓展航运产业链，建成汉江航运中心；形成沿江两岸景观公路体系；

全面建成 3 小时联通湖北周边所有省会城市 [①] 的高速铁路网，形成城市轨道交通主骨架；完善加密航线，襄阳机场跻身地区性枢纽机场行列。

第四节　大力打造汉江航运中心

一、汉江航运发展历程及现状

（一）命运多舛：历史的荣光不再

襄阳位于长江支流汉江中游，依汉江而建、因汉江而兴，素有"南船北马、七省通衢"之称。襄阳水运资源丰富，港口曾是襄阳繁荣的见证。到明清时期，襄阳已经完全发展成为南北往来最重要的港口商业城市和交通枢纽。从新中国成立后来看，以 20 世纪 70 年代为分水岭，襄阳水运发展开始衰落。70 年代中期以后，随着襄渝、焦柳、汉丹铁路的相继建成，丹江水利枢纽工程的全面竣工运行，特别是高速公路的快速发展与航道条件的持续瓶颈，给襄阳水运带来了重大影响，荣光不再。

汉江长江冰火两重天。 湖北陆路交通发达，长江过境流程相对较长，在过去相当长的一个时期内，主要重视了长江航运开发建设，一定程度上忽视了汉江航道的开发建设与管理。改革开放以来，襄阳水运的复兴发展一直为襄阳市政府高度重视，也历经两次重大机遇，但时也势也、非公之过。汉江重要的航电枢纽工程建设由于水利、交通部门都在参与，导致利益上各自权衡，上下游、左右岸有效衔接不够，流域开发建设缺乏整体性、系统性和可持续性。

（二）曙光黎明：新时代、新征程

当前，我国经济发展已由高速增长阶段转向高质量发展阶段，进入建设现代化经济体系的新时代。以沿海经济带和长江经济带共同形成的"T 形架构"将主导中国经济战略纵深发展，以沿海、沿江经济带和陆桥经济带将共同形成"东出西进"的对外开放新格局。襄阳作为国家内陆综合交通枢纽和长江经济带重要的节点，将抓住机遇、补短板，充分发挥水运优势，再启新征程。

长江经济带发展是襄阳水运重启的最大利好。 打造长江经济带是带动东、中、西部全局复兴的国家战略，襄阳将借长江经济带发展的东风、积极配合省建设汉江高等级航道，也将成为武汉建设中游国际航运中心的重要支撑。湖北自贸区襄阳片区建设为水运发展添砖加瓦。襄阳片区是中国（湖北）自由贸易试验区的重要组成部分，襄阳水运将依托自贸区功能，推进枢纽与开放功能于一体，强化经济产业发展的要素集中，提升流域整体开发开放水平。湖北区域经济协同发展需要襄阳引领汉江发展。襄阳作为省域副中心城市，将加快建设汉江流域中心城市，引领汉江流域加快发展，支撑湖北区域经济协同发展。襄阳建设现代综合运输体系要补齐水运短板。沿海港口经济是我国改革开放以来沿海经济快速发展的成功经验之一，襄阳依托汉江大力发展港口经济也将成为助推

---

① 河南省郑州、安徽省合肥、江西省南昌、湖南省长沙、重庆市、陕西省西安。

襄阳发展的"利器"。青山绿水要求水运率先绿色生态发展。襄阳水运秉承绿色生态发展理念，在规划、建设、运营、管理等全过程集约利用土地、岸线等资源，降低能耗，强化结构性减排，努力增强水运可持续发展能力，服务国家生态文明战略的顺利实施。

（三）未雨绸缪：我们时刻准备着

当前，襄阳市委、市政府提出了依托长江经济带，打造汉江生态经济带开放开发战略引擎，加快建设汉江流域中心城市的奋斗目标。襄阳开始发力，推进港区布局调整、建设新港区，加快航道及枢纽工程、建设高等级航道，推动港口转型升级、着力发展港口经济，为汉江航运复兴做好准备。

1. 航道及枢纽建设加快推进

目前，襄阳市主要通航河流有汉江及其支流唐河、白河、唐白河、南河、蛮河和三道河水库，初步形成了以汉江干流为主体的"一干三支"的航道网络。近年来，随着南水北调及汉江中下游局部航道整治、王普洲和崔家营水利航电枢纽的建设，汉江航道的条件正在逐步改善。

表 4-3　主要通航河流现状表

河流名称		航道起讫点		通航里程（km）				现状等级
		航道起点	航道终点	小计	全年通航	季节通航	不通航	
江	合计	汉口	旬阳白家坡	866.8	866.8			
	1	河口	汉川	75	75			III
	2	汉川	丹江口	542	542			IV
	其中襄阳段	郭海营	付家寨	190.75	190.75			IV
	3	丹江口	孤山	185	185			IV
	4	孤山	白河	23	23			VII
	5	白河	旬阳白家坡	41.8	41.8			VI
南河		格垒咀	马桥	175	66	109		VI 等外
唐河		两河口	水台子	44.5		44.5		VII
白河		两河口	东翟湾	27		27		VII
唐白河		汉江口	两河口	22.5	22.5			IV
蛮河		转斗湾	孔湾	31		31		VII、VI

当前，航道等级和水上枢纽仍是困扰汉江水运发展最大的瓶颈。为复兴汉江水运，改变通航能力弱的劣势，襄阳抓住湖北强力推进汉江五级枢纽建设的契机，正在加快推进雅口枢纽建设步伐和新集枢纽前期、库区尾水航道整治、唐白河航道复航的前期工作，协调推进下游碾盘山枢纽建设。项目全部建成后，汉江干流将形成畅通长江的千吨级航道，有力支撑汉江水运的复兴发展。

2. 港区优化调整与现代化港口建设同步实施

专栏4-3　主要通航河流和枢纽基本情况

——汉江在襄阳境内长190.75公里，现状为Ⅳ级航道。按目前汉江丹江口至襄阳河段（付家寨至崔家营库区）现状通航双排单列一顶二驳500t级的Ⅳ（3）级航道进行维护，维护尺度为1.6m×50m×330m（水深 × 双线航宽 × 弯曲半径）。襄阳至宜城河段（崔家营库区至白鹭岭）航道现行维护尺度为Ⅳ（2）级航道，维护尺度为1.6m×80m×340m，通过对浅滩的疏浚维护，可通航500t船舶（队）。

——唐白河由唐河和白河在双沟镇龚家咀（两河口）交汇而成，唐白河两河口（豆腐湾）至张湾镇黄沙塝（汉江口）22.5公里航道在崔家营枢纽建成后成为库区航道，河口段枯水水深在3米以上，满足1000t级船舶通航。唐河航道由水台子至两河口，自然通航里程44.5km，枯水期可通航20—30t级船舶，主要是矿建材料的船舶进行区间运输。白河航道自东翟湾至两河口，自然通航里程27km，可常年通航10—20t级船舶，目前主要是矿建材料等货物的区间运输。

——南河航道由马桥至格垒咀，自然通航里程175km，目前只有库区通航50t级以上船舶，其余只能通航10t级船舶。

——蛮河航道由转斗湾至武镇，自然通航里程为88km。其中转斗湾至江坡21km，枯水可通航100—200吨级船舶；江坡至孔湾10km，可通航50t级船舶；孔湾至武镇57km，常年可通航30—50t级船舶。

——王甫洲水利枢纽位于老河口市市区下游约3km，丹江口水利枢纽下游约30km处，下距汉江河口618km，建有300吨级（兼顾500吨级）船闸，是汉江中下游的第一级发电航运梯级，1995年开始兴建、1999年并网发电。目前王甫洲枢纽的任务主要是发电，其次是航运、灌溉、养殖和旅游。由于枢纽电站日调节下泄不稳定流，水位日变幅大，对航运影响较大。

——崔家营航电枢纽位于丹襄段下游17km处，于2005年开工、2010年投运。崔家营航电枢纽以航运为主，航电结合枢纽，其调度运行考虑上、下游航运需求。

资料来源：根据《湖北省内河航运发展规划》《湖北省内河航道规划》和《襄阳市汉江（干流）岸线利用控制性规划》整理。

目前，襄阳港共有泊位97个，其中生产性泊位84个、非生产性泊位2个、客运码头泊位4个、平战结合码头泊位7个，设计年综合通过能力962万吨、15万人次。2015年货物吞吐量为970万吨、客运吞吐量24万人。余家湖港区是襄阳港唯一规模化的港区，设计年煤炭中转能力达500万吨。

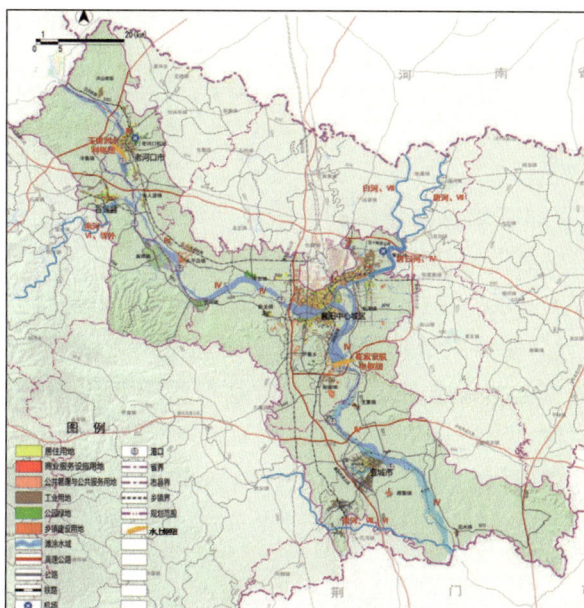

图4-6　汉江及其主要支流航道枢纽现状图

根据《襄阳港总体规划》，襄阳港范围汉江干流及唐白河岸线总长度为487.5千米，其中汉江干流岸线长度441.1千米，唐白河岸线长度46.4千米。根据岸线综合评级，达到Ⅱ级以上标准的宜港岸线长度为112.4千米，其中：汉江干流宜港岸线长度为90.8千米，唐白河支流宜港岸线长度为21.6千米。目前，襄阳港汉江干线、唐白河支流已利用岸线长度110.5千米，占岸线总长度的22.6%。已利用岸线主要为崔家营和王甫洲枢纽保护区岸线以及跨河桥梁及其保护区岸线，长度分别为33.7千米和36.0千米。其中，已利用的港口码头岸线总长度11.2千米，仅占已利用岸线总长度的10%，占宜港岸线总量的10.1%。总体来看，襄阳可利用岸线丰富，适宜建港岸线可选择余地大，为襄阳港航发展创造了有利条件。

为推进港口现代化、规模化发展，襄阳确定了"三主四辅"港口总体布局，即以宜城小河港区、襄城余家湖港区、襄州唐白河港区为主，以老河口陈埠港区、谷城喻家湾港区、宜城郭安港区和主城区水上旅游港区为辅。现有襄阳港码头泊位除了保留部分矿建、旅游、平战结合和客运码头以及余家湖煤炭功能外，其余全部拆除、重建或改扩建。目前，小河港区码头泊位正在加快建设，陈埠港区码头泊位也即将动工；喻家湾港区、郭安港区和主城区水上旅游港区完成前期工作。

表 4-4 襄阳港范围岸线利用情况表

序号	区段	老河口	谷城	襄阳城区（含唐白河）	宜城市	合计
一	岸线长度（千米）	59.5	63.4	231.6	138.4	492.9
1	其中宜港岸线长度（千米）	19.4	7.6	71.9	13.5	112.4
二	已利用长度（千米）	32.3	7.5	57.4	13.3	110.5
1	港口码头（千米）	1.3	0.4	6.6	2.9	11.2
2	饮用水源及保护区（千米）	2.5	—	9.2	2.5	14.2
3	过江运输通道及保护区（千米）	4.0	4.0	24.0	4.0	36.0
4	过江管线及其保护区（千米）	0.1	0.1	5.4	2.8	8.4
5	水利工程设施及其保护区（千米）	23.4	2.0	8.2	0.1	33.7
6	其他（千米）	1.0	1.0	4.0	1.0	7.0

3. 综合交通网络日益完善

"十二五"以来，全市交通基础设施建设和升级改造快速推进，公路水路交通固定资产投资创历史新高。目前，汉江经济带襄阳沿江综合运输网络已初步形成了由焦柳铁路、汉丹铁路、襄渝铁路、福银高速、二广高速、G316、G207、汉江航道等交通干线构成的"K"字形综合交通网络主骨架格局。"十三五"期间，襄阳将以重塑现代化"七省通衢"为总目标，着力补齐基础设施短板，着力调整运输结构，着力提高运输服务品质，着力推动行业转型升级，着力提升治理能力和水平，加快构建现代综合交通运输体系，把襄阳建设成为全国区域性综合交通枢纽、汉江流域核心交通枢纽。从港口集疏运来看，随着焦柳铁路改造和蒙华铁路新建，将为港口煤炭下水带来新的生机；沿江 G207、S217、S218、S303 和 S302 等干线改扩建的实施，将增强港口后方的集疏运能力。

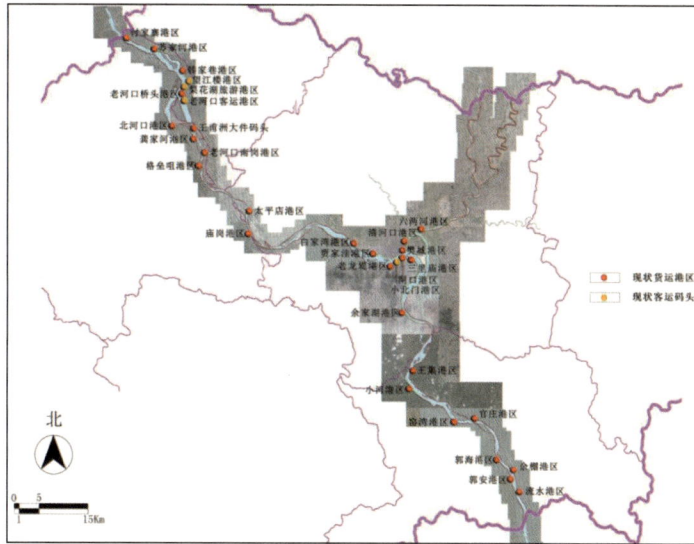

图 4-7　港口现状分布图

4. 临港工业发展规模显现

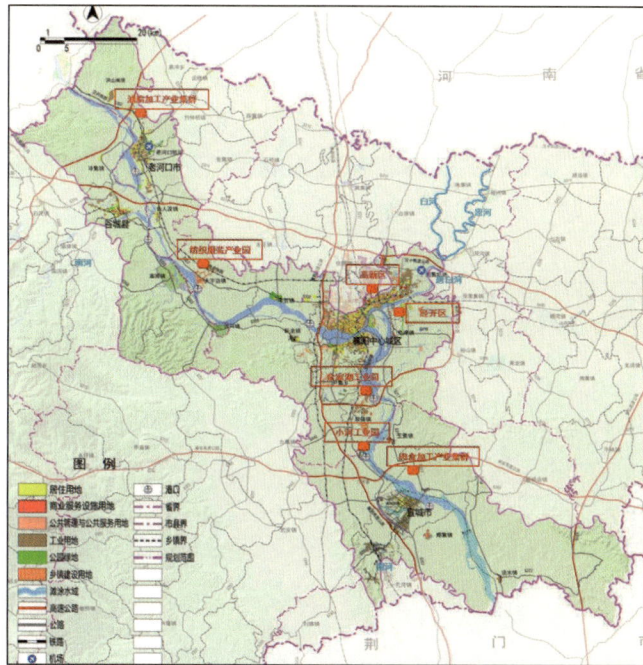

图 4-8　主要临港工业区布局示意图

　　当前，襄阳"一个龙头、六大支柱"（即：以汽车及零部件产业为龙头，以农产品深加、装备制造、电子信息、医药化工、节能环保、新能源新材料为支柱）的主导产业体系已基本形成。2016 年，沿江各市县区地区生产总值合计达到 2772.88 亿元，占全市的 3/4；其中襄阳高新区 970 亿元，襄阳经开区接近 500 亿元。从行业来看，2016 年，沿江地区汽车产业产值突破 2000 亿元，装备制造业产值突破 1000 亿元。根据襄阳"十三五"规划，襄阳将以主城区先进制造业为核心、沿江各县市特色产业发展为支撑，重点打造汽车及零配件产业链、装备制造业、纺织加工、医药化工等产业，产值分别突破 4000 亿、2000 亿、1200 亿和 1300 亿元。这些产业的发展将为港口水运发展提供强有力的支撑。

5. 航运服务业开始起步发展

近年来，襄阳船舶运力结构进一步优化，逐步向标准化、大型化、专业化和绿色环保方向发展。2015 年，在册营运船舶 315 艘、11 万载重吨，平均吨位 350 载重吨，分别较"十一五"期增长 17%、34% 和 15%；14 艘船舶通过核准，完成标准化船型拆解，1 艘工程船完成柴油 –LNG 双燃料动力改造。同时，首家船舶交易中心挂牌成立，合法船舶均可在交易所自由买卖，航运企业和船舶所有人的权益更有保障。营运企业集约化水平有所提升，在船舶吨位逐年递增下，水运企业由"十一五"末的 15 家精减到 11 家（淘汰 6 家，新增 2 家省内运输企业），总载重吨上万的有 3 家。

6. 沿江旅游发展前景广阔

襄阳旅游资源十分丰富，拥有国家质量等级旅游景区 27 家，其中 4A 级 5 家、3A 级 12 家；旅行社 67 家，其中 4A 级 4 家，3A 级 23 家；襄阳文化产业园、隆中文化创意产业园等集文化创意、实景演出、影视产品为一体的项目相继投入运营。

近年来，汉江沿岸各县（市）镇纷纷依托汉江"一江清水"的自然风光和深厚的文化底蕴，深挖旅游特色，打造沿江精品文化旅游线路。湖北新神韵汉江旅游公司是襄阳唯一一家正规的水上旅游公司，主要经营汉江夜游，年接待游客 3000 人左右。"十三五"时期，襄阳将以主城旅游港区和老河口旅游港区为重点，结合汉江风光带旅游总体规划，整合旅游资源，规划一批水上旅游精品线路、建设一批小型游船停靠点、发展一批高端游船，把襄阳陆上和岛上的各旅游景点、湿地公园串联起来，大力发展沿"汉江风光带"水上旅游客运。

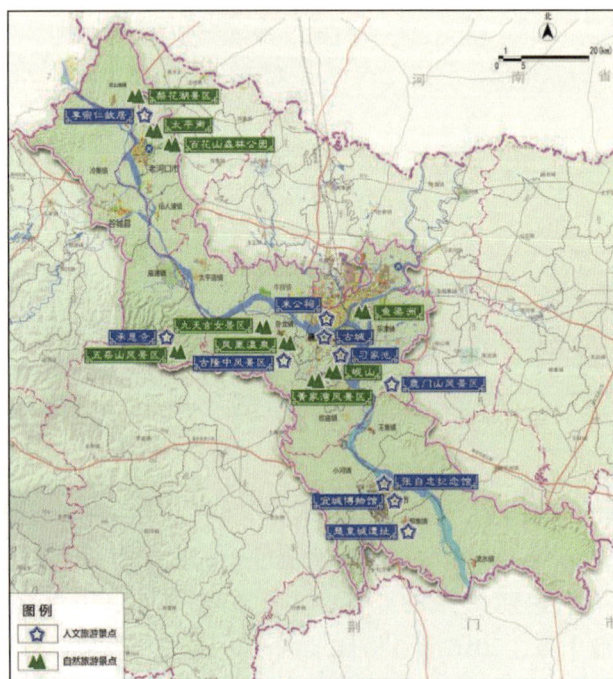

图 4-9　汉江旅游景点分布示意图

二、汉江航运中心的发展战略

襄阳市委十二届九次全会上通过了《中共襄阳市委襄阳市人民政府关于加快建设汉江流域中心城市的实施意见》，明确提出打造汉江航运中心的长远设想，汉江航运中心的规划建设提上日程。

（一）谋划汉江航运中心要明晰方向

1. 航道港口是发展基础和前提

港口在航运中心的形成过程中产生着重要的作用，当代航运中心所在的港口，一般都有深浅配套、功能齐全的泊位，现代化的、高效率的装卸设施。航道及枢纽仍是襄阳水运发展最大的瓶颈，港口现代化、规模化、专业化发展仍处于起步阶段，港航基础设施的建设任重道远。

当前，汉江襄阳段规划 4 级枢纽，仅有 2 个建成、1 个在建、1 个还未动工，导致千吨级航道的目标迟迟不能实现。国家"南水北调"、陕西和湖北正在实施的"引汉济渭"及鄂北水资源配置工程，又客观上导致了汉江襄阳段通航能力的下降。调查表明，这三项大型调水工程，将使汉江襄阳段长年月平均水位下降 0.3—0.6 米，通航条件好的中水期将由过去每年的 7—8 个月缩短到 1—2 个月，通航条件差的枯水期则由过去每年 2—3 个月延长到 8—10 个月。而在襄阳下游实施的"引江济汉"工程已投入使用，使老河口市王甫洲至沙洋县高石碑约 310 公里的航道便成为影响汉江中下游航运的"中梗阻"，一些航段连 300 吨级的货船也难以通行。

从港口来看，全市码头泊位数量近 100 个，分散在襄阳干线沿线 190 公里范围内，随着城市的扩张，主城区、古城等的泊位作业已经影响到城市的发展和居民生活品质，不适应未来发展需要。而且，码头泊位普遍规模小、现代化水平较低、岸线资源优势没有得到充分发挥。襄阳港码头吨级都在 500 吨以下、最小只有 50 吨，同时港口设施老旧，如余家湖已经 20 年没有进行设备更新。此外，港口码头功能结构不合理，缺少大型专业化码头（集装箱、商品汽车、化工品等），也缺少专业化的旅游码头。

2. 物流量仍是发展的重要支撑条件

港口是航运中心的载体和运作平台，货物吞吐量是衡量港口规模的重要指标之一。2015 年，襄阳市港口完成货物吞吐量 970 万吨，2005—2015 年年均增长达到 14.0%，低于同期 GDP 增长率近 4 个百分点。而从吞吐量结构来看，矿建材料是襄阳市港口最主要的运输货物，占全部货物吞吐量的比重一直保持在 80% 以上。同时，作为国家北煤南运大通道重要的煤炭下水港，却始终未能发挥作用，吞吐量只有几十万吨。

表 4-5　各规划对襄阳港的吞吐量预测水平

单位：万吨

年份	2020			2030（2035）		
	港口总规	省内河规划	岸线利用规划	港口总规	省内河规划	岸线利用规划
客运量（万人）	300	—	—	520	—	—
货运量合计	1870	1546	1640	4480	1994	2750

年份	2020			2030（2035）		
	港口总规	省内河规划	岸线利用规划	港口总规	省内河规划	岸线利用规划
其中：煤炭	360	100	360	1150	140	780
非金矿石	130	5	115	300	10	180
矿建材料	620	1350	560	1260	1700	720
钢材	180	20	73	360	30	100
化工	200		200	520		400
集装箱（万 TEU）	12	13	16	34	25	28
商品汽车（万辆）	15	5	15	28	10	20

注："十三五"襄阳综合运输规划，预测 2020 年港口货物吞吐量将达到 1800 万吨，港口旅客吞吐量将达到 40 万人。襄阳综合运输体系规划，预测 2020 年港口货物吞吐量将达到 2800 万吨，港口旅客吞吐量将达到 35 万人、2030 年分别为 4500 万吨和 50 万人。

未来一段时期，围绕建设"四个襄阳"、省域副中心城市和汉江流域中心城市的战略目标，襄阳将积极发展汽车及零部件、食品加工、磷矿开采和加工、装备制造、建材冶金等工业，襄阳港的运输需求将快速增长。随着汉江航道梯级开发的加快推进以及全省高等级航道网的逐步形成，汉江沿线港口将迎来前所未有的重大发展机遇；并通过与其他运输方式的高效衔接，对鄂西北、豫西南的辐射能力将进一步提升。此外，襄阳港将充分发挥"干支直达"的优势，将承担与湖南、江西长江支流沿岸港口城市之间的物资交流需求。总体来看，未来襄阳港的货物吞吐量将呈现快速上涨趋势。湖北省及襄阳市相关规划也对其吞吐量进行了预测分析，总体来看，2020 年的吞吐量总规模在 1500 万—1900 万吨之间、2030 年在 2000 万—2800 万吨之间，其中在煤炭、矿建材料、非金属矿石和化工方面是预测分歧最大的货类。

综合考虑襄阳港发展面临的新形势和新要求，尤其是受蒙华煤运通道建成和汉江梯级开发的双重影响，2022 年前煤炭吞吐量将实现爆发式增长，2022 年后转入平稳期；以砂石为主的矿建材料，将随着工业化发展的继续保持相对稳定；其他货类将伴随襄阳工业发展的趋势，以引致和诱发需求为主。预计到 2022 年襄阳港口吞吐量将达到 1800 万吨，2035 年将达到 3600 万吨。客运方面，襄阳水路客运以汉江旅游客运为主，未来随着旅游业的持续增长，水上旅游客运将呈现逐步上升趋势，预计 2022 年港口旅客吞吐量将达到 50 万人，2035 年为 200 万人。

表 4-6　襄阳港的吞吐量预测调整水平

单位：万吨

年份	2022 年	2035 年
客运量（万人）	50	200
货运量合计	2000	3600
其中：煤炭	600	1000
非金矿石	150	300
矿建材料	600	600
钢材	50	200
化工	100	300
集装箱（万 TEU）	15	30
商品汽车（万辆）	15	20

3. 港城互动是持续发展的生命力所在

航运中心的运作不仅在于航运业自身的发展，而在于航运业带动的先进制造业、现代服务业的乘数效应。航运业自身的发展依赖于航运中心港口城市、地区的贸易金融等现代服务业的发展；同时，航运业的发展又将进一步推动航运中心港口城市、地区贸易金融等现代服务业的发展。"以港兴市、以城促港、港城互动"是港口城市普遍的发展思路，港城互动发展是港城关系的最终目标。襄阳目前还处于以港兴市的发展阶段，港口市场发育不健全，外部环境和服务体系还不完善。在港口未来的发展上，要打造港区、物流园区和临港产业区三位一体的经济发展"生态圈"，为港口城市的发展提供强大的平台支撑。

4. 数字化、信息化是发展方向

随着 GIS、GPS、EDI、无线射频识别（RFID）、WLAN 定位等信息技术的加快发展，信息化成为港口发展的关键因素和灵魂，是优化资源配置和业务流程，增强港口对市场的应变能力，实现港口价值不断增值的重要手段。随着全球经济一体化及信息网络技术的发展，城市建设已进入智慧城市时代，港口智慧化也将成为港口发展的方向，更是港口产业提升发展的重要技术手段。第四代航运中心也将数字化、信息化作为一个重要的指标。襄阳水运在数字化、信息化方面还未起步，在未来发展中需要重视，并贯穿汉江航运中心建设的始末。

5. 绿色平安是众望所归

习近平总书记指出，绿水青山就是金山银山，建设生态文明是关系人民福祉、关系民族未来的大计。襄阳水运在复兴发展初期，就要统筹考虑汉江的生态发展、和谐发展。尤其是，丹江口库区正式调水后，相关部门监测显示，汉江襄阳段过境水量减少20%左右，水环境容量损失30%左右，生物需氧量浓度、氨氮浓度平均升高19%和20.8%，沿江水厂平均供水保证率下降34.7%，衡量水质的 pH 值明显提升。由于丰水期完全消失，枯水期加倍延长，水位降低，流速减慢，给汉江襄阳段的生态平衡带来了前所未有的负面影响。汉江航运发展更加需要将生态、和谐发展贯穿发展全过程。

（二）汉江航运中心建设需要高站位

航运中心是港口经济发展的最高形态，航运中心的确立代表了港口城市向区域经济中心城市过渡。当前，航运中心已经演变到第四代，要求建设低碳智能型航运中心。一是在港区城市节能环保，绿色海港、清洁燃料船队等领域率先发展；二是以信息化、智能化为手段，塑造海空港数字化智能网络枢纽；三是以供应链与物流集成，推动资源优化配置能力提升，打造港口为核心的物流服务供应链；四是注重港城融合，通过发展现代航运业，将港口融入城市。襄阳汉江航运中心建设虽然仍处于起步阶段，但要以第四代航运中心的视野，高站位、高起点谋划发展。

1. 发展思路

全面深入贯彻落实党的十九大精神，紧紧抓住国家"一带一路"、长江经济带和交通强国建设等历史机遇，围绕襄阳"两个中心、四个襄阳"建设，发挥自贸区、高新区、开发区的政策优势，以小河、唐白河、余家湖和主城水上旅游四大港区为重点，以航运物流、水上旅游服务和现代航运服务为三大战略支点，以数字化、生态化为方向，畅航道、强港口，客货齐进、服务提升，复兴水运、再造辉煌，逐步形成航运要素集聚、辐射效应显著、服务能力强的汉江航运中心。

2. 基本原则

——**适度超前、率先发展**。把发展作为第一要务，保持一定的发展速度，加快襄阳水运基础设施建设，努力实现基础设施能力适度超前配置，使襄阳水运在汉江流域率先实现现代化。

——**多式联运、提质增效**。把提质增效作为发展的衡量标准，充分发挥"一水相依"的优势，以现代物流为指引，大力发展铁水、公水、江河联运。

——**港城一体、融合发展**。以港城互动发展为方向，积极推进航运和物流的融合发展，培育新模式、新业态；切实服务临港工业发展，大力发展临港经济；充分发挥旅游资源优势，强化水运和旅游的融合发展，打造水运旅游客运服务基地。

——**改革开放、创新发展**。把改革开放与创新作为强大动力，进一步转变职能，深化水运行业体制机制改革；推进行业治理体系和治理能力现代化，促进水运转型发展；以开放促发展，强化水运在汉江生态经济带开放开发中的战略引擎和龙头作用。

——**安全环保、绿色发展**。牢固树立"安全第一"的理念，把安全的理念贯彻到水运发展的各个环节，全面提高交通运输的安全性、可靠性和应对自然灾害、突发事件的反应能力；坚持绿色环保的理念，把节能减排、保护环境和节约集约利用资源落实到水运各环节，努力实现水运可持续发展。

3. 两步走策略

襄阳建设汉江航运中心是一项系统工程，其地位的公认性也需要经过时间的洗礼。在实施过程中要坚持两步走的策略，一步一个脚印、踏实前行。

——**2022 年前，航运复兴期**。以大建设起步，全力推进大物流、大旅游发展，复兴襄阳汉江水运。到 2022 年汉江航道全面达到Ⅲ级标准，港口综合通过能力达到 2000 万吨和 50 万人。

——**2035 年前，汉江航运中心形成期**。以提质增效发展为核心，推进港口基础设施提级、大力发展现代航运服务业，全面提升港口现代物流和综合服务的水平，建成航运要素集聚、辐射效应显著、服务能力强的汉江航运中心。到 2035 年汉江干流襄阳汉江口以下及唐白河武坡作业区至汉江口段形成Ⅱ级航道，港口综合通过能力达到 4000 万吨和 200 万人。

三、主要任务和重点工程

（一）畅通和提质千吨级航道

内河水运具有运能大、成本低、能耗少等优势，是加快长江经济带综合运输建设的主体，也是汉江沿江各城市货物调入调出最为经济的方式之一。襄阳要以航运枢纽建设和航道整治为核心，以"一江"建设为重点，统筹推进"三支"（唐白河—唐河、白河，南河，蛮河）航道网发展。重点加快实施汉江干线航道Ⅳ升Ⅲ级和局部Ⅲ升Ⅱ工程、支流航道整治工程和水上枢纽建设等，加速内河船型标准化进程。到2022年襄阳汉江干流及唐白河形成1000吨级航道，2035年汉江干流襄阳铁路桥以下及唐白河武坡作业区至汉江口形成2000吨级航道。

一是推进汉江干线航道整治。2022年前，重点续建雅口枢纽、开工建设新集枢纽、改扩建王甫洲枢纽，推进库区尾水航道整治和襄阳铁桥改造，实现汉江千吨级航道全面贯通。2035前，重点建设崔家营二线船闸、雅口二线船闸、推进襄阳铁桥以下航道整治，实现襄阳铁桥以下形成2000吨级航道。

表 4-7　一干三支航道规划表

河流名称	航道起讫点		通航里程（km）	现状等级	2022 年	2035 年
	航道起点	航道终点				
汉江	郭海营	丹江口	190.8	Ⅳ	Ⅲ	Ⅱ、Ⅲ
其中襄阳铁桥以下	郭海营	汉江口	75	Ⅳ	Ⅲ	Ⅱ
南河	格垒咀	马桥	175	Ⅵ、等外		Ⅴ
唐河	两河口	水台子	44.5	Ⅶ	Ⅳ	Ⅲ
白河	两河口	东翟湾	27	Ⅶ		Ⅳ
唐白河	汉江口	两河口	22.5	Ⅳ	Ⅲ、Ⅳ	Ⅱ、Ⅲ
蛮河	转斗湾	孔湾	31	Ⅶ、Ⅵ		Ⅳ

二是实施"三支提升"工程。坚持政府主导，加大投入和建设力度，采取梯级渠化与航道整治相结合的工程措施，加快提升"三支"航道通航标准，解决局部航段碍航严重问题，提高航道的通畅性、可靠性。2022年前重点建设两河口枢纽、推进唐白河Ⅲ级航道整治，开展南河、唐河、白河和蛮河航道整治工程前期工作；2035年前重点推动唐白河Ⅱ级航道整治，唐河Ⅲ级航道整治、白河和蛮河孔湾以下Ⅳ级航道整治，南河Ⅴ级航道整治工程。

专栏4-4　内河航道主要工程情况

（1）雅口枢纽。雅口航运枢纽位于宜城市城区下游15.7公里处的雅口村，以航运为主，可渠化崔家营至雅口52.7公里航道。该项目船闸按Ⅲ级标准建设，年设计单向通过能力1045万吨，并预留二线船闸位置。工程投资估算32亿元，2020年前建成。2022年后配合Ⅱ级航道整治，建设二线船闸。

（2）新集枢纽。新集枢纽（新集水电站）是汉江中下游河道综合治理、梯级开发的重要组成部分。电站拟建坝址位于襄城区白马洞，距襄阳市区28公里，上距王甫洲水电站47.5公里，下距崔家营航电枢纽61.5公里。可改善库区航道约38公里，航道标准为Ⅲ级。工程总投资约27亿元，2022年前建成。

（3）王甫洲水电站船闸改建工程。王甫洲水电站位于老河口市市区下游约3公里处，1999年下闸蓄水，船闸仅为300吨级。按汉江航道规划建设目标需要对其按1000吨级船闸进行改造，在2020年前建成。

（4）崔家营二线船闸。位于丹襄段下游17公里处，于2005年开工、2010年投运。2022年后配合Ⅱ级航道整治，建设二线船闸。

（5）汉江航道库区间尾水航道整治。汉江襄阳境内四级枢纽间有长约42公里的不衔接段，对库区间尾水航道按1000吨级标准进行整治，2020年前建成。

专栏4-4　内河航道主要工程情况

（6）汉江口以下Ⅱ级航道整治。配合湖北省汉江Ⅱ级航道整治工程，对汉江襄阳境内汉江口以下75公里进行航道拓宽、疏浚，达到Ⅱ级标准。

（7）唐白河航道整治。"十三五"期拟配合唐白河港区建设，对唐白河港区下游17.5公里航道按千吨级标准进行整治。2022年后，配合汉江Ⅱ级航道整治，开展Ⅱ级航道提升工程。

（8）唐河航运开发工程。唐河航运开发工程主要对唐白河港区以上唐白河4km按500—1000吨级整治、唐河省界至河口27公里按500吨级整治。工程先期开展项目研究，2020年后适时开发建设。

（9）白河航运开发工程。主要对白河省界至河口44.5 km按500吨级整治。工程先期开展项目研究，2022年后适时开发建设。

（10）蛮河航运开发工程。碾盘山枢纽建成后，从文集以上回水范围47公里，回水可达孔湾，重点开发二广高速孔湾以下到河口航段31公里航道（襄阳境内26.8公里）。通过一定的整治、疏浚，河面宽度可达80米，水深可保持在1.5—2米，常年通航到四级，季节限制性达到三级。

（11）南河航道提升工程。重点结合沿线货运市场和旅游市场分析，加强对南河航道开发的前期研究，2022年后适时开发建设。

专栏4-5　内河航道重点建设工程

"一江"。2022年前，重点续建雅口枢纽、开工建设新集枢纽、改扩建王甫洲枢纽，推进库区尾水航道整治和襄阳铁桥改造，实现汉江千吨级航道全面贯通。2035前，重点建设崔家营二线船闸、雅口二线船闸、推进襄阳铁桥以下航道整治，实现襄阳铁桥以下形成2000吨级航道。

"三支"。2022年前重点推进两河口枢纽、唐白河Ⅳ级航道整治，开展南河、唐河、白河和蛮河航道整治工程前期工作；2035年前重点推动唐白河Ⅲ级航道整、唐河、白河和蛮河孔湾以下Ⅳ级航道整治、南河Ⅴ级航道整治工程。

推进数字航道建设。筹建汉江航道及梯级枢纽联合指挥平台。

三是加快建设数字航道。按照长江经济带规划、长航局"四个长江"建设以及省相关规划的要求，积极推进航运甚高频（VHF）通信系统、航标遥测遥控系统、内河船舶导航系统及船舶动态监控系统建设。通过港航通信专网、互联网或虚拟专用网络，实现互联互通、数据共享，构建以"数字航道""智能航运"为特征的智能化航运系统。

四是汉江航道及梯级枢纽联合指挥平台。考虑到汉江在航道、枢纽规划建设已经基本定局的情况下，统筹协同和高效利用汉江航道、枢纽十分关键，影响到未来汉江高等级航道作用的充分发挥。因此，襄阳应该向省和长航局等有关部门建议和积极申请将汉江航道及梯级枢纽联合指挥平台永久落户在襄阳，并建立常设办公

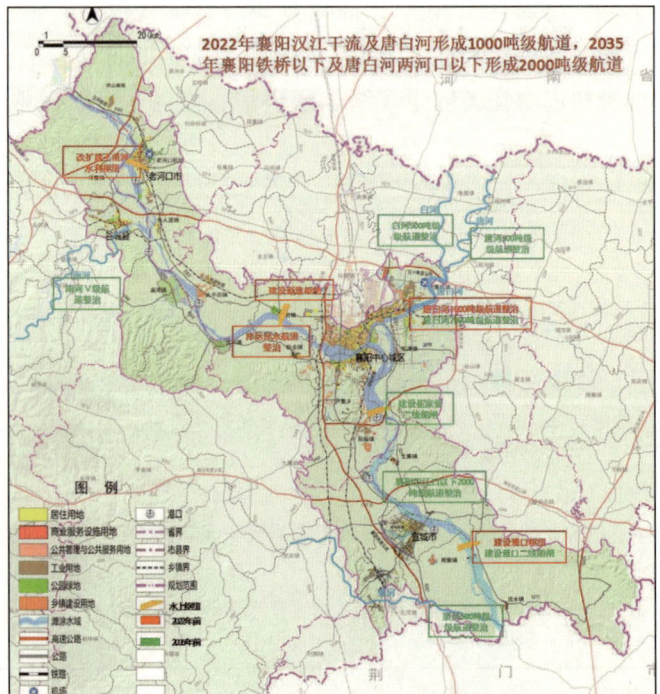

图4-10　航道及枢纽规划重点项目示意图

室，形成（月、季）年度协调会议机制。加强对接协调，共同研究解决航道及枢纽运营、养护、生态保护等方面遇到的问题，统筹谋划汉江航道提级工程、创新航道养护体制机制等。

（二）合理布局加快发展港区

结合襄阳城市产业布局和功能区发展规划，针对岸线和码头分散、规模相对较小、港城交通"外部性"等问题，不破不立，重新对港区布局和各港区的功能定位进行调整，主城核心区货运功能全面退出，加快形成货物以小河港区和客运以主城客运港区为核心的港区布局。同时，以现代化、规模化和专业化为目标，以市场为导向，合理有序开展码头基础设施建设。将襄阳新港打造成为以大宗散货、件杂货、集装箱、商品汽车运输和旅游客运功能为主的综合性港口，力争成为全国内河主要港口。到 2022 年港口综合通过能力达到 2000 万吨，2035 年港口综合通过能力达到 4000 万吨。

专栏 4-6　内河码头重点建设工程
2022 年前，重点续建小河港区一期，开工建设唐白河港区一期工程，推动陈埠港区、喻家湾港区码头起步工程建设。 　　2035 年前，遵循市场导向，重点推进小河港区、唐白河港区后续工程。结合唐河、白河、蛮河、南河航道开发，规划研究布局建设相应港点。

一是港区功能布局优化调整。遵循襄阳市城市总体规划、土地利用规划、环保规划、综合交通运输规划等的要求，形成货物以小河港区为核心、客运以主城客运港区为核心的港区布局。重点围绕小河港区，加快码头基础设施建设，将其发展成为汉江流域开发开放的新龙头。唐白河港区结合后方产业发展需求推动码头建设、推动余家湖港转型发展，其他港区以需求为导向有序推动码头建设。

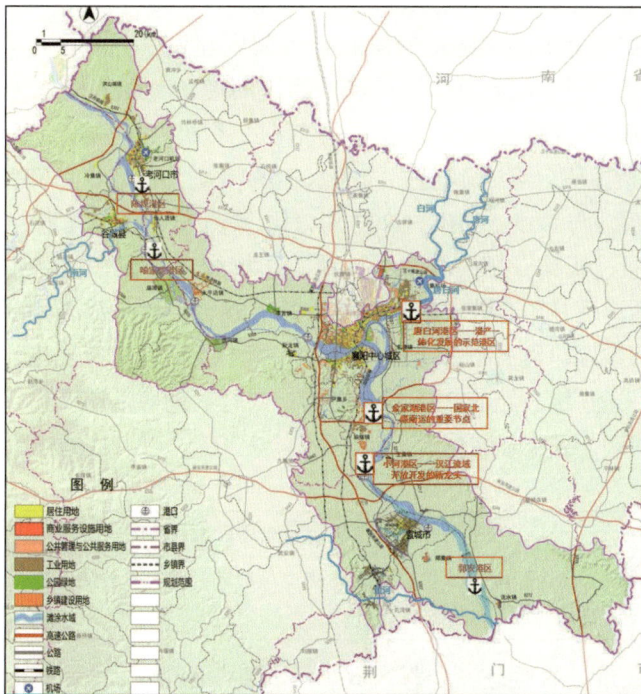

图 4-11　货运港区定位与功能示意图

二是分步推进基础设施建设。以唐白河、小河和余家湖三大港区为核心，按照现代化、规模化、专业化的要求，统一规划、高标准设计，遵循市场需求、分步实施。唐白河以下港区要充分考虑到未来Ⅱ级航道的建设，在水工结构上要达到2000吨级。到2035年，形成三大千吨级以上规模的现代化港区。2022年前，重点续建小河港区一期，开工建设唐白河港区一期工程，推动陈埠港区、喻家湾港区码头起步工程建设。2035年前，遵循市场导向，重点推进小河港区、唐白河港区后续工程。结合唐河、白河、蛮河、南河航道开发，规划研究布局建设相应港点。

专栏4-7　内河码头主要工程情况

（1）小河港区。续建一期工程项目1、2号泊位，配套物流园区，大力发展多式联运。规划建设小河港区国家二类口岸。二期计划建设8个1000吨级泊位，形成吞吐能力800万吨，2016年开工，2019年建成。在2020后，根据实际及时组织小河港三期项目论证及建设工作。

（2）唐白河港区。计划建设4个1000吨级泊位，形成吞吐能力150万吨，配套建设一定规模的物流园区，2016年开工，2018年建成。同步开始港区码头改新建，新增吞吐量350万吨。在2020后，根据实际及时组织唐白河后续项目论证及建设工作。

（3）喻家湾港区格垒咀码头。建设4个千吨级泊位，年吞吐能力270万吨，项目前期工作进展顺利，在2017年开工，2019年建成。

（4）陈埠港区苏家河码头。新建4个千吨级泊位，年吞吐能力199万吨。

（三）强化现代物流服务功能

现代物流是港口的基础性产业，所有活动都是围绕货物流动展开的。港口物流的规模和功能完善与否成为反映现代港口的重要标志，是港口未来立于不败之地的重要产业。襄阳港现代物流发展要立足现有基础，发挥地方优势，选择有限目标，突出重点，走"特而专"的优势发展路线，做精做深。在政府层面上，要统筹推动集疏运网络和物流园区建设，并在土地、财税等方面给予支持。在企业层面上，要成立统一的港口集团，运用现代物流的理念和运营模式，打造卓越的港口综合营运商。同时，大力引入第三方物流企业、航运公司落户，积极开展公水、铁路联运和江河联运。

一是强化集疏运体系建设。考虑到襄阳内河水运的特征，构建以公路为主的集装箱、件杂货、化工、散货的集疏运体系，与G55、G70、G207、G316等国省干线相连通；建设以铁路为主的煤炭等大宗散货集运体系，通过铁路专用线与汉丹铁路、焦柳线路和蒙华铁路相衔接。小河港区规划建设二条一级公路与207国道及二广高速、麻竹高速连接，建设一条铁路专用线与焦柳铁路连接、远期延长至蒙华铁路；唐白河港区建设二条一级公路与316国道及福银高速连接，远期建设至汉丹铁路专用线；余家湖港区建设一条一级公路与207国道连接，同时远期对铁路专用线进行扩能改造；陈埠港区、喻家湾港区和郭安港区，分别规划建设一级公路，与207国道、316国道及福银高速连接。

专栏4-8　集疏运重点建设工程

推进各港区与国省道和高速公路一级联络线规划建设，建设小河港区连接焦柳铁路的铁路专用线、远期延长至蒙华铁路，规划建设唐白河港区至陆港中心的铁路连接线。

二是大力发展多式联运。联运是一个跨区域、跨行业、跨部门的系统工程，需要统筹考虑、系统解决。襄阳要围绕港口集疏运铁路和公路建设，打通"最先一公里"和"最后一公里"，进一步

提升联运服务的层次和水平。依托货运"一单制"运输制度，进一步强化多式联运服务，重点在大宗物资、集装箱运输等方面开展绿色、低碳联运服务。充分发挥"水水联运"效益，大力开展江河联运合作。以小河港区、唐白河港区为主体，开辟至南阳、十堰、安康等城市的铁水联运线路，拓展至武汉、南京、上海等港的集装箱江河联运航线，争取列入国家或省多式联运示范工程。依托蒙华铁路、焦柳铁路，加强余家湖港区与铁路企业合作，大力发展煤炭铁水联运。加快推进公路港建设，普及公路甩挂运输，重点推进多式联运甩挂、企业联盟及无车承运甩挂等模式发展，发展公水联运。整合物流信息资源，推动公共信息服务平台建设，提供舱位、货源、代理、通航信息、口岸通关、运输和物流状态等信息服务，提升航运物流"一站式"信息服务水平。

三是推动专业化物流发展。加快建设小河港区物流园推动唐白河港区与襄阳北物流园和国际陆港中心联动发展，大力发展专业化物流。大宗物资物流：以余家湖港区、小河港区为主形成煤炭物流基地，为华中地区提供煤炭中转、仓储、交易、配送及增值服务；依托南漳化工园区、余家湖工业区，以小河港区、郭安港区为主，形成以公水联运为主要物流方式的化工存储配送基地。集装箱物流：依托高新区、经开区、小河临港产业区，以小河港区和唐白河港区为主，开展集装箱运输配送、仓储、拆拼箱、加工及物流信息等服务，同时依托自贸区政策和陆港中心，发展国际集装箱联运服务。商品汽车物流：依托襄阳北物流园，以唐白河港区为主体，打造集汽车整车滚装、零部件、仓储配送、检测、改装、贸易、展示的汽车增值服务产业和商品汽车集散物流基地，充分利用自贸试验区政策，争取开展平行进口汽车业务。粮食物流：充分发挥襄阳江汉平原粮仓的优势，拓展和提升粮油交易、运输、仓储、加工、包装、配送等港口粮食物流功能，并逐步实现粮食供应链管理。冷链物流：在小河港区谋划建设现代化冷链物流基础设施，发展蔬菜、水果、肉制品、水产品等冷链物流。

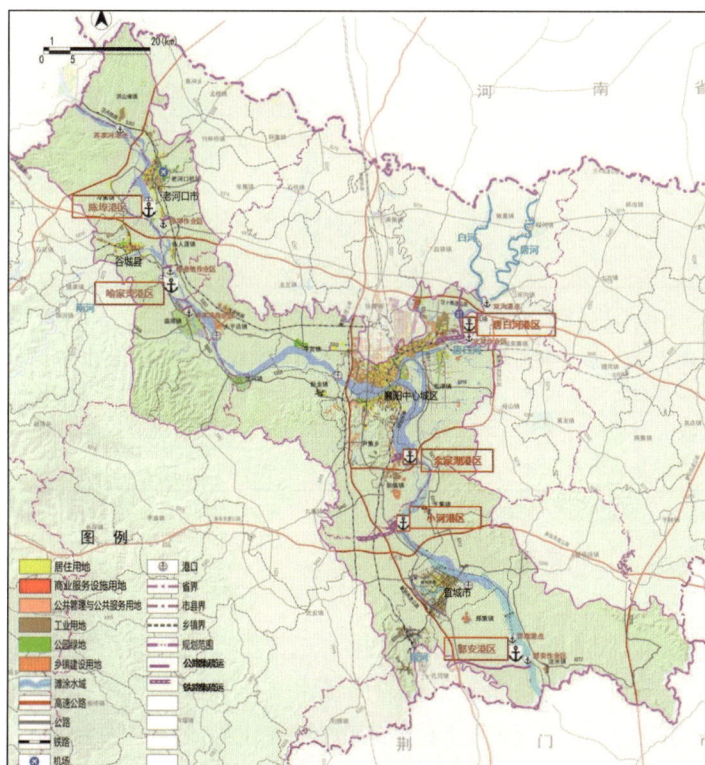

图 4-12　主要集疏运项目示意图

四是积极推动襄阳港口集团成立。成立襄阳港口集团将有利于港口统一规划、统一建设、统一运营管理；有利于发挥优势、优化港航资源配置，推动港口高效运营。襄阳应在国资委的指导下，厘清家底和产权关系，以市场化推动港口资产整合，成立统一运营管理的襄阳港口集团，打造成为卓越的港口综合营运商。积极引入武汉港口集团、上海港集团、中交建等港口企业，民生航运、中远海运等航运企业，传化、中外运、安吉等物流企业，开展商业化谈判，共同参与襄阳港投资建设运营。支持港口集团申请设立港航产业发展基金，以财政拨款撬动社会资本、商业化运营，推动襄阳港航事业快速发展。

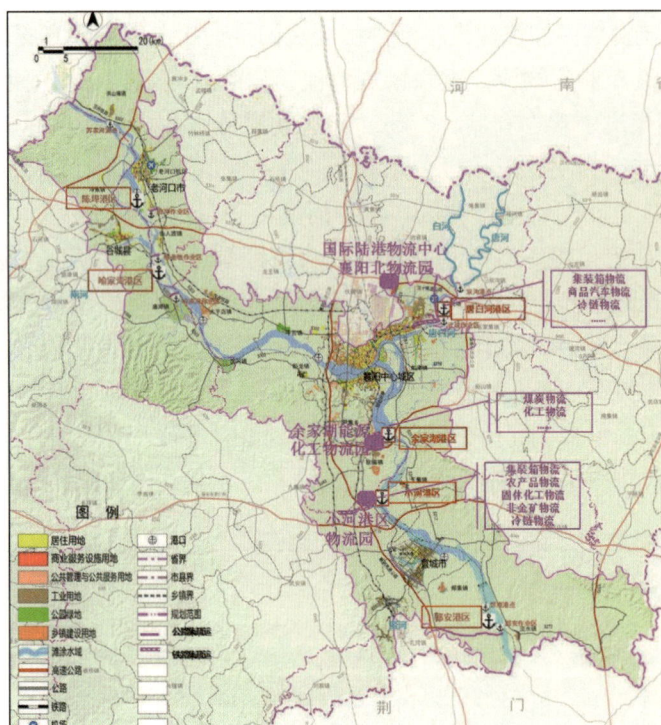

图4-13　临港物流园区布局示意图

专栏4-9　物流重点建设工程

物流园区。建设小河港区物流园，推动唐白河港区与襄阳北物流园和国际陆港中心联动发展。
多式联运。小河港区和唐白河港区铁水、江河联运工程，推动余家湖港转型发展。建立公共物流信息平台。
专业化物流。重点发展大宗物资（煤炭、非金属矿石）、化工、商品汽车、粮食、集装箱、冷链等专业化物流。组建襄阳港口集团，吸引外部港航及物流企业投资合作。

（四）大力发展水上旅游服务

襄阳旅游资源丰富，未来将形成"一心、两极、三带、四区"的空间布局。其中，汉水滨江文化景观带贯穿襄阳汉江全流域，串联起襄阳境内的汉水文化资源，凸显襄阳"汉江之中"的区域中心旅游城市地位。汉水滨江文化景观带沿线分布有古城文化旅游区、古隆中三国文化旅游区、鱼梁洲汉水文化旅游展示区、岘山文化旅游区、襄阳汉江国家湿地公园、长寿岛汉江国家湿地公园、谷城汉江国家湿地公园、老河口梨花湖等一批旅游景点。襄阳发展水上旅游服务大有可为，将以沿线旅游景区和特色小镇为依托，以主城水上旅游港区为核心形成"一主多点"的空间布局，强化水上旅游精品线路设计，打造汉江水上旅游服务基地。预计到 2022 年襄阳港客运吞吐量将达到 50 万人，2035 年达到 200 万人。

一是加快推动主城水上旅游港区建设。主城水上旅游港区结合汉江风光带旅游总体规划，整合襄城、襄州、樊城、鱼梁洲经济开发区旅游资源，重点发展沿"汉江风光带"水上旅游客运。逐步将主城区货运码头改造成旅游码头，加快建设鱼梁洲、隆中、鹿门寺、兴武街、观音阁、月亮湾、米公祠、张湾、东津、三里庙、长寿岛、梁咀及游客服务中心等 20 个旅游客运泊位建设。同时，结合襄阳港港区布局，因地制宜，在陈埠港区、喻家湾港区、小河港区、南漳库区、南河小三峡规划建设一批客运码头或停靠点。

二是规划一批水上旅游精品航线。积极推动主城区一日游航线，以主城区襄阳古城、米公祠、鱼梁洲、古隆中、岘山、湿地公园为依托，水陆结合，设计若干一日游线路。做精夜游航线产品，结合旅游码头规划调整，设计新的夜游线路，融餐饮、娱乐、体验等于一体。发展汉江生态文化游航线，统筹主城区、古城、老河口等景区景点，开发文化美食之旅、特色小镇之旅、休闲之旅等各种产品。

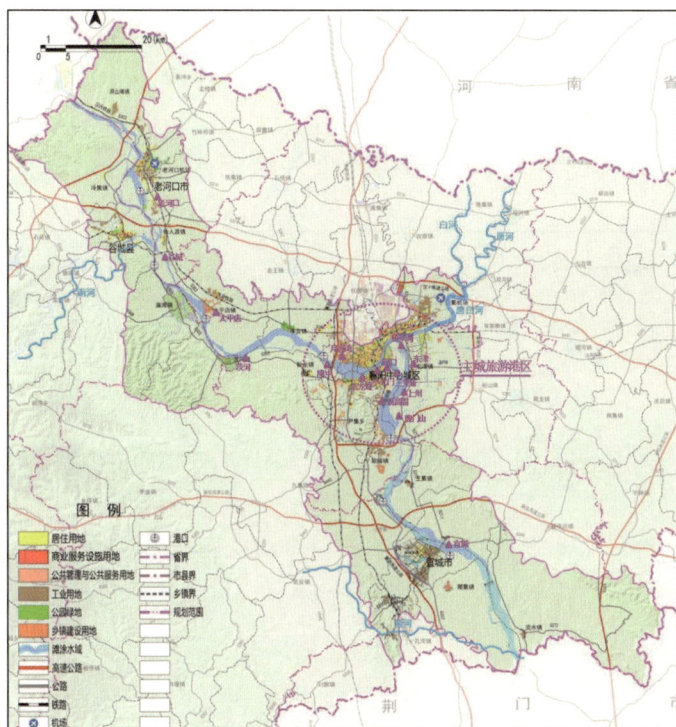

图 4-14　主要旅游码头布局示意图

三是加强配套设施建设。依托襄阳高速铁路、民航、高等级公路的建设，提高旅游目的地的通达性和便捷性；同时，强化码头后方集疏运公路的建设，打通"最后一公里"；以主城旅游港区为试点，探索开展水巴联运等旅客联运试点，探索实现客运"一票制"。规划在鱼梁洲建设主城旅游集散中心，配套在各县市区合理布局建设旅游集散点。积极引进知名水上旅游公司参与襄阳水上旅游发展，支持新神韵汉江旅游有限公司做大做强。通过财政补贴鼓励企业根据市场需求发展一批高端游船。

（五）加大航运服务发展力度

航运服务业具有产业关联链长、知识密集程度高、影响力强等特征，是未来港口产业转型升级的重要方向。襄阳要遵循"打造特色、先易后难、重点突破"的原则打造现代航运服务产业，以港口现代物流为基础，选择性发展船舶修造、船舶交易、航运金融、航运总部经济等现代航运服务领域，重点建设煤炭交易、商品汽车和船舶交易三大平台，拓展国际航运服务功能，形成现代航运服务业的基本框架。

一是构建三大航运服务承载区。依托小河、唐白河和余家湖，特色发展、差异化发展，形成襄阳三大现代航运服务承载区。小河依托区位优势，主要发展船舶交易、船舶修造、船舶代理、航运经纪、无船承运人、航运咨询等，打造航运基础服务功能集聚区。唐白河依托自贸片区，主要发展航运金融、信息服务、商务服务、国际航运等，打造航运创新创业综合服务区。余家湖依托煤炭下水优势，发展煤炭储备、运输配送、加工增值、信息交易以及商贸金融服务，打造煤炭综合服务示范区。

二是大力发展船舶修造及交易服务。适应未来汉江水运快速发展的趋势，规划建设小河港区船舶修造基地，发展标准化内河船舶的研发、设计及修造服务，培育1—2家具有区域竞争力的本地船舶管理企业。依托襄阳汉江船舶交易所，开展船舶鉴定、评估、行纪、代理等服务，开拓船舶融资租赁服务，做大船舶交易市场。发挥市场机制作用，加快船舶供应市场开放，鼓励社会资金投入船舶供应服务业，放开船供企业注册地发展限制，促进资源整合。

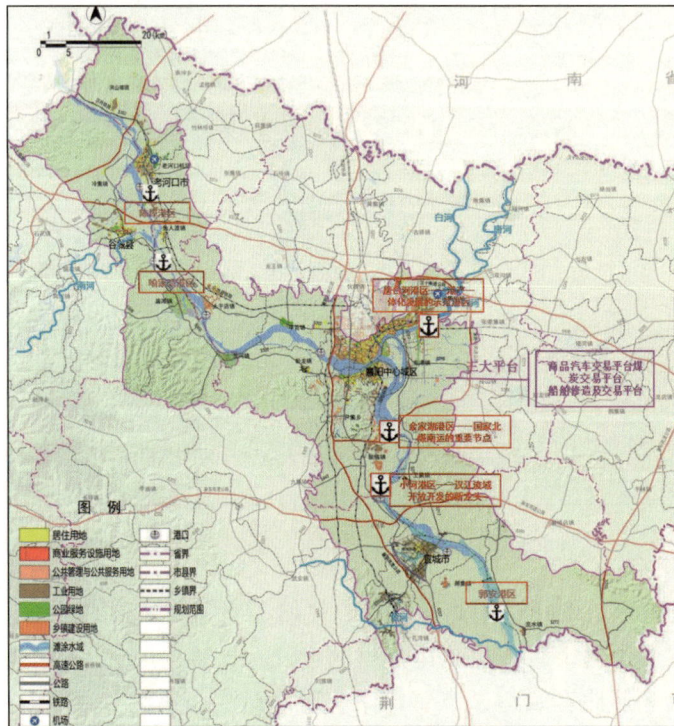

图 4-15　现代航运服务集聚区布局示意图

三是建设煤炭交易平台。依托余家湖港区，加强与煤炭生产企业、消费企业和物流企业合作，建立襄阳煤炭交易平台，建立价格指数、完善定价机制，探索煤炭交易机制，将余家湖打造成为区域性煤炭储运、交易、增值服务中心。

四是发展商品汽车交易平台。依托襄阳汽车工业发展，整合襄阳汽车企业资源，建立融展示、交易、物流、信息、金融等于一体的商品汽车交易平台。

五是拓展国际航运服务功能。结合自贸区建设，推动小河、唐白河近期申报二类口岸，远期提升为一类口岸，并将两大港区纳入自贸区扩围考虑；优化口岸监管流程，简化审批手续，推进区域通关一体化发展，探索"单一窗口"政策实施。配合武汉中游国际航运中心建设，培育航运金融服务市场，引导国内金融、保险、融资、中介等服务机构发展航运融资、投资、资金管理等服务业务。

（六）推进水运平安绿色发展

以构建平安汉江、和谐汉江为目标，积极推进船舶标准化、加强水运节能减排、建设水上搜救中心，实现襄阳内河水运的绿色发展、平安运行。

一是推进船型标准化建设。根据《推进长江干线船型标准化实施方案》，制定并实施船型标准化相关的具体政策；继续利用长江港航建设资金，加大船型标准化、大型化、专业化的扶持力度，逐步淘汰老旧船舶；积极推动水运企业与银行、保险、担保公司开展四方融资合作，建立航运企业融资平台；组织研发新型节能、环保、经济合理的内河标准化干散货船和集装箱船型系列，重点发展 300—2000 吨级标准化船舶。重点加大集装箱、散货、游轮、汽车滚装等专用船舶的发展力度，加快船舶运力结构调整步伐，逐步实现内河运输船舶标准化。力争到 2020 年前，货运船舶的平均吨位达到 700—1000 吨，船型标准化率达到 75% 以上；2030 年前全部船型实现标准化。

二是推动港航绿色发展。强化规划管理，充分考虑城市和人的需求，集约利用港口岸线、陆域、水域等资源，统筹新港区开发与老港区改造搬迁，促进港航与城市协调发展。在规划、设计、建设、运营和养护各环节加强生态环境保护，做好港口和航道的生态保护与修复工作。坚持污染排放源头控制和末端治理并重，实施沿江船舶、港口和 5 公里内枢纽场站等大气污染和水污染防治工程。积极借鉴京杭大运河水上服务区发展的经验，加快融水上加油加气、岸电设施、垃圾回收等功能于一体的水上服务区的规划和建设，推动绿色航道建设。重点规划建设唐白河、崔家营、雅口、新集、王普洲等水上服务区，成为襄阳汉江航道绿色走廊一道亮丽的风景。鼓励港口企业推广岸基（港基）供电技术、码头储能技术，加快港口装卸设备油改电，提高清洁能源和可再生能源在港口的使用比例。加强对船用油品质量和船舶排放的监督检查，推进以 LNG 等清洁能源为燃料的船型应用。建立环境污染事故应急处置机制。

三是建设汉江襄阳水上搜救中心。依托航运甚高频（VHF）通信系统、航标遥测遥控系统、内河船舶导航系统及船舶动态监控系统建设，建立健全安全运行保障机制，建设襄阳、宜城水上搜救中心，提高安全综合保障能力和应急救援处置能力。由市政府组织协调各相关部门，成立水上搜救应急领导小组，负责全市水上搜救行动的组织和协调工作，研究制定水上应急搜救机制。规划在鱼梁洲建设与景观融为一体的水上搜救基地，加强安全应急救援装备、专业队伍和应急物资储备建设。

四是建设平安港口。全面推进港口企业安全生产标准化，加强安全管理规章制度建设，建立安全风险管理体系和隐患排查治理体系。建立港口工程施工风险评估制度，切实落实客货运码头、滚装码头、液体化工品码头等安全生产的企业主体责任和港口行政管理部门职责范围内的监管责任。引导企业不断提升港口装卸、输送、储存、运输等设备设施的安全可靠性，夯实安全生产基础。建立港口安全监管信息系统，建立健全客船旅客和司乘人员信息登记制度，完善港口安全应急体系。

第五节　建设沿江景观公路体系

一、沿江资源及交通现状

（一）襄阳沿江景观与资源利用基本情况

1.沿江景观资源基本情况

目前，襄阳市单体旅游资源总共有 437 处，其中自然旅游资源占 43.9%，人文资源共占 56.1%。区内旅游资源种类齐全，基本涵盖了八个主类，而在 37 个亚类中拥有 25 个亚类。从分地区旅游资源分布来看，襄阳市的旅游资源大部分赋存于襄阳市主城区，占到资源总量的 41.6%，而且城区旅游资源集中在襄城区内。从下辖地区单体资源数量来看，枣阳市和谷城县数量较多，老河口市与其他县市相比数量略少，但总体来看县市旅游资源的空间分布比较均衡，而且就旅游资源类型来看，自然资源与人文旅游资源的数量相对均衡，为襄阳市旅游产业的可持续发展奠定了良好的基础。

水域旅游资源。襄阳市境内汉江上段从丹江口水库到老河口市王甫洲大坝段已形成了以梨花湖风景区为主的水库景观；中段从规划中的新集大坝到崔家营大坝，包括鱼梁洲及唐白河部分河段，山水风光优美，适合开展水上观光游览项目；下段主要在宜城段，除汉江外还有市内的鲤鱼桥水库区域，属于与城市关系密切的人工湖泊。

表 4-8　襄阳市沿汉江旅游资源基本情况

级别	旅游资源单体名称	数量
五级	襄阳古城、古隆中	2
四级	樊城老城区、汉江、鹿门山、承恩寺、楚皇城遗址、广德寺、岘山群峰	7
三级	谷城老街、鱼梁洲、承恩寺森林公园、邓城遗址、宜城长渠、老龙洲（解佩渚）、黄学殿、老龙堤、东津陈坡战国古墓群、李宗仁纪念馆（长官部旧址）、习家池、樊城清真寺、老河口太平街、王甫洲水利发电站、报恩寺、谷隐寺、河口清真寺、梨花湖、观音阁、鲤鱼桥水库、车马坑、茨河下街、单家祠堂、宜城博物馆、百花山森林公园、宋玉故居及墓地、襄水檀溪、黄家湾绿色长廊、老河口万亩桃梨基地、龙王洞遗址、南河、庞居洞、八一电影制片厂第一分厂摄影棚、公馆门等汉江古码头、三神殿、大墨山遗址、凤林关军事遗址、庞靖侯祠、铁佛寺大殿、王甫洲、小胡岗遗址、宜城市烈士陵园、张上将同难官兵公墓	43

级别	旅游资源单体名称	数量
一二级	董家坪温泉、明襄宪王墓、庆元己未摩崖题刻、襄樊市博物馆、诸葛亮文化节、李曾伯记功铭、流水十里赤山、庙儿岗遗址、太平店镇（老街、古银杏、农家乐）、襄樊市烈士陵园、张自忠殉国纪念碑、百花山革命烈士陵园、傅家寨果园、羊杜祠、霸王冢半兜堰、蔡坡古墓群、东津老营村、贾家冲画像砖石墓、五座坟西汉墓、襄阳县学宫、余岗九冢古墓群、百年石榴树、古楼岗遗址、黄宪冢、孟浩然故里、人民广场、诸葛亮广场、池岗黄楝树、焦湾白果树、岁月岛、团山水淹七军古战场、汪湾黄连木、伍子胥故居、格垒咀遗址、汉水庄园、襄樊长虹大桥、宜城三桥（鲤鱼桥、朱栏桥、苏湖桥）、穿天节、茨河红旗葡萄生产基地、汉江光化大桥、月亮湾公园、长丰洲、太平店豆腐、白虎山、北河、六股泉、中洲岛、汉江游乐宫、荆州学业堂、老河口市中山公园、蛮河、三股泉、唐白河、小清河、宜城美食、谷城藤编工艺、谷城羽毛画、谷城中欣根艺厂、襄阳筵、佛道管乐、湖北大越调、三月三、襄阳乐、襄阳小曲、郧阳锣鼓、萧楚女执教处、老河口大仙桃、老河口汉水梨、流水镇西瓜、襄阳楂头编、郧阳城遗址、柴店岗遗址、呼鹰台、鱼梁洲银杏茶、老河口木版年画、游棺、汉江船工号子、花鼓子、老河口玉雕、襄阳刺绣、襄阳花红、襄阳火炮、杨洪胜墓、宜城水晶工艺品、民俗"玩故事"、襄阳大头菜、金刚酥饼	89

注：一级旅游资源为不完全统计，表中所列仅为具有代表性的旅游资源。

历史文化旅游资源。襄阳市境内汉江上段老河口的太平街、谷城老街、茨河下街，主要是以航运商贸文化为代表的建筑群；中段则是以襄阳古城和邓城遗址为代表的军事文化、樊城区的山陕会馆等商贸文化以及古隆中风景区为代表的三国名人文化作为重点；下段则是以楚皇城为代表的楚文化区。

度假休闲型旅游资源。襄阳市境内上段是以汉江游乐宫为代表的水上洲岛度假地，以及承恩寺森林公园为代表的消夏避暑度假地；中段则是以鱼梁洲为代表的现代游乐地和鹿门山为代表的生态休闲体验度假地；下段则是以宜城市流水十里赤山为代表的生态旅游目的地。

2. 沿江岸线资源利用情况

襄阳市地处汉江中游，原为典型的游荡型河道。随着丹江口水库、王甫洲水库以及崔家营航运枢纽的相继建成使用以及"七五""八五"期间航道整治工程的实施，河段的来水来沙条件发生巨大改变，河势基本趋于稳定。截至目前，襄阳市岸线总长 423.5 公里，其中已利用岸线 61.2 公里，未利用岸线 362.3 公里，岸线利用率为 14.4%。

根据《襄阳市汉江（干流）岸线利用控制性规划》，襄阳市辖区内汉江干流部分岸线资源自上而下逐段利用规划情况如表 4-9 所示。

表 4-9　襄阳境内汉江（干流）部分岸线资源利用规划表

序号	辖区	评价单元（河段）	岸线长度（m）	综合评价等级	适宜开发方式	岸线性质
1	老河口	付家寨泵站—梁家营	6094	Ⅱ、Ⅰ	港口功能	港口保护岸线
2		光化大桥下游170m—10KV跨河高压线	2782	Ⅱ	港口功能	港口保护岸线
3		陈埠—老河口市污水处理厂排污口	1223	Ⅱ	港口功能	已利用港口岸线
4		南岗—仙人渡镇	1014	Ⅱ	港口功能	规划港口岸线
5	谷城	张家湾—尖角	1108	Ⅱ	港口功能	港口保护岸线
6		王甫洲泄水闸下游500m—靠山寺泵站	4709	Ⅳ	非港口功能	其他岸线
7		洄流湾—喻家湾	2307	Ⅱ	港口功能	港口保护岸线
8		谢家冲—余家窑	2013	Ⅱ	非港口功能	港口保护岸线
9	襄阳城区	黄龙沟闸～饶家台	1764	Ⅱ	港口功能	港口保护岸线
10		西气东输天然气管道下游500m—汉江三桥上游340m	1738	Ⅱ	港口功能	港口保护岸线
11		新集水电枢纽上游1000m—新集水电枢纽下游1000m	2036	Ⅲ	非港口功能	民生岸线
12		规划鹿门山旅游码头	63	Ⅱ	港口功能	规划港口岸线
12		鱼梁洲	21568	Ⅲ	港口功能	规划港口岸线2673m、民生岸线2254m、特殊岸线16641m
13	宜城	小河—巴家州	3289	Ⅱ	港口功能	规划港口岸线
14		汉水村—麻竹高速襄阳东大桥上游340m	7297	Ⅲ	非港口功能	其他岸线
15		雅口航运枢纽上游1000m—雅口航运枢纽下游1000m	2124	Ⅳ	非港口功能	民生岸线
16		宜城汉江大桥下游170m—官庄闸	5028	Ⅳ	非港口功能	特殊岸线

注：以上节选《襄阳市汉江（干流）岸线利用控制性规划》。

（二）襄阳沿江景观交通网络现状分析

1. 沿江交通设施基础条件

近年来，在襄阳市"一主两副"、汉江流域中心城市建设等战略部署推动下，沿汉江主要旅游交通干道和重点特色旅游景区（点）的可进入性有了较大的改善，初步构建起立体化的旅游交通网络。

铁路方面，有汉丹、襄渝、焦柳三条铁路大动脉交会，形成"一横一纵"格局，蒙华铁路以及汉十高铁、郑万高铁等国家干线铁路相继开工建设，铁路发展即将迈入高铁时代，沿江地区即将成为沟通华东、华北、西北、西南路网的大型铁路枢纽。公路网络四通八达，至许昌、十堰、荆州、孝感等周边城市的高速公路在此交会，G207和G316国道横贯其中，基本形成了以高速公路为主骨架，以国省道为脉络，以农村公路为基础，横穿东西、纵贯南北、沟通周边的公路网格局。航运优势显著，主航道汉江航道通航里程约195公里，现状为Ⅳ级航道，日常维护水深1.6米，可通行500吨级船舶或2000吨级船队，随着汉江梯级开发的全面完成，"十三五"末将达到千吨级航道。航空拥有襄阳刘集机场和老河口机场，襄阳刘集机场为二级机场，在飞航线和通达城市数分别为19条和18座。

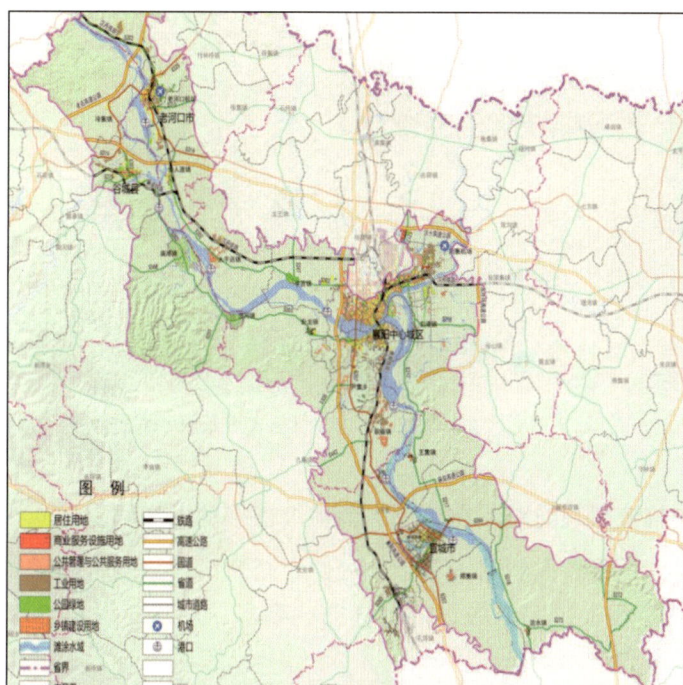

图4-16 襄阳市沿汉江综合交通基础设施网络示意图

优越的交通基础设施条件有利于将襄阳建设成为中国重要的高铁节点城市、国家路网通达中心城市、国家一类航空口岸和全国内河航运主要港口，成为连接武汉、中原、成渝、关中四大城市群的重要枢纽，有利于将汉江经济带打造成为黄金经济带、生态经济带，并为汉江景观交通加速向纵深推进提供有力支撑。

2.沿江景观公路现状特征

目前，襄阳市境内沿江地区已基本形成公路连接区内及周边各市（县）的网络化目标，形成了承东启西、连南接北的快速公路网。随着交通功能的优化和人们对生态景观的追求，景观道路逐步成为沿江道路的建设方向。

一是积极开展沿江景观公路建设实践。沿江经济带生态景观优美，旅游资源丰富，根据汉江生态景观打造和沿江旅游资源开发，各地围绕汉江及周边旅游景点、生态公园等，依托沿江道路建设积极打造了一批景观大道或慢行绿道，已形成老河口梨花大道等景观道路，道路功能以休闲娱乐为主，逐步淡化交通功能，强调其生活性功能。

图4-17　襄阳老河口城区 G316 梨花大道景观工程示意图

二是市郊因地制宜打造景观道路。在市郊，各地加快推动汉江两岸的景观大道建设，加强两侧的生态景观设计，重点依托汉江两侧的国省干线公路，打造沿江景观大道，供机动车行驶。在汉江内缘重点建设亲水景观步道，主要供居民步行休憩、亲水、戏水；汉江外缘重点建设自行车景观道，供人们沿江骑行自行车休闲娱乐。

三是城区积极建设连续景观绿道。在城区，各地在汉江两岸以自行车景观道和亲水景观道建设为重点，推动绿道同两岸景观融为一体，积极打造城市内部居民休闲娱乐的连续景观廊道，在沿江景观廊道外侧建设城市机动车道和非机动车道。同时，围绕沿江公园，在内部及周围重点建设慢行车道，沿水地带建设亲水景观道，为居民提供了安全舒适的休闲空间。

3. 当前存在的主要问题

尽管沿江交通基础设施已具备较好发展基础，但是，交通这一制约旅游发展的瓶颈还没得到根本改变，旅游景区与干线交通和中心城市联系不够，旅游景区可达性不足，各景区之间联系松散，不能形成有效的旅游线路，特别是随着自助游、自驾游逐渐成为主要的旅游方式，现有的旅游交通设施难以适应未来沿江旅游业的发展需求。突出表现在以下几个方面：

一是旅游公路联通水平和技术等级低。沿江干线公路逐步提档升级，道路通行能力、行车舒适度不断提高，但各景点之间联通不畅，尤其是部分乡村游景点的通达性有待提升，"断头路"问题突出，景区与干线公路间联系薄弱。现有旅游公路连接旅游资源的公路技术等级偏低，二级及以上公路所占比重较低，路面质量及通行条件较差，难以达到行车的便捷舒适，旅游服务品质亟待提高。

二是景观道路建设缓慢且不成体系。虽然老河口等地依托沿江公路已在部分路段开展打造景观道路的实践，但总体来看，沿江两岸景观道路建设进展缓慢，且既有景观道路多为分段布置，连续性较差，未成体系。此外，沿江两岸绿道建设相对滞后，没有建设城乡绿道网，尚未形成绿道连接城市、乡村和旅游区的纽带功能。

三是水上旅游交通发展相对滞后。汉江黄金水道建设不断加快，有效促进了沿江经济社会的发展，尽管沿江经济带有着丰富的水上旅游资源，但是沿江旅游码头和配套服务设施建设明显不足，旅游航线开发建设滞后，客船泊位少，水上旅游交通体系没有建立起来，汉江的水上旅游通道功能尚未较好体现，制约了邮轮、游艇等高端旅游产品的开发。尤其是中心主城区以外的旅游码头规划建设滞后，水陆换乘体系尚未建立，影响了水上与陆地旅游资源的整合。

四是旅游交通服务功能不健全。沿江地区旅游景观道路、停车场、旅游标识系统、高速公路游客服务区、游客服务中心、自驾车营地、旅游公共服务体系等配套设施建设滞后，旅游交通服务功能单一，无法满足游客对娱乐、休闲、科普等多方面日益增长的需求。现有公路对旅游景区的标识和指引系统不完备，缺乏旅游游客中心、观景台等旅游服务配套设施，无法适应游客对周边旅游景区清晰识别、提前选择的需要。部分景区周边没有配套的车站、码头和高速公路进出口，严重影响旅游景区的可进入性。

五是新兴旅游交通业态发展缓慢。随着居民生活水平的不断提高，拥有私家车比例逐年攀升，自驾游、个性游市场日益火爆，而沿江地区汽车租赁、汽车旅馆、旅游客车、汽车（房车）营地等业态发展较慢，不能满足沿江生态旅游快速增长的需求。此外，旅游区班车、城市观光巴士、观光游船等大众游览交通工具供给不足，抑制了部分旅游消费。

二、沿江景观交通体系的发展战略

（一）指导思想

全面贯彻党的十九大和习近平总书记系列重要讲话精神，按照"五位一体"总体布局和"四个全面"战略布局，牢固树立和贯彻落实创新、协调、绿色、开放、共享的发展理念，坚持"生态优先"的战略定位，全面落实节约资源和保护环境基本国策，切实加快推进以低碳、生态为特征的绿色景观交通系统建设，集约节约利用资源，加强生态和环境保护，实现交通与自然资源、生态环境协同发展，为构建沿江生态经济带、促进经济社会持续健康发展提供有力支撑。

（二）基本原则

坚持以人为本，满足人们高品质出行需求和提升生活品质的愿望。发展景观交通的根本目的是不断满足人们多样化、高品质的出行需要，这是"以人为本"思想在交通运输领域的具体体现。发展景观交通应尊重生命、保障游客高品质出行的基本权益，注重交通与自然、心理环境的和谐发展。此外，发展景观交通还要考虑到老弱病残等弱势群体的特殊需要，努力创造一个公平、平等的社会环境。

坚持可持续发展，集约节约利用沿江自然资源保护沿江生态环境。牢固树立"绿色发展"理念，加强生态环境保护，综合高效利用土地、通道、岸线及枢纽资源，集约和引导空间综合开发利用。正确处理好经济发展同生态环境保护的关系，把生态环境保护摆在更加突出的位置，自觉推动绿色发展、循环发展、低碳发展。

坚持融合发展，促进慢行交通与自然资源、生态环境融合发展。优化整合交通运输与旅游资源，加快形成交通运输与旅游融合发展的新格局。围绕满足游客不断增长的旅游需求，增强旅游交通有效供给，提升旅游交通服务品质，带动相关产业发展，激发转型发展新动能。

（三）布局方案

沿江交通与水的脉络、自然景观和城市的空间肌理和谐相融，与生态环境的互为促进，是沿江生态景观交通体系设计的重要思路。未来襄阳市沿汉江景观交通体系将以汉江为中心，以沿江旅游资源、生态环境为依托，以绿色航道、景观公路、景观绿道建设为重点，构建形成"一轴两翼三网"空间格局。

一轴：沿汉江绿色生态廊道。以汉江为轴线，融交通于沿江生态景观之中，建成上中下游相协调、人与自然相和谐的绿色生态廊道。

两翼：左、右岸生态景观道。以沿汉江景观公路、绿道为重点，分别构建形成左、右岸两翼生态景观交通系统。

三网：快速公路网、滨江绿道带和景观联络线。快速公路网主要由沿江既有高速公路、国省干线公路构成；滨江绿道带主要由沿江不连续的、可独立成环状的绿道网组成；景观联络线主要由沿江快速路、滨江绿道带与沿江生态景观、人文景观之间的支线公路组成。

（四）发展目标

按照"生态、历史、人文"的理念，通过生态修复、文化挖掘、亲水空间营造和环境保护，突出"保护水环境、优化生态系统、美化景观网络、弘扬汉江文化"等关键环节，把景观交通融入自然生态环境和水文化之中，实现"融交通于景，景即是交通"的目标，为构建"灵秀文润，生态休憩、交景融合的水韵之城"提供支撑。

到 2022 年，建成完善的沿江快速公路网，滨江绿道带和景观联络线建设取得实质性进展，沿江绿色景观体系骨架初步构建形成；到 2035 年，"一轴两翼三网"沿江绿色景观空间格局全面形成。

三、主要任务和重点工程

（一）完善沿江快速路

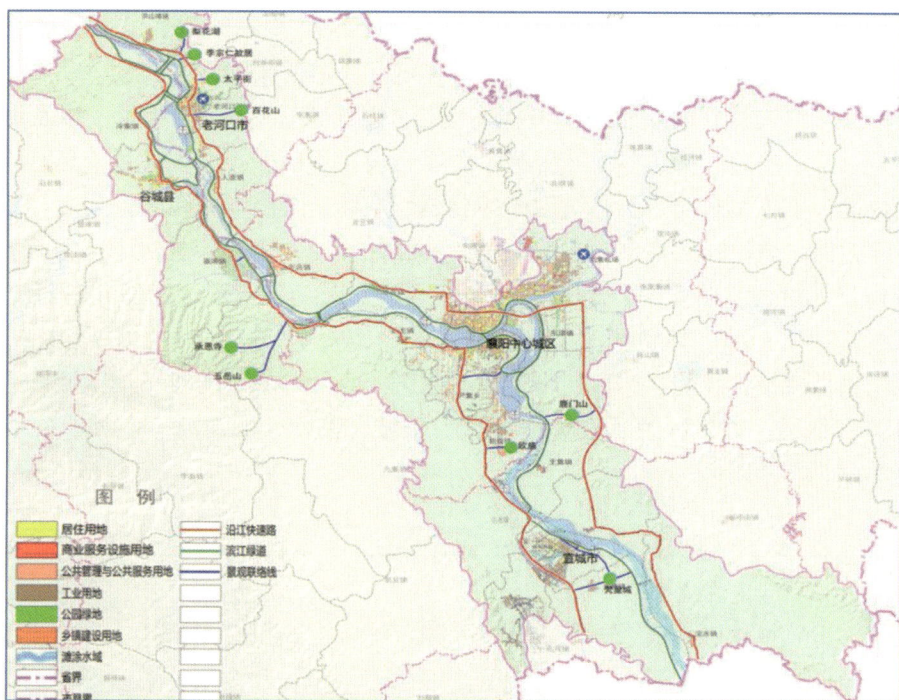

图4-18 襄阳市沿汉江景观快速路网示意图

　　沿江快速路是沿江绿色景观公路体系的重要组成部分，是沿江各旅游景点对外联系最为快捷的运输通道。考虑目前沿江快速路骨架已经形成，未来发展的重点是依托沿江高速公路和国省干线公路网，通过和提级改造，着力构建沿江景观交通快速路系统。规划期内，应尽早完成谷竹高速、麻竹高速和绕城高速公路；加快沿江左岸、右岸国省干线公路改造升级，全面提高沿江公路质量和水平。

专栏4-10　汉江生态经济带沿江快速路重点工程
重点推动汉江左、右岸国省干线公路升级改造。加快推动汉江左岸省道S302丹江口至樊城段、省道S217东津新区至王集镇段改造升级为一级公路；规划建设樊城至东津新区城市快速路；积极推进S217东津新区至宜城段、G346万洋村至官庄村段、Y068官庄村至僧庄村段、S218僧庄村至流水镇段提级改造，设计标准为一级公路。加快推动汉江右岸省道S316丹江口至谷城段、原国道G207襄城区至宜城段升级改造为一级公路；积极推动207国道襄阳市襄州区至宜城段改建工程。加强襄阳城区东外环高速公路建设，缓解城区交通压力。

（二）打造滨江绿道带

　　坚持"以人为本、因地制宜、路景交融"的基本原则，按照"分层分区分类"建设思路，着力打造汉江滨江绿道带。以绿色为基调，打造多特色、全域化、复合型绿道网，建设多维度立体绿道网络。

1. 分层分区统筹布设绿道网

绿道是一种线形绿色开敞空间，通常沿着河滨、溪谷、山脊、风景道路等自然和人工廊道建立，内设可供行人和骑车者进入的自然景观和休闲游憩线路。根据绿道影响范围和目标功能的不同，襄阳市沿江5公里范围内可分层布设市域绿道和城区绿道两张网。

市域绿道网是沿江绿道网的主骨架，主要连接相邻县（市、区）、乡（镇）以及城镇中心城区与城区外的郊野公园、湿地、村庄等；城区绿道主要布设在城镇中心城区，每个具有规模人口的城镇都可以独立成网，主要用来连接中心城区内的公园、广场、游憩空间和风景名胜等。市域绿道从城镇中心城区穿过时，城市绿道将作为市域绿道的一部分，纳入市域绿道网统筹考虑。

结合市域内汉江沿线自然资源、地理交通条件和产业布局，市域绿道重点建设环梨花湖、环王甫洲、环长寿岛—月亮湾、环鱼梁洲等生态绿道和山都古国、隆中—岘山、鹿门寺—南营、宜城—万洋洲等风景绿道带构成的"四环四带"市域绿道，以及谷城—庙滩、仙人渡—太平店、欧庙镇—宜城城乡连接绿道。城区绿道重点建设襄城、樊城、襄州、老河口、宜城、谷城等中心城区绿道系统。

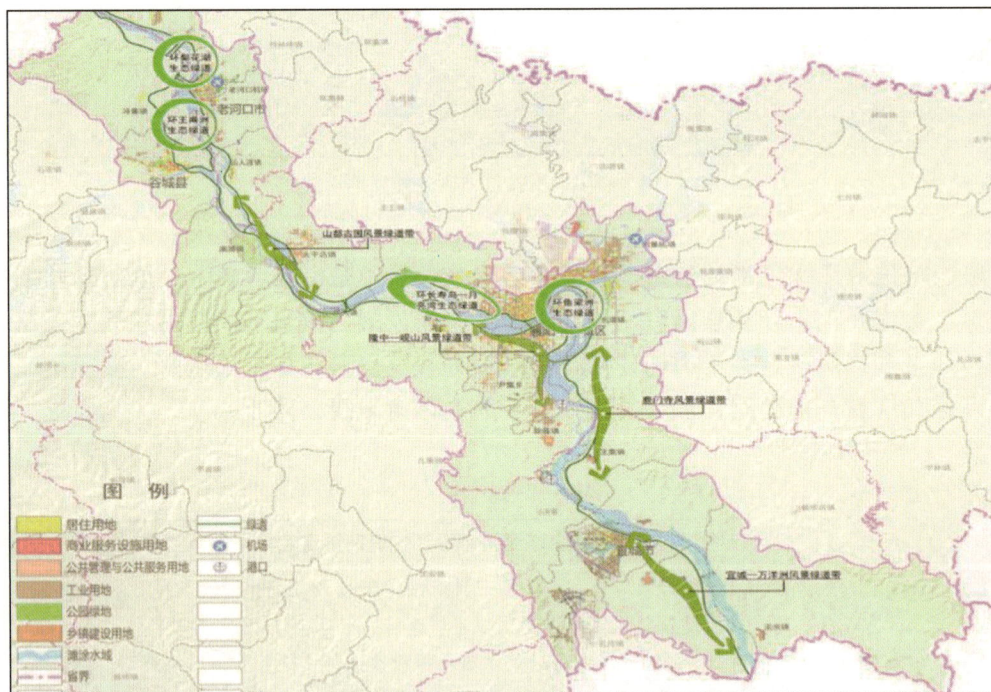

图4-19 "四环四带"市域绿道网空间布局示意图

2. 因地制宜分类建设生态绿道

结合汉江沿线地理地貌、旅游资源分布和交通设施条件，沿江绿道可以划分为城市滨江绿道、城市风光绿道、郊野滨江绿道、山地风光绿道、田园风光绿道等五种类型。其中，前两种类型属于城市绿道，后三种类型是市域绿道常见形式。根据绿道所处地理环境不同，不同类型绿道在不同区域、不同路段可以选择不同的建设模式。

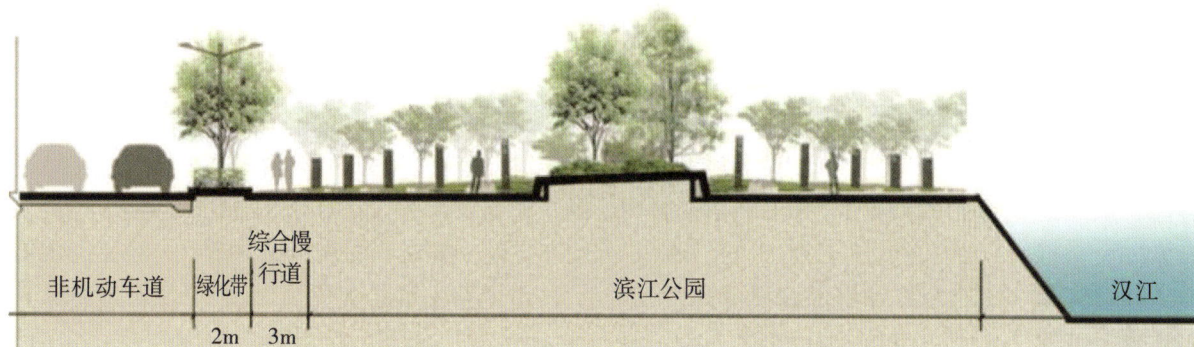

图 4-20 "城市道路 + 综合慢行道 + 滨江公园"型城市滨江绿道示意图

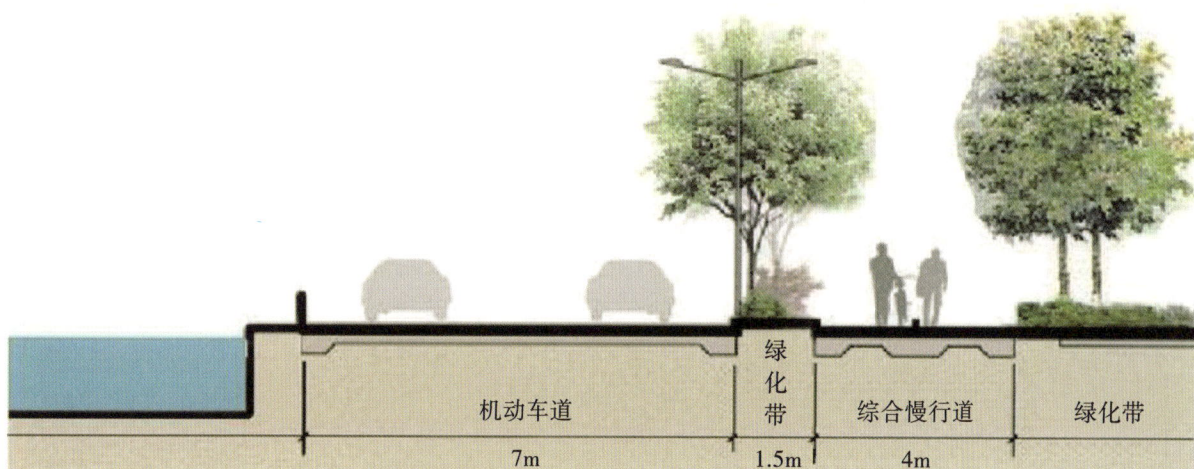

图 4-21 "城市道路 + 综合慢行道"型城市滨江绿道示意图

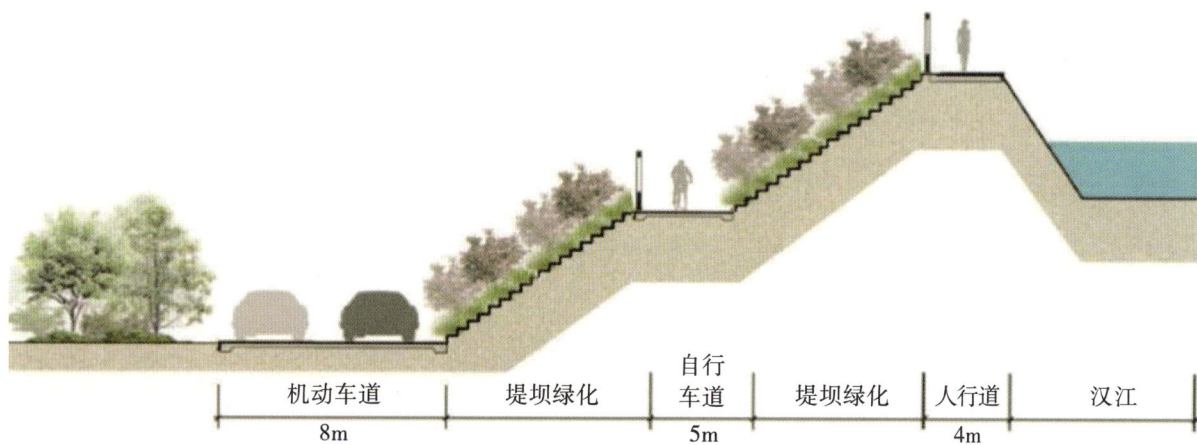

图 4-22 "城市道路 + 江堤绿道"型城市滨江绿道示意图

城市滨江绿道建设模式。城市滨江绿道在城镇中心区临江布设，满足城区人们生活需求，创造亲水的休闲娱乐通道，串联滨江区域自然风景和人文景观，建设亲水平台等多样化亲水设施，构建亲水空间。利用滨水空间构建市民户外娱乐空间，设置游乐、健身等设施，为市民提供更多优质公共活动空间。城市滨江绿道的建设模式主要有："城市道路 + 综合慢行道 + 滨江公园"型、"城市道路 + 综合慢行道"型、"城市道路 + 江堤绿道"型等。

城市风光绿道建设模式。城市风光绿道同样布设在城镇中心区内，虽然不临江，但仍然可视为城市滨江绿道网的重要组成部分。城市风光绿道以"便捷出行，绿色出行"为出发点，结合主城区各主、次干道、支路形成绿道，串联城市的公园广场、文娱设施、文化节点及居住区，为市民提供日常安全、舒适、便捷的绿道通道，丰富市民户外活动空间，同时串联城区文化节点，也是展示城市文化的途径。城市滨江绿道的建设模式主要有："城市道路 + 混合慢行道"型、"城市道路 + 自行车道"型等。

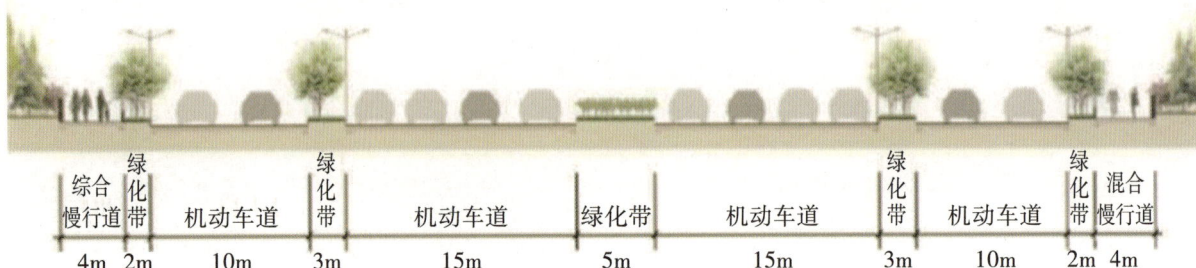

图 4-23 "城市道路 + 混合慢行道"型城市风光绿道示意图

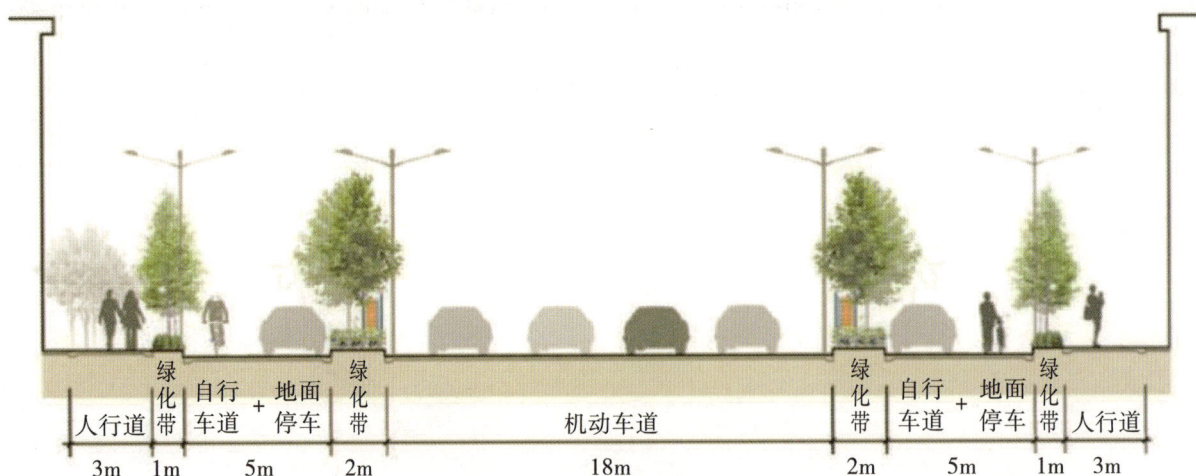

图 4-24 "城市道路 + 自行车道"型城市风光绿道示意图

郊野滨江绿道建设模式。郊野滨江绿道在城区郊外临江布设，串联滨江区域自然风景和人文景观，建设栈道、亲水平台等多样化亲水设施，构建亲水空间。城市滨江绿道建设模式主要有："沿江快速路 + 江堤绿道"型、"沿江快速路 + 综合慢行道"型和"乡村公路 + 自行车道 + 人行道"型等。

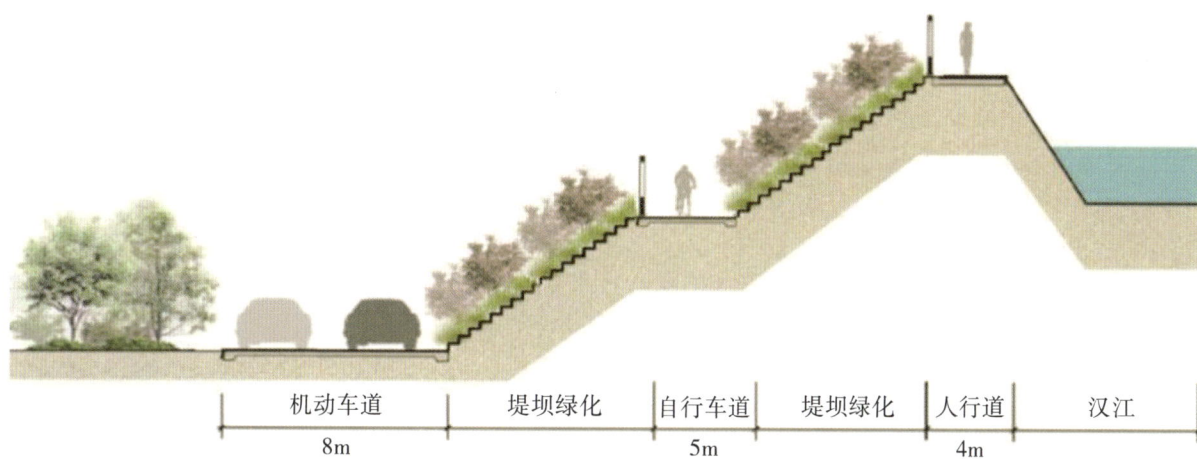

机动车道	堤坝绿化	自行车道	堤坝绿化	人行道	汉江
8m		5m		4m	

图 4-25　"沿江快速路 + 江堤绿道"型郊野滨江绿道示意图

机动车道	绿化带	综合慢行道	绿化带
7m	1.5m	4m	

图 4-26　"沿江快速路 + 综合慢行道"型郊野滨江绿道示意图

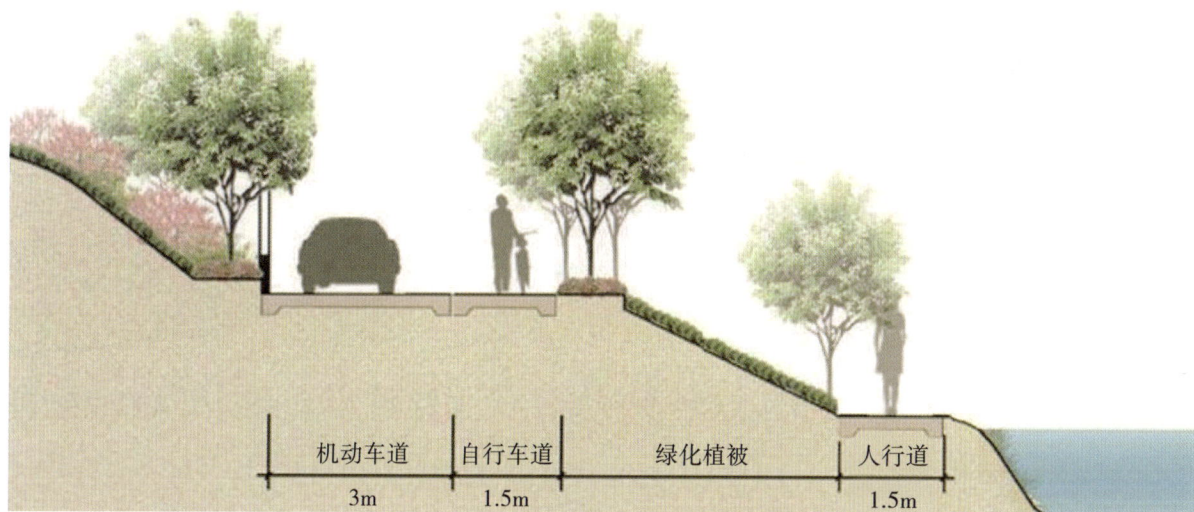

机动车道	自行车道	绿化植被	人行道
3m	1.5m		1.5m

图 4-27　"乡村公路 + 自行车道 + 人行道"型郊野滨江绿道示意图

　　山地风光绿道建设模式。襄阳市沿江地区山地生态环境良好，植被覆盖率高。依托其良好的自然资源，通过跨山栈道、盘山骑行道、登山步道等形式，利用地形地势开展山地运动，为使用者提供多样化的休闲空间，优游山林。山地风光绿道的建设模式主要有："沿江快速路 + 江堤绿道"型、"沿江快速路 + 混合慢行道"型和"沿江快速 + 景观栈道"型等。

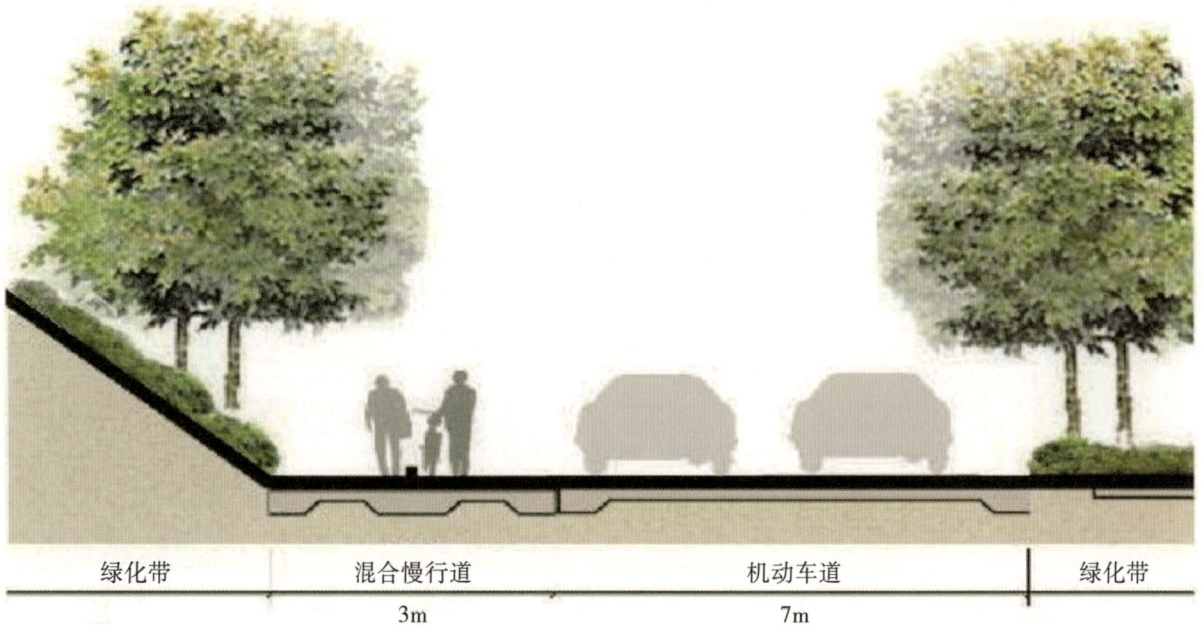

图 4-28 "沿江快速路 + 混合慢行道"型山地风光绿道示意图

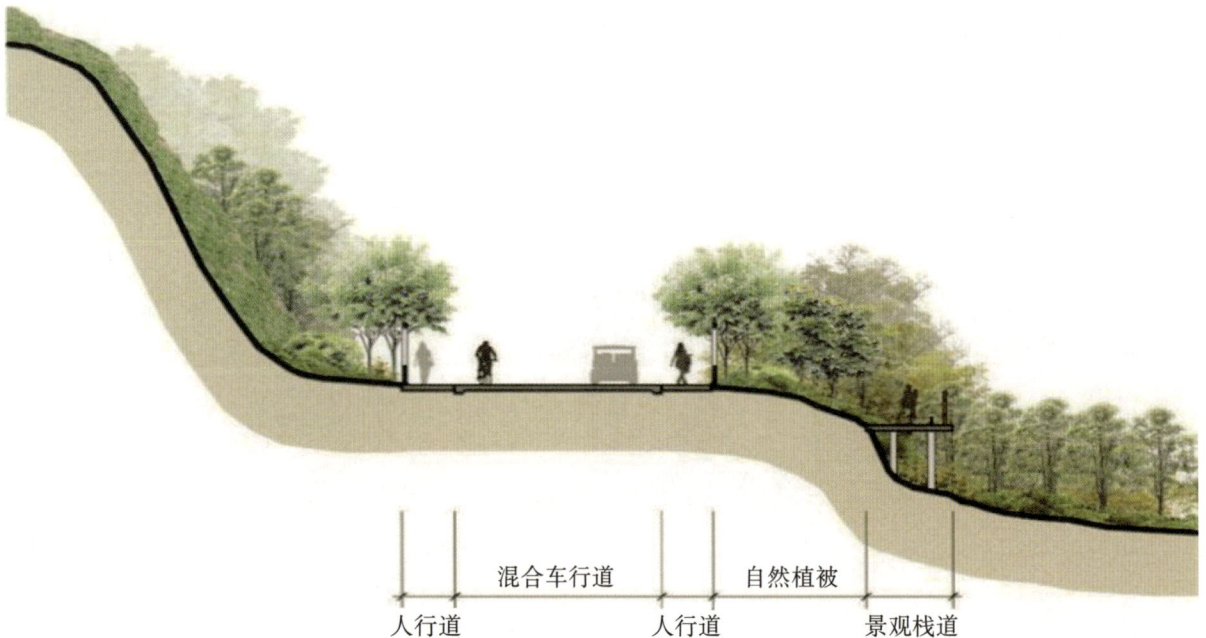

图 4-29 "沿江快速路 + 景观栈道"型山地风光绿道示意图

田园风光绿道建设模式。田园风光绿道以县乡公路、乡村田园道为依托，保留并利用良好的现状植被，增加乡土植物，营造形成富有季节特色的生态廊道。田园风光绿道的建设模式主要是"快速公路 + 混合慢行道"型。

图 4-30 "快速公路 + 混合慢行道"型田园风光绿道示意图

3. 高标准建设绿道支撑系统

沿江绿道主要由慢行交通系统、生态绿廊和服务设施、交通衔接、标志标识、配套设施等 5 个子系统构成。

（1）行交通系统

表 4-10 襄阳汉江生态经济带沿江绿道网慢行道主要类型

序号	慢行道类型	控制宽度参考数值（m）
1	步行道	1.5—3.0
2	登山道	1.2—2.0
3	自行车道	2.0—4.0
4	综合慢性道	2.0—5.0

根据汉江沿江地形地貌和使用者类型的不同，可将沿江绿道的慢行道分为步行道、自行车道、登山道和综合慢行道（指步行道与自行车道合并设置）四种类型。设置慢行道时，从绿道类型、实际宽度和使用者需求考虑，局部受限区域可设置综合慢行道；在使用者较为集中的区域或地形条件允许时，分开设置步行道与自行车道。

（2）生态绿廊系统

生态绿廊系统是绿道的生态基底，起到维护区域生态系统安全，营造生态环境优越、景观资源丰富的游憩空间的作用。市域绿道的绿廊控制宽度一般不小于 100 米，其中位于城镇范围内路段的绿廊控制宽度一般不少于 20 米；城区绿道干线绿廊的控制宽度一般不少于 20 米，空间条件限制大的老城区控制宽度一般不少于 2 米；城区绿道次线绿廊的控制宽度一般不少于 5 米。位于基本生态控制线和绿线范围内的绿道，按照相关规划和管理规定执行。绿廊植物的选择应保持原有生态系统的稳定，坚持"适地适树、快慢结合、层次丰富、自我稳定"的原则，以期获得长期、稳定的景观效果。

沿江绿道的绿廊通常分布在慢行道两侧，主要通过动迁拆违，整合岸线资源，让出景观空间，或者通过自然生态资源保护，展现大江风貌和山水城林特色，或者通过植树造林、人工引导，营造还原自然生态和体现人文情怀的美丽景观。不同片区、不同路段的绿道应各具特色，展现出不同的滨江风格。

（3）服务设施系统

服务设施主要有服务区与服务点。服务区宜结合景区景点、公园、旅游度假区和沿线城镇、村落进行分级集中设置。一级服务区间距不小于25公里，主要承担绿道管理维护，商品租售、休息餐饮、医疗救助和自行车租赁等综合服务以及交通换乘等功能；二级服务区间距不小于8公里。主要承担售卖、租赁、休憩和交通换乘等功能。一般服务点结合当地设施条件灵活设置，主要设置休息点、售卖点等。

（4）交通衔接系统

绿道作为联系城市各种公共空间与生活服务设施的线性空间，在部分线路段与公路、城市道路及公共交通共线或接驳。因此需要考虑绿道与不同交通方式的衔接，借助国道、省道、县道等交通性道路形成转运连接线体系，提高绿道的可达性与便捷性。

（5）标志标识系统

标志标识系统主要包括引导标识、指示标识、名称标识、警示标识、解说标识等。其中：引导标识主要用来标明游客所处的位置；指示标识主要用来标明游览方向和线路信息，游客在绿道中的位置以及提供绿道设施、项目、活动等。名称标识主要用来标明名称命名、相关设施名称等信息；警示标识主要用于安全警示、友情提示；解说标识主要用来标明绿道两侧独特品质或自然与文化特征的差异。

（6）配套设施系统

配套设施系统主要包括环卫、照明、防火、给排水以及应急通信及安全防范等系统。规划布设生态厕所和垃圾桶；在绿道重要节点设置照明设施；配备完善的通信系统以及应急呼叫系统；积极开展绿道防火工程规划设计；优先采用市政给水管网，严禁生活污水排入饮用水源保护地。

专栏4-11　汉江生态经济带绿道重点工程

（一）市域绿道网工程

加快推进环梨花湖生态绿道工程，发挥工程示范作用。积极推动环王甫洲—汉江国家湿地公园、环长寿岛—月亮湾、环鱼梁洲等生态绿道工程建设，构建形成市域绿道网络骨架。规划建设山都古国、隆中—砚山、鹿门寺、宜城——万洋洲等风景绿道带。改造既有国省干道，增加绿道功能，建设谷城—庙滩、仙人渡—太平店、欧庙镇—宜城等城乡连接绿道。

1.环梨花湖生态绿道工程。

环梨花湖生态绿道起于省道S303光华江汉大桥，经老河口市老城区光化街道办、洪山嘴街道办至丹江口，利用国道G241丹江口汉江公路大桥跨汉江至谷城冷集镇，经王康村、宋家洲、李家洲，接省道S303光华江汉大桥，沿途串联老河口中心城区、梨花湖风景区等，全长约40公里。该项工程拟分四段建设：老河口市老城区光华江汉大桥至洪山嘴街道办张家营段为有堤防段，在既有城市滨江路沿江大道的基础上改扩建，全长约3.5公里；洪山嘴街道办张家营至梁家营段为无堤防段，拟新建环梨花湖滨江绿道，全长约4.3公里；梁家营至丹江口汉江公路大桥段利用既有公路原省道S302，扩能改造增加绿道功能，全长约11.2公里；丹江口汉江公路大桥经谷城冷集镇至段光华江汉大桥，利用既有公路省道S316，扩能改造增加绿道功能，全长约21公里。

专栏4-11　汉江生态经济带绿道重点工程

2. 环王甫洲—汉江国家湿地公园生态绿道工程

环王甫洲—汉江国家湿地公园生态绿道由环王甫洲和环汉江国家湿地公园两个闭环绿道组成。环王甫洲生态绿道起于国道G316河谷汉江公路大桥，经老河口市鄚阳街道办梨花大道至省道S303光华汉江大桥，进入谷城冷集镇至汉江国家湿地公园，最终接国道G316河谷汉江公路大桥，全长约25公里。环汉江国家湿地公园位于谷城境内，环绕汉江国家湿地公园核心区，串联神谷天授、风调雨顺、五谷丰登、仙人古渡、湿地漫步等组团景观，全长10公里。

3. 环长寿岛—月亮湾生态绿道工程

环长寿岛—月亮湾生态绿道起于卧龙大道跨江大桥，汉江左岸经月亮湾公园、樊城区兴隆村、牛首村、袁营村至新集枢纽，汉江右岸经新集枢纽、卧龙镇黄河村、光明村至万山景观，最后接卧龙大道跨江大桥，形成闭环线路。该绿道途径月亮湾公园、长寿岛国家湿地公园、万山景区等，全长47.8公里。

4. 环鱼梁洲生态绿道工程

环鱼梁洲生态绿道由四部分组成，一是樊城城区滨江绿道，起于卧龙大道跨江大桥，经沿江大道、江东路至航空路樊城襄州交界，全程约7.2公里，其中新建绿道约1.2公里，既有城市道路改扩建6公里；二是襄州城区滨江绿道，起于航空路樊城襄州交界，经金富士路、鹿门大道等至东村村，全程约15公里，其中新建滨江绿道约8公里，既有公路改扩建7公里；三是襄城城区滨江绿道，起于卧龙大道跨江大桥，经滨江路、滨江大道，至滨江大道与G207交叉路口，全长约16公里，全部在基于城市道路上改扩建；四是鱼梁洲环岛滨江绿道，全长约17公里，其中新建绿道约12公里，既有道路改扩建5公里。

5. 山都古国风景绿道工程

襄阳市樊城区的太平店镇和谷城县的庙滩、茨河、黄畈一带古称山都古国。山都古国生态绿道沿汉江两侧呈带状分布，左岸线为：太平店镇杨家洼—邓家营—赵家湾—新集枢纽，全长约20公里；右岸线为谷城渝家湾村（汉水映像摄影基地）—李家洲—庙港村—茨河镇—小河村—新集枢纽，全长约25.9公里。

6. 隆中—岘山风景绿道工程

隆中—岘山风景绿道呈带状分布，主要串联凤凰温泉、隆中风景区、真武庙风景区、习家池景区、岘山国际文化村等自然和人文景观，全长约70公里。其中：隆中风景绿道起于茨河镇，途经S303、X005、X004等公路，经卧龙镇至襄城区卧龙大道与环山路交界口，全长约25公里；岘山风景绿道起于襄城区卧龙大道与环山路交界口，沿原G207经襄州区环山路、环城南路、胜利街、至宜城市欧庙镇，全长约40公里。

7. 鹿门寺—南营风景绿道工程

鹿门寺风景绿道带起于襄州区东津村，沿S217、X017等既有公路，经鹿门寺风景区、宜城王集镇至南营街道，全长约35公里。其中：王集镇白家巷至汉水村、三洲村、南营街道万洋村新建滨江绿道，全程长11公里。

8. 宜城—万洋洲文化生态绿道工程

宜城文化生态绿道起于宜城市区、沿汉江右岸经窑湾、雅口至万洋洲国家湿地公园，途经宜城博物馆、万洋洲国家湿地公园等，全城约25公里。

（二）城区绿道网工程

结合城镇实际，重点建设襄城、樊城、东津新区、老河口市、宜城市、谷城县等中心城区绿道网络。根据绿道的功能与空间特征，将城区绿道分为干线和次线两个层级，干线结合中心城区重要功能片区和道路设置，次线结合城区内部水系设置。

（三）畅通景观联络线

加强沿江快速路、滨江绿道带与沿江生态景观、人文景观的便捷连接，规划建设一批旅游景观路、特色小镇路、生态产业园区路。按照景观优美、体验性强、带动性大等要求，结合沿江旅游景区景点、旅游风景道等建设，加强旅游公路沿线生态资源环境保护和风情小镇、特色村寨、汽车露营地系统等特色景观路规划建设，形成有广泛影响力的自然风景线、历史人文线、红色文化线。按照"全市大景区"的理念，规划建设乡村旅游景观环线，串联公路沿线乡村、旅游景点、休闲观光农业园区、农家乐、美丽乡村精品村、乡村旅游休闲社区、乡村摄影点、采摘体验点等。

（四）建设跨江景观桥

跨江桥梁不仅是连接两岸最为便捷的交通通道，更是与沿江生态环境、人文景观融为一体的人工建筑物，是人们亲水、赏水和感受自然美景的重要载体。结合汉江两岸人口、产业和生态环境，进行与水系文脉、特色相结合的景观设计，规划建设一批兼备交通、景观功能的跨江景观桥。借助灯光、音乐等视觉听觉效果的渲染，形成生动的"桥水互融，声色渲染，城河互动"的场景。鼓励富有观赏价值的大型桥梁等交通基础设施在设计新建时增加停车、观景、卫生等服务设施，已建成的可结合大修、改扩建增加观景服务等功能。

专栏4-12　汉江生态经济带跨江景观桥重点工程

加快推进国道G316河谷大桥、国道G346宜城汉江二桥、绕城高速公路汉江桥、庞公大桥建设。规划建设国道G207西移改建工程牛首汉江桥、老河口赞阳至谷城冷集汉江大桥、庙滩至太平店镇跨江大桥、宜城小河镇至王集镇跨江大桥、宜城流水至新集汉江大桥（宜城汉江三桥）。

第六节　完善轨道交通基础设施

一、加快构建多层次的铁路网络

形成以高速客运铁路、重载货运铁路、国家普速干线铁路等多层次的、"三纵三横"（焦柳铁路、郑万高铁、蒙华铁路，汉丹铁路、西武高铁、襄渝铁路）"米"字形铁路客货运输网络。建设蒙西至华中铁路煤运通道、西武高铁、郑万高铁襄阳段，加快推进呼和浩特至郑州至南宁高铁襄阳至宜昌段的前期工作，"十四五"建成通车。完成老丹线电气化改造任务。抓住蒙华铁路建设机遇，加快小河港区铁路专用线建设。

专栏4-13　襄阳高速铁路网络联通工程

"十三五"襄阳高铁实现零突破，2020年1小时通达省会武汉，4小时通达首都北京，5小时通达上海。

2022年形成"米"字形高铁网，3小时通达周边主要省会城市，5小时通达成渝、京津冀、长三角和珠江三角等城市群。

2030年襄阳高铁3小时通达湖北周边所有省会城市，与国内主要城市群重点城市直接建立高铁联系。

二、适时建设中心城区城市轨道交通

优先发展城市公共交通，稳步推进城市轨道交通建设。综合考虑人口和产业空间分布等因素，近期规划1号和2号线路，优先连通四大城区，串接三大火车站，重点覆盖老城区，积极引导新城区的发展。远期将根据城市扩张需求，延长 1 号和 2 号线，新建设 3 号和 4 号线。3 号线将襄阳高新技术产业开发区、襄城区、东津新区商住、文化中心与东津高铁站串联，4 号线将襄阳机场与两大新兴产业区紧密相连。结合中心城区空间开发方向，发展市域（郊）铁路。

第七节　提升现代运输服务水平

一、积极打造沿江综合交通枢纽

高标准建设东津高铁站，建成集高铁、公交、地铁、班线客运及旅游包车于一体的功能齐全、换乘便捷的现代综合客运枢纽；在西武高铁、呼和浩特至南宁高铁沿线建设谷城、宜城公铁换乘中心，强化零距离换乘和多种运输方式无缝对接；加密北京、上海、广州、深圳等干线航班，开通山东、贵州等国内新航线，开辟日本、韩国和东南亚等国际航线，改扩建刘集机场为 4E 机场，打造公交、出租车和长途客运等多种客运方式于一体的现代航空客运枢纽，大力发展现代航空货运服务，建设一类航空口岸。结合沿江旅游景区和重点乡镇布局规划，以及汉江沿线旅游码头开发，新建一批集长途客运、公交、出租、旅游包车于一体的旅客集散中心。优化沿江物流园区布局，建成一批临港、临铁、临空的货运枢纽型、综合服务型、多式联运型和城市配送型物流园区。

二、推进沿江城乡客运一体化发展

推动汉江沿江城市公共交通线路向城市周边延伸，推进有条件的地区实施农村客运班线公交化改造，重要旅客景区、产业园区开设定点定时公交。结合乡村旅游发展需要，鼓励发展镇村公交，推广农村客运片区经营模式，实现具备条件的建制村全部通客车，提高运营安全水平。

三、推动运输服务智能化升级

将信息化发展贯穿于交通建设、运行、服务、监管等全链条各环节，以此提高旅客出行体验和货运效率。抢抓"互联网＋"重大机遇，加快互联网与交通运输领域的深度融合，推动沿江交通旅游服务等大数据应用示范，谋划建设交通运输电子政务云平台。选择沿江有条件的综合客运枢纽，率先建设形成旅客出行与公务商务、购物消费、休闲娱乐相互渗透的"交通移动空间"。在刘集机场、东津、谷城和宜城高铁客运枢纽站点提供高速无线接入互联网公共服务，提高信息化服务水平。优化城市交通需求管理，提升城市交通智能化管理水平，实现"一卡通"在全市公共交通出行链的全覆盖。加强交通运输数据保护，防止侵犯个人隐私和滥用用户信息等行为。

四、构建低碳绿色交通运输体系

优化交通运输结构，鼓励发展轨道交通、铁路、水运和城市公共交通等绿色运输方式，逐步开通中心城区到周边乡镇的城市公交，提升公交和市域内长途客运新能源汽车使用比重。提高交通运输资源集约利用水平，统筹利用综合运输通道线位资源、运输枢纽资源、跨江通道线位资源。沿江景观公路体系植入绿色发展理念，完善"人＋绿道＋自行车"绿色慢行交通体系。坚持污染排放源头控制和末端治理并重，实施沿江船舶、港口和 5 公里内枢纽场站等大气污染和水污染防治工程。积极探索交通运输资源循环利用的发展模式，推广使用交通废弃物（废水）循环利用的新工艺和新设备。统筹规划布局线路和枢纽设施，集约利用土地、线位、桥位、岸线等资源，采取有效措施减少交通基础设施的耕地和基本农田占用，提高资源利用效率。

第八节　政策保障措施

一、强化组织协调

各市直有关部门要按照职能分工，完善相关配套政策措施。沿江市区县要紧密结合发展实际，细化落实规划确定的主要目标和重点任务，为规划实施创造有利条件。加强与省、中央等相关直管部门对接，协调推进重大项目、重大工程。建议由市政府牵头成立市绿道规划建设办公室（简称绿道办），绿道办负责研究制定绿道总体规划及详细规划，组织协调各部门支持旅游建设工作；研究制定《襄阳市绿道管理办法》，督促检查和考核绿道建设和管理。向省和长航局等有关部门建议和积极申请将汉江航道及梯级枢纽联合指挥平台永久落户在襄阳，并建立常设办公室，形成（月、季）年度协调会议机制。

二、创新筹资方式

交通基础设施具有一定程度的公益性，各级政府应加大对财政投入和政策支持。部分交通基础设施具有较强的市场经济价值，应多渠道筹集资金，鼓励结合产业发展、园区开发等，形成增值资金补偿投资的良性循环效应，在有条件的项目上推动政府与社会资本合作（PPP）模式的应用，确保交通项目建设与运营。继续积极争取省和中央投资、转移支付和政策性贷款的支持，尤其要持续跟踪国家发展改革委、交通运输部等在交通枢纽、集疏运体系、多式联运、交通旅游融合一体化等领域资金政策的实施情况。鼓励和引导社会资本进入航电枢纽，完善收费机制。支持港口集团申请设立港航产业发展基金，以财政拨款撬动社会资本、商业化运营，推动襄阳港航事业快速发展。

三、推进重点项目

相关部门要加大项目前期工作力度，把基础性工作做深、做细、做实。要加强服务保障，创新思路，确保重点项目用地需要，满足项目建设的资金需求。特别要加大项目管理力度，加强安全管理，强化责任落实，确保重点项目建设目标任务如期完成。结合国家和区域政策，积极谋划一批成熟项目，争取纳入国家和区域的试点计划。重点推动国家相关规划中涉及本区域的枢纽、航道、港口项目加快前期论证，尽快落地实施；支持襄阳港申报国家内河主要港口；争取襄阳自贸片区扩区将小河港区和唐白河港区纳入等。

四、加强监测评估

实行规划评估制度，强化对规划实施情况的跟踪分析，加强监测评估能力建设和统计工作，及时分析规划实施过程中出现的新情况新问题，并采取措施协调解决。积极引导和鼓励企业、社会组织和个人参与绿道规划、建设和管理工作。在绿道规划建设管理阶段，通过多种方式征求公众意见，鼓励社会团体和个人自愿参与。

第五章　沿江城镇化建设研究

　　襄阳汉江生态经济带是长江经济带的有机组成部分，也是南水北调中线工程的重要影响区，发挥着承东启西、连南接北的纽带作用，在襄阳经济社会发展中具有重要的战略地位，湖北省专门颁布了《湖北汉江生态经济带开放开发总体规划（2014—2025年）》，坚持绿色、市场、民生三维纲要，以生态文明建设为主线，推进汉江综合开发。国家"十三五"规划纲要明确提出"推进汉江生态经济带建设"，国务院批复并由国家发展改革委颁布实施《汉江生态经济带发展规划》，这为襄阳沿江新型城镇化建设提供了重要机遇，也为襄阳加快建设长江经济带重要绿色增长极、汉江流域中心城市以及省域副中心城市（一极两中心）提供了强力支撑。本研究范围包括襄阳城区（含襄城区、樊城区、襄州区），宜城、老河口、谷城城区及沿江10乡镇，期限为2018—2022年，远期展望2035年。

第一节　沿江城镇化建设基础背景

　　当前，国家正在深入推进实施长江经济带战略，在"共抓大保护，不搞大开发"理念的指导下，长江经济带正迈入高质量发展的关键时期。以长江的最大支流——汉江为载体的生态经济带建设，在国民经济发展和人口集聚中发挥着重要作用。襄阳沿江地区城镇化率刚刚超过50%，仍处于城镇化较快发展的重要阶段。作为汉江流域重要增长极，本区域城镇化的快速健康发展，对于拉动汉江流域城镇化高质量发展具有重要作用。

一、沿江城镇化发展现状特征

　　襄阳沿江城镇化水平持续提高，城市综合实力显著增强，市政基础设施日趋完善，城市公共服务能力明显提升，沿江城镇带已经成为襄阳推进新型城镇化建设和集聚人口与产业的主要空间载体。

（一）沿江地区城镇化进程较快

　　整个襄阳正处在城镇化快速推进的阶段。2011—2016年，襄阳市城镇化率从52.0%提高到58.5%，累计提高6.5个百分点，年均提高1.3个百分点，高于同期湖北省和全国平均水平。2016年，襄阳市城镇化率继续保持在全省、全国的领先地位，高于湖北省0.4个百分点，高于全国1.1个百分点。

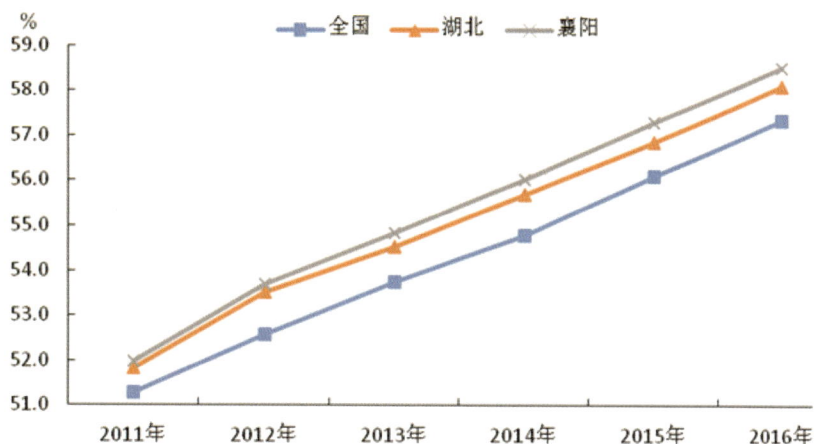

图 5-1　2011—2016 年襄阳市常住人口城镇化率

襄阳沿江县市区城镇化速度快于全市平均水平，是襄阳市新型城镇化建设的排头兵。2011—2015 年，襄州、谷城、宜城、老河口等沿江县市区城镇化率分别提高了 6.87、6.48、6.17、5.84 个百分点，提高幅度均高于全市的 5.3 个百分点。

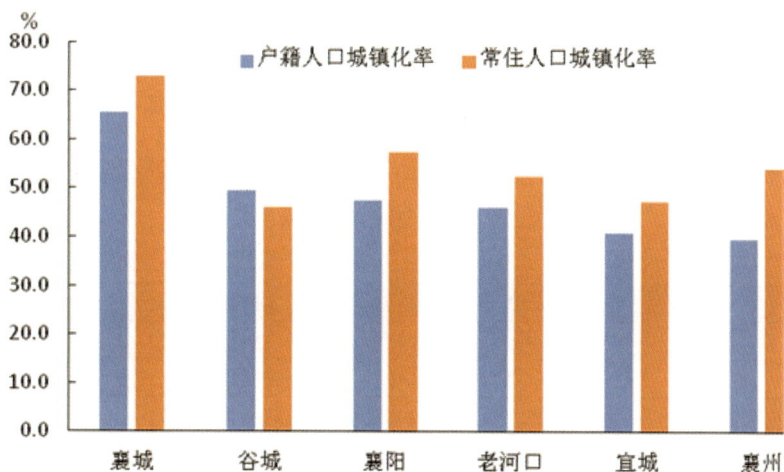

图 5-2　2015 年汉江襄阳段沿江县市区城镇化率

（二）沿江城镇带城市首位度高

受地形地貌等因素限制，汉江襄阳段沿江地区人口大部分都集中在襄阳市区或县城城关镇，城市首位度高，核心带动作用明显。首先，襄阳城区的核心带动作用非常明显。襄城区、樊城区、襄州区集聚的人口数量明显多于其余城镇城区。上述三区各自人口规模是沿江城镇城区平均人口规模的 3—7 倍；三区作为襄阳城区整体规模的两城市和四城市首位度①分别高达 8.55 和 3.44，远高于

---

① 人口预测参考了《湖北省新型城镇化规划（2014—2020 年）》中城市规模等级定位、《襄阳市城市总体规划（2011—2020）》《老河口市城乡总体规划（2013—2030）》《湖北省谷城县城市总体规划（2008—2020）》《宜城市城乡总体规划（2017—2030）》。

平均集聚度指标2和1①。从全境总人口来看，三区全境总人口规模的两城市和四城市首位度分别为7.81和3.16。其次，沿江其他城市人口呈现向各自中心城区集中的特征。沿汉江自上游往下，流域内老河口、谷城、宜城中心城区的人口规模的两城市首位度分别是12.65、7.55、6.36，全域常住人口规模的两城市首位度分别是7.68、4.12、2.36，远远高于平均集聚指标2。

表5-1　汉江襄阳段沿江城镇城区常住人口规模

单位：万人

城镇	常住人口	城镇	常住人口
洪山嘴镇	1.76	雷河镇	1.2584
老河口城区*	22.266	卧龙镇	3.25
仙人渡镇	1.54	欧庙镇	2.85
冷集镇	1.07	尹集乡*	1.23
谷城城区*	14.5	牛首镇	2.29
庙滩镇	1.92	小河镇	2.91
茨河镇	0.19	王集镇*	0.52
襄城区*	46.1204	郑集镇*	1.5
樊城区*	60.3	流水镇*	0.63
襄州区*	83.9	宜城城区*	18.5
太平店镇	3.46	南营街道办*	0.48

注：1.老河口城区包括酂阳街道、光化街道，以及李楼镇部分地区；谷城县城区包括城关镇和开发区；宜城城区包括鄢城街道。2.标*数据根据调研获得；其余数据来自《中国县域统计年鉴2016》。

表5-2　汉江襄阳段沿江城镇全域常住人口规模

单位：万人

城镇	常住人口	城镇	常住人口
洪山嘴镇	3.9046	雷河镇	4.0125
老河口城区*	30	卧龙镇	8.154
仙人渡镇	3.2092	欧庙镇	7.2367
冷集镇	5.8312	尹集乡	2.2664
谷城城区*	24	牛首镇	8.2232
庙滩镇	4.6032	小河镇*	6.0780
茨河镇	1.7366	王集镇*	4.4367
襄城区*	50.17	郑集镇*	8.5158
樊城区*	100.2	流水镇*	4.8955
襄州区*	83.9	宜城城区*	20.1
太平店镇	8.9731	南营街道办*	4.2924

注：1.老河口城区包括酂阳街道、光化街道，以及李楼镇部分地区；谷城县城区包括城关镇和开发区；宜城城区包括鄢城街道。2.标*数据根据调研获得；其余数据来自《中国县域统计年鉴2016》。

---

① 首位度代表了城镇体系中的人口规模最大城市的集中程度。两城市首位度用首位城市人口规模（P1）与第二位城市人口规模（P2）之比进行计算：S=P1/P2；四城市首位度用首位城市人口规模（P1）与第二至四位城市的人口规模（P2+P3+P4）之比进行计算：S=P1/（P2+P3+P4）。

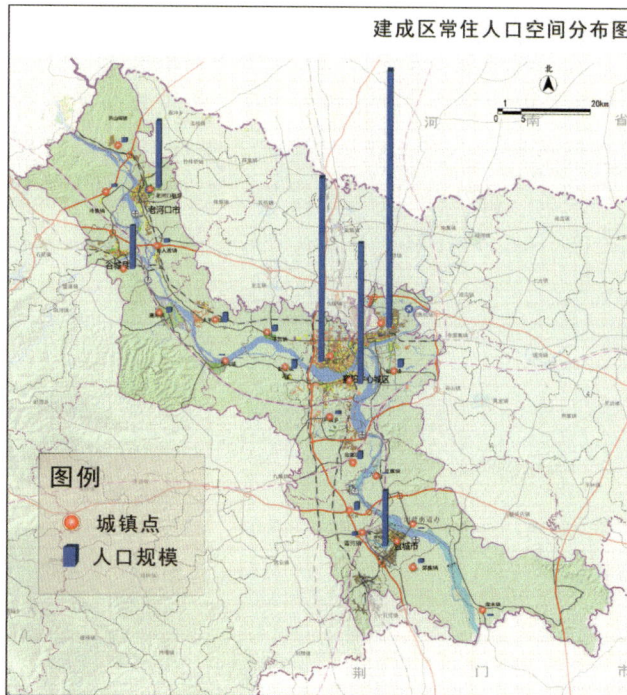

图 5-3 汉江襄阳段沿江城镇城区常住人口空间分布

图 5-4 汉江襄阳段沿江城镇全域常住人口空间分布

（三）城市基础设施建设不断完善

中心城区市政基础设施日趋完善，城市用水、燃气、污水处理、垃圾处理等服务基本普及，城区供水管道、排水管道和路网不断加密，设施能力和服务水平不断提高。沿江县市经过长期探索，在部分基础设施领域取得重要进展，宜城市、老河口市入选国家新型城镇化试点城市，老河口、谷城探索组团式发展，在重大基础设施互联互通方面迈出重要步伐。重点乡镇加快补齐基础设施短板，沿江乡镇生活污水处理厂（站）全面开工，"气化乡镇"工程稳步推进，"村村通客车"全面覆盖，正在积极探索"户收集、村集中、镇转运、市处理"的城乡生活垃圾一体化处理模式。特色镇加快规划建设，仙人渡镇入选全国第二批特色小镇，卧龙镇、牛首镇、太平店、仙人渡、小河镇入选全国重点镇。

表 5-3　襄阳市基础设施状况

	襄阳		老河口		宜城		谷城	
时间	2011 年	2015 年	2011 年	2015 年	2011 年	2015 年	2011 年	2015 年
用水普及率（%）	96.72	100	100	98.98	100	95.19	—	94.69
燃气普及率（%）	99.26	99.49	96.83	93.75	96.11	93.88	—	95.46
建成区供水管道密度（公里/平方公里）	7.44	6.66	8.04	8.23	6.44	5.64	—	6.84
建成区排水管道密度（公里/平方公里）	7	7.08	8.44	10.03	8.32	7.75	—	5.35
人均道路面积（平方米）	15.83	18.08	15.02	18.28	16.69	19.52	—	13.85
污水处理率（%）	87.77	92	90.83	91.98	81.14	92.71	—	80.27
人均绿地面积（平方米）	10.5	12.65	9.14	9.18	8.38	11.77	—	7.54
生活垃圾处理率（%）	88.37	99.56	83.11	93.19	100	100	—	—

资料来源：《中国城市建设统计年鉴2011》《中国城市建设统计年鉴2015》《中国县城建设统计年鉴2015》。

（四）城市公共服务设施水平不断提升

中心城区和县城教育、医疗、文化等基础设施不断完善。襄阳技师学院东津新校区一期竣工使用，襄阳中心医院东津院区投入运行，新建市图书馆、市群艺馆、市美术馆和市博物馆，四馆新馆建筑面积13.63万平方米。加快补齐乡镇公共服务短板。启动公共服务一体化信息平台建设，牛首镇和太平店镇实现镇所在地社区和中心村公共服务一体化信息平台全覆盖。推动义务教育学校标准化建设和农村义务教育寄宿制学校"五有配套"建设，学校设施大幅改善。实施村卫生室、社区卫生服务中心标准化建设，沿江所有的村卫生室全部达到"五化"标准。新建群众文化活动场所，沿江村（社区）100%建有共享工程基层服务点，实现了农家书屋全覆盖。

表 5-4　襄阳市公共服务状况

		谷城		老河口		襄阳		宜城	
		2011 年	2015 年	2011 年	2015 年	2011 年	2015 年	2011 年	2015 年
普通中学在校学生数	人	24570	19720	24199	18585	45777	28175	25399	19336
小学在校学生数	人	38097	34033	34588	33992	64373	56700	27799	28256
医疗卫生机构床位数	床	1837	3328	1358	2600	3163	3653	1364	2819
各种社会福利收养性单位数	个	1	27	16	17	61	54	35	18
各种社会福利收养性单位床位数	床	346	3320	1840	2615	3698	5806	2776	1764

资料来源：《中国县域经济统计年鉴2012》《中国县域经济统计年鉴2016》。

二、沿江城镇化发展存在的主要问题

一是基础设施不配套制约城镇发展。与建设长江经济带重要绿色增长极的目标相比，沿江城镇市政基础设施难以满足环境治理需要。汉江是襄阳城市的主要饮用水源，而上游地区"化工围城"和"化工围江"，污水处理能力和污水处理标准亟待提升，确保汉江绿水长清存在很大隐患。沿江农村生活垃圾治理起步较晚，农村居民点的点源污染和农业面源污染尚未得到有效治理，成为影响汉江水质的重要威胁。沿江乡镇旅游资源丰富，但基础设施投入不足，支撑新兴业态的交通体系尚待建立，造成沿江城镇特色化发展不足。

二是城市建设资金市场化程度不够。沿江城镇建设资金来源渠道狭窄，缺少上级资金支持。2015 年襄阳市城镇建设资金 99% 来自自筹资金，而国家预算资金比例为 0，县（市）级财政拿不出更多的资金用于城镇建设和发展。此外，沿江城镇建设没有充分利用金融工具，比如国家正在积极推广 PPP 模式推进城市建设，鼓励社会资本通过特许经营、合资合作、投资补助等方式，根据运营收费与投资成本关系，合理灵活选择 BOT、BOOT、BOO 等 PPP 模式，参与基础设施项目的建设、管理和运营。目前国内贷款、债券、利用外资等市场化融资手段一般占到城市建设资金来源的 30%，但襄阳尚未充分开发这一融资渠道。沿江的县城、乡镇利用金融工具渠道窄、难度大，特色城镇前期项目储备少、落地难。

三是土地利用粗放和用地指标紧缺并存。上游化工园区多，规划管理水平不高，用地较为粗放。余家湖化工工业园、太平店化纤纺织工业园、谷城再生资源产业园、老河口循环经济产业园和陈埠科技产业园布局了大量化工及涉重金属产业集中区，重污染企业相对集中，在襄阳的"水缸"上面布局了诸多污染源，对汉江水质和中心城市发展构成很大的潜在威胁。下游襄城区文化旅游项目建设周期长、用地多，导致土地用地指标紧张，很多项目因为缺少用地指标无法落户。乡镇规划水平滞后，宅基地分散凌乱，用地粗放。

三、沿江城镇化发展重大机遇与挑战

（一）面临机遇

一是"一极两中心"战略。湖北省十一次党代会提出加强襄阳省域副中心建设，支持襄阳加快建设成为汉江流域中心城市和长江经济带重要绿色增长极的"一极两中心"战略，为推进襄阳沿江城镇化建设明确了方向，有利于按照生态优先、绿色发展的理念，统筹汉江流域上下游和左右岸，共抓汉江流域大保护，下大力气调整沿江产业结构，推进沿江城镇建设转型升级。

二是新型城镇化战略。《国家新型城镇化规划 (2014—2020 年)》的出台实施，为汉江襄阳段沿江城镇化建设指明了方向。有利于按照以人为本和城乡一体化发展理念，推进沿江城镇在人口、土地、投融资、生态文明、农业现代化和体制机制等方面进行大胆探索。进一步优化城市空间结构，做大做强中心城市，推动东津、庞公等城市新区加快发展，推进特色乡镇建设，形成大中小城市和小城镇协调发展的格局。

三是乡村振兴战略。党的十九大报告提出了实施乡村振兴战略的总要求，就是坚持农业农村优先发展，努力做到"产业兴旺、生态宜居、乡风文明、治理有效、生活富裕"。乡村振兴战略的实施，有利于沿江农民充分分享城镇化建设成果，进一步激发农村发展活力，同时深化沿江农村土地制度改革，推进宜城农村土地制度改革三项试点，不断释放农村生产要素，统筹城乡发展，加快城乡融合，建设美丽乡村，改善乡村面貌，完善乡村基础设施和基本公共服务，构建城乡互动的良好发展格局。

四是中部地区崛起战略。沿江城镇带是中部地区崛起的重要支点，中部崛起"十三五"规划提出了"一中心、四区"的战略定位，为推进襄阳沿江城镇带深度融入长江中游城市群，加强与周边地区互联互通，为襄阳沿江城镇化建设寻求更加广阔的发展空间和市场。

五是汉江生态经济带建设。国家已经印发《汉江生态经济带发展规划》，湖北省已经印发实施了《湖北汉江生态经济带开放开发总体规划（2014—2025 年）》，汉江生态经济带在湖北省和国家的战略地位不断提升，有利于汉江襄阳段沿江地区探索流域综合开发与人水和谐新模式，推进汉江流域绿色发展、高起点构建现代产业体系和生态城市群，进一步壮大襄阳在汉江流域的中心城市地位。

（二）主要挑战

一是共抓大保护的绿色发展理念对沿江城镇转型升级提出了更高要求。汉江生态经济带沿线重污染企业较多，特别是化工产业比重较高，存在"化工围江"和"化工围城"的问题。新形势新理念对汉江生态经济带人口、资源、环境和生态可持续都提出了更高要求，沿江城镇化建设必须把不破坏生态环境作为前提，优化沿江城镇空间布局，推进沿江城镇转型发展，满足人民对美好生活的向往。

二是条块分割、多头管理的行政管理体制不适应沿江流域综合开发的需要。汉江生态经济带属于跨行政区域，涉及多个区县和乡镇，同时接受水利、环保、交通、林业、农业、国土、住建等相关职能部门管理。在推进沿江城镇建设上，相关部门"多龙治水"形式上集中了各方力量，但由于统得不够、分得无序，客观上存在部门从局部利益出发，难以实现流域统筹管理，导致管理碎片化，难以适应统筹上下游、左右岸、水岸城、干支流、开发地区与保护地区的流域综合开发新模式。

三是周边地区在加快发展，沿江城镇化建设面临高端要素竞争压力。推动沿江城镇化高质量建设需要集聚高端要素。目前，武汉、宜昌、南阳、安康、信阳等周边城市都在加快城镇化进程，不断提升城镇化建设质量。在我国经济进入新常态的宏观背景下，区域间围绕高端人才、资金、技术的竞争更加激烈，对襄阳沿江城镇带如何在激烈的市场竞争中提升其对人口和产业的集聚能力，在保持绿色发展的同时不断提升沿江城镇的综合竞争力提出了严峻挑战。

四、沿江城镇化发展重要意义

襄阳沿汉江流域城镇带地处汉江流域中游，紧邻丹江口水库，是襄阳人口、产业集聚的重点区域，是襄阳精心打造长江经济带重要绿色增长极、建设省域副中心城市和打造汉江流域中心城市的重要战略支撑区域，有序推进沿江城镇化规划建设具有重要的现实和战略意义。

一是有利于推进襄阳建设长江经济带重要绿色增长极。推进襄阳汉江生态经济带绿色发展是促进长江经济带共抓大保护的重要组成部分。深入贯彻绿色发展理念，加快补齐沿江城镇污水处理和垃圾收集转运处理等基础设施短板，优化布局城镇建设项目，促进城镇人口、产业与生态环境有机共融，构建人水和谐的流域城镇化建设新格局，可为襄阳建设长江经济带重要绿色增长极提供有力支撑。

二是有利于进一步提升襄阳双中心地位。优化城镇空间布局，做强中心城区，做优县城，打造一批特色精品小城镇，完善城镇基础设施网络，提升城乡基本公共服务水平，完善城镇功能，提高综合承载力，增强城区、县城和特色小城镇对产业绿色发展、城镇人口集聚和生态环境保护的载体作用，彰显汉江流域城镇带人文魅力，有利于服务支撑襄阳加快建成名副其实的省域副中心城市和汉江流域中心城市。

三是有利于探索流域新型城镇化建设模式。襄阳汉江两岸城镇因江而建、因江而兴，汉江水系是沿江城镇建设的生态本底。优先推动汉江流域水系生态保护，统筹汉江两岸和上下游基础设施建设，充分彰显汉风楚韵特色，绿水串城式推动建设各具特色的滨水亲水新型城镇，积极探索生态环境保护、城镇人口集聚、特色风貌打造等为一体的流域新型城镇化模式，为全国同类地区新型城镇化建设提供示范。

四是有利于促进流域人口产业统筹布局。统筹汉江流域上下游、左右岸的城镇、农业和生态空间发展，以中心城区、重要城镇组团和特色小城镇为载体，打破行政区划阻隔和城乡二元分割，推动城乡融合发展，引导人口、产业向承载力较强的城镇集聚，有利于促进襄阳汉江流域人口合理集聚、生态有机保护、环境集中治理和生产高效集约。

第二节　沿江城镇化建设总体思路

随着 2018 年《中共中央国务院关于实施乡村振兴战略的意见》和《汉江生态经济带发展规划》的颁布实施，为汉江生态经济带襄阳沿江城乡互动提供了难得的契机。汉江生态经济带襄阳沿江城镇化建设正处在转型升级的关键时期，要按照《汉江生态经济带发展规划》要求，围绕襄阳"一极两中心"的发展战略目标，统筹流域上下游、干支流、左右岸，促进城乡良性互动发展，构建"绿水串城"、富饶、美丽、幸福的新型城镇化格局。

一、指导思想

全面贯彻落实党的十九大精神以及中央城镇化工作会议精神，以习近平新时代中国特色社会主义思想为指导，认真落实党中央、国务院决策部署，牢固树立和落实创新、协调、绿色、开放、共享的发展理念，按照"五位一体"总体布局和"四个全面"战略布局的要求，坚持走以人为本、四化同步、优化布局、生态文明、文化传承的特色新型城镇化道路，顺应汉江流域自然规律和城镇化发展规律，围绕襄阳构建"一极两中心"的战略目标，按照"多规合一"的战略部署，统筹流域上下游和左右岸，促进水、路、港、岸、产、城融合发展，不断优化"一核心、两组团、多支点"的城镇空间布局形态，以汉江生态经济带中的重点城镇为主要空间载体，以人的城镇化为核心，以提高城镇发展质量为关键，以土地、投融资、规划、行政管理等体制机制创新为动力，不断完善城镇功能，推动沿江城镇协调有序发展，按照"在建一批、开工一批、储备一批、谋划一批"滚动发展的思路，超前谋划城镇化建设的重大工程，充分释放新型城镇化蕴藏的巨大内需潜力，构建生态环境优美、居民生活富裕、城镇功能完善、创新活力十足、汉风楚韵特色明显的城镇带。

二、基本原则

根据汉江的自然条件和遵循沿江城镇化的规律顺势而为，以更大的决心、更明确的目标、更有力的举措，推动襄阳沿江城镇建设全面升级、城乡良性互动、沿江居民全面发展，谱写新时代沿江城镇建设新篇章。

（一）坚持生态文明，促进绿色集约发展

把加强生态环境保护、促进人与自然和谐相处放在沿江城镇化建设的首要位置，并按照长江经济带"共抓大保护，不搞大开发"的要求，围绕建设长江经济带绿色增长极的目标，把生态文明理念融入沿江城镇化建设全过程和全领域，着力推进绿色城镇建设，切实扭转"化工围城"和"化工围江"的空间格局，推进城镇转型发展和集约高效发展，实现保护与发展的内在统一与相互促进，满足新时代人民对新型城镇化的新需求。

（二）坚持绿水串城，促进流域一体化发展

尊重汉江流域自然规律和城镇化发展规律，依托汉江水系脉络和主要交通网络，协调好上游与下游、干流与支流、左岸和右岸、城镇与乡村之间的关系，构建"绿水串城"、城乡互动的空间发展格局。按照山水林田湖草生命共同体的理念，守好生态保护红线、环境质量底线和资源利用上线，推进沿江环境综合治理，以完善城镇基础设施为抓手，推进汉江流域环境综合整治，注重保蓝增绿、蓄疏结合，统筹汉江流域航运、发电、灌溉、防洪、蓄水等功能，统筹沿江城镇功能提升和生态修复。

（三）坚持以城带乡，促进城乡统筹发展

以沿江城镇为主要空间载体，促进人口向城镇集中、产业向园区集中，推动信息化和工业化深度融合、工业化和城镇化良性互动、城镇化和农业现代化相互协调，促进城镇发展与产业支撑、就业转移和人口集聚相统一。推进产业融合发展，形成以工促农、以城带乡、工农互惠、城乡一体的新型工农和城乡关系。以沿江乡镇为据点，围绕重点村和中心村，科学推进城镇基础设施建设向乡村延伸，促进重点村和中心村社区化发展，以沿江城镇带建设带动乡村振兴，通过沿江城镇化建设带动农业变强、农村变美、农民变富。

（四）坚持文化传承，促进特色化发展

要深入挖掘好、保护好、传承好、利用好以汉江文化为重点的历史文化资源，深入挖掘汉江优秀传统文化蕴含的思想观念、人文精神、道德规范，结合时代要求继承创新，坚持创造性转化、创新性发展，让汉江文化展现出永久魅力和时代风采。在恢复历史文脉肌理的基础上置入新的城市功能，古为今用，提升襄阳沿江城镇带文化创新活力。根据襄阳沿江城镇的自然历史文化禀赋，充分彰显汉水文化和青砖黛瓦的荆楚特色，提倡形态多样性，防止千城一面，发展具有历史记忆和汉风楚韵特色的美丽城镇带。

（五）坚持以人为本，促进创新发展

坚持以人民为中心的发展思想，促进沿江城镇建设体制机制创新，不断满足新时代下人民对美好生活的向往，共享现代化建设成果，增强人民的获得感和幸福感。以宜城新型城镇化综合试点为契机，以沿江城镇为主要依托，围绕绿色城镇、低碳城镇、海绵城镇、智慧城镇、人文城镇建设，在土地利用、规划管理、投融资改革等重点领域，积极开展新型城镇化体制机制创新，努力走出一条结构优、质量高、效益好、生态美、百姓富的新型城镇化路子。

（六）坚持统筹规划，促进高质量发展

加强对沿江城镇发展的统筹规划、战略布局等顶层设计，并结合沿江城镇建设实际进行分类指导，沿江城镇政府因地制宜、循序渐进抓好贯彻落实，鼓励探索创新和试点先行，凝聚各方共识，实现重点突破，总结推广经验，积极稳妥扎实有序推进沿江新型城镇化高质量发展。正确处理政府和市场关系，更加尊重市场规律，坚持发挥市场在资源配置中的决定性作用，更好发挥政府作用，切实履行政府制定规划政策、提供公共服务和营造制度环境的重要职责，使城镇化成为市场主导、自然发展的过程，成为政府引导、科学发展的过程。

第三节　沿江城镇化建设目标

根据汉江生态经济带襄阳沿江城镇化发展基础条件，结合城镇未来发展方向，襄阳沿江城镇应以高质量发展为重点，构建空间布局合理、城镇功能完善、生态环境优美、居民生活富裕、创新活力十足的沿江城镇带。

一、2022 年目标

到 2022 年，襄阳沿江城镇带成为襄阳"一极两中心"的重要支撑，沿江城镇带"一核心、两

组团、多支点"的空间格局进一步优化，沿江绿色城镇、智慧城镇、人文城镇建设取得重大进展，初步形成生态环境优美、居民生活富裕、汉水文化彰显、荆楚特色明显、创新活力十足的沿江城镇带。

——形成"一核心、两组团、多支点"的空间布局形态。沿江城镇带形成以襄阳主城区为核心、以河谷组团和宜城组团两大组团为重要支撑、以沿江16个特色城镇为支点的空间布局形态，"一核心、两组团、多支点"成为襄阳推进沿江城镇建设、集聚人口和产业的重要空间框架。沿江城镇带以人为本的新型城镇化健康有序发展，到2022年，常住人口城镇化水平达到65%左右。河谷组团、宜城组团在城镇一体化建设方面迈出重要步伐，多点支撑、特色发展的模式初步形成。

——形成各具特色的城镇功能定位。沿江城镇带内的相关城镇根据资源环境综合承载能力并结合国家战略导向，形成各具特色的城镇功能定位。沿江城镇带成为襄阳建设"一极两中心"的重要战略支撑区和襄阳推进新型城镇化建设的重要空间载体。襄阳主城区"一极两中心"的地位进一步强化，在绿色城镇、智慧城镇、人文城镇建设方面迈出重要步伐。河谷组团的产业循环化改造和接续替代产业发展取得重要进展，基本扭转"化工围城"和"化工围江"格局，战略性新兴产业发展迈出重要步伐，宜城组团实现转型升级，新型特色优势产业得到初步发展。初步形成各具特色的乡镇功能定位，特色乡镇对沿江城镇带建设起到重要支撑作用。

——形成生态优美的绿色城镇带。按照生态文明的理念，广泛开展国土绿化行动，初步形成紧凑型、组团式的"绿水串城、绿廊联城、绿园缀城、山水映城"的沿江城镇化建设模式，初步建立起与长江经济带绿色增长极相配套的绿色生产和绿色消费模式。加强沿江城镇、农村社区、旅游景区和工业园区绿化，开展城镇见缝插绿活动，突出抓好特色乡村、山区村造林绿化，打造花园式旅游景区和工业园区，初步构建起以绿道、绿廊、绿园为主的沿江绿网。乡镇污水处理实现全覆盖，推进"厕所革命"，完成沿江乡村改厕，实现乡村污水简易处理。加快建立并不断完善垃圾清运处理体系，形成比较完善的户分拣、村集中、镇转运、县处理的乡村垃圾处理模式。

——形成汉风楚韵特色明显的人文城镇带。以青砖黛瓦为主色调，传承发扬荆楚建筑风格，保护好利用好襄阳古城、古隆中等历史遗迹，发挥沿江城镇带凝聚荟萃、辐射带动、创新引领、传播交流和服务保障功能，完善公共文化服务设施网络和服务体系，提高市民文明素质和城市文明程度，营造和谐优美的城市环境和向上向善、诚信互助的社会风尚，把沿江城镇带建设成为社会主义物质文明与精神文明协调发展，传统文化与现代文明交相辉映，历史文脉与时尚创意相得益彰，具有高度包容性和亲和力，充满汉风楚韵文化魅力的城镇带。

——形成宜业宜居宜游的美丽城镇带。沿江城镇带特色城镇建设取得重大进展，形成特色优势明显的产业支撑体系，为居民提供相对充足的就业机会，初步形成"宜业"城镇带。通过实施沿江城镇绿化、亮化、美化、净化工程，美丽城镇建设取得重大进展，沿江城镇功能比较完善，形成相对健全的义务教育、就业服务、健康养老、医疗卫生、保障性住房等城镇基本公共服务体系，初步形成"宜居"城镇带。依托汉江水系、沿江山脉、历史遗迹，具有悠久历史沉淀的汉风楚韵和优美环境的绿水青山成为游客向往的重要旅游目的地，初步形成"宜游"城镇带。

——形成体制机制不断创新的活力城镇带。按照"共抓大保护，不搞大开发"的理念，探索总结出可复制可推广的生态文明理念下"绿水串城"的流域城镇化体制机制。以宜城新型城镇化综合改革试点为引领，形成一系列有利于以人为本的新型城镇化体制机制。围绕城乡统筹发展，在"两完善、两探索"（完善宅基地权益保障和取得方式、完善宅基地管理制度，探索宅基地有偿使用制度、探索宅基地自愿有偿退出机制）的基础上，探索出有利于城乡融合的新机制。在"以江串城、以城带乡"以及农村宅基地有偿使用和有偿退出等方面形成一系列可复制可推广的经验。河谷组团、宜城组团围绕城镇一体化发展，探索出毗邻城镇一体化建设的体制机制。

二、2035 年目标

到 2035 年，绿水串城、青山映城、功能完备、活力十足、居民幸福的沿江城镇带全面建成，上下游、左右岸、水岸城、干支流一体化发展格局全面形成，全面构建起生态绿色、功能完善、紧凑集约、创新驱动、居民幸福的新型城镇化健康发展模式，沿江城镇带城镇功能更加完善、空间布局更加合理、经济发展更具活力、人民生活更加幸福、生态环境更加美好，成为在国内具有重要影响力的内河沿江城镇带，形成能够彰显汉风楚韵的富饶、美丽、幸福的沿江城镇带。

第四节　沿江城镇化空间布局思路

2016 年，襄阳市地区生产总值 3694.51 亿元，人均地区生产总值 65662.67 元（折合 1970 年美元为 1598.11 美元），三次产业结构为 11.7：55.4：32.9，三次产业就业结构为 1.73：51.69：46.58[①]，城镇化率达到 58.5%[②]，基本处于工业化后期的初级阶段。此阶段的特征是，区域中心仍以集聚作用为主要作用力，但辐射作用已经开始并将逐步增大。根据襄阳本阶段所处的阶段特征，应构建"一核心、两组团、多支点"的城镇体系格局，优化发展襄阳中心城区，加快发展宜城、老河口—谷城两大组团，积极发展支点城镇，不断完善和优化沿江城镇体系，逐步形成在武汉城市群、关中城市群、中原城市群、长株潭城市群之间发展快速崛起的沿江城镇带。

一、构建"一核心、两组团、多支点"城镇体系

在城镇体系中，分为不同层级和不同层级的中心，层级和中心的界定均是由各个城镇的综合实力所确定。襄阳沿汉江流域分布的城镇中，襄阳中心城区是流域（襄阳段）的中心。除此之外，宜城城区及周围区域、老河口—谷城城区是相对更低一层级的中心，影响着偏北和偏南区域的腹地范围。除此之外，其余城镇层级相对前两者更低。各个层级和中心在整个区域的城镇体系中发挥着各有差异的功能。

构建以襄阳中心城区为"核心"，宜城城区及周围区域、老河口—谷城城区为"组团"，其余特色城镇为"支点"的城镇格局。优化发展襄阳中心城区，不断完善中心城市基础设施，提高中心城区集聚人口和产业的承载能力，增强高质量发展的内生动力，切实发挥襄阳"一极两中心"的核心带动作用。加快壮大宜城组团、老河口—谷城城区两大组团，推进产业转型升级，集聚周围腹地人

---

① 数据来源：《湖北统计年鉴 2017》。
② 数据来源：《2016 年襄阳市国民经济和社会发展统计公报》。

口，加强生态保护和环境治理，充分发挥两大组团在汉江生态经济带中的重要支撑作用。依托其他相关城镇的特色优势，促进差异化发展，形成地域特色明显、自然风光优美、历史记忆犹存、公共服务水平较高"小而精""小而美""小而强"的特色小城镇，构建"多点支撑"的城镇发展格局。

图 5-5　汉江襄阳段沿江城镇体系格局图

二、增强襄阳中心城区的核心带动作用

襄阳中心城区包括襄城区、樊城区、襄州区、东津新区的建成区。襄阳中心城区是汉江流域的高层级中心。在当前襄阳中心城区所处的经济社会发展阶段下，本中心一方面继续承担整体流域（襄阳段）增长极的功能，另一方面其对外辐射作用已经开始并将持续增强，意味着其在引领周围区域经济增长中发挥着越来越重要的作用。

襄阳中心城区要紧紧围绕"一极两中心"的战略目标，不断完善基础设施，优化襄阳中心城区空间布局，推动产业集中布局和集约高效绿色发展，发挥襄阳在沿江城镇带中的核心带动作用。以襄城区、樊城区、襄州区主城区为重点，积极发展商贸金融、商务办公、科技研发、文化创意、休闲旅游等高端产业。加快推进高标准基础设施建设，一方面，保护好襄阳古城、米公祠、九街十八巷等珍贵历史文化遗产，塑造具有襄阳特色的城市名片；另一方面，以棚户区改造为契机，推动沿江散乱企业入园，统筹推进地下综合管廊、海绵城市、绿地系统等高标准规划建设。合理规划建设樊城区沿江大道、襄城区滨江大道，打造襄阳城市天际线。以东津新区行政中心建设为契机，加快完善东津新区基础设施和配套设施，建设成具有国际化水准、现代城市功能、承担现代化区域中心城市辐射带动作用的区域。到 2022 年，襄阳中心城区总人口超过 200 万，到 2035 年，力争进入Ⅰ型大城市行列。

三、发挥两组团的支撑作用

老河口—谷城城区组团包括老河口市和谷城县城市建成区，以及冷集镇、李楼镇部分区域。宜城组团包括宜城建成区，以及小河镇、王集镇部分区域。2016 年，老河口人均 GDP 为 66304.03 元（折合 1970 年美元为 1613.72 美元）、三次产业结构为 13.7∶53.9∶32.4，谷城人均 GDP 为 61070.87元（折合 1970 年美元为 1486.36 美元）、三次产业结构为 11.93∶62.09∶25.98，宜城人均 GDP 为 58190.84 元（折合 1970 年美元为 1416.26 美元）、三次产业结构为 17.2∶58.4∶24.4[①]。虽然上述城市人均 GDP 指标较高，但产业结构仍反映出工业化中期阶段的特征，整体而言，处于工业化中期向工业化后期迈进的阶段，中心集聚作用仍处于主导地位。

老河口—谷城城区组团、宜城组团是汉江生态经济带（襄阳段）人口集聚、产业发展、生态保护和环境治理的重要区域，在沿江城镇体系中发挥着重要支撑作用。

加快推动老河口—谷城城区优化发展和建设，着力打造绿色化、集约化、循环化生态城，减轻汉江中游的生态压力。进一步对老河口鄂阳街道、光化街道、李楼镇毗邻城区地区以及谷城城关镇和开发区进行科学规划，优化空间布局，合理开发沿江城市生活岸线，推进沿江城镇的绿化、亮化、美化，打造以青砖黛瓦为主色调的汉风楚韵建筑风格。以沿江区域为重点，加强旅游线路规划设计，联合打造以生态休闲为主体的旅游精品线路。加快推动跨江基础设施共同规划和同步建设。依托自然资源条件，强化有机农业发展，适度开展农副产品深加工和贸易，培育有机农产品全产业链集群，推动乡村产业兴旺发展。优化发展汽车零部件产业，推进高污染高排放产业有序退出，积极培育环境友好型的新产业。优化循环经济产业规模结构，打造全域循环经济产业体系，实现污染零排放。依托自然水系、山体、农田和道路，构建条带形、网络化、立体式的绿色生态廊道。到 2022 年，老河口—谷城组团建成区人口规模超过 40 万，到 2035 年，人口规模进一步稳步增长，超过 50 万。

加快推动宜城组团发展和建设，着力建成全国重要的先进制造业和高新技术产业基地、区域性综合交通枢纽和商贸物流中心。依托小河港口优势，积极拓展腹地范围。优化调整工业结构，加快推动宜城及周边区域产业转型升级。合理规划工业园区，推动园区高标准循环化和集约化建设，有效治理工业点源污染，促进绿色发展。进一步总结宜城市全国新型城镇化试点经验，加快复制推广新型城镇化的成功经验和做法。加强与上游地区和园区的互动合作，探索建立流域横向生态补偿机制。强化公路、铁路、航运等复合交通网络体系建设，加快建成内外畅通、多式联运的综合交通运输格局。优化城市空间布局和建设，形成产业空间集约高效、生活空间宜居适度、生态和农业空间有效保护的整体格局。到 2022 年，宜城城区及周围区域人口规模超过 25 万，到 2035 年，人口规模超过 40 万[②]。

[①] 人均 GDP 数据来自《湖北统计年鉴 2017》，产业结构数据来自各地 2016 年国民经济和社会发展统计公报。

[②] 人口预测参考了《湖北省新型城镇化规划（2014—2020 年）》中城市规模等级定位、《襄阳市城市总体规划（2011—2020）》《老河口市城乡总体规划（2013—2030）》《湖北省谷城县城市总体规划（2008—2020）》《宜城市城乡总体规划（2017—2030）》。

四、积极发展特色城镇

城镇是更低一层级的区域中心，影响着周围乡村腹地，并接受更高层级中心的辐射带动作用。小城镇发育的不同阶段，在承接更高层级中心功能和辐射带动周围腹地过程中发挥着相应的作用。应立足各个城镇的发展阶段和各自特色，因地制宜发展特色城镇。

依托区位条件、资源禀赋、产业基础和历史文化积淀，积极发展特色城镇。培育发展卫星城，包括襄阳主城区周边的牛首镇、尹集乡、太平店镇，积极推动产城融合发展，形成既能发挥各自优势特点又具备综合性功能的空间载体。科学推进城镇转型发展，包括欧庙镇、雷河镇、仙人渡镇、谷城县经济开发区，推动工业和循环经济转型发展，因地制宜发展具有自身特色的生态循环产业。积极发展旅游城镇，包括卧龙镇、郑集镇、洪山嘴镇、流水镇、庙滩镇＋茨河镇，在严控"炒房""炒地"的同时依托自身自然资源、区位、产业、历史文化优势，注重特色城镇风貌打造，形成自然风光优美、历史记忆犹存、城镇风貌古今交融、服务体系健全完善的宜居宜业宜游的特色乡镇。发展高效特色农业城镇，包括冷集镇，依托国家可持续发展实验区政策支持发展具有自身优势的农产品加工和贸易产业。

表 5-5　汉江生态经济带（襄阳段）特色城镇

类型	所在城市／区域	城镇名称	重点发展方向	2022 年城区人口规模（万人）
卫星城	樊城区	牛首镇	工业、旅游、商贸物流	2.73
	襄城区	尹集乡	教育科研、旅游	1.56
	樊城区	太平店镇	商贸物流、旅游	3.38
转型城镇	襄城区	欧庙镇	工业转型发展	3.40
	老河口市	仙人渡镇	生态循环产业、文化旅游	1.73
	谷城县	经济开发区	生态循环产业	*
	宜城市	雷河镇	重化工业循环经济	1.89
旅游城镇	襄城区	卧龙镇	历史文化旅游	3.88
	宜城市	郑集镇	历史文化旅游	1.79
	老河口市	洪山嘴镇	生态旅游	2.10
	宜城市	流水镇	生态旅游	0.75
	谷城县	庙滩镇＋茨河镇	生态、文化旅游	2.03
特色农业城镇	谷城县	冷集镇	农产品加工及贸易	1.20

注：1. 标 * 中谷城经济开发区在发展循环产业方面具有较为重要的地位，在此一并将其列入，但由于其非建制镇，故不做人口预测。2. 人口预测参考了《襄阳市城市总体规划（2011—2020）》《老河口市城乡总体规划（2013—2030）》《湖北省谷城县城市总体规划（2008—2020）》《宜城市城乡总体规划（2017—2030）》，但也考虑到行政区划调整、人口受襄阳城区吸引导致部分乡镇人口负增长等问题。

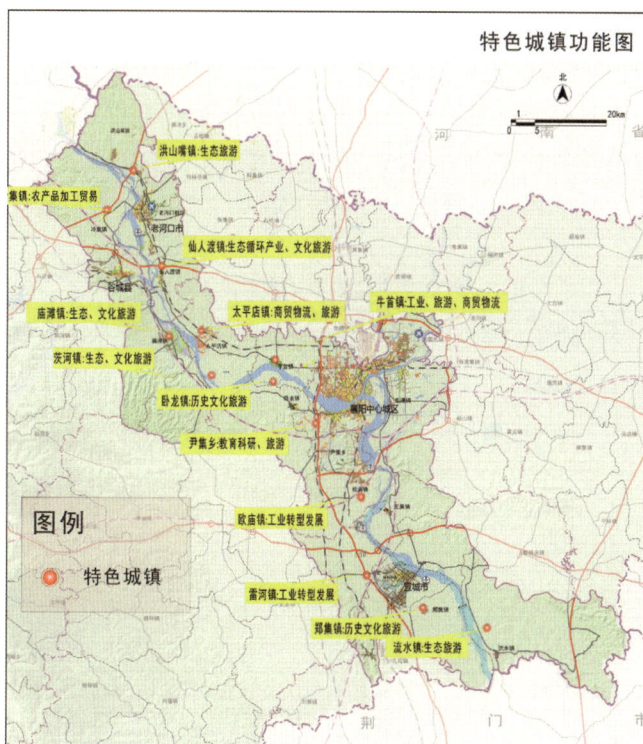

图 5-6　汉江襄阳段沿江特色城镇功能图

五、着力推进乡村振兴

习近平总书记在党的十九大报告中提出实施乡村振兴战略；2018 年《中共中央国务院关于实施乡村振兴战略的意见》发布，应迎着国家政策的春风，加快推进沿江地区乡村振兴。

按照产业兴旺、生态宜居、乡风文明、治理有效、生活富裕的要求，建立健全城乡融合发展体制机制和政策体系，统筹推进沿江农村经济建设、政治建设、文化建设、社会建设、生态文明建设和党的建设，加快推进乡村治理体系和治理能力现代化，加快推进农业农村现代化，推动质量兴农、绿色兴农，深化农业供给侧结构性改革，走具有沿江特色的乡村振兴道路，打造具有沿江特色的农业，提高农业创新力、竞争力和全要素生产率，让沿江农民依江而富，建设具有汉风楚韵特色的沿江美丽农村。在沿江重点发展若干具有辐射带动作用的美丽宜居乡村，加快农村公路、供水、供气、环保、电网、物流、信息、广播电视等基础设施建设，推动城乡基础设施互联互通，推进村容村貌绿化、亮化、美化和特色化。大力建设具有广泛性的促进农村电子商务发展的基础设施，鼓励支持各类市场主体创新发展基于互联网的新型农业产业模式，深入实施电子商务进农村综合示范，加快推进农村流通现代化。培育发展特色优势产业，促进农业与旅游业融合发展，实施休闲农业和乡村旅游精品工程，建设一批设施完备、功能多样的休闲观光园区、森林人家、康养基地、乡村民宿、特色乡镇。对利用闲置农房发展民宿、养老等项目，研究出台消防、特种行业经营等领域便利市场准入、加强事中事后监管的管理办法。实施新型农业经营主体培育工程，培育发展家庭农场、合作社、龙头企业、社会化服务组织和农业产业化联合体，发展多种形式适度规模经营。

以襄阳中心城区附近的牛首村、尹集村等为重点，积极推进城市供水、排水、交通、邮电通信、防灾减灾、垃圾及污水处理、电力、燃气等基础设施向农村延伸，加快推进土地制度、户籍制度、集体产权制度改革，形成城乡基础设施和公共服务一体化。加快推进王家楼村转型发展，优化产业结构、淘汰落后产能、提升循环经济质量。有效推进具有特色资源禀赋的古隆中景区、皇城村、洪山嘴村、承恩寺村等，依托自身优势构建历史文化、农业休闲观光、生态旅游、农产品加工贸易等特色产业体系，逐渐实现规模化、标准化、品牌化，形成特色鲜明、要素集聚、富有活力的美丽乡村。

表 5-6　汉江生态经济带（襄阳段）特色乡村

所在乡镇	特色乡村	重点发展方向
牛首镇	牛首村	商贸物流
尹集乡	尹集村	教育科研、旅游，城乡一体化建设发展
太平店镇	高田村	商贸业
仙人渡镇	王家楼村、白鹤岗村、南岗村	优化发展生态循环产业，依托古码头和渡口、自然生态风光发展生态文化旅游
卧龙镇	古隆中景区	依托古隆中景区发展历史文化旅游
郑集镇	皇城村	依托楚皇城发展历史文化旅游
洪山嘴镇	洪山嘴村、苏家河村、大山庙村	依托桃树、梨树等种植业发展生态旅游
流水镇	落花潭社区、莺河村	依托自然人文资源发展生态旅游、农村休闲旅游
庙滩镇 + 茨河镇	万家营村、承恩寺村	依托湿地和生态文化资源，对接隆中，发展旅游业
冷集镇	汉江村、隋洲村	依托生猪集散交易、粮食加工等发展农产品加工贸易

注：本表仅列乡村，因此除景区外，城镇内部重点发展的街道、社区属于城市建成区范围，未纳入本表，因此重点村的发展方向和镇的发展方向在范围方面略有调整。

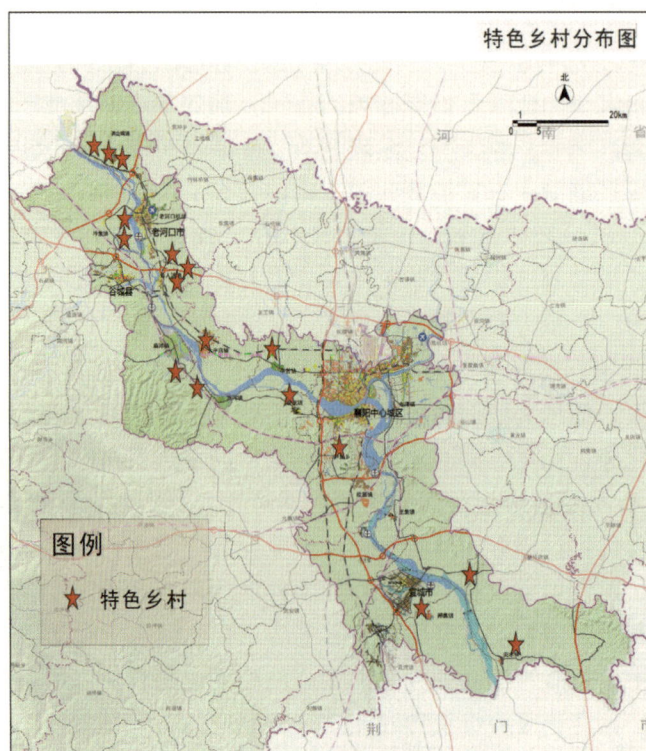

图 5-7　汉江襄阳段沿江特色乡村图

第五节　沿江城镇化建设重点任务

要按照绿色城镇、海绵城镇、智慧城镇建设的理念，不断完善水电路气网等市政基础设施，构建交通便捷、环境优美、功能完善、特色鲜明的沿江城镇带。

一、强化市政路网体系建设

发挥襄阳中心城区的交通枢纽作用，完善襄阳"两轴、三环、九放射"快速路系统，推进外环快速通道、庞公大桥建设，加强路网衔接，构建中心城区与襄阳机场、东津高铁站、襄阳新港、城市新区、周边新城的高等级城市道路系统，支撑襄阳"一极两中心"建设。提高中心城区路网密度，打通"断头路"，提高道路通达性，增加停车设施，在主要商圈、文体场馆、公共机构、居住小区的停车场增加充电站、充电桩等设施，满足本市电动汽车的充电需求。

推广城市慢行系统。在宜城、老河口、谷城城区和沿汉江景观大道打造慢行系统，建设自行车道和步行道，串联公园绿地，鼓励市民绿色出行。加强卧龙、郑集、流水、仙人渡、庙滩等沿江旅游特色乡镇旅游道路建设，配套建设旅游文化驿站、摄友驴友驿站、旅游公厕等设施，

加快乡镇旅游公路、乡村通畅工程、自然村道路硬化工程建设，实现沿江自然村道路硬化全覆盖。加快乡村公路提档升级，逐步将农村主干道公路3.5米路面硬化宽度扩大到5米以上。农村公路沿江连接干线，条件适宜路段实现互联互通，提升沿江公路路网整体服务水平。

专栏 5-1　市政道路建设重点工程

畅通城市工程。加强规划引领，建设城市快速道路，新建跨江大桥，提升互联互通水平，推进中心城区公共停车场和公共停车位建设，盘活用好社会停车场资源，增加主要商圈停车位数量，缓解市民停车难的问题。

市民绿色出行工程。积极发展公共交通，优化线路设置，打造城市慢行系统，增设自行车道和人行步道，建设充电设施，推广共享单车和共享电动车，破解出行"最后一公里"难题。

旅游道路升级工程。适应自驾游新趋势，加强沿江旅游特色乡镇旅游道路建设，规划建设一批景观公路，提高主要景点的通达性，完善景区停车场、旅游公厕等配套设施。

"村村通客车"工程。建立政府主导、农民参与、社会共建的长效机制，规划建设一定规模的中心村车站，提高城乡公交覆盖率，加强后期道路和车辆的养护维护，使"村村通客车"开得通、留得住、有效益。

二、夯实中心城区海绵城市建设

推进中心城区海绵城市建设，推广市区海绵型公园和绿地，在城市新区新建地下综合管廊，实施中心城区和开发区雨污分流管网改造和建设，实现城乡供水一体"全覆盖"保障城市饮水安全。

在东津新城、庞公新区、樊西功能区等城市新区全面落实海绵城市建设要求。老城区结合《襄阳市中心城区2018—2020年棚户区改造三年计划》，对城市棚户区、城中村、老旧小区进行改造，有序推进海绵城市建设，实现"小雨不积水、大雨不内涝、水体不黑臭、热岛有缓解"的目标。

推广海绵型公园和绿地。通过建设雨水花园、下凹式绿地、人工湿地等措施增强人民公园、新华公园、张公祠森林公园、美亚水上乐园等城市公园和绿地系统的城市海绵体功能，消纳自身雨水，并为蓄滞周边区域雨水提供空间。

建设中心城区地下综合管廊。推进东津新区白石街、樊西片区地下管廊工程，城市新区、各类园区和成片开发区域新建道路必须同步建设地下综合管廊。老城区结合旧城更新、河道治理、道路整治、轨道交通建设等，因地制宜推动综合管廊建设，逐步提高综合管廊配建率。

实施中心城区和开发区雨污分流管网改造和建设。中心城区、沿江 8 个省级以上开发区新建、改建、扩建的建设项目，一律实行雨污分流，加快旧城区雨污分流改造。

保障城市供水安全。推动中心城区应急备用水源地（官沟水库）建设，新建东津新区供水厂，建设汉江及唐白河两条供水过江管道，将东津新区供水管道与襄城、襄州、樊城进行联通，形成主城区与东津新区供水管网互联互通、互为备用水源的供水格局。实施谷城、老河口、宜城和沿江16 个乡镇供水管网改造工程，城市水厂向农村管网延伸，确保农村安全饮水。

专栏 5-2　海绵城市建设重点工程

　　海绵公园改造工程。改造中心城区和谷城、宜城、老河口的部分城市公园，使其具备消纳自身和周边区域雨水功能，打造在旱季有景观，雨季有功能的生态空间。

　　地下综合管廊工程。顺应城市地下管网发展趋势，启动樊西综合管廊一期和白石街综合管廊工程，将供水、热力、燃气、电力、电信、污水等管线全部纳入廊中，并积极推进综合管廊建设与新区道路建设、老城区轨道交通建设有机结合。

　　城市备用水源地建设工程。新增官沟水库作为中心城区应急备用水源地，建设东津水厂，打破汉江作为城市单一供水水源局面，保障城镇居民用水安全、应对突发公共事件。

　　城乡供水一体化工程。实施沿江乡镇供水管网改造，建成城乡供水工程、运营、监管一体化系统，一体化供水入户率基本实现全覆盖，确保老百姓喝得上、用得起安全卫生水。

三、推进全域现代智慧城镇建设

顺应新一代信息技术变革趋势，加快建设高效、泛在、安全的信息化基础设施，在城镇建设中深度和广泛应用数字技术，着力搭建智慧应用平台，建设现代化智慧城镇。

——推进中心城区建成智慧枢纽。率先实现中心城区光网、无线全覆盖，提升信息网络的高速传送和接入能力。适时推进 5G 信息网络建设。推动建成襄阳云计算与数据存储中心，搭建城市空间数据管理平台，提升襄阳数据中心枢纽地位。完善市级各部门智慧政务平台的中枢功能，协同区县级政务平台建设，打造全市上下联动的智慧政务平台。率先推动旅游、物流、医疗、社区等智慧化建设，实现智慧生活。加强信息安全技术应用，提高信息安全服务保障能力。

——提高县城智慧化水平。以建成泛在先进的信息基础设施体系为目标，加速推进老旧小区等信息基础设施短板区域的光网改造和光纤入户推广应用，提高老河口、谷城、宜城城区的信息设施保障能力。以推进"多规合一"空间规划为契机，建立健全县级部门业务协同的智慧管理平台，协调建设城市智慧治理平台，对县城市政综合管网、交通以及重点区域等实现智慧监测管理。

——补齐乡镇信息基础设施短板。加快补齐乡镇信息基础设施短板，以镇区为重点，统筹农村信息基础设施一体化建设，加快实现城乡光纤全覆盖，重点公共区域实现 Wi-Fi 全覆盖。率先在乡镇学校、医院和主要景区等实现智慧化改造。有条件的乡镇，支持建设镇级智慧治理平台，实现数字化治理。积极推动信息基础设施及智慧治理平台向农村地区延伸覆盖，依托电子政务网络，加快完善农村网格管理信息系统，实现县、镇、村三级联网，有效整合农村信息资源。

专栏 5-3　智慧城镇重点工程

　　信息设施提升工程。提升光网、无线等信息基础设施覆盖程度。进一步推进襄阳市云计算与数据存储中心建设。适时推进 5G 等新一代信息网络试点建设。

　　智慧平台建设工程。加快建设全市多源、多尺度、多时态的城市空间数据管理平台。在城区、县城及乡镇，推进建设城市（镇）智慧治理平台（包括信息系统和信息中心空间载体）。完善各类政务平台。

　　智慧便民服务工程。加快推进交通、医疗卫生、养老、旅游、物流等惠及民生领域的智慧化改造，促进实现智慧化生活。

　　智慧示范区（点）建设工程。支持建设一批智慧示范单位、企业、社区（邻里中心）、智慧城镇、智慧景区、智慧业务平台等。

四、加快绿色城市建设

襄阳市目前整体处于工业化后期的初级阶段，一方面，城市内部应以提高质量为主要目标推动城市绿色基础设施和公共服务的完善，另一方面，乡镇和农村的环境保护也是重要的工作内容。当前，应以排水基础设施建设、黑臭水体治理、人居环境美化、园区工业污染防治、沿江截污设施完善为主要内容，深入推进污水和垃圾处理，营造绿色环保的生产生活环境。

（一）推动中心城区绿色都市建设

全面推动污水管网厂站系统建设，新建庞公新区污水管网及提升泵站，推动观音阁、鱼梁洲等污水处理厂的改扩建工程，加快推进清河、追日路、樊西新区等污水主干管网及提升泵站建设，加快老城区雨污分流改造步伐，并逐步向城中村及城市边缘延伸覆盖。以南渠为重点，建设截污干管，实施生态岸线修复、河道疏浚、底泥清淤、生态浮岛建设等工程，治理城市黑臭水体。以庞公新区、高新区、月亮湾湿地公园、江滩公园、滨江路东延伸等为试点，率先开展海绵城市建设。开展襄阳生活垃圾焚烧发电厂二期扩建、市区生活垃圾收运系统、公共厕所、建筑垃圾消纳场、环卫车辆停保场、区环卫工人休息室等建设。推动中心城区沿汉江、唐白河、小清河等水系景观轴带建设，加快鱼梁洲景观资源开发利用，协调开展城市综合公园、社区公园、专类公园、带状公园、街头绿地建设。

（二）完善县城绿色设施和服务体系

老河口、谷城、宜城建成区分别新建 2 座、1 座、2 座污水处理厂，加快推动现有污水处理厂改扩建工作。完善排水管网建设，各城市建成区尽快建成雨污分流排水系统。建设管网的同时，优先利用植草沟、雨水花园、下沉式绿地等载体实施排水，同步推动河、库、湿地、绿地、花园、可渗透路面等"海绵体"建设。商业文化街、步行街、旅游点、火车站集贸市场等人流集散场所附近，加快建设公共厕所。积极建设截污管网、排水明渠，开展苏家河、老浆沟等黑臭水体综合治理。城区内按照 0.7—1.0km 的服务半径设置中型垃圾转运站。工业园区内加快建设转运集中、污水消纳、工业废弃物处置等基础设施，对污染物集中控制治理。以汉江、南河、蛮河、鲤鱼湖水库等为重点，设置防护绿带，加强生态修复，保障水质和生态安全。

（三）建设乡镇污水垃圾收集处理体系

各镇镇区近期采用截流式合流制的排水体系，远期逐步实施分流制改造。为保障水污染防治，应确保各镇区自有或共用污水处理厂。农村居民点可就近纳入城镇污水管网集中处理，较远地区近期可采用雨污合流制排水体系，有条件地区可根据自身的实际情况建设一体化处理设施、污水资源化处理设施、高效生态绿地污水处理系统等，或是采用化粪池、生活污水净化沼气池等方法进行处理，远期逐步改造成雨污分流制排水体系。加快完成旱厕改水厕工程。逐步完善城镇生活垃圾收运系统，各镇区应建设至少一处小型垃圾中转站，并符合《城市环境卫生设施规划规范》（GB50337—2016）规定。鼓励各镇在人口密集区域，与当地超市、废品回收站、小卖部等合作，设立垃圾分类回收点，建立垃圾兑换积分"银行"。加快推进道路、水体、休憩空间、山体、屋顶绿化等，建设美丽乡镇。

专栏5-4　绿色城市重点工程

人居环境美化工程。加快推进中心城区、三个县城垃圾收集体系和基础设施建设，进一步健全各镇垃圾处理系统，全面完善"村收集、镇转运、县（市）处理"的垃圾统筹治理机制。进一步推动城镇城区园林绿化及水系景观建设。

说明：污水处理设施及黑臭水体治理等相关环保类工程项目在环保专项规划中体现。

第六节　建设各具特色的美丽小城镇

立足乡镇发展基础和优势条件，挖掘潜力，充分彰显特色，差异化推进特色城镇建设，优化布局各乡镇建设项目，完善城镇功能，构建沿汉江两岸及上下游互动、功能错位互补、产城人文融合、各具魅力的特色城镇带。

一、彰显文化风貌打造文旅特色镇

充分挖掘和提炼历史文化元素，加强文化遗产发掘和保护，提升文化内涵，丰富充实文化形态，规划建设一批特色文化传承与展示体验的载体和文化地标性建筑，以文化保护、传承和利用为重点引领旅游业发展，统筹历史文化保护与经济社会发展，充分体现特色文化资源价值、提升城镇文化品位和彰显特色文化风貌，以卧龙镇和郑集镇为重点打造文化旅游为特色和支撑的文旅型特色小城镇。

卧龙镇，充分挖掘和利用诸葛亮文化资源，规划建设隆中小镇等文化旅游综合体项目，推动文化旅游业融合发展，打造我国重要的卧龙文化旅游目的地，建设成为全国知名的卧龙文化特色小城镇。郑集镇，充分挖掘和利用楚文化资源，重点规划建设楚王古城等文化旅游综合项目，打造地标性建筑，协同提升城镇旅游集散、农特产品展销等服务功能，力争打造全国知名的楚文化体验旅游目的地。

专栏5-5　文化旅游特色镇建设工程

卧龙：卧龙文化特色小城镇。统筹推进旅游食品加工园、文化旅游项目（以卧龙文化园为支撑的隆中小镇）、特色农产品种植等项目开发建设，以及镇区街道、建筑更新改造，打造能够充分彰显卧龙文化的地标性建筑，推动文化创意产业和旅游产业融合发展，加快建成产、城、人、文融合发展的卧龙文化特色小城镇。

郑集：楚文化特色小城镇。规划建设楚王古城等文化旅游综合体项目（楚王小镇），推动文化创意、文化旅游、生态农业体验、特色健康餐饮等业态融合发展，建成全国知名的楚王文化旅游目的地。

二、整合资源建设生态农旅特色镇

依托良好的山、水、江、河、洲、林、田等丰富多样的自然生态本底风貌条件，有力挖掘生态、农特产品等优势资源，围绕山水生态体验、乡村风情旅游、生态康养、绿色饮食等发展主线，规划建设一批精品旅游景区、旅游服务综合体等项目，统筹旅游项目开发、城镇基础设施完善和生态环境保护，充分彰显山水资源特质、打造休闲康养新空间，推动规划建设一批以生态资源挖掘为重点的特色旅游城镇。

洪山嘴镇，以山地生态资源挖掘为重点，打造山地型的生态旅游特色小城镇。太平店镇，以农业健康饮食资源挖掘为重点，统筹古镇、古树、老街等资源开发，打造舌尖美食特色小城镇。茨河镇，以生态康养资源挖掘为重点，推动康养综合体建设，统筹重点文化景区（点）建设，打造滨江康养特色小城镇。庙滩镇，以美丽乡村建设为支撑，完善镇区综合服务功能，以慢生活、慢休闲、慢运动为主题，打造集农业观光、生态体验、健康养生为一体的慢生活休闲特色小城镇。流水镇，发挥森林资源优势，统筹镇区、景区（点）开发建设，规划打造成为风景优美、气候宜人、宜养宜居宜游的森林生态旅游特色小城镇。

专栏5-6　生态旅游特色镇建设工程

洪山嘴：山地生态旅游特色小城镇。依托生态资源优势，围绕山水生态旅游、乡村风情旅游、生态产业旅游、红色文化旅游等发展主线，完善城镇道路、排水管网、生活污水处理等基础设施，推进亮化、绿化等重点工程，规划建设一批精品旅游景区、旅游服务综合体等项目，加快建设成为以山地生态体验为主要特色的生态旅游小镇。

太平店：舌尖美食特色小城镇。充分激活四季鲜果、乡村小菜、农家小院、历史古镇、百年老街、千年古树、汉江风景等资源，发挥鄂西北农副产品主要集散地功能，规划建设以特色饮食为主题的舌尖体验功能区（舌尖小镇），统筹太平古街、石河畈水库休闲观光度假区、银杏园生态休闲度假区、汉江水上休闲娱乐活动区等项目建设，以供给侧结构性改革为引领适时推动樊城经济开发区化纤纺织和能源化工产能转移或升级。

茨河：滨江康养体验特色小城镇。充分依托和彰显生态优势，立足中国有机谷，全面挖掘盘活佛教文化、红色文化、古城文化和农耕文化等资源及景区景点，繁荣当代康养文化，康养项目（康养小镇）为龙头，统筹镇区康养服务设施建设和重点景区（点）建设，打造康养小镇。

庙滩：慢生活体验特色小城镇。发挥滩地面积大、物产丰富、美丽乡村等特色优势条件，以特色绿色养殖项目为带动，以美丽乡村建设为支持，完善城镇综合功能及乡村旅游服务配套设施建设，规划建设以慢生活、慢休闲、慢运动为主题特色的慢城小镇，带动庙滩建设成为慢生活特色小城镇。

王集：生态农业田园特色小城镇。发挥种养殖业基础优势，以蔬菜基地建设为支撑，统筹绿色有机农业基地、休闲旅游观光体验农业、景观生态等项目建设，构建田园村镇整体格局。

流水：森林生态旅游特色小城镇。依托森林资源优势，激活"朝阳寺""松林寺""泉水湾""仙人洞""明代嘉靖年间尚书墓""落花潭温泉"等旅游资源，规划建设森林小镇综合体项目，继续做大做强做响西瓜等特色农产品品牌，统筹旅游道路、低丘岗地和城镇配套基础设施建设，推动建设成为风景优美、服务供给完善、宜养宜居宜游的森林生态旅游特色小城镇。

三、强化功能打造商贸物流特色镇

对于具有交通区位、商贸物流等基础优势的城镇，进一步提升交通枢纽地位，放大区位优势，以培育壮大商贸物流经济为支撑，带动繁荣商务、会展、旅游等配套服务业态，统筹镇区综合服务功能提升和重点商贸物流功能区等项目建设，切实增强对人流、物流、信息流等集散功能，建设一批具有区域代表性的商贸物流特色小城镇。

冷集镇，发挥生猪等农畜产品交易市场活跃的优势，继续发展壮大农产品贸易经济，打造农畜产品交易特色镇。牛首镇，以商贸产品、工业产品集散为驱动，规划建设区域性的商贸物流功能型特色小城镇。小河镇，充分发挥港口物流集散功能，建设港口特色小城镇。

专栏5-7　商贸物流特色镇建设工程
冷集：农畜产品交易小城镇。发挥生猪交易等农产品交易市场活跃的优势，统筹镇区商贸集散功能提升、生态环境保护和农畜循环经济项目建设，打造成为区域性的农畜产品交易中心。 **牛首**：樊西商贸物流功能型镇。依托商贸市场、樊西新区等商贸集散区优势，统筹推进商贸综合体、砂石联运码头、汉江风情小镇、休闲观光农业等项目建设，进一步集聚物流、人流，增强人气。 **东津**：高铁新城。按照城市发展的重点拓展区，推进城镇规划建设，规划建设高铁小镇综合体，增强城镇人流集散、商务会展、购物旅游等综合服务功能，对接城区建设城市新门户。 **小河**：港口小城镇。托港口资源条件，发展港口物流经济，充分激活汉江古道、航运埠口的历史文化资源，完善镇区物流服务等配套基础设施建设，打造成为汉江特色的港口小城镇。

四、转型升级建设绿色经济特色镇

以优先保护汉江生态环境为目标，对产业基础好但传统高消耗、高排放、高污染型产业占比高的城镇，统筹生态环境治理、城镇更新和产业转型升级，以供给侧结构性改革为主线，加快推进传统产业绿色化改造升级，做大做强做优循环经济，着力培育壮大绿色新兴产业，促进构建绿色产业体系，率先完善环境基础设施配套建设，加强生态系统修复治理，推动建设成为各具特色的绿色经济小镇。

仙人渡镇，以循环经济为主导，加快推进传统污染较重的行业企业迁建、退出或转型升级，建设成为循环经济特色小城镇。尹集乡，充分依托教育资源优势，繁荣教育、培训、科技、创新创意等相关业态，打造教育经济特色小城镇。欧庙镇，加强对襄城经济开发区产业发展的综合服务配套，完善城镇综合服务功能，建设成为服务经济特色小城镇。雷河镇，完善城镇市政、环保、水利等基础设施建设，发挥交通区位优势，壮大提升现代物流功能，积极推进水晶、磷化工业、建筑建材等绿色化改造升级，建设成为新材料及绿色化工经济特色小城镇。

专栏5-8　绿色经济特色镇建设工程
仙人渡：镇循环经济小城镇。以创建全国特色小城镇、全省特色小城为契机，着力发挥城市矿产、循环经济的特色优势，加快推进特色乡镇规划设计，优化城镇功能布局，优选一批优质投资商，推动实施一批重点城镇综合体等重点建设项目，加快推进沿江大道、仙人广场、道路延伸、园林绿化等实施规划建设，完善城镇基本公共服务设施供给，提升城镇综合服务水平。

专栏5-8 绿色经济特色镇建设工程
尹集：教育经济特色小城镇。 充分依托湖北文理学院理工学院、襄阳汽车职业技术学院、奥瑞那电子产业园、教育装备产业园等为代表的教育科研资源优势，规划建设教育科教小镇项目，进一步挖掘教育培训、科技文化的潜力，完善人力资源服务等功能，积极推动大众创业、万众创新，建设教育经济特色小城镇。 **欧庙：服务经济特色小城镇。** 以襄城经济开发区（产业新城）为支撑，按照产城融合发展的思路，加快完善欧庙综合服务功能，提升麦冬等农特产品展销功能，同步提升壮大服务经济规模和质量。 **雷河：新材料及绿色化工经济特色小城镇。** 着力推进企业、园区绿色循环化改造升级，提升水晶、化工、建材和农产品加工的产业品牌影响力，促进产城融合发展，完善城镇基础设施和公共服务配套，增加广场与绿地用地比例，加快建设成为县域副中心和新兴经济增长极。

五、分步推动特色小城镇规划建设

2018—2022 年，结合国家有关部门和湖北省特色小城镇建设相关工作部署，市级层面优先选择一批发展基础较好、特色鲜明、具有区域节点带动效应的城镇，包括卧龙文化特色小城镇、太平店舌尖美食特色小城镇、流水森林生态旅游特色小城镇、东津高铁新城、小河港口小城镇和仙人渡镇循环经济小城镇等，推动建成示范型的特色小城镇。其他沿江特色小城镇按照规划导向，由县级、镇级层面，结合实施乡村振兴战略，有序安排布局建设，争取到2035 年，沿江形成各具特色的人口、产业高效集聚的小城镇带。

第七节 促进城乡一体化建设

全面贯彻实施乡村振兴战略，统筹沿江城乡规划建设，加快补齐农村基础设施、公共服务等短板，增强乡村就近就业吸纳能力，建设好美丽宜居新乡村，促进农村生产方式现代化、农民生活方式城镇化，实现城乡居民基本公共服务均等化、基础设施通达程度较均衡和生活水平大体相当。

一、率先实现城乡规划一体化

深入推进城乡规划管理体制机制改革，建立健全城乡一体化规划编制体系，强化城乡规划实施的权威性、引导性和约束力，以城乡一体规划引导城乡融合发展。

——**市县层面**。在产业发展、全域旅游、基础设施、基本公共服务等重点领域，率先推进全域城乡规划一体，把工业和农业、城市和乡村作为一个整体统筹规划，有序引导城镇产业、资金、技术等要素向农村延伸，形成以工促农、以城带乡、工农互惠、城乡一体的新型工农城乡关系。

——**镇级层面**。注重乡镇规划引导，探索走差异化特色发展路径，尊重和顺应自然，积极传承汉江文化，融入现代元素，建设一批有历史记忆、荆楚特色的美丽小城镇，让居民望得见山、看得见水、记得住乡愁。推动镇域发展规划、镇区建设规划、产业规划、土地利用规划、美丽乡村建设规划等"多规合一"，实现镇域城乡规划一张蓝图干到底。

——**重点项目规划**。通过城乡规划统筹衔接，参照试点省份探索开展田园综合体试点，推动农业现代化与城乡一体化互促共进，加快培育农业农村发展新动能，提高农业综合效益和竞争力，探索农业农村发展新模式，实现"村庄美、产业兴、农民富、环境优"的目标。有序推动特色种养殖基地、乡村旅游景区（点）和农村综合服务中心等建设项目的规划工作，引导城乡人口、土地、资金等要素合理高效配置，避免建设项目低端化重复建设，鼓励探索以项目整合带动资金整合、催生业态融合，切实发挥重点项目的支撑和带动作用。

二、分类促进城乡基础设施和公共服务一体化

根据人口规模、乡村特色、建设功能和发展趋势，近期着力补齐短板，中长期以提高现代化水平为重点，分类差异化引导城乡基础设施和公共服务一体化规划建设。

——**城中村及中心城区周边的乡村**。对接城市建设总体规划，以城市战略发展和功能分区为导向，按照城市新型社区标准要求，推动城中村更新改造，完善配套公共服务设施建设，因地制宜建设成为城市新亮点。对于城区周边的乡村，适时纳入城市规划建设的总体框架，有序推进城区部分功能向周边乡村转移，规划建设新的城市功能区。对于需要易地搬迁的乡村，统筹做好搬迁移民和就业安置工作。

——**县城及镇区周边的乡村**。对于老河口、谷城、宜城等县城周边的乡村，围绕县城功能完善提升，适度推动县城空间开发向周边农村地区拓展，统筹推进村民搬迁和县城功能区建设，促进基础设施规划建设和公共服务供给一体化。为满足县城居民消费需要，选择县城周边有条件的乡村，因地制宜建设一批以农耕体验、农家乐、蔬菜种植等为特色支撑的美丽乡村。对于16个乡镇政区周边的农村，因地制宜推进一体化规划建设，确保镇区及其周边农村基础设施实现互联互通，以及周边农村共享镇区公共服务供给。

——**重点居民点**。对人口较为集中的中心村，按照基础设施城镇化、服务设施社区化的要求，完善道路、水利、信息、文化体育等基础设施配套建设，规划新建或改造升级一批集文化活动中心、村级医疗卫生服务点、健康养老照料中心等服务功能的新农村综合服务中心。对产业发展、文化资源等有一定基础和潜力的特色村，以支撑产业发展为导向，配套基础设施建设和完善相关综合服务功能。

——**一般居民点**。对人口较少的村民点，重点保障农村道路畅通、网络设施覆盖、自来水到户等基础设施供给能力，满足村民的基本生活需求。对于偏远贫困地区、生态脆弱地区的农村（空心村），有序推进移民迁建，规划新建移民搬迁新社区，完善社区配套公共服务设施。

三、统筹城乡生态环境治理

统筹城乡生态环境保护，建设农村生态系统，强化城镇环境基础设施功能和生态环保服务向农村覆盖延伸，防止城镇污染向农村蔓延转移，加强农业生产污染和农村生活污染治理，加快构建城乡一体的生态建设与环境治理体系。

——**加强农村生态建设**。以汉江沿线镇级行政单元为重点，以城带乡，加强城镇、旅游乡村和沿江堤防路等绿化、美化、净化工作，推进沿江截污设施建设，完善农田林网建设，整体推进汉江水系生态保护与建设工作，衔接农村水利基础设施规划建设，促进汉江水系生态修复和综合治理，

切实保护耕地、林地、湿地、滩涂等重点生态功能区。

——**提高农村环境质量**。完善农村垃圾收储等配套设施，积极倡导绿色健康生活方式，引导农村居民自觉践行垃圾分类和集中存放，按照"户分拣、村集中、镇转运、市县处理"的垃圾处理方式，推进城乡生产生活垃圾集中处理，不断提高农村垃圾处理率。积极推广沼气、太阳能等清洁能源使用，全面禁止农作物秸秆焚烧，加强农业面源污染防治，全域推进厕所革命，切实改善农村环境质量。

——**强化重点项目带动**。以美丽乡村、田园综合体试点、农村休闲体验旅游、特色农业基地等涉农项目建设为抓手和示范，统筹推进农村生态建设、农村生活污染治理、农业面源污染防治、乡村文化风貌保护、村庄配套设施建设等工作。

四、建设一批特色美丽乡村

对农村宅基地、承包地、集体建设用地等进行统一清查盘点，推进农村土地综合整治，支持农村统筹推进资源变股权、资金变股金、农民变股民等改革探索，盘活农村各类沉睡资源，充分激发农村发展潜力。加强农村历史文化遗产风貌保护与修复，突出汉江流域生态水系及荆楚文化特色，综合考虑农村山水肌理、基础条件、人文历史、旅游开发等因素，以发展中心村、保护特色村、整治空心村为重点，因地制宜，分类指导，统筹规划建设一批宜居、美丽、富饶新农村，引导建设历史文化名村、休闲旅游示范村、一村一品示范村等特色村，体现"一村一业、一村一品、一村一韵、一村一景"，全域推动打造沿汉江美丽乡村风光带。

五、促进城乡要素双向自由流动

着力打破要素下乡的体制机制障碍，推动城乡要素自由流动、平等交换，促进公共资源城乡均衡配置，建立健全城乡融合发展体制机制和政策体系，加快形成工农互促、城乡互补、全面融合、共同繁荣的新型工农城乡关系。发挥市场在资源配置中的决定性作用，更好发挥政府作用，推动城乡人流、资金流、信息流、技术流等要素自由流动、平等交换和优化配置。

——**推动人力资本城乡双向流动**。规划建设一批农业发展综合体，积极搭建农业农村创新创业平台，为社会各界投身乡村建设提供广阔舞台。鼓励进城务工人员返乡创业就业，吸引更多来自城市的社会各界积极投身乡村振兴事业。加强进城务工农民职业培训，完善劳动就业社会保障体系，确保进城务工农民与城镇职工实现同工同酬。

——**强化城乡资本自由流动**。发挥财政资金的引导作用，撬动金融和社会资本投向乡村振兴事业。深化农村金融改革，争取更多金融资源配置到农村经济社会发展的重点领域和薄弱环节，更好满足乡村振兴多样化金融需求。完善农村金融服务渠道和体系，确保金融机构从农村吸收的存款主要用于农业农村发展。有序引导农村储蓄资金，在农业转移人口市民化进程中以"带资进城"方式流入城市。

——**积极引导信息技术下乡**。瞄准农业农村现代化建设方向，建立健全农村信息服务体系和农业科技推广服务体系，引导各类涉农信息技术下乡，为乡村振兴提供信息技术支撑。强化政策支持和引导，搭建城乡信息技术共享平台，积极发展涉农信息技术服务业。鼓励电信运营商、电商等企业开发信息应用软件，开展农业生产技术培训。通过财政补贴、政府购买服务、落实税收优惠等政策，支持利用大数据、物联网、云计算、移动互联网等信息技术开展创业创新。

专栏 5-9　汉江美丽乡村风光带建设工程

田园综合体工程。以新型"三农"项目为支撑和带动，参照试点省份探索开展田园综合体试点。

乡村旅游示范工程。对拥有生态、农业、文化等旅游资源优势的村，鼓励通过招商引资、股份合作、村有民营等方式，创建 50 个以观光、休闲、创意、体验农业等为特色的乡村旅游示范项目。

农业示范基地建设工程。以农业种养殖项目为重点，改造提升或规划新建 50 个专业性的农业示范基地。

美丽乡村示范点建设工程。规划建设 100 个宜居美丽乡村（村庄）示范点，以美丽乡村示范点建设，统筹农村环境治理、旅游资源开发、厕所革命、基础设施建设和公共服务配套等。

第八节　沿江城镇化建设体制机制创新

在襄阳市城镇化建设体制机制改革总体框架下，进一步推进汉江区域土地要素供给、投融资、行政管理、城乡规划、组团协同发展和农村"三资"管理等重点领域和关键环节的体制机制改革，通过改革创新，激发沿江城镇化建设的内生动力和发展活力，形成有利于城镇化健康发展的制度环境。

一、加强土地要素供给保障

合理安排土地利用计划，根据中心城区、重点镇常住人口增长数量，合理确定城镇建设用地增加规模，统筹各业各类用地，优先保障进城人员住房、教育、医疗等民生项目和城镇基础设施用地。加大对沿江县（市、区）及重点镇建设用地指标的倾斜，结合沿江城镇重点建设项目的需求，统筹建设用地指标在沿江区域的分配和使用。坚持集约节约利用土地，实施建设用地总量和强度双控行动，有效控制开发规模，推进旧乡镇、旧厂房、旧村庄改造，优先盘活使用闲置土地，提高存量土地的使用效率。规范推进城乡建设用地增减挂钩，扩大城乡建设用地增减挂钩规模和范围，扩大建设用地指标交易规模。加大城镇低效用地再开发，鼓励土地权利人、集体经济组织和社会资本，采取灵活的处置方式，促进城中村、棚户区、老工业区改造，推动城市更新、产业升级和功能提升，加强对闲置土地的清理处置，推进存量土地再开发。因地制宜推进低丘缓坡地开发，在坚持最严格的耕地保护制度、确保生态安全、切实做好地质灾害防治的前提下，在资源环境承载力适宜地方开展低丘缓坡和荒地开发试点。完善集体建设用地经营权和宅基地使用权流转机制，继续开展农村土地承包经营权确权登记颁证试点工作，积极推进"房地一体"的农村宅基地和集体建设用地使用权确权登记发证工作。

二、构建多元化投融资格局

积极争取中央和湖北省城镇化建设基金的支持，争取中央和湖北省发改、财政、住建、交通、水利、农业农村、文化旅游、生态环境、自然资源、人社等部门的资金支持，加大特色小城镇专项建设基金申请力度，积极争取各类社会资金及国外贷款，加大对沿江中心城区、小城镇、美丽乡村建设以及基础设施、社会事业、环境保护等方面的投入力度。建立财政专项资金跟投和补贴机制，撬动金融资本、社会资本投入沿江城镇化建设，稳步推进政府和社会资本合作，推广 PPP 等融资模式，吸引更多社会资本参与沿江城镇建设领域投资，建立民间投资参与沿江城镇重大项目投资的长效机制。积极开展投融资模式创新，进一步放宽准入条件，广泛吸引社会资本参与基础设施和公共服务项目建设、运营，通过试点示范，形成一套可复制、可推广的 PPP 模式经验。大力推进与政策性金融机构合作，积极争取国家政策性银行和开发性金融机构以及商业银行、保险等金融机构的支持，鼓励各金融机构创新金融服务和产品，大力支持城镇基础设施建设。创新重大项目投融资模式，结合特色小镇建设需求，积极引进小城镇建设运营商，负责进行整体规划、建设、开发和运营。创新政府融资平台运营管理机制，以市场机制改造政府融资平台，通过引进战略投资者和社会资本实现股权多元化，打造市场化的投融资主体。

三、推进行政管理体制改革

按照城市设置与简化行政机构联动原则，选择设有省级经济开发区的循环经济园与仙人渡镇等开展设市试点，以推进"区镇合一"行政管理体制改革为切入点，探索行政管理创新和行政成本降低的设市模式，有序推进镇级城市建设。推进机构整合，按照"区镇合一"行政体制模式，推进试点镇开发区党工委、管委会与镇党委、政府合署办公，实行一套班子、两块牌子的管理体制。优化机构设置，按照精简、高效的原则，围绕经济发展、社会事务、农业农村、规划建设、综合治理等工作，因地制宜、综合设置开发区和乡镇内设机构，内设机构控制在 5—7 个左右。扩大管理权限，按照"权责一致、依法下放、能放尽放"的原则，赋予试点镇县级经济社会管理权限，扩大人事、干部管理、行政执法和审批权限。创新财政体制，进一步明晰县、镇事权划分，做到财力与事权相配，属县级以上的政府事权不由镇政府承担财政支出责任，应由镇承担的事权要保障工作经费，在财政收入超收奖励、市县专项资金使用等方面向试点镇倾斜，增强试点镇履行职责的能力。

四、完善城乡规划管理机制

加强市级层面对沿江区域城镇化建设的统筹协调，有序推进中心城区、县城、镇区、美丽乡村及城镇组团建设的规划实施，以"多规合一"的生态经济带沿江总体规划为指导，推进沿江重点城镇功能板块开展规划修编。严格城镇建设项目规划论证决策机制，建立健全"政府组织、专家领衔、部门合作、公众参与"的规划决策机制，未经充分论证不决策，未征求社会意见不决策，未经法定程序审查不决策。县（市）、镇规划经人代会审议通过后，必须保持连续性，不得随意更改，维护其法律权威性，确保县（市）、镇一本规划一张蓝图，持之以恒推进落实。建立规划管控和执行机制，所有城镇建设重大项目必须经过规划委员会审议通过才能实施，在规划部门设立审图室，专职审查规划方案。理顺、完善城乡规划管理体制，明晰市与县（市、区）、镇规划管理职责，下放一定规划编制、规划审批、批后管理等职能，调动县（市、区）管理积极性。全面推进乡镇规划建设管理综合行政执法改革工作，推进成立乡镇规划建设管理分局，提高乡镇建设管理水平，争取将乡镇城建规划工作经费列入预算，为乡镇规划管理部门开展日常工作提供财力保障。采取选调、公开招录、聘用等方式，积极充实乡镇规划建设专业人才队伍力量。

五、健全组团协同发展机制

成立以市发改、规划、产业等部门以及城镇组团内相关县（市、区）、重点乡镇领导组成的组团协调发展领导小组，市领导担任协调发展领导小组组长，发改部门负责具体事务，定期组织召开组团发展推动工作会议，就组团内需要共同协商的重大事项进行研究和推进，带动组团内相关县（市、区）、乡镇、村共同推动组团协调发展。重点对组团内不同县（市、区）、乡镇、美丽乡村等规划布局进行统筹协调，合理确定不同板块建设时序，统筹重大跨江交通、水利、生态环保等设施建设，协调重大项目资金筹集、建设进度、后期管理管护等问题，推进组团内基本公共服务设施建设和共享，促进人口、资源无障碍流动。推进县（市、区）、乡镇、村连接区域合理开发，理顺行政管理机制，明确重点功能板块管理单位及其职责，破除交叉管理掣肘。

六、推进农村"三资"改革

按照《湖北省农村集体"三资"管理办法》，加快推进农村产权确权颁证和交易体系建设，促进农村土地、资产、金融等资源要素流动。按照制度"管权、管事、管人"，规范管理、强化监管、加强服务，逐步达到产权明晰、权责明确、经营高效、管理民主、监督到位的要求，保障农村集体经济组织成员权利，保证农村集体"三资"（资金、资产、资源）科学使用，保值增值，促进集体经济发展壮大，促进农民收入增加，促进农村经济社会和谐稳定发展。摸清农村"三资"存量，探索推进"资源变股权、资金变股金、农民变股民"（"三变"）改革，组建农村社区股份合作社、集体资产股份合作社、股份公司等新型经济组织，选择要素齐备、管理水平高、经济实力强、经营效益好的合作社作为"三变"改革承接主体，推进农民以资源、资产参股经营，探索建立与村（居委会）脱钩、委托第三方专业机构管理的运营模式，建立"归属清晰、权责明确、保护严格、流转规范、监管有力、运营高效"的现代农村集体经济产权制度。沿江县（市、区）全部建成农村产权交易市场，实现市、县、乡三级联网，推动农村产权流转交易公开、公正、规范运行。在保证农村集体"三资"所有权和收益权、审批权、使用权不变的前提下，实行农村集体"三资"监管代理制度。建立乡镇农村产权交易中心，开展小型资产资源流转和工程项目建设招投标。统筹确定农村集体经济发展用地的规模、范围和布局，支持生态农业、休闲旅游发展所需用地，优先保证被拆迁农民安置和农村公共设施建设用地。盘活集体经济存量资源，鼓励村集体整合和利用闲置或低效使用的各类集体房产、迁村腾地获得的村级集体经济发展用地，充分挖掘存量资产和土地资源价值，提高使用效益。鼓励村集体将资金或符合规划、依法取得的非农建设用地，参股管理规范、发展前景较好的企业。积极开展新型农民专业合作社联社试点，推进金融与农民专业合作社深度融合，创新农村产权抵押方式，丰富"三农"贷款增信的有效方式和手段。

第九节　沿江城镇化建设的保障措施

为确保汉江生态经济带襄阳沿江城镇化建设协调推进，应全面加强各项基础保障工作。以高度重视、求真务实、开拓创新、攻坚克难的状态，确保城镇化建设目标和任务如期完成。

一、加强组织协调

沿江县（市、区）、乡镇及各有关部门要切实履行职责，研究制定具体实施方案，因地制宜研究制定符合本地实际的城镇化建设实施方案和政策措施，建立健全规划实施推进机制。建立规划实施路线图管理机制，将规划任务项目化，明确任务书和时间表，落实主体责任，切实推进规划实施落地。建立年度和中期考核评估制度，检查规划落实情况，适时调整规划目标任务，并配套相应奖惩措施。实行任务完成情况报送制度，根据实施方案具体任务，及时将任务完成情况，报送市城镇化工作领导办公室。

二、增强政策统筹

围绕汉江生态经济带襄阳沿江城镇化建设的重点任务，有针对性地制定与规划实施相配套的土地利用、人口市民化、投融资、保障住房、生态保护、环境治理等政策，争取国家和湖北省对汉江生态经济带城镇建设的支持政策。沿江各部门要加强政策制定和实施的协调配合，推动人口、土地、投融资、住房、生态环境等方面政策和改革举措形成合力、落到实处。各县（市、区）城乡规划、土地利用规划、交通规划等要落实本规划要求，小城镇、新农村规划要遵循本规划的要求。沿江县（市、区）、乡镇要积极主动加强与国家、省市相关部门的沟通、协调和配合，及时反馈城镇化建设中出现的新问题、新现象，促进不同部门间的政策加强统筹和协调，发挥政策协同效应。

三、推动试点示范

积极推进国家新型城镇化综合试点建设，在已有试点城市的基础上，扩大试点覆盖面，推动城市和特色小（城）镇试点建设。积极总结宜城市国家新型城镇化综合试点和小河、仙人渡镇示范试点建设的经验，切实解决试点建设中存在的困难，推广已经取得的农业转移人口市民化成本分担机制、多元化可持续的城镇化投融资机制、行政管理体制创新和农村宅基地制度改革等经验，进一步在城镇创业环境、公共服务提供机制、生态文明制度建设、组团协同发展机制、城镇"多规融合"制度建设、城镇基础设施建设、城乡一体化发展机制、农村公共服务供给体制、农村土地制度改革以及创新型城市、智慧城市、低碳城市、人文城市建设等方面，选准突破口，开展形式多样的改革探索。同时，选择部分县（市）、中小城市、特色镇开展不同主题的试点，大胆探索、寻找规律，以点带面、逐步推开，为湖北省、全国提供可复制、可推广的新型城镇化发展模式；在美丽乡村建设方面，开展历史文化风貌村、新型农村社区（中心村）试点示范，探索既能彰显汉风楚韵特色又与美丽宜居乡村建设相融合的人文乡村建设新模式。

四、强化宣传引导

沿江各县（市、区）、乡镇及相关部门要广泛宣传沿江区域城镇化统筹开发建设的新理念、新政策、新举措，及时报道试点城市、乡镇的典型经验和做法，强化示范效应，凝聚社会共识。通过"绿水串珠"，让蓝天、碧水、青山与沿江城市建设浑然一体，打造人水和谐的流域城镇建设新典范。通过加强规划宣传和舆论引导，使汉江沿岸广大干部群众深刻认识新时代推进沿江城镇转型升级的紧迫感和重要性，着力提高群众参与绿色城镇建设的思想认识，切实调动群众实施生态优先、绿色发展的积极性和主动性，激发广大干部群众把心思和精力用在谋发展、抓转型、提质量上，为推进沿江新型城镇化建设营造良好的社会环境和舆论氛围。

第六章 沿江产业发展研究

促进襄阳沿江地区尤其是汉江两岸各 5 公里区域产业高质量可持续发展，是支撑汉江流域襄阳段打造成为城市发展新名片、推动新旧动能转换、建设汉江生态经济带先行先试示范区的重要抓手，是襄阳抢抓我国实施"一带一路"倡议、建设现代化经济体系重大战略契机的重要着力点，是襄阳在新时代践行新发展理念、落实党的十九大关于人与自然和谐共生有关精神的重要战略抉择。必须站在新的历史起点，审时度势、扬长避短、攻坚克难，在崇尚创新、注重协调、倡导绿色、厚植开放、推进共享的指引下，明确襄阳沿江地区产业发展思路和愿景，加快产业改造提升转型，集中优势资源打造绿色增长点，进一步优化产业发展布局，建立健全产业负面清单准入管理制度和重点项目甄别筛选机制，全面完善有利于汇聚技术、资金、人才等创新资源的制度和政策环境。

第一节 襄阳沿江产业发展条件分析

一、襄阳沿江产业发展的有利条件

1. 产业基础雄厚，特色产业优势明显

"十二五"以来，襄阳沿江地区产业快速发展壮大，地区生产总值年均增速超过两位数，2017年达到 1750 亿元，占全市比重超过 40%。老河口市、谷城县、宜城市和襄州区等在全省县域经济分类考核中均列第一方阵。汽车、农产品加工、装备制造等传统特色优势产业呈现良好发展态势，产业集聚速度加快，沿江地区 11 家特色园区快速发展，2017 年产值超 1300 亿元，"园区经济"发展有力支撑襄阳产业转型升级。

表 6-1 沿江各区市县历年发展情况及与其他地区比较

单位：亿元

区市县	地区生产总值			平均增速	
	2016	2012	2010	2010—2016	2012—2016
襄阳沿江地区	2772.88	1909.84	1195.1	15.06	9.77
襄阳其他地区	921.62	592.12	343.2	17.90	11.70
襄阳全市	3694.5	2501.96	1538.3	15.72	10.23
宜昌	3709.36	2509	1547.32	15.69	10.27
武汉	11912.61	8003.82	5515.76	13.69	10.45
湖北省	32297.91	22250.45	15967.61	12.46	9.76
南阳	2737.5	2340.73	1953.36	5.79	3.99
郑州	8114	5549.79	4040.89	12.32	9.96
河南省	40160.01	29599.31	23092.36	9.66	7.93
全国	744127	540367.4	413030.3	10.31	8.33

资料来源：国家统计局、湖北统计局、河南统计局、襄阳统计局、各地区相关年份统计年报。

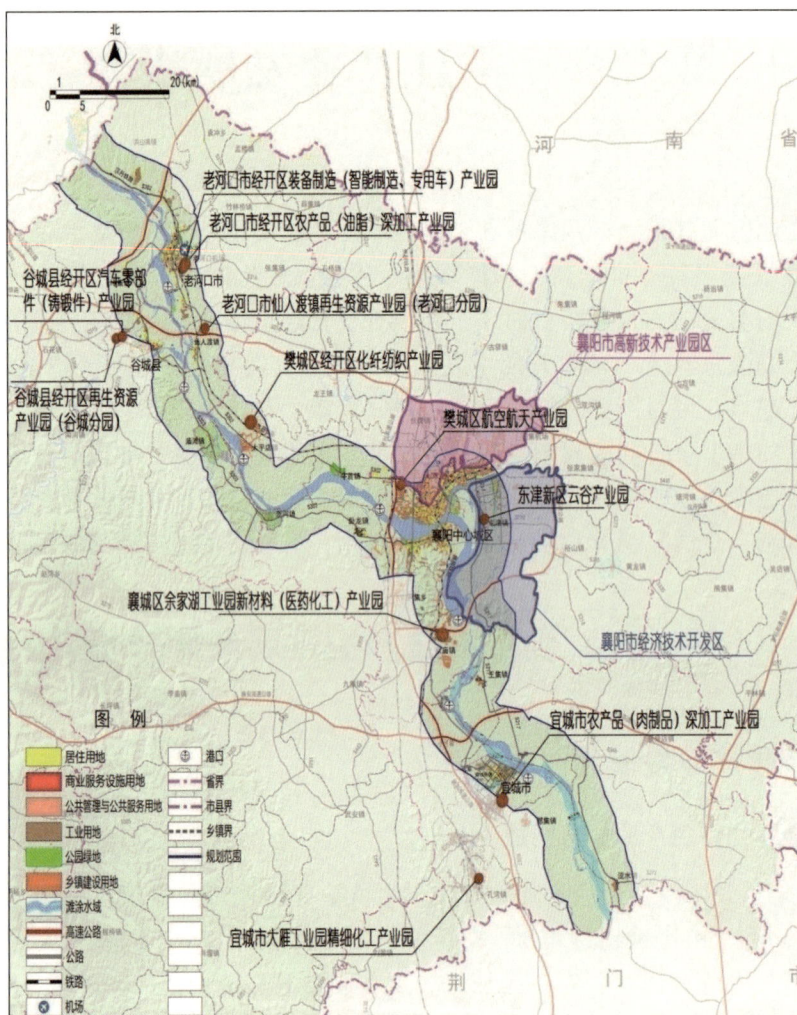

图 6-1 襄阳沿江地区特色产业分布现状图

2. 生态本底良好，文化旅游资源得天独厚

汉江横贯襄阳，沿江地区山、水、城相依相融，自然风光与文化底蕴浑然天成。襄阳是国家级历史文化名城、军事名城，是荆楚文化的发祥地，春秋时期宜城曾为楚国都城，留有楚皇城、宋玉墓、白起渠、车马坑等遗址，还是三国文化之源。此外，襄阳还是佛道宗教文化、名士文化交融胜地，拥有特色鲜明、引人入胜的民俗文化。

3. 区位条件优越，综合交通体系初步建成

襄阳地处我国内陆腹地中心地带，得"中"独厚，区位优势明显，与武汉、郑州、西安、重庆、成都等距离均在 1000 公里以内，是华中、西北、西南"Y"形交通网络的中心，连接东西南北的重要交通枢纽。城市综合交通体系初步建成，汉十高铁、蒙华煤运铁路、郑万高铁相继开工建设，东津高铁站规划即将全面启动，将成为连接武汉、中原、成渝、关中四大城市群的区域性铁路枢纽，形成新的沪汉蓉快速通道，构建至武汉、西安 1 小时经济圈，至郑州、重庆、成都 2 小时经济圈，极大拉近襄阳与周边特大城市的时空距离。

4.政策环境不断完善，体制机制改革持续推进

襄阳围绕对外开放、金融创新、绿色发展、科技强城等相继出台系列政策。在全省率先建立"一局两委""三个一""三张清单""三零服务"等行政管理新体制，实施"先照后证""三证合一、一证一码"等商事制度改革。积极推进土地管理制度创新、户籍制度改革、综合执法体制改革、医药卫生体制改革、文化体制改革等。

5.政策叠加效应显著，新工业革命带来发展契机

中国（湖北）自贸区襄阳片区建设进程加快，湖北省委、省政府大力实施汉江生态经济带战略，湖北省"一主两副"战略布局对襄阳省域副中心城市定位更加清晰，有利于沿江地区加快承接国内外产业及创新资源转移。从国际看，新工业革命重塑产业格局也为沿江地区产业升级、培育新增长点带来契机，沿江地区有望凭借产业基础与先天资源优势，应用新技术新模式抢占产业发展制高点，推动产业持续转型升级。

二、襄阳沿江产业发展的不利因素

1.沿江生态破坏性企业布局与汉江绿色发展之间的矛盾凸显

新时代我国将绿色发展放在更为重要位置，要求在经济发展中必须重视生态环境保护，长江经济带发展也要求长江及支流沿线严抓大保护。2017年，湖北省委省人民政府印发《湖北长江大保护九大行动方案》，提出"严禁在长江干流及其主要支流岸线1公里内新建重化工及造纸行业项目，严控在长江沿岸地区新建石油化工和煤化工项目"等。这将倒逼襄阳沿江地区，尤其是部分距离汉江较近、容易产生严重污染的化工、化纤、水泥建材、畜牧养殖等产业，加快关停并转型升级进程。

专栏6-1　襄阳沿江地区重化工及造纸行业的工业企业

沿汉江两岸15公里范围内重化工及造纸行业的工业企业有22家，涉及襄州区1家（武钢集团襄阳重型装备材料有限公司）、宜城市2家（宜城市聚鑫磷制品有限位公司、湖北广发纸业有限公司）、老河口市2家（湖北金赞阳循环经济股份有限公司、老河口杨三宏福纸业有限公司）、樊城区2家（博拉经纬纤维有限公司、湖北金环股份有限公司）、高新区3家（金鹰重型工程机械有限公司、湖北超亿科技有限公司、湖北淮川汽车科技有限公司）、保康县余家湖工业园区3家（湖北万丰化工有限公司、湖北丰利化工有限责任公司、湖北施尔佳肥业有限公司）、襄城区余家湖工业园区9家（襄阳泽东化工有限公司、襄阳市精信催化剂有限责任公司、湖北荆洪生物科技股份有限公司、襄阳华壁新型建材有限公司、襄阳金达成精细化工有限公司、湖北金氟环保科技有限公司、湖北欧克达化工有限公司、长城星科建材有限公司、华电襄阳发电公司）。

2.沿江地区服务业发展滞后与产业协调发展之间的矛盾凸显

国内外服务业和制造业融合发展已成为大势所趋，这与襄阳沿江地区服务业发展滞后形成鲜明对比。2017年襄阳沿江地区服务业占比略高于30%，同期工业占比接近55%，临近市区的襄城区、樊城区等服务业占比也不足1/3，产业结构升级亟待加速。

3. 沿江地区产业同质化问题与区域产业分工协作之间的矛盾凸显

襄阳沿江工业园区小而散、产业同质化问题突出，各区市县主导产业不鲜明，与汉江生态经济带其他中心城市的产业分工协作程度也不高，这不利于襄阳沿江地区招商引资工作有序推进，也制约区市县间、园区间协调统筹发展。

表 6-2　襄阳沿江地区主要开发区与周边地区开发区对比情况

开发区	面积（平方公里）	主要指标	现有主导产业
襄阳经济技术开发区	218	2015 年，全区 GDP 达到 408 亿元，全区规模以上工业企业实现工业总产值 1050 亿元，全区规模以上工业企业实现工业增加值 315 亿元，实现外贸出口 19623 万美元。	电子信息服务业、高端装备制造业、消费级电子产业、现代物流等生产性服务业
襄阳高新区	200	2015 年，全区 GDP 达到 875 亿元，规模以上工业总产值为 2520 亿元，规模以上工业增加值为 756 亿元，实现外贸出口 3.3 亿美元。	汽车产业、高端装备制造、电子信息产业、新能源汽车、新能源新材料、生物医药、节能环保
武汉东湖高新技术开发区	518	2015 年，企业总收入达 10062 亿元，公共财政收入达到 165.9 亿元，注册市场主体 6.2 万家，其中企业 4.5 万家，申请专利 1.6 万件。	光电子信息、生物医药、高端装备制造、节能环保、高技术服务业
武汉经济技术开发区	489.7	2014 年，实现规模以上工业总产值 2844 亿元，汽车产业突破 2000 亿元，电子电器产值达 444 亿元，实现固定资产投资 622 亿元，全口径财政总收入 346 亿元。	汽车及零部件、电子电器、食品饮料、造纸印刷包装
宜昌高新技术产业开发区	300	2015 年，企业总收入和工业总产值分别达到 2220 亿元和 2110 亿元，财政总收入达到 103 亿元，同比增长 30%，生物医药、精细化工进入 600 亿元产业集群行列。	精细化工、生物及医药、先进装备制造、新材料及节能环保、电子信息、现代服务业
郑州高新区	110	2015 年全年实现营业总收入 4600 亿元，实现利税 480 亿元，GDP 完成 230 亿元，规模以上工业增加值 86 亿元。	电子信息、生物医药、光机电一体化、新材料四大支柱产业
南阳高新区	18	2016 年，GDP 完成 86.9 亿元，规模以上工业增加值实现 39.6 亿元。	光机电一体化、新材料、生物医药和信息技术产业

4. 传统增长方式与迈向高质量发展阶段之间的矛盾凸显

当前，我国经济正处在转变发展方式、优化经济结构、转换增长动力的攻关期。襄阳沿江地区产业规模不大、层次不高、结构不优、竞争力不强等问题尤其突出，依靠土地、资本、劳动力等要素投入驱动增长的传统模式将受到严重挑战。

第二节 襄阳沿江产业发展总体思路

一、发展思路

全面贯彻落实党的十九大和十九届二中、三中全会精神，坚持以习近平新时代中国特色社会主义思想为指引，坚持人与自然和谐共生，遵循新发展理念，以共抓大保护、不搞大开发为导向，以国家加快建设"一带一路"、制造强国以及实体经济、科技创新、现代金融、人力资源协同发展的现代产业体系为契机，以沿江地区产业基础和比较优势为立足点，下大力度和决心调整优化化工、化纤、水泥建材、畜牧养殖等产业，着力提升纺织服装、资源循环利用、医药、建材等优势特色产业，加快培育发展农产品精深加工、文化旅游、商贸物流、农林种植等绿色支柱产业，在新一代信息技术、航空航天、智能制造、数字创意等领域形成若干新增长点，加快形成协调互动、优势互补、点线面联动的产业发展新格局，全面营造有利于技术、资金、人才创新要素汇聚的体制机制和政策环境，统筹推进沿江地区产业高质量、可持续发展。

一是坚持新发展理念指引。崇尚创新，以创新作为引领发展的第一动力，让创新贯穿沿江地区产业发展工作的方方面面。注重协调，明确各区市县发展定位和方向，加快形成各具特色、优势互补、协调互动发展新格局。倡导绿色，严格践行绿水青山就是金山银山的理念，施行最严格的生态保护制度。厚植开放，最大限度发挥汉江流域中心城市区位优势，充分利用邻近地区及国内外创新资源。推进共享，促进沿江地区产业融合、繁荣、可持续，创新创业成果更广范围上惠及经济社会转型发展。

二是坚持共抓大保护、不搞大开发。把保护沿江地区生态环境摆在压倒性位置，走生产发展、生活富裕、生态良好的文明发展道路，使青山绿水产生生态效益、经济效益、社会效益。在主导产业发展方面，强调绿色发展、可持续发展。加快淘汰落后产能，沿汉江干支流1公里范围内严禁新开工化工项目，汉江干支流1—5公里范围内实行"从严控制、适度发展"的产业准入政策。加快提升优势特色产业，培育知识技术密集的新增长点。加快资源向现有园区集聚，推进各区市县差异定位、联动发展。

三是坚持提升产业层次和发展质量。坚持质量第一、效益优先，推动沿江地区产业发展质量变革、效率变革、动力变革，加快构建一二三产业深度融合、产业发展与科技创新、财税金融扶持、人力资源支撑密切结合的现代产业新体系。发挥沿江地区农产品精深加工、文化旅游、农林种植等产业优势，强化商贸服务配套支撑能力，集中打造与自然和谐共进的绿色增长点。按照落后淘汰、存量提升、增量严控的思路，加快调整优化化工产业，提升服装纺织、资源循环利用、医药、新型建材等特色优势产业，培育新一代信息技术、航空航天配套等战略性新兴产业。

四是坚持营造创新创业生态。坚持市场主导、政策护航，政府按照"退后一步、站高一步"的定位，全面营造有利于优质项目、资源汇聚的创新创业生态。制订实施优质项目及企业的甄别筛选机制，建立重点产业项目储备库，吸引武汉等中部创新高地以及国内外创新成果入园转移转化，营造创新创业良好文化氛围。强化科技创新平台、公共服务配套体系等支撑，建立健全沿江地区协调统一的招商引资、土地开发、财税金融、引人用人和业绩考核评估体系等。

二、发展目标

力争通过 10—15 年时间，将汉江流域襄阳段两岸各 5 公里范围区域，建设成为环境优美、生态独特的襄阳市新动能储备集聚高地，兼顾绿色发展和生态保护的汉江生态经济带产业发展示范区，国内一流、对标国际的临江生态经济带创新创业引领区。

第一阶段，从现在到 2022 年，是重点规划范围积蓄能量、拓展思路、搭台建梁的起步发展阶段。到 2022 年，沿汉江干支流 1 公里范围内不达标化工、化纤、水泥建材、畜牧养殖等企业搬迁完成，汉江干支流 1—5 公里范围内化工等企业改造提升效果明显。农产品精深加工、文化旅游、商贸服务、农林种植领域集聚一批创新能力强、发展后劲足的龙头骨干企业。特色园区内纺织服装、资源循环利用、新型建材、医药、电子信息及服务、航空航天等产业产值规模翻一番。汉江沿岸人文内涵、历史风貌与现代时尚元素兼具的城市"绿肺"初步成形，"生态化、高端化、特色化"工业集聚带、农产品加工及现代农业集聚带初具规模。有助于技术、资金、人才等创新要素集聚、沿江地区产业统筹协同发展的体制机制和政策环境进一步完善。

第二阶段，2023—2035 年，是重点规划范围绿色增长极形成、新旧动能转换实现、产业集聚效应明显增强、体制机制和政策环境健全完善的快速发展阶段。到 2035 年，农产品精深加工及种植、文化旅游、商贸服务以及纺织服装、医药、电子信息及服务、航空航天、数字创意等领域涌现出若干附加值高、品牌享誉度高、辐射带动作用强的百亿级龙头企业和一批专业化、特色化创新型中小微企业。沿汉江干支流 1 公里范围内化工、化纤、水泥建材、畜牧养殖等企业搬迁完成，汉江干支流 1—5 公里范围内化工等产业转型升级完成，成为全国高附加值、节能减排转型发展引领示范区。沿江地区点极联动、三带融合、区市县协同互动的产业空间布局架构全面成形，九大特色产业园区集聚效应显著，沿江地区错位发展、优势互补、协同共进的可持续发展格局稳步推进。与汉江生态经济带上下游地区协同发展、相互促进、推动创新要素自由流动，有利于汇聚国内外创新资源的产业发展生态日臻完善。

第三节　襄阳沿江传统优势产业转型

一、调整优化化工产业

坚持"绿色化、集聚化、高端化"发展导向，以严控增量、优化布局、转型升级为着力点，重点发展高附加值的精细化工产品，积极开发以合成氨、磷酸、有机硅等为基础的化工新材料，支持其他精细化工行业延长产业链，鼓励推广应用节能减排新技术、新装备、新工艺，开展资源综合利用，实现襄阳沿江地区化工产业与生态环境保护协调发展。

到 2022 年，产值达到 450 亿元，淘汰落后产能，搬迁、转移一批资源型、高污染企业，高附加值的精细化工产品、化工新材料产业占比超过 50%，布局优化、转型发展取得显著成效；到

2035 年，产值达到 1000 亿元，高附加值的精细化工产品、化工新材料产值占比超过 80%，涌现出一批具有自主知识产权和自主品牌的优势企业，产业发展取得突破性进展。

1. 大力调整结构，促进产业集约、集聚发展

严控化工产业外延式扩张。 严格执行分区施策，确定生态保护红线、环境质量底线、资源利用上线，制定环境管理准入负面清单，强化生态环境硬约束。其中，汉江干支流 1 公里范围内，以保护恢复为主，禁止新建化工项目，对未开工的项目停止建设。汉江干支流 1 公里到 5 公里范围内，以治理建设为主，实施精准治理，对新建、改扩建化工类项目，执行高标准环评安评要求。

引导、支持沿江地区化工企业的关停、搬迁、改造、升级，调整优化产业布局。 全面掌握襄阳沿江地区化工园区及企业分布及产量、产能储备、环评达标、土地能源环境承载量等情况，对技术装备落后、污染排放不能达标的资源初加工型化工企业实行关停。对汉江干支流 1 公里范围内化工企业，加快开展资源深加工度、"三废"排放量、企业内部"三废"处理能力等评估，**以襄城区余家湖工业园为重点和标杆，明确搬迁企业名单，有序转移到宜城、老河口、谷城等节能减排设施完备、工艺领先、环评达标的相关园区。** 对汉江干支流 1—5 公里范围内化工企业，加快技术改造和产品优化升级，建立高标准、全过程、长周期的环评监控督察机制。

2. 加快转型升级，促进产业高端、创新发展

加快培育优势企业，促进产品结构优化升级。 依托龙头企业，加快推进兼并重组，引导生产要素向优势企业集中。优化产品结构，做强高浓度磷复肥产业，大力发展高纯黄磷、食品级、医药级、电子级精细磷化工高端产品，积极开发以合成氨、磷酸、有机硅等为基础的六氟磷酸锂、磷酸铁锂等新能源材料和磷制品等功能型化工新材料。按照"一企一策"原则和"一个企业、一套方案、一本工作台账"要求，加快推进危险化学品生产企业搬迁入园。对于落后技术和工艺，重污染、高物耗以及产生严重有毒有害物的产品、技术和企业，限期予以淘汰。

加大科技研发投入力度，提高产业附加价值。 提高企业自主创新能力，不断提升核心专有技术、品牌竞争优势在化工产业中的核心支撑作用。积极探索符合市场规律的产学研合作模式，提高技术研发的效率，促进科技成果产业化。积极采用新技术、新工艺，不断提高企业技术装备水平和工艺水平。

3. 强化综合利用，促进产业生态、循环发展

积极延伸产业链、价值链，加大伴生资源及"三废"综合利用，拓展生态产业链。大力发展循环经济，建设生态工业园区，通过企业内部小循环和园区企业中循环，实现产业循环组合。支持企业开展资源综合利用、清洁生产、节能减排及相关技术研发等。

专栏 6-2　襄阳沿江地区化工企业和化工园区摸底情况

按照《湖北长江大保护十大标志性战役相关工作方案的通知》（鄂政发〔2018〕24 号）要求，湖北省经信委、发改委等对"对化工企业和化工园区全面、真实、准确地调查摸底"。截至 2018 年 6 月中旬，共掌握沿江地区规模以上化工企业名单如下：襄城区 11 家、樊城区 5 家、襄州区 4 家、谷城县 9 家、老河口市 15 家、宜城市 35 家，化工园区发展情况如下：

1. 襄城经济开发区余家湖工业园区。襄城经济开发区是 2008 年省政府批准筹建的省级开发区，规划用地总面积 24.88 平方公里，已开发面积 16 平方公里，功能定位为发展生物医药、精细化工、新能源新材料、高端纺织等四大主导产业的综合性工业园区。截至 2017 年底，余家湖工业园区累计完成固定资产投资 250 亿元，入驻企业 78 家（规上企业 41 家），其中医药化工企业 31 家、建材企业 22 家、能源企业 5 家、机械制造企业 15 家、其他企业 5 家，完成工业总产值 140.8 亿元。产值过 10 亿元企业 3 家，过亿元企业 20 家，亿元以下企业 58 家，未正常生产企业 15 家。园区公共基础设施完备，建有 1.25 万吨处理能力的工业污水集中处理设施 1 个，危险废物处理设施 1 个，建设有 20 公里公共管廊，实施集中供热和工业气体集中供应。2017 年园区废水排放总量 186 万立方米，其中 COD 排放 478 吨，氨氮排放 51 吨，废气年排放总量 124 吨，其中二氧化硫排放总量 124 吨，实现氮氧化物零排放。

2. 襄阳（宜城）精细化工产业园区。2013 年宜城市批准《襄阳市精细化工园区总体总体规划》，规划面积 35 平方公里，已开发面积 15 平方公里，属于精细化工、开发医药级、电子级磷化工产品（主导产业）类化工园区。截至 2017 年底，园区累计完成固定资产投资 8.5 亿元，注册企业 55 家，上缴税收 1.8 亿元。2017 年完成工业总产值 110 亿元，形成以嘉施利项目为龙头的磷化工产业链，主要产业包括磷化工、新材料化工、煤化工和生物化工。园区公共基础设施完备，建有 5 万吨处理能力的污水集中处理设施 1 个，危险废物处理设施 1 个，建有 22 公里公共管廊，实施集中供热和工业气体集中供应。2017 年园区废水排放总量 97.9 立方米，其中 COD 排放 100 吨，氨氮排放 8.8 吨，废气年排放总量 36.4 亿标立方米，其中二氧化硫排放总量 301 吨，氮氧化物排放 52.6 吨。

3. 老河口市科技产业园（陈埠组团）园区。2008 年老河口市批准《老河口市陈埠组团控制性详细规划》，规划面积 14.5 平方公里，已开发面积 4.3 平方公里，属于生物医药类化工园区。截至 2017 年底，园区累计完成固定资产投资 54.2 亿元，注册企业 17 家，上缴税收 10 亿元。2017 年园区完成工业总产值 50 亿元，主要产业包括医药产业、精细化工、香精香料，主要企业包括雪飞化工、楚源化工、华辰化工、新景科技等。园区公共基础设施完备，建有 1.5 万吨处理能力的污水集中处理设施 2 个，危险废物处理设施 1 个，建有 30 公里公共管廊，实施集中供热和工业气体集中供应。2017 年园区废水排放总量 110 万立方米，其中 COD 排放 547.5 吨，氨氮排放 32.9 吨。

4. 谷城县化工工业园区。2010 年 7 月谷城县出台《关于谷城县化工工业园区选址意见的批复》（谷政函〔2010〕94 号），设立化工工业园区并明确园区范围。2013 年 9 月出台《关于调整谷城县化工工业园区范围的批复》（谷政函〔2013〕93 号），同意将谷城经济开发区再生资源园区纳入谷城县化工工业园区。截至 2017 年底，原有化工工业园区累计完成固定资产投资 8 亿元，注册企业 10 家，上缴税收 1.6 亿元。2017 年调整前谷城县化工工业园区完成工业总产值 3 亿元。从 2017 年 6 月开始，谷城县化工工业园区进行调整，规划面积 3.29 平方公里，属于综合类化工园区，主要产业包括精细与专用化学品、有机化工原料、化学化纤产业，预计到 2025 年实现产值 50 亿元。近期依托聂家滩污水处理厂处理园区污水，聂家滩污水处理厂处理规模 4 万吨/天，远期规划建设新的污水处理厂，危险废物委托襄阳市内有处理资质单位处理。设置 1 座园区消防站，到 2025 年污水排放量 5.5 万吨/年，其中 COD3.3 吨/年，氨氮 0.4 吨/年；废气排放量 1970 万立方米/年，二氧化硫 0.3 吨/年，氮氧化物 6.4 吨/年。

专栏 6-3　襄城经济开发区（余家湖街道办）转型升级

余家湖工业园区已投入 2 亿元建设全省首家专业园区污水收集处理系统，"一企一管一阀"投入使用，余家湖污水处理厂升级改造进入试运行阶段，污水处理厂排污口上迁工作已完成。对 21 家"环评"或"三同时"手续不齐全的企业下达行政处罚决定书，对 2 家废气、1 家废水超标排放的企业立案查处，对 12 家未落实行政处罚决定的企业实施了查封扣押。下一步，要由襄阳经济开发区继续逐个摸清园区企业生产经营、环保、安全状况，建立健全园区企业准入和退出机制。对园区目前 15 家未正常生产的企业实行一企一策，对不符合国家能耗、环保、安全等标准和长期亏损的企业实行关停并转，通过资产置换实现企业退园，为优质企业落户腾出空间。

二、改造提升优势特色产业

坚持创新驱动，推行绿色制造，强化平台支撑，通过实施"技改提质"工程，支持纺织服装产业、资源循环利用产业融合更多创新要素，促进"老树"发"新枝"，通过实施"企业成长"工程，积极培育和引进医药、新材料产业项目，做大产业规模，推动襄阳沿江优势特色产业制造向智能化转型、产品向品牌化转型、结构向高端化转型、过程向绿色化转型。

1. 纺织服装产业

以"绿色化、品牌化、国际化"为导向，以园区为载体，积极承接沿海纺织服装业转移，采用高新技术和工艺，大力加强创意设计、高端产品研发、知名品牌培育等关键环节的能力建设，不断做强家纺、产业用纺织品、品牌服装三大终端，引导产业链上下游企业加强合作，推动产业链向高端延伸，增强产业国际竞争力，打造我国中部重要的纺织服装产业基地。2022 年，产值达到 480 亿元，2035 年产值达到 1160 亿元。

加强关键环节能力建设。培育与引进相结合，建立纺织服装研发与设计中心，推动高档棉纱、新型纤维、高档家纺面料研发及运用，加强品牌服装创意设计，提升产业创新能力和品牌影响力。

调整优化产品结构。采用新材料、新技术，开发新型纤维多组分混纺纱线、各类专用纱线和适销对路的中高档坯布。紧跟市场需求，开发、生产品牌服装和高品质家用纺织产品，以及高强度、高性能、专业用产业纺织品。

优化产业布局。以樊城区经开区化纤纺织产业园为主，发展高端纺纱织布、品牌服装家纺加工、纺织新材料和产业用纺织品、研发设计产业，沿江其他区市县依据产业基础和配套能力，发展纺织新材料、服装及家纺、创意设计等，沿江 5 公里区域内严控新上印染项目。

2. 资源循环利用产业

立足沿江产业转型升级、资源节约集约和可持续发展的紧迫需求，围绕再生钢铁、再生铅、再生橡胶、再生铝、再生塑料等资源循环利用技术研发、装备制造和运营服务等，依托谷城县经济开发区再生资源产业园、老河口市仙人渡镇再生资源产业园，优化产业空间布局，加大招商引资引技引智力度，培育壮大若干龙头企业和一批中小企业，推进重大项目建设，带动产业快速发展。2022 年产值达到 360 亿元，2035 年产值达到 1100 亿元。

依托龙头企业，做大做强六大产业链条。围绕废铅—再生铅—铅酸电池、废铝—再生铝—铝铸件和铝制品、废钢铁—汽车零部件（铸锻件）、废塑料—再生塑料、废家电—金属再利用、废轮胎—翻新轮胎—再生橡胶制品等六大产业链条，通过完善资源回收利用体系、再利用技术创新体系、政策支持体系，丰富、延伸产业链，壮大资源循环利用产业。

合理布局，推进产业集聚、集约化发展。以谷城经济开发区和老河口循环经济园区为集聚核心区，重点发展再生钢铁、铅、橡胶、铝、塑料、纸等资源循环利用产业，以襄城余家湖工业园为支点，发展磷石膏等大宗工业废弃物再利用产业，其他沿江区市县发展适合当地资源禀赋的资源循环利用产业。资源循环利用产业园区发展立足高起点、高要求，将园区建成低能耗、低污染、低排放的低碳工业园区，防止二次污染。

加强创新能力建设，提升资源循环利用水平。支持重点企业通过引进技术、联合开发逐步形成自主开发能力，积极开发符合市场发展需要的新产品。鼓励本地企业及研发机构开展与国际领先的科研机构、国内其他资源再利用产业园区的合资、合作，形成技术资源网络系统，增强企业资源循环利用技术研发水平。充分发挥"互联网+"作用，促进资源回收渠道、再利用工业企业、用户之间高效对接和融合发展。

3. 新材料产业

以产业迈向中高端的材料需求为重大牵引，以提高自主创新能力为核心，重点推进汽车新材料、航空航天新材料、高性能复合材料、电子新材料、新型化工材料等特色产业集群发展，培育一批具有较强竞争力的龙头企业，努力打造我国中部地区新材料产业生产基地、汉江流域新材料技术创新产业化示范中心。2022年产值达到150亿元，2035年产值达到680亿元。

集中力量推进新材料产业重点领域发展，打造襄阳沿江区域特色新材料产业链。围绕材料轻量化需求，开发铝合金、铝镁合金、钛合金等轻质材料产业链。依托合成氨、磷酸、有机硅等原料基础，打造六氟磷酸锂、磷酸铁锂等新能源材料和磷制品等功能型化工新材料产业链。发挥资源循环利用产业优势，打造合成纤维、塑料、工程树脂、复合材料等为代表的先进高分子材料产业链。

加大科技投入，为新材料产业高端化和可持续发展提供有力支撑。支持建设国家重点实验室、国家和省级企业技术中心，加大对新材料领域研发项目的资金支持，引进高端领军人才和技术团队，增强新材料公共技术平台的功能和区域辐射能力，形成一批有自主知识产权的核心技术和系统集成技术。

加强引导，形成特色突出、多点支撑、园区集聚的产业布局。以襄城区余家湖产业园为重点，发展化工新材料、水性高分子和新型建材，建设高分子新材料产业基地。依托谷城县再生资源产业园、老河口仙人渡再生资源产业园，重点发展资源再生型金属及合金材料、轻型合金与陶瓷复合材料、新型建材、矿产资源综合开发与利用，共建新材料产业基地。以宜城大雁工业园精细化工产业园区、襄城区余家湖产业园为载体，重点发展新能源材料、电子化学品材料、医用材料等，建设功能型化工新材料基地。

强化政策支持，鼓励新产品研制与批量化生产。设立新材料产学研合作基金，支持重点领域研发项目及相关技术成果产业化。对国家新材料产业中长期规划的重点产品、对企业开发的新材料新产品以及使用新材料开发的新材料制品，在襄阳首次进行批量化生产的产品给予扶持和奖励。

4. 医药产业

坚持"特色化、高端化、规模化"发展方向，以生物技术药物、化学制剂药物、现代中药、医疗器械为重点，大力培育本地龙头企业，积极引进高端医药企业，加快突破重大关键技术，培育具有自主知识产权和自主品牌的创新产品，将医药产业打造成汉江经济带具有较强竞争力的特色优势产业。2022年产值达到160亿元，2035年产值达到900亿元。

强化产业链延伸和品牌培育，实现产业快速发展。依托现有医药产业基础，采取本土企业培育和短板企业引进等方式，丰富医药产业链。实施对到期专利药物的"抢仿"策略，重点开发创制一批市场前景大的化学制剂药新品种。构建现代中药质量控制及检测体系，开展传统中药的二次开发，创制一批具有自主知识产权的现代中药产品。积极培育医疗器械制造、生物技术药物、生物制造等产业。

加大政策支持力度，提高提升医药产业的整体研发能力。优先支持骨干企业通过产学研合作，承担国家和省级创新平台、技术创新项目和产业化项目。鼓励骨干企业和国内外研究机构联合建设研究中心或实验室，开展关键技术攻关。加大对医药产业公共技术平台、重点投资项目扶持力度，特别要支持医药创新技术平台、转型升级引领行业发展的投资项目。

第四节　襄阳沿江产业新增长点培育

一、加快布局文化旅游

坚持全产业、全地域"大旅游"发展理念，全面推进旅游业提质增效和转型升级，重点围绕"一城两文化"旅游项目建设，加快构建沿江特色旅游产业体系，加强文化旅游跨界融合发展，推动全域联动与区域旅游合作，培育壮大文化旅游新业态新模式，加快形成一批文化旅游精品项目、品牌园区和龙头企业，充分彰显"千古帝乡、智慧襄阳"城市品牌，强化鄂西生态文化旅游圈门户地位，逐步建成汉江流域旅游中心城市、中部地区重要旅游集散地和国内有影响的旅游目的地。

到 2022 年，旅游总收入突破 600 亿元、相当于全市 GDP 比重达到 10%，旅游接待人数超过8000 万人次，文化产业增加值超过 300 亿元，创建国家 5A 级旅游景区 3 家，文化旅游业发展成为襄阳市支柱产业，建成全国旅游标准化示范城市。到 2035 年，彰显襄阳特色的"三国源、古城韵、汉水情"文化旅游产业体系基本建成，"千古帝乡、智慧襄阳"城市品牌基本建立，建设成为在海内外具有较高知名度的旅游目的地。

1. 构建沿江特色旅游产业体系

一是文化旅游。围绕"一城两文化"，重点打造"汉水文化""三国文化""楚源文化""古城文化""生态文化"五大主题文化旅游产品体系，优化重组"三国文化体验游""名仕朝拜游""楚源文化研学游"等特色主题文化旅游精品路线，重点建设以襄阳古城为中心的古城文化旅游区、以古隆中为龙头的三国文化旅游区、以鱼梁洲为载体的汉水文化旅游展示区、以习家池为核心的岘山文化旅游区等四大标志性景区。按照"一县一街"原则，结合市区传统街区改造建设，将文化遗产保护、游憩商业、旅游休闲等功能融为一体，打造一批体现地域文化特征的文化旅游街区。

二是水上旅游。加快实施"江游战略"，完善汉江旅游基础设施，美化汉江两岸岸线景观，加强汉江湿地公园建设，开发水上、水岸观光项目。利用汉江水域优势，培育汉江流域龙舟邀请赛、横渡汉江比赛等赛事品牌，开发快艇乘坐、水上蹦极等运动项目。依托水库库区、坝区，建设开发垂钓、水疗、戏水、水文展示等亲水旅游项目，形成以市区汉江为主、周边水域为辅的水利旅游产品。

三是休闲度假。充分挖掘温泉、森林、水利等特色资源，开发深度体验型产品，重点建设卧龙古镇、东津小镇、栖溪小镇、水镜小镇、温泉小镇、茶旅小镇、红河谷生态旅游小镇等各类风情小镇。加快推进谷城大薤山和南河、老河口百里生态丹渠、宜城张自忠纪念园以及汉江流域国家级森林公园、湿地公园等项目建设，推动鱼梁洲建设国家旅游度假区，打造休闲度假旅游产品。

四是乡村旅游。推动实施乡村振兴战略，制订乡村旅游建设标准，启动乡村旅游"示范村"建设，鼓励近景、近郊、近城、近路地区因地制宜发展乡村旅游产品。重点支持各地通过油菜花、桃花、梨花、樱花、茶园等农作创意，建设百亩梯田风光、千亩茶园观赏基地、万亩油菜花观光园，开发一批农耕特色与自然山水、乡村风貌为一体的农事景观，发展一批茶园绿波、百花争艳、瓜果飘香的乡村旅游项目，致力打造乡村旅游节庆品牌和精品旅游线路。

2. 促进文化旅游关联产业融合发展

一是推进旅游与文化深度融合。坚持以文强旅、以旅兴文，以文脉、城脉为主线，加快推进汉江沿岸历史文化名镇名村、历史特色文化街区、名人故居等物质文化遗产，以及三国文化、民间工艺等非物质文化遗产的保护与开发。加快实施文化旅游景观建设工程、文化旅游品牌塑造工程、文化旅游产业振兴工程、文化旅游演艺精品工程，建设一批文化旅游融合发展重点项目，重点推进襄阳古城、古隆中、鱼梁洲、岘山和鹿门山等"一城两文化"标志性文化旅游项目。建设一批文化旅游融合发展历史街区、特色小镇和传统村落，重点结合樊城老码头老会馆、老河口太平街、谷城老街等传统水运商埠景观改造和米公祠、单家祠堂、邓城遗址等保护利用，高标准打造融文化遗产保护、观光体验、休闲娱乐于一体的文化旅游集聚区。创造一批文化旅游融合发展文艺精品，提升《荆山楚源》《荆山歌谣》《踏歌襄阳》《草庐·诸葛亮》《射雕英雄传》等文化精品剧目，利用优秀影视作品讲好襄阳故事，以古隆中景区、襄阳文化产业园为重点提升演艺精品剧目。

二是推进旅游与农林融合发展。将旅游开发与乡村振兴、精准扶贫、美丽乡村及田园综合体建设有机结合，依托精品农作物种植等特色农业资源和乡村山水田园景观，因地制宜发展宜食、宜玩、宜乐、宜游的乡村旅游产品，建设一批集生态休闲、农业观光、娱乐体验、养生保健、餐饮药膳、健康养老于一体的休闲农业综合体。重点依托谷城县庙滩镇和茨河镇、樊城区牛首镇、老河口市洪山嘴镇、宜城市流水镇等，发展现代农业园区带动型、生态保护与湿地开发型、休闲垂钓型休闲农业，打造汉江生态农业观光带。推动乡村旅游提档升级，加快制订乡村旅游建设标准，加强全国休闲农业与乡村旅游示范县及示范点创建，拓展农业观光、休闲、娱乐、体验、教育、度假等功能。加快推进汉江风光旅游带生态建设，坚持"十里不同花，四季皆有景"的花木布局原则，选择多树种打造四季有别的立体化生态景观，高水平建设梨花湖、谷城老街、王甫洲、长寿岛、月亮湾、鱼梁洲"一线串珠"的"汉江百里画廊"。依托沿江旅游公路和慢行游步道系统，推进沿江滨水绿带防护林与风景林有机融合，重点建设樊城滨江大道—襄阳城墙—老龙堤、樊城—鱼梁洲等短途休闲漫步线路，着力打造堤内原生态湿地景观带、堤外多功能森林景观带，由内向外恢复汉江湿地景观、两岸50米生态绿带景观、绿色乡村景观和山体森林景观。

三是推进旅游与健康融合发展。以鱼梁洲及汉江两岸江滩开展水上运动及赛车运动为引领，以襄城岘山登山及攀岩等山体运动为支撑，以襄阳汉江国家湿地公园、丹河谷水上运动公园、鱼梁洲水上运动公园等为重点，加快开发溪河漂流、汽车拉力、水上竞技、滑翔跳伞、攀岩探险、极限运动等大众体育竞技与健身旅游产品，建设成为具有区域影响力的"水、陆、空"体育旅游休闲目的地。深入挖掘道家养生文化及中医药资源，以襄城区九天玄女风景区、襄州区鹿门山风景旅游区、谷城县狮子岩生态休闲度假区等为重点，开发以药食同源和扶正祛邪中医理念为基础的中医药养生产品，以及禅医养生、道医养生、中医养生等中医药养生旅游业态，拓展道家文化展示交流、道观宫殿观光朝觐、灵修养生主题体验、颐养天年修身养性等健康旅游新业态。吸引社会资本投资开发建设复合型养老养生度假社区和特色小镇，形成休闲度假房产和绿色养生房产等健康养生度假产品体系。

四是推进旅游与工商融合发展。整合襄阳市域优势工业旅游资源，探索利用废弃厂矿及车间等建设工业博物馆，重点依托东风汽车试验场、风神汽车总装厂、东风轻型车总装厂、中国航宇航空运动城、中国航宇热气球表演基地、楚源酒文化产业园等，加快创建一批国家级工业旅游示范点，形成集观光、购物、修学、科普、体验于一体的工业旅游产品体系。推进旅游与商贸融合发展，以农特产、工艺品、文化产品、旅游装备等旅游商品为重点，以馆藏文物、民俗文化为素材，鼓励发展以设计、体验、定制为特点的个性化商业模式。以"汉陶"系列旅游商品为突破口，建设一批具有三国文化内涵的旅游商品研发、生产和销售基地，实现旅游商品的特色化、精致化、规模化和系列化。

3. 推进文化旅游全域联动与区域合作

一是推进沿江地区整体开发。以汉江为主轴，将鱼梁洲、岘山、古城、唐城、习家池、隆中风景区、卧龙古镇、白起渠等优质资源"一线串珠"，打造汉江全域旅游样板区。襄阳主城片区以襄阳古城为核心，以古隆中、鱼梁洲和岘山为支撑，将旅游景区景点建设与旅游地产、体育公园、热气球、露营地和房车营地相结合，着力提升文化体验、旅游度假、会展商务和休闲农业等功能。河谷片区将旅游发展与丹河谷一体化战略相结合，着力提升汉水生态观光、民俗文化体验、特色主题游乐等主要功能，重点打造中国中部最大的汽车营地、汉江旅游风光带的精华区。宜城以楚文化为主，重点开发楚皇城遗址、百里长渠和宋玉故里等，并将宜城张自忠纪念园与老河口李宗仁纪念馆对接，共同打造抗战文化旅游产品。

二是带动市域范围统筹发展。坚持立足城区、县市联动的发展思路，以构建旅游城市—旅游强县—旅游名镇（街）—旅游名村支撑体系为突破口，加快形成具有襄阳沿江特色优势的文化旅游产业。以汉江为主轴，推动形成"一心、两极、三带、四区"的全市文化旅游发展新格局。"一心"指以襄阳古城为全市旅游发展核心，着力提升文化体验、旅游度假、会展商务和休闲农业等主要功能，打造成为襄阳旅游名片和动力引擎；"两极"指以古隆中和鱼梁洲为全市旅游发展增长极，突出三国文化和汉水文化；"三带"指荆山绿色生态景观带、汉水滨江文化景观带、汉十城镇风貌景观带；"四区"指主城片区、南保片区、河谷片区、枣宜片区。统筹兼顾好城市功能和旅游功能，做到资源全域化、城市景区化、建筑特色化、景区精品化、设施人文化、服务优质化。

三是推动汉江流域城市旅游合作。推动实施《鄂豫皖三省十三市旅游联盟战略合作协议》和《"秦巴汉水生态旅游圈"合作宣言》，发挥汉江流域15城市政协联系协作会议机制，推动成立汉江流域旅游联盟，与武汉、孝感、随州、十堰、荆门、南阳、汉中等汉江流域城市共同塑造汉江流域文化旅游品牌，统筹开发汉江流域文化旅游产品，提高区域旅游产品市场知名度。

四是推动三国文化旅游合作。立足古隆中、襄阳古城和水镜庄等三国文化旅游资源的保护利用，与武汉、荆州、赤壁、宜昌、南阳、成都、汉中等三国文化旅游资源丰富的地区加强沟通协助和资源优化组合，加快推进跨省区域旅游在营销合作、监督管理、信息共享等方面战略合作，共同打造"三国文化世界双遗产游"，积极推进跨区域三国旅游产品开发和品牌打造。

五是推动万里茶道旅游合作。立足汉江沿线古码头、会馆、老街等茶道遗迹的保护与利用，积极对接"一带一路"旅游合作，重点开展万里茶道沿线城市旅游合作，与武夷山、汉口、洛阳、晋城、长治、太原、大同、张家口和呼和浩特等联合推出重走万里茶道休闲观光旅游线，共同举办万里茶道文化旅游节、重走万里茶道自驾旅游节。

二、强化商贸服务配套支撑能力

坚持"大市场、大流通、大贸易"的发展理念，重点发展高端商贸、专业市场、社区商业、电子商务、第三方及第四方物流等主导业态，积极推进大型商业综合体等新型商业载体建设，着力构建具有文化特色的城市现代商贸服务体系，加快完善具有综合运输、仓储配送、信息服务等集成功能的现代物流服务体系，建设成为区域性现代化商贸中心和物流中心。

到2022年，社会消费品零售总额达到2300亿元，物流业增加值达到1200亿元。到2035年，社会消费品零售总额和物流业增加值保持稳步增长态势，体现汉江流域中心城市、省域副中心城市综合服务功能的现代商贸与物流服务体系不断完善。

1. 构建多层次现代商贸体系

优化商贸流通网点布局，促进商业设施完善和业态丰富，构建多层次现代商贸体系，建成集购物、休闲、娱乐、餐饮、旅游等多元复合功能于一体的区域性现代化商贸中心。重点建设东津新区区域性商圈和人民广场市级主商圈，着力提升樊城长虹路商圈和牛首商圈、襄城古城文化旅游商圈、檀溪商圈和庞公商圈、襄州张湾商圈、肖湾商圈和云湾商圈等市级副商圈和市级社区商圈，积极推进火车站、汽车站、清河口、长虹南路、河谷组团、老河口、宜城等片区商业中心及社区商业中心建设。

2. 培育现代商贸新业态

稳步推进汉江北岸、人民广场、庞公新区、檀溪城区等旧城改造及传统商贸设施提档升级，规划建设"一站式消费"购物中心、"一站式生活"商业综合体，鼓励发展主题商城、休闲商业、体验式商业、绿色生态商业、会展商业等新业态，着力打造集购物、休闲、娱乐、餐饮等多功能于一体的城市商业综合体，大幅提升襄阳城市品位和形象。培育壮大特色品牌专业市场，加快推进中心城区内环线内市场外迁工作，打造一批集展示交易、物流配送、电子商务、信息发布于一体的新型专业市场群。积极发展邻里中心等新型社区商业，深入实施便利消费进社区、便民服务进家庭的"双进工程"，打造"零距离"社区服务和"8分钟生活圈"。推进电子商务与传统商贸的全面融合，鼓励大中型商贸连锁企业加强新技术应用和服务模式创新，依托各大商场打造现代化、体验式网上购物平台，加快建设汉江流域电子商务中心城市。

3. 促进物流业提档升级

依托汉江航运体系建设，重点构建汽车物流和农产品物流两大物流系统，加快推进新集、雅口航运枢纽及襄阳新港建设，形成中心城区港口与县市港口协调发展的"组合港"，推动水运、公路、铁路、航空运输无缝对接，构建多式联运物流体系。围绕工业供应链物流、商贸物流、农产品物流、口岸物流、城市配送物流及物流信息服务等，着力培育和引进一批具有影响力的第三方及第四方物流企业，通过兼并联合、资产重组、功能剥离等方式做大做强。加快建设襄阳北国际物流园、襄阳西现代综合物流园、小河临港物流园、襄阳东农产品物流园等重点物流园区，在重要交通枢纽、产业集聚区周边布局物流节点设施群，着力打造一批全国特色产业物流示范基地。加快建设襄阳物流信息中心项目，大力推动物联网技术、移动智能终端等新一代信息技术在物流领域的应用。积极筹建区域性物流要素交易中心及交易所，着力打造专业性物流要素交易服务平台。引导和支持物流业发展模式创新，立足汽车、化工、装备等制造企业分销网络需求，积极发展集采购、销售、售后服务等功能于一体的全过程供应链服务，推动专业物流企业向供应链管理综合企业转型。

三、构筑农林种植产业发展优势

按照产出高效、产品安全、资源节约、环境友好的要求，依托襄阳国家现代农业示范区和"中国有机谷"建设，坚持科技支撑、基地带动、特色主导、品牌引领，重点发展粮油及制种、蔬菜、果茶、苗木花卉等优势特色产业，提升沿江地区农林产业竞争力，打造全省优质农林产品供应基地。沿江地区农林种植业产值 2022 年突破 350 亿元，2035 年突破 650 亿元。

1. 扩大绿色生态种植

以优质、高效、生态、特色为发展方向，调整优化农林种植业品种结构和生产布局，打造优势农产品生产带。深入实施藏粮于地、藏粮于技战略，在稳定百亿斤粮食产能基础上，加大汉江流域滩涂综合整治、土地平整、中低产田开发力度，推进高标准农田建设，继续推进"籼改粳"，推进优质粮食规模化种植，适度扩大襄麦冬种植面积。建设沿江"双低"优质油菜保护区，加快适宜机械化新品种、精量播种机、新型配方缓释肥料、化学除草、一促四防、减损机收等关键技术的集成示范，巩固和提升双低优质油菜籽产能。推进汉江生态蔬菜瓜果带建设，调减露地大路菜，扩大设施精细菜规模，加快发展特色蔬菜；开展菜果茶标准园创建，建设优质梨、桃、茶叶、核桃、油茶、油用牡丹等生产基地。推进土地有序流转，发展适度规模经营，建设绿色优质农产品种植基地，增强绿色生态农产品规模化生产能力。结合农林种植业发展，推进农村一二三产业融合，大力发展生态农业休闲观光、农产品电子商务、智慧农业、创意农业等新业态。

2. 提升农业科技水平

围绕提升沿江农林种植业整体发展质量和效益，加大新技术、新品种、新模式推广力度，提升农林种植业科技水平。发挥襄阳市农业科学院的积极作用，依托宜城优势特色产业科技园、老河口农产品加工科技园、襄州生态农业科技园等重点农业科技园区，加强与华中农大、中国农科院、湖北农科院等院校合作，完善沿江地区农产品科技创新平台，建设新品种展示、高产抗逆品种试验、优良品种试验基地，积极开展粮油、果蔬等新品种、新技术、新装备的引进和示范。加快建立龙头企业牵头、高校和科研院所协同、新型农业经营主体参与的农业科技推广机制，积极推广育种、农资、种植、加工、服务配套等全产业链技术服务模式。健全农机化公共服务体系，深入开展农机化示范，引导新型农业经营主体购买大功率、高性能、复式作业机械，加快推进水稻、小麦等主要农作物生产全程机械化，提高果蔬、茶叶、花生等作物生产机械化水平。

3. 推进标准化生产

以国家和湖北省农产品质量安全标准体系为准则，加快建立健全覆盖产地环境、生产过程、加工包装等各环节的标准体系，提高农产品质量安全水平，打造沿江农产品标准化生产示范区。探索构建"专家＋示范基地（示范户）＋技术指导员＋科技示范户＋辐射带动户"的标准化生产技术推广模式，扶持新型农业经营主体率先开展标准化生产，通过统一生产技术、统一投入品供应、统一机械作业、统一品牌销售等方式，实现生产设施、过程和产品标准化。重点围绕优质稻、双低油菜、蔬果茶等沿江优势特色产品，建设一批农业标准化示范区、园艺作物标准园、水产健康养殖示范场等，积极创建全国和湖北省绿色食品原料标准化生产基地。支持各类新型农业经营主体开展标准化生产基地认证、标准化产品质量认证，鼓励生产企业开展标准认证，加强"三品一标"证后监管，完善不合格产品退出机制，提高"三品一标"总量规模和质量水平。

4. 推进农业信息化

以襄阳争创全国农业农村信息化示范基地为契机，大力实施"互联网＋"现代农业行动计划，依托大数据、云计算和物联网等现代信息技术，围绕粮食、蔬菜、林果等优势特色产业，积极推进生产智能化、经营网络化、管理数据化和服务在线化，发展壮大智慧农业，争创全省"互联网＋"现代农业应用示范基地。加强农业信息基础设施建设，健全农业信息管理和服务体系，积极推进以农业物联网和精准装备为重点的农业全程信息化试点。加强大田种植业信息技术、智能装备的规模应用，大力发展精准农业。推进设施农业信息技术深化应用，加强果蔬产品分级分选智能装备、花果菜采收机器人、嫁接机器人的研发示范，推广智能化的植物工厂种植模式。积极开展农业物联网示范应用，在粮食、设施园艺等领域建设一批标准化的"互联网＋"现代农业示范基地，引领全市农业物联网发展。对新型农业经营主体、新型服务主体和新型职业农民加强农业物联网、电子商务等信息化应用能力培训，提升信息化应用能力。2020年前实现沿江地区农业生产的产前、产中、产后信息化服务全覆盖。

5. 加强农业品牌建设

依托襄阳"中国有机谷"影响力，坚持以企业为主体、基地为支撑、标准为保障，整合提升农产品区域公用品牌，打造特色农产品品牌，提升农产品市场竞争力和占有率。围绕优质粮油、特色蔬菜、名优水果、精品花卉苗木等优势产业，提升襄阳高香茶、襄阳牛肉面、襄阳大头菜等区域品牌知名度，增强区域农产品整体竞争力。鼓励和支持农业龙头企业、农民专业合作社、家庭农场等申请国家、省级农业类名牌，参加全省十大名牌农产品系列、全省名特优新农产品系列等评选活动，扶持已有企业品牌做大做强，打造一批有影响力、有文化内涵的农产品品牌。利用汉江流域（襄阳）农业博览会、网络营销、农产品交易会等渠道，加强农产品品牌推介营销和社会宣传。

专栏6-4 襄阳沿江地区农林种植产业发展重点

1. **沿江农业面源污染综合防治示范区建设。**结合农业部果菜茶有机肥替代化肥示范县创建和湖北省有机肥替减化肥行动，以襄阳汉江流域沿线为重点，推进化肥农药使用量零增长行动、果菜茶有机肥替代化肥行动、秸秆综合利用行动、地膜综合利用行动，加大绿肥种植技术、商品有机肥等化肥减量增效关键技术、农业面源污染防治技术等推广，大力发展农业清洁生产，打造全省农业面源污染综合防治示范区，到2020年化肥农药使用量实现零增长。开展土壤墒情监测体系建设，定期发布墒情信息，引导农民合理安排农作物布局和种植业，综合运用农艺、生物和工程等措施，应用节水保墒技术，提高农业水资源利用效率。率先推动秸秆全量化利用，发展以农作物秸秆为主要原料的基质和食用菌产业。

2. **沿江农业技术和装备改善。**良种培育方面，以粮食、油料等作物为重点，建设良种繁育基地，加快适应机械化生产、优质高产多抗广适、适合精深加工、休闲采摘的新品种选育。农业机械化方面，推进水稻、小麦等主要农作物生产全程机械化，突破花生、茶叶播栽、收获等关键生产环节机械化难题，提高农作物秸秆机械化还田和综合利用、农产品烘干机械装备水平，扶持发展农机合作社。农产品质量安全方面，创建农业标准化生产示范园（区），建设"三品一标"生产基地，严格投入品监管，推广应用粮食、果蔬等农产品生产、加工、储运全程质量控制技术和风险监测预警技术。

3. **沿江菜果茶标准园创建。**统筹实施老果（茶）园改造、农业综合开发、植保专业化统防统治、农药化肥零增长行动等项目，完善田间工程、温室大棚、集约化育苗、田头预冷等基础设施条件，配置防虫网、粘虫板、杀虫灯、性诱剂、无滴膜、色板和喷（滴）灌等设施，应用标准化生产技术和生态栽培物化技术，实施统一种植品种、统一栽培管理、统一用肥用药、统一检验检测、统一包装标识、统一品牌销售，推进规模化种植、标准化生产、商品化处理、品牌化销售和产业化经营，建设一批高标准、高水平的安全菜、精品果园和高效茶园。

4. **农业物联网应用示范基地建设。**在沿江地区选择基础较好、优势产业突出、物联网需求迫切的地区，开展农业物联网技术集成应用示范，推广一批节本增效农业物联网应用模式，发展精准生产，提高农业产出率、劳动生产率和资源利用率。到2022年，建成5个农业物联网应用示范基地；到2035年，建成20个农业物联网应用示范基地。

四、做大做优农产品精深加工

围绕乡村振兴战略，立足丰富农产品资源，加快沿江地区农产品加工园区建设，重点打造粮食、食用植物油、畜禽、果蔬、酒饮等五大精深加工链，适度发展安全、有机、方便食品，推进沿江农产品加工业从短链向长链拓展、分散向集群发展、粗放利用向循环利用转变，提高农产品加工业附加值和竞争力，建设汉水生态农产品加工走廊。沿江地区农产品深加工产业产值2022年突破1500亿元，2035年突破3000亿元。

1.粮食精深加工

贯彻省委"吃湖北粮"、市委"襄阳五粮"决策部署，适应居民膳食结构及营养健康水平日益提高的需求，按照"育龙头、延链条、增品种、提品质"要求，以提升绿色优质粮食产品供给能力为目标，强化三杰粮油、劲旺粮油等龙头企业带动作用，引导和推动中小粮食加工企业强强联合、兼并重组，培育布局优、效益好、竞争力强的粮食加工企业集群。大力推广传统主食品工业化生产技术，延伸粮食加工链条，优化产品结构与质量，增加优质米、食品专用米、专用粉、全麦粉和营养功能性新产品生产，扩大冷冻米面主食、速食米面制品、杂粮方便食品等生产规模，发展全谷物等新型营养健康食品，提高优、新、特产品比例。加强粮食加工副产品综合利用，积极发展米糠油、胚芽油等加工产品。依法依规加快淘汰沿江地区工艺落后、设备陈旧、卫生质量安全和环保不达标、能耗粮耗高的落后产能。加大"品牌兴企"战略实施力度，推进粮食产品品牌建设，提升"宜城米"等品牌知名度。

2. 食用植物油加工

以开发营养健康食用油产品和提高油料综合利用率为重点，依托湖北中兴绿色、襄阳鲁花等大型食用油加工龙头企业，积极推广节能、环保的油脂加工新技术，提升食用油生产规模和水平，加强油料作物转化增值与深度开发，提高油料综合利用率，打造全省现代化食用油生产基地。重点扶持双低菜籽油精深加工，开展油菜籽产地化减损干燥、预处理与品质调控、低温炼制技术和低残油压榨技术装备的推广示范，开发健康食用保健双低菜籽油，提高出油率，提升"襄阳菜籽油"知名度。加大菜籽饼粕、油脚综合利用力度，开发生产蛋白、多糖、多酚、维生素 E、植物甾醇等。积极发展花生油加工，开发花生蛋白制品、新型花生多系列食品，适度发展米糠油、芝麻油、茶油、牡丹籽油等优质食用油产品。实施优质食用油品牌培育行动，提升"鲁花""东平王""聚香达"等品牌知名度，培育和创建若干个消费者认可度高、市场占有率高、市场竞争力强的食用油产品优质名牌。

3. 畜禽产品加工

发挥襄大农牧、襄阳正大、樊城海信隆等龙头企业带动作用，推广传统肉制品工程化加工技术和冷链物流技术，调整畜禽加工产品结构，重点做强生猪、肉鸡、肉牛加工业，稳步发展肉鸭、禽蛋、饲料等加工业，扩大低温肉制品、功能性肉制品生产，加强动物皮毛内脏综合利用，提高畜禽产品深加工能力和副产品综合利用水平，进一步做响"襄大"牌猪肉、"雪花"牌牛肉等品牌，打造中西部重要的畜产品精深加工基地。生猪加工重点扩大冷鲜肉、小包装分割肉生产，积极发展肉制品加工，开发低温肉制品、调理肉制品和速冻方便肉制品，扩大腌腊、酱卤制品等中式肉制品生产，条件成熟后推进猪骨、猪血、猪肝等深加工。肉鸡加工以屠宰和分割加工为主，积极开发生食、半熟、全熟及即食鸡肉食品，条件成熟后发展营养型、风味型功能性食品配料生产，开发鸡粉、鸡油、鸡膏等。肉牛加工重点发展冷鲜肉、分割肉、冷冻牛肉卷，适度发展牛肉干、罐头等熟食制品，提高特色牛肉制品比重，积极开发牛骨髓油茶、骨胶、明胶、肝素钠、革制品等。

4. 果蔬加工

依托襄阳沿江果蔬走廊建设，发挥湖北仙仙果品、湖北香园、宜城大山合等果蔬加工龙头企业带动作用，扩大加工用果蔬原料基地规模，发展果蔬物联网，提高采后清洗、分级、预冷、保鲜、杀菌和包装等商品化处理能力，推进果蔬产地加工，重点发展果蔬初加工，适度发展精深加工。积极推广净菜上市，发展干制、速冻、盐渍、短期保鲜等蔬菜初加工产品；适度开发生产具有市场销路的蔬菜罐头、蔬菜汁、低温脱水菜、速冻菜、蔬菜粉、蔬菜脆片、膨化蔬菜、保健蔬菜等精加工和高附加值产品。提高果品商品化处理水平，积极发展水果饮料、罐头、营养餐与配餐、果醋果酒、调味品及休闲食品等深加工产品。探索开发果蔬与杂粮混合食品生产技术，加强果蔬加工副产物综合利用，适度提取果胶、色素、抗氧化物质等。

5. 酿酒及饮料加工

适应优质化、功能化、个性化消费趋势，加大产品研发和创新力度，大力发展以酿酒、软饮料和精制茶饮为重点的酒饮业。积极发展酿酒业，推进白酒行业加快整合，鼓励石花酿酒、古隆中酒业、古襄阳酒业等企业强强联合，支持具有发展潜力的中小白酒企业规范健康成长；引导和支持白酒企业用现代技术改造生产线，积极开发适应市场新需求、满足特殊功能需要、具有较高附加价值的白酒新产品。根据市场需求，积极引进酒类龙头企业，适度发展葡萄酒、肽酒、果酒。依托丽波乳业等龙头企业，重点发展液态乳，开发特色乳制品和功能性产品，根据市场需求，适度开发乳清蛋白、乳清粉、乳糖等精深加工产品。

专栏6-5 襄阳沿江地区农产品精深加工发展重点

1. 沿江粮食加工产品开发。以营养功能为重点，严格控制粮食加工精度，提高产品纯度，发展成品粮适度加工和主食产业化。稻米加工重点发展优质米、专用米、发芽糙米、改性糙米、留胚米、免淘米、营养强化米及各类米制主食品等。鼓励采用"米糠保鲜""分散榨油""集中精炼"等成熟技术发展米糠制油，利用稻壳发电或提取热能、生产白炭黑、活性炭和助滤剂等。小麦加工业积极发展专用粉、全麦粉、预拌粉及各类面制主食品等，积极开发小麦麸皮功能保健产品、小麦胚油和小麦胚食品。

2. 沿江油脂行业企业技术进步和技术改造。采用膨化、负压蒸发、热能自平衡利用、低消耗蒸汽真空系统等技术，日处理油菜籽400吨及以上、吨料溶剂消耗1.5公斤以下的菜籽油生产线；日处理花生200吨及以上、吨料溶剂消耗2公斤以下的花生油生产线；采用分散快速膨化，集中制油、精炼技术的米糠油生产线；油茶籽、核桃等木本油料、芝麻等小品种油料加工生产线。

3. 沿江果蔬加工业突破关键领域。果蔬优质加工专用型品种原料基地建设；果蔬采后防腐保鲜与商品化处理；特色果蔬保鲜、预切果蔬和净菜加工与产业化；果蔬中功能成分的提取、利用与产业化；果蔬汁饮料加工与产业化；果酒等果蔬发酵制品与产业化；果蔬速冻加工与产业化；果蔬脱水、果蔬脆片和果蔬粉加工与产业化；现代果蔬加工新工艺、关键新技术及产业化；传统果蔬加工（罐藏、糖制和腌制）的工业化、安全性控制与产业化；果蔬加工的快速检测和无损伤检测与产业化；果蔬加工机械设施与包装。

4. 沿江白酒企业优化行动。支持石花酿酒、古隆中酒业、古襄阳酒业等龙头企业加快技术创新，优化产品结构，完善质量管控体系，加快资本化、品牌化、国际化运营，进一步做大做强，提升在全国中高端白酒市场的影响力。积极培育白酒"小巨人"企业，扶持若干生产条件好、产品质量优、市场前景广的中小白酒企业，推动其成长为实力强、信誉好、效益优的"小巨人"企业。采取龙头企业带动、企业联合等方式，引导白酒小企业、小作坊改造升级，改善生产条件，提升产品质量。建立白酒产业退出机制，对环境污染较大、排放不达标、产品质量无保证的白酒小企业进行限期治理或坚决予以淘汰。

五、培育电子信息及服务、航空航天等新增长点

密切对接国家战略性新兴产业发展趋势、方向和重大任务部署，面向汉江生态经济带长远可持续发展以及省市产业新增长点培育、新动能积蓄壮大的紧迫需求，超前部署若干战略性产业、新兴产业，支撑襄阳沿江地区产业转型升级。

1. 电子信息及服务

把握云计算、物联网、移动互联网、大数据等领域加快布局发展的大趋势，立足汉江生态经济带信息基础设施提升的实际需求，面向制造业、农业、服务业转型升级与信息技术及服务供应密切对接的紧迫要求，在汉江两岸5公里范围内加快培育发展电子信息及服务业。一是以沿江地区电子材料及元器件、工程机械电子、汽车电子、电机控制、消费电子等产业为基础，在襄州、襄城、东津新区等布局发展可穿戴设备、车载电子、智能电视等新型智能终端产业等。二是以东

津新区华为云服务华中大区中心项目为切入点和抓手，推动大数据在政务、智能制造、医疗健康、金融、电子商务等领域深度应用，大力发展移动互联网应用服务、云计算软件和服务、工业控制软件以及面向汽车、机械等行业应用的零部件及整机生产管理软件等。三是抢抓创新创业平台载体建设、特色小镇发展契机，着力吸引一批电子信息服务领域国内外优秀的技术、人才、创业团队。

2. 航空航天

抢抓我国低空空域开放范围持续扩大、空天技术民用进程加快等重要战略契机，发挥樊城区航空航天产业园的招引示范效应和辐射带动效应，推动沿江地区围绕空天制造产业化，以上下游配套、应用、服务等积极延伸空天产业链条，形成"总部 + 研发 + 航空电子 + 空天配套部件 + 材料 + 维修服务 + 运营"的特色链式布局。提升空天技术创新水平，积极引进国内外先进技术、产品标准、管理经验和高端人才，在空天配套部件等优势基础领域继续做精做优，促进空天电子、配套部件、材料等环节持续向专业、特色、高质量、高标准发展。发挥中航精机、航宇救生装备等龙头骨干企业的带动集聚效应，积极拓展市场空间，加快与上海、珠海、成都、西安、安顺、南昌、天津、哈尔滨、沈阳等国内一流的空天产业基地建立长期合作机制。促进空天产业与沿江地区现代农业、文化旅游、商贸服务、精细化工、材料等产业融合发展，培育农业用、观光用等各类通行飞机、无人机。

3. 智能制造

密切对接装备制造业自动化、集成化、信息化、绿色化发展趋势，面向襄阳市产业转型升级、沿江地区构建现代产业体系的迫切要求，大力发展新型传感器、智能控制系统、工业机器人、自动化成套生产线为代表的智能制造装备，全面提升装备制造业、汽车整车及零部件产业数字化成套装备和关键主机的智能化水平。**"无中生有"** 一批，面向量大面广的搬运、码垛、汽车制造、焊接、检测等工业机器人，消防救灾、电力巡检、防爆侦测等特种机器人，医疗、照护、家用等服务型机器人，加快编制产业集群招商图谱表，通过以商招商、产业链创新链招商等手段，谋求高站位深层次合作。**"提质增效"** 一批，面向市域范围内轨道交通装备、农机装备、电力装备、应急救援设备及机械基础件等装备制造业以及以中高端乘用车、中高端商用车、特种车为主的整车制造、发动机、变速箱、车桥等关键零部环节信息化改造、向中高端、模块化、国际化发展的紧迫需求，部署若干新型产业创新平台、产业创新联盟，促进产学研结合、军民融合。以应用促发展，在沿江地区组织实施一批智能制造应用示范工程，全面提升智能制造行业系统集成和综合解决方案服务配套能力。

4. 数字创意

发挥汉江沿岸历史文化悠久、旅游资源独特等优势，探索"历史 + 文化 + 数字技术 + 金融"协同发展新模式，推动大数据、物联网、人工智能等技术与文化创意创作生产环节深度融合应用，加快虚拟现实技术和传统工业结合，提升文化传播服务技术装备水平，重点发展影视媒体及后期制作、混合现实娱乐、文物保护装备研制、动漫游戏、工业设计等数字经济新业态。积极对接武汉太子湖数字创意产业园、长沙锦绣潇湘文化创意产业园以及北京、天津、上海、重庆等国内领先数字创意产业园运营机构及龙头企业，积极招引优秀团队、项目共同开发沿江文化旅游资源，打造汉江数字创意产业集聚区和新技术新业态示范应用引领区。

第五节　襄阳沿江产业发展空间布局

一、以"生态优先、绿色发展"优化产业空间布局

1.大力调整重化工业布局

襄阳重化工企业多沿江布局、分布密集，沿江区域污染排放总量大（化学需氧量、氨氮排放总量约占全市总量的30%），必须以强有力手段推进重化工业布局调整。

——沿汉江干支流1公里范围内严禁新开工项目。按照《长江经济带发展规划纲要》和鄂办文〔2016〕34号文件要求，结合襄阳重化工企业沿江布局密集、区域污染排放总量大的现实状况，为确保汉江水环境安全和水环境质量不下降，有必要对重化工新开工项目制定并执行高于国家要求的标准，即在汉江干支流1公里范围内禁止新建重化工园区，不再审批矿产资源开发、钢铁、有色、石化、化工、印染、造纸等新建项目，对已批复未开工的项目停止建设。

——汉江干支流1—5公里范围内实行"从严控制、适度发展"的产业准入政策。对于超过1公里范围的新建和改扩建项目，要加强环保、安全、消防等方面监管的评审与监管，项目须进入相应园区。

——引导、支持相关企业关停和搬迁。积极争取和利用国家及湖北省相关政策性引导资金、湖北省股权投资引导基金等，重点支持汉江1公里范围内化工企业搬迁改造。利用湖北省"主要污染物排放总量指标、能耗控制指标、年度新增建设用地计划指标向搬迁企业承接地适度倾斜"等政策，促进企业搬迁改造。充分利用湖北省有关淘汰落后产能的财政奖励政策，支持有关重化工企业的关停及职工安置。对襄阳市及下属沿江各区（市、县）要通过安排专项费用、利用土地增值地方留成等政策，支持企业关停和搬迁。

2.优化其他产业发展布局

襄阳沿江地区要强化"资源利用上线、环境质量底线、生态保护红线"硬约束，依据各自资源禀赋、产业基础和区位特点，以提升产业集聚辐射效应为目标，调整优化产业发展布局。

——以现代商贸、文化旅游、生产性服务业、高端商务为重点，以汉江195公里沿岸及水系为纽带，依托比较优势和产业基础，构建特色突出、功能完善、布局合理的现代服务业发展格局。

——依托农林优势产业和农产品资源，以"特色种植、品牌经营、错位发展"为导向，形成沿江地区生态种植成片、精深加工集聚入园、农村一二三产业融合发展的农产品加工及现代农业发展格局。

——以沿江地区九大特色产业园区为载体，明确功能定位和主导产业，聚焦高质量发展，生态化改造余家湖产业园，发展壮大宜城精细化工产业园，做大做优宜城、老河口、谷城及樊城区产业园，加快培育樊城航空航天产业园、东津新区襄阳云谷产业园，形成主导产业突出、企业集聚发展、园区服务功能完善的先进制造业发展布局。

二、着力构造"两带多园"产业发展新格局

1. 现代服务业集聚带

围绕"两个中心、四个襄阳"建设，优化提升产业集聚辐射效应，加快构建"一带引领、两核驱动、三区并进、多点支撑"的现代服务业空间格局。

一带： 即滨江现代服务业集聚带。以汉江蜿蜒 195 公里水系为纽带，串联老河口、谷城、老城区、鱼梁洲、东津新区、宜城等区域，依江拓展和延伸现代服务业发展新空间，建设人文内涵、历史风貌与现代时尚元素兼具的城市"绿肺"，成为引领"一极两中心"建设的城市新名片。深入挖掘荆楚文化、古城文化、三国文化内涵，着力打造汉江北岸文化商务带，保护性开发汉江南岸文化旅游集聚区，大力发展都市生态观光和休闲度假游，全面提升汉江沿线区域的文化氛围、商务功能与休闲特色。

两核： 东津新区中央商务区、樊城高端商贸商务区。东津新区中央商务区要依托湖北自贸区襄阳片区，重点发展行政办公、离岸金融、总部经济、国际贸易、文化创意、现代商贸等现代服务业，全面提升襄阳现代服务业发展能级，着力打造"襄阳服务"品牌。樊城高端商贸商务区要结合省级服务业综合改革试点，重点发展现代商贸、商务休闲、文化创意等现代服务业，以"九街十八巷"改造、新襄阳客厅城市综合体建设为抓手推进传统商贸提档升级，提升区域服务品牌。

三区： 襄城文化旅游集聚区、襄州生产性服务集聚区、鱼梁洲生态休闲集聚区。襄城文化旅游集聚区重点推进古城恢复性建设和旅游开发、三国城旅游文化度假村、孔明湖国际生态旅游区、古隆中景区、三国文化生态旅游园等项目建设。襄州生产性服务集聚区重点推进襄阳北国际物流园、襄阳东农产品物流园等项目建设。鱼梁洲生态休闲集聚区重点推进汉江观光旅游带、汉水文化主题公园、高端生态养生度假区等项目建设。

多点： 城乡特色商贸集聚区、现代物流园区、新兴服务集聚区等。按照"商住分开、人车分流、立体开发、集中打造"的原则，以东津新区商圈、人民广场商圈、长虹路商圈等为重点，建设一批具有较强影响力的城市商圈。以襄阳西现代综合物流园、襄阳北国际物流园、小河临港物流园、襄阳东农产品物流园为重点，建设一批区域性现代物流园区。结合近郊区

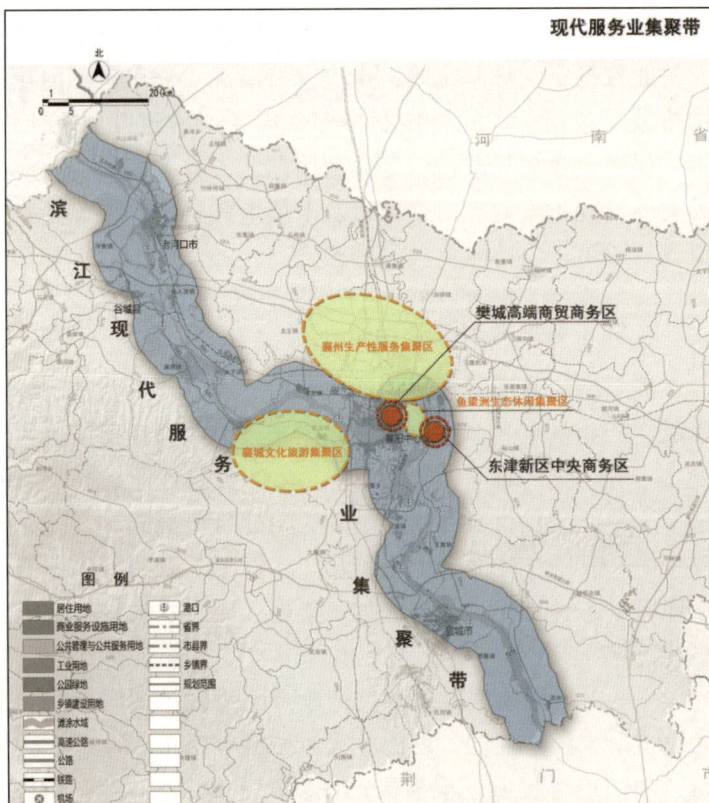

图 6-2 襄阳沿江地区现代服务业空间布局示意图

域资源特点和发展基础，积极承接中心城区专业市场转迁，一批特色现代服务业功能区，形成布局合理、特色突出、功能完善的城乡现代服务业发展格局。

2. 农产品加工及现代农业集聚带

依托农林优势产业和农产品资源，坚持"强化特色、错位发展"的原则，大力推动沿江地区生态种植集中成片、精深加工集约成群，着力构建"一带四区多点"的农产品加工业和现代农业发展格局，努力建成襄阳现代农业引领区、全省绿色优质农产品和精深加工产品供给基地。

一带：生态高效农业示范带。 以沿江地区农业规模化生产基地为依托，围绕粮油、蔬菜、林果、水产品等优势特色产业，实施高标准农田建设、农业科技创新、新型农业经营主体培育、农业社会化服务体系建设、农业物联网应用示范等重大工程，加强农业面源污染治理，完善农业基础设施，优化生产布局，推广生态种养、立体种养等循环农业模式，加强"三品一标"认证管理，提升良种化、机械化、科技化、信息化、标准化水平，推进粮食规模化集约化生产，创建绿色高质高效示范区，建设一批优质、生态、安全的绿色农产品生产基地。

四区：老河口粮油食品加工集聚区、襄州果蔬精深加工集聚区、谷城林特产品加工集聚区和宜城肉类加工集聚区。 以沿江地区农产品加工园区建设为依托，推进农产品加工企业搬迁退江入园，强化园区基础设施和公共平台建设，提升农产品加工园区发展水平。围绕粮油、蔬菜、林特、畜禽等，积极发展农产品产地初加工，着力延伸加工链条，建设一批主导产业突出、企业集群发展、产业链条完整的农产品精深加工产业集群。老河口以粮油加工为主导，打造粮油食品产业集群；谷城重点依托林果产业资源优势，打造林特产品加工集群；襄州以蔬菜、水果加工为主导，打造果蔬精深加工产业集群；宜城以畜禽加工为主导，打造肉类加工产业集群。

多点：三产融合发展示范点。 结合汉江风光旅游带建设，以老河口仙人渡、谷城茨河、襄城欧庙、卧龙、尹集、樊城牛首、太平店、宜城小河、王集等乡镇为重点，依托生态农林种植业，拓展农业功能，提档升级"农家乐"、农业休闲游项目，建设农业特色小镇、田园综合体，开发产品个性化、经营主体多样性的特色民宿，强化农业科普教育、田园情趣、休闲体验、餐饮娱乐等功能，打造一批精致、舒适的旅游靓镇名村，串点成线、连片为带，形成襄阳农村一二三产业融合发展的展示窗口。

图 6-3　襄阳沿江地区农产品加工及现代农业空间布局示意图

3.分层梯次推进沿江特色产业园区发展

（1）加快改造提升市新材料（医药化工）产业园

紧紧围绕襄城区余家湖工业园产业发展功能定位，突出新材料在园区发展中的主导产业地位，以调整结构、优化布局为主线，以新材料、医药产业为重点，有序推进磷化工、初级化工原料生产企业外迁，加快新材料、生物医药等绿色生态型产业集聚发展，建设绿色低碳、优质高效的产业园区。

——调整优化产业布局。按照"淘汰搬迁一批、改造提升一批、培育引进一批"的原则，对园区内技术装备落后、环保不达标的化工、建材企业的落后产能实施强制淘汰。对园区内资源加工度低、污染较严重、距离汉江岸线较近的化工、医药中间体生产、建材等企业，进行有计划的搬迁改造。加大对新材料、生物医药等高新技术产业项目引进力度，把招商引资和调整产业结构、发展循环经济紧密结合起来，促进园区产业高端化发展。

——增强产业发展的技术支撑能力。加强与大学、科研院所合作，共建新材料、医药产业发展的技术开发、技术咨询、技术服务和技术投资的专业化服务公司。以引进高端领军人才和技术团队为突破口，加强园区企业研发中心和其他研发机构建设，为园区向中高端产业迈进和可持续发展储备人才创新团队和技术成果。

——搭建优质发展平台。按照"公用工程一体化、物流传输一体化、环境保护一体化、园区管理服务一体化"的思路，加快园区基础设施建设，建立健全公共服务体系，营造适合化工产业发展的管理模式和创业环境，从整体上增强园区创新功能和服务功能。

（2）发展壮大市精细化工产业园

发挥宜城市大雁工业园环境承载力强、综合运输便捷等优势，牢固确立襄阳精细化工产业基地的园区功能定位，突出精细化工在园区发展中的主导产业地位，以精细化工产业、煤电磷一体化工产业为重点，以"技术先进、安全环保、循环发展"为导向，提高产业配套能力，高起点承接、建设搬迁化工企业及项目，高水平引进产业项目，加快环保设施建设，打造现代化、生态化的精细化工园区。

——加快项目引进，扩充产业集群。加强与国内外知名化工企业集团联系，积极引进精细磷化工、精细石油化学品、日用化学品、煤化工等项目，重点发展高附加值的精细化工产品。主动承接从襄城区余家湖产业园、保康县余家湖工业园的搬迁转移项目，高起点、高标准建设一批磷化工、煤化工循环经济项目。积极开发磷、硅、钛综合利用技术，发展化工新材料。

——营造园区良好发展环境。按照"建设一流园区、塑造高端公共服务体系"要求，加快建设基础设施、产业技术平台、公共服务平台等，提高产业配套能力。完善园区管理体制和运行机制，积极帮助企业解决项目建设各个环节的困难和难题，促使在建项目顺利建成投产，投资意向尽快转化成实实在在的项目。

——推进园区生态化、绿色化发展。根据化工产业特点，超前性、高水平布局建设污水处理设施、工业管廊等物流传输设施，提高园区集中处理工业"三废"能力。鼓励推广应用节能减排新技术、新装备，促进企业开展清洁生产和资源综合利用。

（3）做大做优市农产品（肉制品）深加工产业园

以宜城市畜产品加工资源为特色，提升园区功能和产业承载力，引导周边地区农产品加工产能向园区集中，打造专用原料、加工转化、现代物流、便捷营销融合发展的现代农产品加工集群，争创全国农产品加工业示范基地。

——提高精深加工水平。以市场需求为导向，坚持初加工、精深加工及综合利用加工协调发展，支持襄大农牧、金锣集团、大山合等园区重点龙头企业加快技术创新，强化生物技术、精深加工技术、副产物综合利用技术等应用，加快新型杀菌、高效分离、节能干燥、清洁生产等技术升级，延伸农产品加工链条，逐步向食品、医药等领域拓展，实现农产品及其加工副产物循环利用、全值利用和梯次利用，挖掘农产品加工潜力，提升加工增值空间。

——加强全产业链建设。引导园区加工企业向前端延伸，带动农户建设规模化种植基地、标准化生态养殖场（小区），保障原料稳定供应；引导农产品加工企业向后端延伸，建设物流营销和服务网络，促进农产品生产加工与原料供应、流通销售等产前、产后环节有机衔接。支持园区企业与农民合作社、家庭农场组建农业产业化联合体，鼓励加工企业与农民建立稳定的订单和契约关系，构建让农民分享加工流通增值收益的利益联结机制。

——完善公共服务平台。按照政府引导、市场化运作的原则，围绕农产品加工业发展需求，鼓励和支持企业建设专业水平高、服务能力强的农产品加工业公共服务平台，整合公共服务资源，强化专用原料、技术改造、产品开发、市场营销、融资贷款、参股并购等服务。采取政府购买服务、无偿资助、业务奖励等形式，鼓励企业和服务机构提供加工业相关服务，促进园区中小加工企业加快发展。

——创新加工模式和业态。深入推进"互联网＋先进制造业"，鼓励园区重点龙头企业利用大数据、物联网、云计算、移动互联网等新一代信息技术，积极发展网络化、智能化、精细化现代加工新模式。支持园区企业创新发展模式，发展电子商务、农商直供、中央厨房等新业态。

——打造生态加工园区。按照"减量化、再利用、资源化"的要求，从产业技术水平、资源能源利用效率、污染物排放、经济效益等方面，制定园区产业准入负面清单，加大园区内重点企业清洁生产审核，提升企业清洁生产水平，推进农产品加工业集群式、循环型、低碳化发展。

（4）提高市装备制造（智能制造、专用车）产业园、市农产品（油脂）深加工产业园发展质量

依托老河口市经济开发区基础设施和公共服务平台，优化市装备制造（智能制造、专用车）产业园、市农产品（油脂）深加工产业园功能布局，重点发展农产品加工、装备制造、汽车及零部件等三大产业链，推动精细化工、生物化工、特色纺织服装加工等产业向其他产业园区转移，提高园区发展质量效益和竞争力。

——农产品加工业产业链。以湖北省新型工业化产业示范基地建设为依托，以油脂加工为主、食品加工为特色，推广应用先进适用加工技术，延伸加工链条，推进农产品加工业持续健康发展，努力建成在全省乃至全国有影响的食品加工基地。发挥劲旺稻米油等龙头企业带动作用，大力发展油脂加工，加强油料综合利用，提升食用油生产水平。依托梨花湖食品、丰园食品等龙头企业，加快发展粮食精深加工业，大力开发方便、营养产品，加强米糠油生产。以功能性食品添加剂为重点，加快发展食品添加剂和配料业。加大生物、工程、环保、信息等技术集成应用力度，积极发展畜禽产品、水产品加工业，适度发展酒类、特色饮品。

——装备制造产业链。依托汇科数控、双华数控等重点龙头企业，积极发展以数控机床、工程机械为主的装备制造业。加强与省内外数控机床企业的对接与合作，鼓励企业加大技术创新力度，提高单机连线生产能力与设计能力，提升组合机床数控智能化水平，重点发展高速／精

密数控机床、车铣复合机床、自动化冲压生产线、柔性加工自动生产线等高性能数控机床整机产品。

——**汽车及零部件产业链**。围绕汽车产业发展前沿趋势，加快推进汽车设计、制造和服务一体化，大力发展以专用车为主的汽车整车制造业和零部件产业，打造具有核心竞争力和可持续发展能力的现代汽车产业集群。做强做优整车制造业，引导和鼓励企业提升整车生产能力，加快东风创普扩大产能、博大公司"高压射流及道路清洗划线专用车"生产线建设、东沃公司改装车扩产等项目建设，积极发展低排放、低油耗汽车，着力打造中国专用车生产制造基地。积极引进一批动力系统、前端集成系统专业化、系列化、模块化的汽车零部件企业，鼓励汽车零部件企业强强联合，大力发展发动机、底盘、车桥等技术含量高、附加值高的汽车零部件和总成件。适应新能源汽车、智能网联汽车产业发展趋势，前瞻性培育发展新能源汽车、智能网联汽车零部件产业。

（5）促进市再生资源产业园（谷城分园）、市汽车零部件（铸锻件）产业园专业、特色发展

利用谷城县城市矿产回收的区位优势和产业基础，引进汽车零部件再制造、汽车再生材料、再生资源交易中心等项目，构建全国产业链最完整、规模最大的再生资源产业示范园区、国家"城市矿产"示范基地，利用谷城开发区汽车车桥、锻造和铸造的强大工业基础，大力发展汽车关键零部件总成和整车产品，向环保专用车的整车目标延伸，着力打造"中国最大的商用车桥城""亚洲重要的铸锻造中心""具有国际竞争力的底盘系统制造中心"。

——**再生资源产业**。积极引进汽车零部件再制造、汽车再生材料、再生资源交易中心、报废机动车拆解、废旧五金拆解及分拣、破碎、打包等再生资源回收及预处理项目，大力发展再生钢铁、再生铝、再生铅、再生塑料等再生资源深加工，利用再生材料生产汽车零部件、工程机械及机床零部件再制造及相关制品，通过增加企业的规模和数量扩大产业集群，加粗产业链，通过增加资源的利用率和利用领域来延长产业链，打造形成回收、处理、再利用的完整循环产业链。

——**汽车零部件**。做强做优铸锻件和车桥总成，构建完整的"零部件→总成→系统→整车"汽车产业链。整合现有的锻造、铸造和机加工的生产能力，提升技术水平，形成部件和系统总成的装配能力，引进车架的相关生产企业，采购获得部分普通零部件，形成完整的汽车底盘生产链。结合谷城自身新能源动力电池优势，引进汽车发动机、车身和汽车电子等生产企业，逐步形成完整的新能源环保专用整车生产产业链，逐步过渡并发展到乘用车整车的生产。

（6）提升市化纤纺织产业园竞争力

把握东南沿海地区产业转移、消费结构升级带来新需求等重要机遇，结合樊城经济开发区产业基础和功能定位，依托龙头，发挥优势，加快创意设计、高端产品研发、知名品牌培育等关键环节的能力突破，建设"特色化、高端化、国际化"的创新型化纤纺织园区，打造名副其实的"中国织造"名城。

——**丰富、延伸产业链，推动化纤纺织产业集群化、高端化发展**。在依托湖北金环、博拉经纬等现有骨干企业的同时，加大产业转移承接力度，积极吸引国际国内著名化纤纺织企业入驻，补齐短板，丰富产业链，加快形成技术先进、配套完善的化纤—纺织—织布—针织服装加工产业集群。在开展国内外知名品牌服装贴牌加工的同时，引导骨干企业培育自主品牌。

——**集聚创新要素，增强园区高端化发展的技术支撑能力**。支持龙头企业及研发机构开展功

能性、高性能纤维的研发运用，以及新产品研发。引进国内外知名品牌服装设计企业，强化创意设计、知名品牌培育等薄弱环节。推动产学研结合，搭建产业技术创新平台，加强高端研发技术人才的培养、引进，支持共性、关键技术研发，促进研发成果转化，积蓄产业发展的技术、人才优势。

——完善配套设施，增强园区服务功能。以园区为主体，加大对园区建设的投入，完善道路、供水、供电、供气、通信等基础设施，该市员工住宿、餐饮、娱乐等生活设施配套，加快园区内产品质量检测、环境治理、技术和信息咨询等公共设施建设，强化园区服务企业发展的功能。

——加强污染治理和环境保护，促进园区绿色发展。依据环保、安全等方面的法律法规以及行业技术标准，在棉纺织、化纤、印染等行业中淘汰一批技术落后、资源能耗高、环保不达标的落后产能。园区内严格限制新上纺织印染项目，督促现有印染企业加强污水等污染物整治工作。在距离汉江岸线较远、环境承载力较强的其他纺织服装园区布局印染及后整理环节项目。鼓励企业实行清洁化生产，支持企业开展降低资源能源消耗、减少污染物排放的技术改造。

（7）做精做专市仙人渡镇再生资源产业园（老河口分园）

进一步完善园区软硬配套服务体系，持续强化节能减排、信息基础设施、物流运输、配套厂房供应等硬服务支撑；针对再生资源产业中小型企业多、商业模式新等特点，建立专业化、特色化的投融资扶持体系；支持建立再生资源产业的关键共性技术及公共检验检测平台，为入园企业提供技术服务。加快推进在建、拟建项目建设，重点发展废钢铁加工利用、废旧铅酸蓄电池再生处理、废旧轮胎综合利用、废塑料加工利用等，加快提升湖北业茂再生资源、湖北楚凯冶金等龙头骨干企业技术水平、创新能力，着力打造国家新型工业化产业示范基地和再生资源利用基地。

（8）培育发展市航空航天产业园

以樊城区航空航天产业园为平台和载体，发挥湖北中航精机、湖北航宇嘉泰飞机设备、中航工业航宇救生装备等龙头骨干企业的引领带动效应，立足优势产品、技术和装备基础，围绕空天制造设备、空天产品配套、应用、服务等积极延伸产业链条，打造樊城区产业新增长极、沿江地区产业新增长点。加快做好"七通一平"、信息基础设施提升、配套厂房、员工宿舍以及公共设施建设，为入园企业提供完备的硬件设施配套。谋划建设若干众创空间，吸引国内外空天领域专业技术人才、风险投资入园发展。联合园区管委会、区、市发改、经信、招商引资等部门，积极引入第三方机构合作运营管理园区综合事务，与国内一流空天产业基地以及空天领域科研院所、龙头企业等建立长期联系、密切合作机制。

（9）提升襄阳云谷产业园影响力

全面提升东津新区襄阳云谷产业园信息基础设施支撑和配套服务水平，打造设施一流、技术领先、模式创新的智慧产业发展示范区。积极争取省、国家云服务、大数据等领域的创新基础设施落户园区发展，支持信息领域共性技术研发服务平台建设。以加快华为云服务华中大区中心项目建设为抓手，以云谷产业园为核心平台和载体，加大力度招引国内外新一代信息技术领域的技术、人才、资金，构建梯次培育体系分层培育大中小微企业，形成大中小微企业协同共赢、内外资企业互惠互利、稳定性强、成长性高、综合竞争能力突出的信息产业生态体系。针对新一代信息技术产业知识密集度高、投资回报周期偏长、新业态商业模式不清晰等特点，探索"研究院＋产业联盟＋项目公司＋投资基金＋应用"的产业发展模式，加快形成可推广可复制经验。

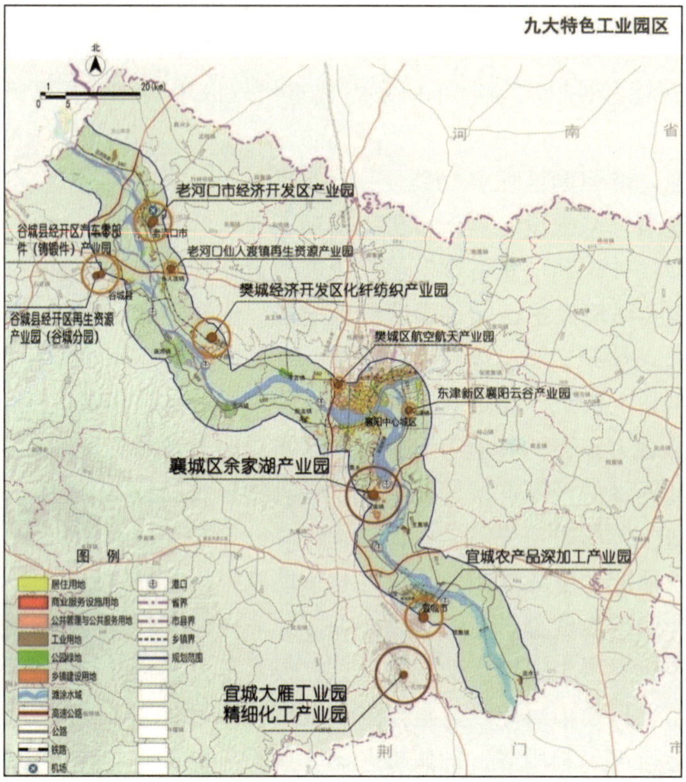

图6-4　襄阳沿江地区特色产业园区发展布局示意图

三、促进沿江各区市县形成协调互动发展新格局

1. 襄城区

沿江5公里范围重点发展医药、化工新材料和文化旅游产业。发挥华中制药、凌晟药业等龙头企业的引领和带动作用，利用本地药材资源优势和医药中间体产业基础，加强与襄阳高新区、东津新区等合作联系，积极引入国内外知名的生物医药企业，着力打造沿江地区医药产业基地。面向襄城经济开发区化工产业转型升级的紧迫需求，加大力度推进"一企一管一阀"工程，持续提升"三废"综合治理能力，积极推动基础磷化工企业实行工艺装备升级改造，构建石膏循环利用体系，积极发展精细磷酸盐产品，提高磷资源利用率和产品附加值，推动磷化工产业功能化发展。依托湖北文理学院等高校优势、文化旅游资源优势，以襄阳文化产业园、襄城文化创意电子商务区为重点，以智谷文化开发有限公司为龙头，集中打造襄城文化旅游集聚区。

2. 樊城区

沿江5公里范围重点发展纺织服装、航空航天、商贸物流等产业。依托樊城经济开发区化纤纺织产业园，以金环股份、银河纺织等企业为龙头，通过延长产业链和促进产业绿色化、高端化发展，推动纺织服装产业转型升级。依托航空航天产业园，以航宇救生装备、新兴重工湖北三六一一机械为龙头，大力开发军民两用技术，推动军民融合发展，建设航空航天高端装备集聚区。面向襄阳市高新区、经开区等工业集聚地对商贸物流的需求，依托樊城区优越的区位交通优势，以创建生产性服务业发展示范区为契机，整合优化商贸和物流基础设施，大力发展特色专业物流服务和电子商务，重点发展工业物流，建设区域商贸物流中心。

3. 东津新区

沿江 5 公里范围重点发展云计算、大数据、物联网等信息服务产业。围绕华中云谷建设，以华为云计算产业基地、Oracle（襄阳）技术人才创新创业基地等项目为抓手，以云计算、软件等领域为重点，积极引进国内外龙头企业和领军团队，推动发展信息服务业和数字内容产业，建设大数据产业园，打造全国知名的"襄阳云谷"。以智能制造为导向，以华科工研院、九州新能源汽车等重点工程和项目为抓手，结合"互联网 +"、3D 打印、众筹众创等新技术、新模式，重点推进工业机器人、数控装备、智能电气设备等产业发展，打造创新意识突出、智能化特色鲜明的高端装备制造业，建设成为全国重要的智能制造基地。

4. 襄州区

沿江 5 公里范围重点发展农产品精深加工、文化旅游等产业。依托襄阳工业园，充分利用毗邻高新区的地缘优势、区位交通优势和现有产业基础，以鲁花浓香花生油、正大有限公司、乐蜂粮油等企业为龙头，以襄州农副产品电子商务区、襄州区（台湾）生物产业园等项目和工程为抓手，积极打造汉江流域农产品加工中心。依托襄州区"公铁水空"的交通优势，以国家级鹿门风景区为重点，加强与襄城区等其他地区文化旅游集聚地战略合作，积极推进鹿门山旅游开发，大力建设自驾车房车露营基地和汉江水上连线等项目，打造鹿门小镇和体育特色小镇，大力推动特色鲜明的文化旅游产业发展。

5. 宜城市

沿江 5 公里范围重点发展农产品精深加工、新能源、商贸物流等产业。发挥宜城市农业资源、水系资源丰富等优势，以位于宜城市经济开发区的农产品加工（肉制品）特色产业园为核心平台和载体，依托襄大农牧、金锣集团等龙头企业，加快发展粮油、畜禽产品、菌菇等农产品深加工，打造国内知名的优质安全食品生产示范区。加快推进猛狮新能源高端锂电工业园建设，加大力度研发生产高端动力锂电池，打造沿江地区重要的新能源产业基地。依托位于沿江下游、铁路交通路网发达的区位交通优势，面向开发区农产品加工、汽车及零部件制造、纺织服装、电子信息、水晶制造等产业发展对仓储物流商贸的紧迫需求，积极打造综合商贸物流节点城市。

6. 老河口市

沿江 5 公里范围重点发展粮油等农产品加工、再生资源、汽车零部件及装备制造等产业。依托老河口市农产品（油脂）深加工产业园，以建设"中国有机谷"老河口板块为契机，做大做优湖北常香油脂股份有限公司等龙头企业，推动建设全省农产品油脂加工产业集群。依托再生资源产业园（老河口分园），以楚凯冶金、业茂、葛洲坝环嘉、津泰环保等为龙头企业，用好循环经济产业园区"国家新型工业化产业示范基地"和"国家区域性大型再生资源利用基地"两张"国牌"，打造中部最大的再生纸、再生橡胶基地，争创全国具有影响力的循环经济示范区。依托市装备制造（智能制造、专用车）产业园，以东沃专用汽车、东风创普、万柯公司等企业为龙头，通过强化园区基础设施和公共服务设施建设，增强园区产业承载力和集聚力，做大做强汽车零部件及装备制造产业。

7. 谷城县

沿江 5 公里范围重点发展再生资源、汽车零部件等产业。依托再生资源产业园，以骆驼蓄电池、金洋冶金等企业为龙头，大力推动全国循环经济试点县和国家城市矿产示范基地建设，将"城市矿产"综合利用示范基地建设成为国内有影响、国际有知名度的循环经济示范园区。依托汽车零部件（铸锻件）产业园，面向襄阳和周边地区整车产业需求，以三环车桥、三环锻造等企业为龙头，全面对接"中国制造 2025"，推动建设智能示范企业（车间），推动工业化与信息化融合发展，大力发展汽车零部件产业。

8. 鱼梁洲经济开发区

依托襄阳市的区位交通优势和文化资源优势，以打造"一城两文化"为契机，抢抓创意经济时代所赋予的历史机遇，用好鱼梁洲的水资源和自然生态环境优势，立足汉水文化底蕴，面向襄阳本地及周边地区的文化旅游需求，以基础设施建设促进生态文化景观、文化旅游等项目的建设，大力推动旅游线路的开发建设，重点发展文化旅游产业，将鱼梁洲建成特优特美、低碳循环、可持续发展的"美丽中国"示范区。

第六节　襄阳沿江产业发展重点任务

一、实施产业负面清单准入管理

1. 制定并公布产业准入负面清单

结合沿江地区 2 市 1 县 5 区的主体功能区定位，按照《长江经济带发展规划纲要》和鄂办文〔2016〕34 号文件要求，对重化工新开工项目制定并执行高于国家要求的标准，即：在汉江干支流 1 公里范围内禁止新建重化工园区，不再审批矿产资源开发、钢铁、有色、石化、化工、印染、造纸等新建项目，对已批复未开工的项目停止建设。汉江干支流 1—5 公里范围内的新建和改扩建项目，要加强环保、安全、消防等方面监管的评审与监管，项目须进入相应园区。

2. 严格执行产业准入负面清单

加强发改、经信、环保跨部门协作，完善与《产业准入负面清单》实施相适应的审批清单、监管机制和激励惩戒办法，从项目立项审批、环评等多个环节严把项目准入关，严禁不符合主体功能定位的项目建设实施，严防可能对生态环境产生不利影响的医药化工建材等行业的重大项目在重点规划区域落地。对未列入清单的产业，要切实按照"非禁即准"的要求彻底放开准入限制，为企业营造公平便利的营商环境。

3.健全负面清单动态调整机制

逐步完善《产业准入负面清单》调整的长效机制，建立《目录》与清单的动态调整机制。随着《产业结构调整指导目录》作出修订，《产业准入负面清单》也应适时调整，做到及时匹配和充分衔接。在行政区划主体功能定位和发展方向出现变化的同时，应适时启动《产业准入负面清单》调整的相关程序。

二、建立重点项目、企业、产业甄别筛选机制

1.突出甄别筛选的战略导向

按照符合定位、推动转型的要求，以高端装备制造、新一代信息技术、文化旅游、现代商贸、农产品精深加工和特色农林种植为重点，在重点规划区域谋划一批带动力强、示范性强的产业发展项目，充分发挥大项目对促进产业集聚、优化产业链条、带动社会就业的积极作用。坚持适度超前、服务发展的原则，以智慧城市、海绵城市等为重点在沿江地区规划一批公共基础设施项目，充分发挥大项目对提升城市能级、改善社会治理、增强服务功能的积极作用。

2.健全甄别筛选的执行体系

建立沿江地区重点产业发展和城市建设重大项目库和专家咨询委员会，对拟入库的项目必须事前征求专家意见、明确责任主体与管理单位，实施事中动态监管、痕迹管理，事后项目绩效评估，完善重点项目的评估、审批、复核和支持机制和相应办法。充分发挥第三方平台等市场化方式在重点规划区域产业园区项目甄别筛选中的积极作用，提高甄别筛选的总体效能。建立健全政府甄别筛选重点项目、企业和产业的指标体系，适当提高对创新、绿色方面的门槛要求，更好发挥政府在项目甄别筛选中的引导性作用。

三、实施科技创新与成果转化行动计划

1.构建沿江地区科技创新体系

以国家创新型城市建设为总揽，形成企业需求主导、产学研深度融合、产供用全方位协同的沿江地区技术创新体系。以襄阳科技城建设为抓手，加强沿江地区技术创新体系建设。围绕产业链布局创新链，重点突破新能源汽车、电子信息、高端装备制造、生物医药、新能源新材料和节能环保产业等产业领域的重大共性技术、前沿引领技术与现代工程技术，密切关注颠覆性技术创新，加大汽车及零部件、轻工纺织等传统产业技术改造投入。推动华科工研院、中科院湖北产业技术创新与育成中心（襄阳中心）等新型研发平台和行业龙头通过组建战略联盟、开展合作研发等方式深化合作。建设襄阳工业云平台和工业互联网创新中心，推进"互联网＋协同制造"，鼓励产业链上下游企业建立智能化生产管理系统，鼓励制造企业在研制阶段与先行用户密切联系，与供应商组建供应链联盟或建设供应基地，推广"需求定制＋大数据营销＋参与制造"模式。

2.积极推动科技成果转化

全面落实科技成果使用、处置和收益"三权"改革，将规定期限内未转化成果的处置权交由成

果完成人，研究实施允许创业团队适当溢价回购国有股制度。加快建设襄阳科技成果产业化促进中心、中科院湖北产业技术创新与育成（襄阳）中心、院士（专家）创新创业园、襄阳科技城、东津未来科技城、国际产业园、襄阳市大学科技园等科技成果转化基地。重点推进涵盖技术转移服务、技术合同交易、知识产权投融资、技术条件共享等功能的网上平台建设，积极建设汉江流域技术转移中心（国家技术转移中部中心襄阳分中心），构建线上线下双向融合、成果转化链条完整的虚拟平台和服务体系。发挥襄阳湖北省级副中心和沿江地区独特的区位优势，推进全方位对接"大武汉"、布局"大科技"，重点吸引武汉高校院所的科技成果到沿江地区开展孵化，与本地产业发展紧密衔接。开展技术经纪人培训，依托高校、科研机构、企业培养一大批复合型技术转移服务人才，培育技术经纪市场。

四、推动大众创业万众创新向纵深发展

1. 大力培育以企业为核心的多元创新主体

实施创新主体培育工程，大力培育创新型企业、创新型载体和创新型社区等多元创新主体。实施"独角兽"企业和"瞪羚"企业培育计划，完善中小企业全流程培育机制。建立高新技术企业培育备选库，在技术创新、创业服务、融资担保等方面给予倾斜支持。依托市场化力量推动传统众创空间转型升级，立足已有产业集群和特色园区，在东津新区、襄州区、襄城区、樊城区和老河口市的重点规划区域汇集一批专业化、投资型与集约式的双创孵化载体，形成更加完整的创新创业服务链条。深入开展青年大学生、下岗职工和农民工创新创业培训，建设社区青年和大学生创业孵化基地和下岗职工实用技能培训基地，以创业带动就业。

2. 推动双创与产业转型升级更加紧密结合

发挥大企业大集团引领创新创业助推产业升级的积极作用。以新能源汽车、电子信息、高端装备制造、生物医药、新能源新材料和节能环保产业为重点，围绕强链补链引进一批配套协作有潜力的创新型企业。鼓励风神襄阳、落拓集团、襄大农牧等大企业大集团，运用技术入股、收益提成、内部技术转移、新设企业等激励机制支持员工内部创业。通过开放科技设施、人才技术、数据信息、金融资本、市场资源等创新资源，设立普惠金融事业部和创业投资基金。建设协同创新平台、创业孵化平台、金融支持平台和创新服务平台，开放创业平台接入端口，为社会大众提供专业化的线上线下创业服务。

五、强化创新平台支撑

1. 依托重点企业和园区建设产业创新平台

积极推进以襄阳科技城为龙头的"一院八基地 N 平台"的创新平台体系建设，打造产业技术创新高地。重点围绕新能源汽车、高端装备制造、新一代信息技术、农产品精深加工、生物医药和再生资源等主要产业园，在重点规划区域内打造一批从事技术集成、熟化和工程化的中试基地和科技成果中试服务平台，开展研发设计、检验检测认证、科技咨询、技术标准、知识产权、投融资等服务。发挥华为华中云计算产业园、IBM 卓越云计算中心、中国移动襄阳创新基地的集群优势，打

造新一代信息技术产业创新平台。依托华科工研院、中科院湖北产业技术创新与育成中心（襄阳中心）等新型研发机构，积极开展人员交流、科技信息交流、产研项目合作、科技人员培训与产业分析服务，打造襄阳市高端装备制造、汽车和零部件、新能源汽车等产业的技术研发、技术转移和产业孵化平台。

2.大力构建开放共享的创新公共服务平台

在老河口市、东津新区、谷城县和樊城区的重点规划区域内，打造汽车轻量化、新一代信息技术、模块化与嵌入式控制系统设计技术和先进控制与优化技术四大创新公共服务平台。构筑大型科学仪器设备共享平台、产业技术基础公共服务平台、科技情报文献平台、知识产权综合信息服务共享平台，推动科技资源向企业聚集、开放和共享。面向新能源汽车、汽车零部件制造、航空航天装备等产业领域关键技术和平台需求，建设融入国际化发展的工业互联网开源社区，为创新创业主体提供良好开发环境，共享开源技术、代码和开发工具。加快构建襄阳科技创新云服务平台，推动襄阳与周边省市科技成果数据资源互联互通互享，强化信息的采集挖掘和精准推送，加快建设科技成果标准化与结构化数据处理、挂牌交易与信息公示系统。

第七节　襄阳沿江产业发展保障措施

一、创新改革体制机制

1.打破条块分割推动协同发展

在全市层面建立领导机构，加大顶层统筹规划协调力度。以产业协同、市场协同、创新协同和开放协同为重点，推动产业优化布局、市场体系一开放、创新资源共享共用。明确医药化工、冶金建材等传统行业搬迁的时间表，以构造沿江三大产业集聚带和发展九大特色产业园区为重点，促进沿江地区加快形成协调互动、优势互补、长期可持续的产业发展新格局。统筹推进沿江地区放管服改革，构建统一开放的区域市场，以规则的透明化和服务的标准化确保市场竞争公平有序。加大沿江地区上下游产业链的创新合作，构筑产业应用与技术创新生态。利用湖北自由贸易试验区襄阳片区的政策优势，在沿江地区先行开展金融、贸易和投资领域的体制机制创新试点。充分发挥省级副中心的独特优势，加强与武汉、宜昌的全方位互动对接。

2.健全成本共担收益分享机制

建立地区间横向生态保护补偿机制和生态建设投入激励机制，推动沿江地区生态环境联防共治。借鉴相关流域水环境补偿试点经验，界定流域生态保护区和生态服务受益区，合理确定转移支付标准，严格监督转移支付资金使用，促进生态补偿横向转移支付常态化制度化。加强跨界环境污染纠纷协调，建立环境污染赔偿机制，制定具体赔付补偿办法。建立合理的利益共享机制，在充分尊重各方意愿的基础上，研究制定产业转移利益分成共享办法，通过建立飞地、联合投资等多种方式分享收益。

二、强化财税金融扶持

1. 加大财税优惠和扶持力度

设立沿江产业技术创新专项基金和风险补偿基金，重点投向智能制造、高端装备、新一代信息技术、新能源汽车等制造业转型升级的关键领域。用好产业转型升级专项资金，稳妥推进产业园区搬迁和人员安置，在政策允许范围内对搬迁产业园区设置一定过渡期并适当给予财政补贴。强化财政资金的导向作用，运用PPP模式引导社会资本参与沿江地区重大项目建设、企业技术改造和关键基础设施建设。落实相关税收优惠政策，推动固定资产加速折旧、企业研发费用加计扣除、软件和集成电路产业企业所得税优惠、小微企业税收优惠等政策落实。设立股权激励代持专项资金，对符合条件的团队（个人）给予股权认购、代持及股权取得阶段所产生的个人所得税代垫等支持。采取财政资金补贴用户与制造企业后续研发的方式，支持首台套、首批次产品在应用中持续改进。通过发放创新券、政府采购、财政补贴等方式，鼓励各类孵化载体加大对技术创业者的支持力度。探索对符合条件的科技型中小企业贷款融资给予财政贴息。

2. 推动金融精准支撑实体经济

设立沿江产业发展投资基金，采用直接投资与参股设立子基金相结合的运作模式，重点投向产业转型升级、基础设施互联互通、创新体系共建、公共服务和信息系统共享、园区合作等领域。开发工业运行大数据采集平台，提供面向中小企业的一站式投融资信息服务。建立银企对接清单名录库，精准服务战略性新兴产业、"双创"领域"专精特新"的小巨人企业等符合国家战略导向和襄阳功能定位的企业，形成银企对接常态化机制。积极发展创业投资、绿色信贷，对科技型创业企业提供融资支持，对化工、建材、纺织等领域符合条件企业的合理信贷继续予以支持。鼓励金融机构提供多渠道便利化特色融资服务，探索以关联企业从产业链核心龙头企业获得的应收账款为质押的融资服务以及贷款、保险、财政风险补偿捆绑的专利权质押融资服务。

三、招引培养人才队伍

1. 大力招才引智引技

为新一代信息技术、新能源汽车、高端装备制造等领域高端人才开辟绿色通道，加大居留、住房、医疗、教育、社会保障等方面的配套政策支持力度。支持行业领军企业通过自建、共建、并购等方式设立海外研发中心并延揽海外人才开展合作研发或离岸研发。引进国内外知名大学、著名科研机构、企业来沿江地区建立分支机构、搭建创新平台，开展共性技术、前沿技术研发。健全柔性引智机制，允许事业单位采取年薪制、协议工资制、项目工资等灵活多样的分配形式引进紧缺或高层次人才。

2. 创新培养使用方式

加强紧缺型技术技能人才培养，建设重点产业急需的高技能人才培训基地和技能大师工作室，推动沿江地区龙头企业为职业学校相关专业学生实习和教师实践提供岗位。健全职业竞赛选拔机制，支持重点产业企业经营管理人才参加境内外培训，壮大优秀技能人才队伍。推动沿江地区与武汉的高校院所、企业、政府开展产业与管理服务人才交流合作。畅通高校、科研机构和企业间人才流动渠道，鼓励通过双向挂职、短期工作、项目合作等柔性流动方式加强人才互通共享。拓展知识、技术、技能和管理要素参与分配途径，完善技术入股、股权期权激励、科技成果转化收益分配等机制。

四、加强中后期考核评估

1. 科学制定考核评估方案

规划牵头单位应提前制定《汉江生态经济带襄阳沿江发展规划实施评估方案》，明确关键时间节点的实施进度与实施绩效要求，构建比较完备的考核评估指标体系。重点评估产业创新发展、绿色发展情况，认真分析产业集群培育和产业带构建的成效和差距。

2. 建立健全中后期考评机制

建立健全规划实施进展与效果的监测评估制度和动态调整机制，开展规划实施情况的动态监测和评估。建立《汉江生态经济带襄阳沿江发展规划》任务落实情况督促检查和第三方评价机制，完善统计监测、绩效评估、动态调整和监督考核机制。在 2022 年开展《汉江生态经济带襄阳沿江发展规划》中期评估，根据实际情况对目标任务进行必要调整。开展规划实施期末总结评估，对规划实施效果作出综合评价，为规划调整和制定新一轮规划提供依据。

五、完善组织保障落实

1. 加强组织保障

设立汉江生态经济带襄阳沿江发展规划领导小组，由市政府主要负责同志任组长，统筹沿江地区产业发展规划，办公室设在襄阳市发展和改革委员会。沿江地区各区市县相应成立由政府主要负责同志任组长的沿江产业发展领导小组，协同推进沿江产业发展。建立办公室牵头的沿江产业发展联席会议制度和定期会商机制，落实市级领导小组总体要求，统筹解决建设过程中的重点难点问题。

2. 狠抓规划落实

根据《汉江生态经济带襄阳沿江发展规划》出台具体实施意见，建立分工负责制度，细化政府有关部门具体分工并落实主体责任。设立《汉江生态经济带襄阳沿江发展规划》项目台账，实施痕迹管理，加大规划实施、政策落实、项目建设监管力度。发展改革局作为规划牵头执行单位应定期向市政府报告规划落实进展，并接受市人大和市政协的监督。

3. 强化奖惩约束

组织人事部门应将规划落实与执行情况纳入干部年度考核体系，强化规划的调控、牵引和约束作用。定期开展专项审计，确保财政资金使用符合相关规定，对明确严重违反规划和违规违法行为应予以终身追责。

第七章 沿江文化旅游发展研究

襄阳是国家级历史文化名城，素有"华夏第一城池"之称，物华天宝、人杰地灵。汉江沿江地区更是其精华所在，孕育了三国文化、汉水文化、楚文化，涌现出诸葛亮、米芾、孟浩然、习郁等杰出历史人物。文化是旅游的灵魂，旅游是文化的重要载体，厚重的文化底蕴辅以旖旎的山水风光，使得汉江沿江地区成为襄阳文化旅游资源主要聚集区。近年来，襄阳大力发展文化旅游，加快推进旅游产业"二次创业"，沿江地区文化旅游发展较快，已经成为推动经济社会发展的重要产业。随着全面建成小康社会深入推进、人民群众消费结构加速升级，文化旅游消费需求正在不断扩大，襄阳汉江沿江地区文化旅游迎来新的发展机遇。加快沿江文化旅游的发展，是调整优化沿江地区产业结构、构建现代化经济体系的重要路径，是提升居民获得感和幸福感、更好满足人民日益增长的美好生活需要的内在要求，是转变经济发展方式、构建美丽繁荣和谐襄阳的战略选择。系统研究沿江文化旅游的发展现状、思路、布局和路径，对于深度挖掘沿江历史文化内涵、整合沿江文化旅游资源、推动文化旅游产业融合发展具有重要意义。

第一节 襄阳沿江文化旅游发展基本情况

一、发展现状

（一）产业规模稳步增加

近年来，襄阳市积极响应国家"加快发展旅游业、促进文化大发展大繁荣"的政策方针，坚持文化立市、旅游强市，立足厚重的历史文化内涵，推动襄阳旅游"二次创业"。2017年，襄阳沿江区市县旅游总收入为247.77亿元，占全市旅游总收入72.7%，相当于沿江区市县国内生产总值的9.5%。旅游总人数达到2855.3万人次，占全市旅游总人数的62.8%。文化旅游产业成为襄阳沿江地区的支柱产业和第三产业中的龙头产业，成为襄阳市重要的城市名片。

（二）市场主体迅速壮大

在政府引导、市场运作的战略导向下，襄阳沿江经济带文化旅游市场主体不断做大做强，一批优质的产业园区和龙头企业发挥了良好的辐射带动作用，文化旅游景区建设成绩显著，产生了较好的经济效益和社会效益。襄阳文化产业园、隆中文化产业园和建设路21号创业产业园已成为省级文化产业示范园区。其中，襄阳文化产业园的一期项目唐城影视旅游区引入投资16亿元，二期项目孟浩然文化旅游区预算投资24.3亿元，岘首山、摩崖石刻、千年诗路等项目依序开工；建设路21号创业产业园已入驻95家企业，创业人数达到1200余人，形成了文化创意、艺术设计、教育培训等产业集群；隆中文化产业园项目主打卧龙诸葛亮相关的三国文化，集聚文化创意、宗教文化、实景演出等产业，年接待游客突破 90 万人次，营业收入达 4000 多万元。襄阳（东津）文化旅游产业项目、卧龙古镇项目、栖息小镇项目等沿江文化旅游项目正在加速启动实施。一系列重大项目的落地、运营，极大推动了文化旅游产业融合和产业链延伸，促进了文化旅游景区的建设、发展。截至 2017 年底，沿江地区的 4A、3A、2A 级景区数量分别达到 3 家、5 家、4 家，其中古隆中景区顺利通过 5A 级景区省级初评，唐城景区成功被评为国家 4A 级景区。习家池、中华紫薇园等景区相继建成营业，鹿门山、九天玄女等景区建设不断推进。

（三）产品体系不断丰富

随着沿江文化旅游资源的开发，优质的文化旅游产品和精品旅游景区不断呈现。"百里汉江文化长廊""汉江讲坛""欢乐襄阳"等一大批优质文化旅游品牌成为展示汉水文化和民俗风情的重要窗口。《羊祜大将军》《草庐·诸葛亮》《宋玉传》等弘扬襄阳文化的文学作品和精品剧目受到当地群众和外地游客的广泛好评。襄阳古玩城汉江夜游等娱乐设施项目，石花奎面、襄阳大头菜、丹河稠黄酒等特色美食佳酿，以及老河口木版年画、谷城黄杨木雕等传统艺术作品，进一步丰富了游客的游玩体验，增添了襄阳沿江文化旅游的独特魅力。

（四）基础设施日趋完善

襄阳沿江地区基本形成了涵盖食、住、行、游、购、娱六要素的文化旅游基础设施体系，为文化旅游产业的健康发展提供了有力保障。截至 2017 年，沿江地区共拥有星级酒店 27 家，其中五星级 2 家，四星级 4 家，三星级 15 家。客房数达到 1748 间，床位 2898 张。星级农家乐已达到 38 家，其中五星级农家乐 9 家，四星级农家乐 29 家。沿江文化旅游景区的通达条件持续改善，302、316等五条省道和环梨花湖旅游公路、环丹渠旅游公路等在建景区公路保障了游客在景区间和景区内的便捷通行。2017 年，襄阳被交通运输部列入"十三五"全面推进公交都市建设第一批创建城市名单，出行观光的本地居民和外地游客将享受到更加优质、智能的公交服务。

（五）区域合作逐渐增强

襄阳和十堰、荆门、武汉、南阳等汉江沿岸城市依托汉江"一江清水"的自然风光和深厚的文化底蕴，深挖旅游特色，注重优势互补，形成一系列文化旅游跨域合作平台，打造了一批跨区域汉江沿江精品文化旅游线路。2014 年，来自湖北、陕西、河南三省汉江流域的 13 个主要城市在襄阳发布《汉水流域城市广告文化建设合作宣言》，该宣言成为建立汉江沿江开放、联动文化发展新机制的指导纲领。2016 年，襄阳和安康、巴中、广元、达州共同签署"秦巴汉水生态旅游圈"合作宣言，建立了襄阳毗邻的汉江沿江地区文化旅游合作交流长效机制。汉江流域 15 城市政协联系协作会议已经召开七次，成为汉江沿江文化旅游区域协作的重要平台和联系枢纽。"汉水风情休闲游""三国文化世界双遗产游"等一批跨地域的汉江沿江精品文化旅游线路相继开发。襄阳和汉江沿岸其他区域的文化旅游发展的联动性不断加强，文化互融、客源互送、资源互联的沿江文化旅游互动局面正在形成。

（六）文化保护传承有序推进

文化遗产是襄阳沿江文化旅游内涵的重要载体，文化遗产的保护传承是沿江文化旅游建设和发展不可忽略的内容。沿江区市县积极开展文化遗产保护立法和规划工作，相继制定了《襄阳城墙保护条例》《襄阳码头保护规划》，大力推进襄阳古城、谯楼的维修工程和东巷子、管家巷等重点古巷的征迁工作。省级及以上文物保护单位全部落实文物安全"一处一策"制度，市县两级文物资源登记数据库初步建立。非物质文化遗产保护工作持续进行，沿江地区申请通过的国家级非遗项目达到 5 项，国家级非遗保护传承人 2 名，省级非遗项目 14 项，省级非遗保护传承人 11 名（表 7-1）。

表 7-1 襄阳汉江沿江文化遗产一览表

	全国重点文物保护单位	省级重点文物保护单位	国家级非遗项目	省级非遗项目	国家级非遗传承人	省级非遗传承人
老河口	霸王坟墓群	光化黉学、李宗仁旧址、太平街民居、秦家老屋、五座坟古墓群、柴店岗遗址	木版年画、老河口丝弦、锣鼓架子	庆元堂席氏骨伤疗法、老河口玉雕	老河口丝弦余家冰、老河口木版年画陈义文	老河口锣鼓架子蔡欣弟、庆元堂席氏骨伤疗法席连忠
谷城	承恩寺	三神殿、襄宪王墓、杨洪胜烈士墓、谷城老街建筑群、万寿宫、鄂北手纺织训练所旧址、尖角古墓群	湖北越调	南河套曲、石花奎面制作技艺、火居道音乐、黄杨木雕		南河套曲朱忠芳、火居道音乐艾会学、湖北越调叶祥成、石花奎面制作技艺林世福
樊城	米公祠	余岗九冢墓群、水星台、抚州会馆、山陕黄州小江西中州会馆、襄樊码头、樊城城墙遗址		玄门太极功夫		玄门太极功夫彭玉芳
襄州		鹿门山鹿门寺		襄阳大头菜腌制技艺		襄阳大头菜陈修改
襄城	古隆中、襄阳城墙、广德寺、襄阳王府绿影壁、李曾伯纪功铭			七星镇痛膏制作技艺、襄河道坠子		
东津		陈坡遗址				
宜城	郑集楚皇城	老鸹仓遗址、黄宪集墓群、长渠遗址、曹家楼遗址、陈家岗遗址、赤湖岗遗址、古楼岗遗址、朱家岭遗址、小胡岗遗址、骆家岗遗址、罗家岗遗址、南门口遗址、娃子坟遗址、王子岗遗址	襄阳花鼓戏	赶象、宜城兰花筒、汉江磨调、邱氏医药		襄阳花鼓戏胡锐诗、常建国，汉江磨调王生田
总数	9	35	5	14	2	11

注：已经列入国家级的保护文物、非遗项目和非遗传承人，不在省级名录中重复统计。

二、发展优势和机遇

（一）区位优势持续凸显

襄阳地处鄂西北中心，东临武汉，西接川陕，南通湘粤，北达宛洛，自古为"七省通衢""中原门户""天下腰膂"，是南北通商和文化交流的重要通道。截至 2016 年底，全市高速公路里程达到 599 公里，"两纵两横一环"的"井"字形高速公路骨架网基本形成，一、二级公路总里程分别达到 646 公里和 2069 公里，县市通一级及以上公路、乡镇通二级及以上公路的公路网全面建成，汉江沿江国、省干线公路总里程达到 281.6 公里。老谷高速汉江特大桥主体工程完成 75%，207、316 国道绕城而过，并和 303 省道襄谷线全线贯通。焦柳、汉丹、襄渝三大铁路干线在襄阳交叉汇合，汉十高铁、郑万高铁等高铁线路相继开建，沿江文化旅游发展即将迎来"高铁时代"。刘集机场已开通 18 个城市的航班，2017 年旅客吞吐量达 102.7 万人次，成为通巴蜀陇中、连京广南粤的重要空中走廊。沿江地区区位优势持续凸显，为文化旅游发展提供重要支撑。

（二）历史文化底蕴深厚

襄阳沿江地区是三国文化之源，以刘备三顾茅庐、诸葛亮隆中谋划为标志，襄阳成为三国鼎立格局形成的源头；以羊祜镇守襄阳、杜预上表灭吴方略为标志，襄阳成为晋灭吴、完成统一大业的策源地。近百年群雄争霸、风云际会的三国时期始于襄阳、终于襄阳。《三国志》86 卷中有 18 卷写到襄阳，古典名著《三国演义》120 回的故事中有 32 回发生在襄阳。在襄阳汉江沿岸，三国文化传说流传最广，三国文化遗迹数量最多、保存最完整，迄今仍有诸葛亮隆中草庐、羊祜堕泪碑、刘表墓等 50 余处名胜。

沿江地区有着悠久的军事文化，襄阳古城沿汉江建城二千八百多年以来，地当天下之中，一直以军事名城著称于世。顾炎武著《天下郡国利病书》称，襄阳"上流门户，北通汝洛，西带秦蜀，南遮湖广，东瞰吴越"，其得失关乎中原全局。汉江萦绕东北，群峰耸立西南，成为襄阳古城的天然屏障。据史料记载，历史上曾有 172 次有名的战争发生在襄阳古城，其中尤以南宋末年宋元间长达六年的系列攻防战最为著名。历朝历代对襄阳城墙、护城河和城门等城防设施的设计加固，造就了"铁打的襄阳"的美名，也为研究古代军事史、城防史留下了不可多得的历史遗存。

沿江地区也是楚文化的发祥地之一，宜城曾为春秋时期楚国都城，先后历十代楚王。沿江一带孕育了宋玉、王逸等楚辞大家，留下了"下里巴人""阳春白雪"等典故和穿天节、牵钩戏等楚风遗俗。

沿江地区是宗教文化圣地，道佛两教发展源远流长，宗教文化底蕴深厚。西玄山九天娘娘洞号称"中原第一洞"，为道家第四洞天。岘首山、紫盖山、万山组成的岘山传说为伏羲死后化身而成，是赤松子洞府道场，迄今有紫盖山伏羲庙供游人参拜。真武山是和武当山并称为"大小金顶"的"小武当"，真武山道观自明以来就成为朝拜真武大帝的道家名观。此外，还有隋朝的承恩寺、东汉的鹿门寺、唐朝的广德寺等佛门古刹，历经千年岁月，至今仍是国内外知名的佛教圣地。

厚重的历史底蕴、优美的山河风光吸引了历代文人名士，成就了众多浓墨佳作。东汉襄阳侯习郁，汉末的庞德公、王璨和卧龙孔明，唐代诗人孟浩然、杜审言和皮日休，宋代书法四家之一的

"米颠"米芾等彪炳史册的历史文化名人均出自或曾居于襄阳。李白、孟浩然、王维、白居易、欧阳修、苏轼等诗词名家留下了《襄阳歌》《夜归鹿门山歌》《汉江临泛》《游襄阳怀孟浩然》《襄州春游》等名篇。

沿江地区还拥有极具地方特色的民俗文化和艺术，璀璨多彩的民俗文化艺术，是襄阳沿江文化旅游的一大亮点。襄阳历史上是南北戏曲交流的通道，西北的秦腔和黄陂的二黄在此交汇，形成了襄阳西皮腔、越调、襄阳花鼓戏等独具地方特色的腔调、剧种。沿江地区保留了大量地方传统的曲艺、手工艺、美术、医药，如老河口的丝弦、玉雕和木板年画，谷城的黄杨木雕和羽毛画，襄城区的七星镇痛膏制作工艺等。

（三）文化旅游资源丰富

襄阳沿江地区既有积淀千年的文化底蕴，也有山水相融的秀丽风光。隆中山、岘山、鹿门山等名山雄奇险幽，林木葱郁，一步一景，姿态各异，为历代文人墨客垂青和吟诵，留下"清思汉水上，凉意岘山巅""鹿门月照开烟树，忽到庞公栖隐处""江流天地外，山色有无中"等名句。游人登山，既可登高望远、开阔心怀，也能凭吊古迹，追思先贤。沿江区域水系发达，水库支流众多，构成独特的水系景观。鱼梁洲、月亮湾等洲滩景致和老码头、会馆等水运商埠景观沿江分布、错落有致。文化底蕴和沿江风光浑然天成，浓重的历史气息映照在汉江的粼粼波光之上，造就了一大批绚丽多姿的文化旅游胜地（图 7-1、表 7-2）。

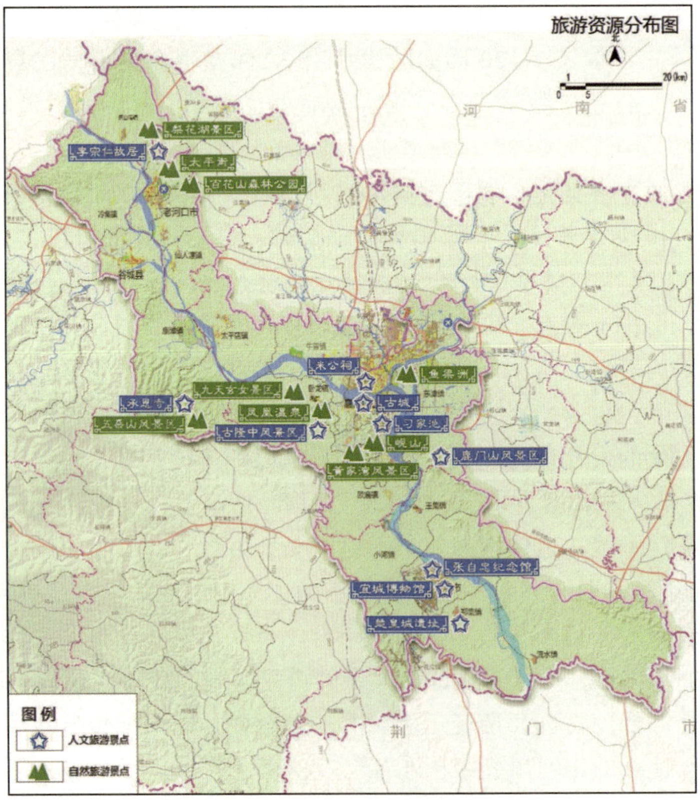

图 7-1　襄阳沿江旅游资源分布图

表 7-2　襄阳沿江景区景点一览表

景区类别	景区名称	所属地区
4A 级景区（3 家）	隆中风景区	襄城市区
	凤凰温泉	襄城卧龙镇
	唐城景区	襄城市区
3A 级景区（4 家）	张自忠纪念馆	宜城市区
	宜城博物馆	宜城市区
	黄家湾风景园	襄城市区
	米芾纪念馆（米公祠）	樊城区
2A 级景区（4 家）	承恩寺	谷城茨河镇
	李宗仁第五战区司令长官邸旧址	老河口市区
	萧楚女纪念馆	襄城市区
	鹿门山风景区	东津新区
1A 级景区	襄王府绿影壁	襄城市区
其他景区	鱼梁洲	鱼梁洲
	襄阳古城	襄城市区
	老龙堤	襄城市区
	中华紫薇园	襄城尹集乡
	九天玄女景区	襄城卧龙镇
	福恩牡丹汽车营地	襄城尹集乡
	岘山国家森林公园	襄城岘山
	长寿岛国家湿地公园	樊城牛首镇
	邓城遗址	樊城团山镇
	百花山森林公园	老河口百花山
	梨海涌雪	老河口洪山嘴街办
	红河谷旅游度假区	老河口洪山嘴街办
	梨花湖风景名胜区	老河口鄎阳、光化、洪山嘴街办
	汉江王甫洲电站	老河口鄎阳街办
	太平街古建筑群	老河口光化街办
	桃花浔风景区	老河口洪山嘴街办
	太山寺	老河口洪山嘴街办
	马冲水库生态旅游区	老河口仙人渡镇
	春雨生态科技园	老河口李楼镇
	太山寺天襄原牡丹园	老河口李楼镇
	五朵山	谷城茨河镇
	狮子岩水库	谷城茨河镇
	团湖水库	谷城冷集镇
	老君山樱花谷	谷城城关镇
	华鲟庄园	谷城庙滩镇

（四）生态基础稳固良好

襄阳"外揽山水之秀，内得人文之胜"，沿江地区的绿水青山既是灿烂历史文化的载体，也是文化旅游发展的根基。沿江区市县坚持绿色发展理念，在节能降耗、循环经济、环境治理等方面发力，生态建设成效初显，生态基础稳固良好。目前，汉江襄阳段沿岸拥有 6 个国家级循环经济试点和 11 个省级循环经济试点，创建国家级和省级生态镇 16 个、生态村 201 个。谷城县成为全省唯一的国家循环经济示范县，老河口市被国家命名为生态示范区，宜城市成为全国生态农业县（市）。沿江 433 个污染源整治工作已整改销号 362 处，汉江干流及主要支流水质稳定，沿江区域内森林覆盖率达 23.79%，建设省市级自然保护区 7 个，国家级湿地公园 4 个，省级湿地公园 2 个，森林公园 4 个。良好的生态基础保障了沿江文化旅游资源开发的环境容量，提升了沿江风光对游客的生态吸引力，为打造汉江文化旅游带创造了有利条件。

（五）消费需求扩大升级

随着全面建成小康社会深入推进，我国城乡居民可支配收入稳步增长，消费结构加速升级，对文化旅游等休闲服务需求迅速提升。2016 年，全国居民人均可支配收入达到 23821 元，同比增长 8.4%，国内旅游总人数达 40.0 亿人次，人均消费近 900 元。湖北省城镇居民人均可支配收入达到 29386 元，农村居民人均可支配收入达到 12725 元，同比分别增长 8.6% 和 7.4%。高铁、航空、高速等交通设施不断完善，提升了旅游设施质量。带薪年休假、周五半日补贴节假等制度的逐步落实，保证了人们外出旅游、愉悦身心的闲暇时间。景点游、观光游等传统旅游形式正在逐渐向周边游、休闲游等新兴旅游形式转变，游客更加重视旅游深层次的文化体验。旅游消费需求加快升级，为沿江文化旅游发展提供了广阔的市场空间和发展前景。

（六）政策扶持力度加大

近年来，国家层面对文化旅游的政策支持力度不断加大。2016 年国务院印发《"十三五"旅游业发展规划》，明确提出"长江中游旅游城市群"和"长江生态文化旅游带"的概念，指出要"依托长江黄金水道，发挥立体交通网络优势，推动生态旅游、文化旅游、红色旅游、低空旅游和自驾车旅游发展"。国家发展改革委 2017 年 2 月颁布《"十三五"时期文化旅游提升工程实施方案》，对文化遗产保护、文化旅游基础设施和配套设施等方面提出了具体的任务目标和扶持办法，推动我国文化旅游产业提档升级。为贯彻落实国家政策，湖北省、襄阳市相继制定了《湖北省旅游业发展"十三五"规划纲要》《襄阳市旅游产业发展规划（2014—2025 年）》《襄阳市奖励旅游（航空）产业发展实施办法》等政策文件，有力推动了襄阳沿江文化旅游的快速发展。

三、面临问题和挑战

襄阳沿江文化旅游发展良好，优势显著，但依然存在一些亟待解决的障碍和问题，挑战与机遇并存。

文化内涵挖掘不够。沿江丰富的文化旅游资源尚未完全转变为文化旅游产业发展的优势，谷城老街、樊城老码头、会馆等文化遗产的保护工作相对滞后，文化内涵有待挖掘。对文化内涵的挖掘深度和系统性不足，不同区市县的文化旅游产品在文化品牌上的关联性较弱，缺乏统一规划和精品策划，特色鲜明、主题精炼的文化旅游品牌相对较少，文化旅游产品核心竞争力欠缺。

公共服务有待完善。沿江旅游景区游客服务设施不够健全。承接旅游集散功能的鄂西北游客接待中心还未落地，博物馆、规划馆、大剧院等配套设施尚未建成，缺乏能同时接纳500人左右旅游团队的饭店、停放100台以上旅游大巴的停车场，A级旅游公厕数量不够，节假日期间游客停车难、如厕难的问题不同程度存在。各景点间通达性和互联性有待提升。景区"最后一公里"尚未完全打通，旅游公路通达程度参差不齐，"断头路"问题突出，部分旅游公路路面质量和通行条件较差，且缺乏必要完备的旅游景区标识和指引，各景点尤其是谷城、宜城等地区的乡村游景点通达性和互联性不足，制约了游客日益增长的自驾游、一日游需求。汉江航运资源未得到充分利用，政策支持不明确，存在多头管理等问题。中心城区内的老码头保护开发工作滞后，中心城区以外的旅游码头规划建设进度较慢，水陆换乘体系尚未建立，阻碍了汉江水上风光和岸上景区资源的有效整合。

生态保护仍需加强。水环境安全问题亟待解决，农业面源污染和工业排污使得汉江支流部分河段水质呈现退化趋势，蛮河、滚河、小清河等支流局部河段污染已由点源上升到流域和区域污染，南水北调中线工程和汉江梯级开发工程对汉江襄阳段入境水量、水速造成显著影响，江水自净作用降低，进一步加重了水环境的安全问题。植被生态状况仍需提升，沿江地区森林覆盖率虽然达到30.24%，但较全市平均水平低12个百分点，沿江地段有近1.7万亩土地由于立地条件差，难以实现有效的植被覆盖；林带树种单一，配置不尽合理，落叶树多，常绿树、彩叶植物少，主题树种与基调树种、花色树种与常绿树种、乔木与灌木未能很好搭配，种植没有层次，尚未形成以绿为主、花色点缀、群落种植的景观林带，旅游功能有待开发。

专业人才相对缺乏。文化旅游企业培养人才、吸引人才、留住人才的管理机制不够完善，综合的人力资源培训和管理平台较为缺乏。人才结构层次偏低，高层次高素质的专业型领军型人才不足。沿江文化旅游从业人员的学历以高中、大中专为主，本科和研究生学历的人才偏少，具有旅游专业从业资格的从业人员也极度匮乏。在文化传承方面，由于非遗传承补贴低、难度大、市场化程度不高，沿江地区多数非遗已濒临失传，非遗传承人储备不足导致沿江历史文化接续传承断层的问题已经显现，制约了沿江文化内涵的保存和挖掘。

周边市场竞争激烈。从汉江沿线看，襄阳沿江文化旅游尚未完全融入汉江流域旅游圈，与汉中的秦巴汉水民俗风情旅游、十堰的武当山道教文化旅游、荆门的纪山楚文化旅游和武汉的黄鹤楼、东湖景区群存在直接竞争，有序合理的资源整合和产业协同尚未形成。从汉江区域以外的邻近地区来看，同样以楚文化和三国文化闻名的宜昌、荣膺"世界自然遗产地"的神农架、绮丽秀美的长江三峡、壮观雄伟的恩施大峡谷，都对襄阳沿江文化旅游发展构成重大挑战。襄阳沿江地区未能通过充分挖掘其特色文化旅游资源与周边景区形成错位竞争态势，外部竞争压力较大。根据湖北省旅游发展委员会委托华中师范大学完成的旅游发展评价报告，2016年襄阳旅游发展水平和旅游产业竞争力均仅居省内第8，襄阳与武汉、宜昌组成的省内旅游第一梯度的差距正在不断拉大。

第二节　襄阳沿江文化旅游发展的总体思路与目标

一、总体思路

抢抓国家促进文化旅游消费、推动全域旅游发展等机遇，依托襄阳沿江地区文化旅游资源，以满足人民日益增长的美好生活需要为根本出发点，以供给侧结构性改革为主线，突出"文化引领、挖掘内涵、串珠成线、以点带面"，推动"旅游+"产业融合发展，构筑便捷的交通体系、健全的接待体系和完善的服务体系，打造以襄阳市区为核心，以河谷、宜城为两翼的襄阳沿江文化旅游经济带，将襄阳沿江经济带打造成为具有三国文化和汉水文化底蕴和特色的全国知名生态休闲旅游目的地、中部地区旅游环线重要节点，努力把襄阳沿江经济带建设成为长江经济带文化旅游发展的重要增长极。

二、基本原则

坚持文化先导，特色发展。围绕丰富"一城两文化"，以三国文化和汉水文化为引领，串联襄阳沿江地区重要文化古迹和景区景点，深度挖掘文化资源，讲好襄阳故事，打造新产品、培育新业态，注重"快旅慢游"，加快开发具有襄阳文化之魂的适销对路、深层次、系列化的精品文化旅游项目，构筑襄阳沿江地区复合型地域文化旅游长廊。

坚持生态优先，绿色发展。坚持开发与保护并举、利用与治理结合，合理利用襄阳沿江经济带的文物古迹，正确处理文化旅游项目建设与环境保护的关系，科学划定文化旅游保护开发的生态红线，走生产发展、生活富裕、生态良好的可持续发展之路，构建沿江绿色文化生态廊道。

坚持统筹合作，协调发展。注重区域间协同，搭建多层次、多形式的交流合作平台，推动生产要素合理流动和优化配置，形成优势互补、错位发展的新格局。强化区域内联动，促进各区县协作共赢。加强组织领导，建立联席会议制度，统筹协调文化旅游发展。

坚持精品带动，集约发展。合理确定开发时序，有序推进。重点开发文化旅游资源相对集中、人口集聚度高的区域，分段推进文化旅游基础设施建设，实现资源高效集约利用。重点做好"旅游+"文章，推动文化旅游与教育、体育、商务会展、工业等产业深度融合发展。加强宣传和营销，打造襄阳沿江经济带文化旅游品牌形象，提高产品吸引力和市场竞争力。

坚持体制创新，开放发展。按照"政府引导、市场运作、企业主体"原则，深化文化旅游体制改革，创新旅游开发运营模式，打造襄阳沿江经济带文化旅游投融资平台和智慧旅游平台，形成多渠道、多元化的投融资机制。用足用活用好国家、湖北省、襄阳市支持文化旅游业发展的各项政策，鼓励引导社会资本和外商资本等参与襄阳沿江经济带文化旅游开发建设。

三、发展目标

2018—2022年开发建设期：文化旅游业规模不断扩大，基础设施较为完备，文化旅游产品日益丰富，襄阳沿江经济带智慧旅游服务水平全面提升，汉江黄金旅游线路知名度显著提高。到2022年，汉江经济带襄阳沿江地区文化旅游总收入达到 500 亿元，年均增长 15% 以上。襄阳沿江地区接待旅游总人数达到 5000 万人次，年均增长 13% 以上。襄阳沿江地区游客集散综合服务中心达到 3 个，5A 级景区达到 2 个，游客满意度达到 90% 以上。文化旅游业在襄阳沿江地区产业中的地位显著上升。

2023—2035 年提升发展期：适应文化旅游需求的品质化和中高端化趋势日益明显的要求，"旅游 +"融合发展模式持续深入，文化旅游产品供给日趋丰富，文化旅游基础设施水平显著提高，汉江生态经济带襄阳沿江地区文化旅游业更具活力、更有魅力。到 2035 年，游客在襄阳沿江地区的停留时间和消费规模显著增加，旅游总收入占地区生产总值的比重明显上升，文化旅游业成为襄阳沿江地区的重要支柱产业，为地区经济增长、产业结构升级、增加当地居民收入、提升人们的幸福感和获得感等作出重要贡献，更好地满足人民群众对美好生活的向往和需求，将汉江生态经济带襄阳沿江地区建设成为具有三国文化和汉水文化底蕴与特色的全国知名生态休闲旅游目的地。

第三节　襄阳沿江文化旅游发展重点

一、加快实施江游战略

汉江襄阳段位于汉江流域中游，自老河口市入境，由西北向东南流经老河口、谷城、樊城、襄城、襄州、宜城，境内全长 195km，沿线库区和坝区分布较多。襄阳市中心城区滨水而兴，水网四通八达，包括汉江、唐白河、小清河、七里河、襄水河、滚河、浩然河、连山沟、淳河等主要河流，其中汉江流经城区近 30km。应充分利用汉江贯穿襄阳南北的独特区位条件和丰富的水资源优势，加快实施"江游战略"，有效串联沿江地区各大旅游景点，构筑"一线串珠"的旅游发展格局，着力建设汉江滨江主轴景观带，形成以市区沿江地区为主体、以谷城、老河口、宜城县城所在区域为重点，上下游水域联动发展的特色江游战略。

（一）着力打造三大"江游"水上游线

重点开发襄阳城区段水上旅游线路。以鱼梁洲为龙头，以汉水为纽带，通过"水轴线、船集散"的方式，串联鹿门山—鱼梁洲—唐城—习家池—襄阳古城—米公祠—月亮湾—古隆中风景区，形成汉江水上精品旅游线路。重点依托古隆中至鱼梁洲水面分区设景，精心塑造"智谋隆中""古城古韵""会馆商汇""米公书道""佛道同光""逍遥鱼梁""文化岘山""清幽习家池""澄澈天河""禅隐鹿门"主城区汉江文化旅游十景。积极打造"汉江夜游"精品线路，统一设计沿岸建筑、桥梁、码头、景观亮化造型，加强夜景与游人的互动。在一桥至二桥的中心城区段，以古城墙为背景，以汉江为舞台，设计水上大型 4D 灯光秀。

积极开发谷城城关镇到茨河镇段水上旅游线路。充分发挥谷城城关镇到茨河镇风景秀丽的自然山水优势，依托现有码头，衔接谷城老街—樱花谷—太平街—百里生态丹渠—天襄原牡丹园—承恩寺等景点，大力提升水上旅游线路的资源组合吸引力。设置豪华型的游轮、娱乐型的竹筏、乡土型的渔船等多种江游交通工具。

有序开发鹿门山到宜城窑湾段水上旅游线路。加强与楚文化的深度结合，重点建设汉水楚园，积极串联楚皇城遗址公园—张自忠纪念馆—宋玉故里—长渠揽胜园等景区，打造具有楚文化特色的水上精品旅游线路。水上交通工具以复古型的楚舫为主，辅之豪华型的游轮、娱乐型的竹筏以及运动型的皮划艇和帆船等。

（二）丰富"江游"主题文化旅游产品

汉水文化节。以深厚的汉水文化底蕴为基础，以汉水女神为形象代表，将汉江生态经济带襄阳沿江极具特色的"汉水、楚山、古城、乡村"等主题产品的精华熔于一炉，打造可与长江三峡国际旅游节、黄河文化艺术节、淮河风情文化节相媲美的河流节庆旅游精品。重点打造汉水文化博览展、"汉水赋"大型演艺节目、中韩汉水楚文化渊源研讨会、"走近汉水"知识有奖竞答大赛、汉水古城旅游经贸洽谈招商会等旅游活动。

汉水文化博览展。集中展示汉水文化的军事文化、名仕文化、三国文化以及古城文化等，在布局上由汉水文物展示区、汉水文化广场、旅游主题休闲街区和汉水名人馆等组成，形成汉水文化展示、传承与旅游休闲相结合的多种业态聚集，集中呈现汉水文化的精髓。

"汉水赋"大型演艺节目。基于汉水文化的"汉文化"和"水文化"两大核心文化要素，打造"天河汉水"5D水幕电影和"汉江楚·民风大典"大型实景演出，用实景演出及现代化影像形态表现汉江传说、楚风情。

中韩汉水楚文化渊源研讨会。邀请国内和韩国相关专家，共同举办中韩汉水楚文化渊源研讨会，通过考察调研等多种方式进行交流，探讨韩国文化与中国楚文化的关系。从而加深学术界对汉水文化的研究，提升汉江、楚文化的国际知名度。

"走近汉水"知识有奖竞答大赛。挖掘整理汉江文化，举办汉水知识有奖竞答大赛，以此带动人们了解汉水、关心汉水的热情，提升汉水的知名度。内容可从自然和人文等多方面进行设计，比赛可以从小组赛、分组赛到决赛的形式，拉长比赛赛程，通过电视、报纸、网络等媒体进行全程跟踪报道。

汉水古城旅游经贸洽谈招商会。利用规模重大的商贸会，隆重推出襄阳市包括汉水旅游风光带在内的多个旅游景点，推介精品旅游线路，广泛与旅游投资商、宾馆酒店、旅行社、旅游车船企业等进行旅游景区项目招商引资、旅游项目营运合作等方面的洽谈。

欢乐水世界。以汉江江面及河堤周边区域为载体，以水游乐为核心，在汉江襄阳市区段布局设计水上运动、江上游泳、游船体验、文化体验等各种水上游乐项目。采取室内室外、江上江外多维空间结合的手法，为旅游者提供全方位体验汉水欢乐水世界的载体。参考国内外先进、惊险、刺激的水游乐项目，引入极具吸引力和挑战性的游乐项目，打造襄阳首个水游乐场所——动感水王国，重点打造水上探险、水上运动会、欢乐汉江夜、汉江水战等项目。

水上探险：参照相关节目设计水上竞技娱乐体验项目，为旅游者提供多元化的水上游乐体验。在浅水滨河区域打造水上拓展探险体验项目，旅游者可以在各种临水项目上驰骋，开启探险之旅。

水上运动会：加大对水上活动设施的投入力度，积极引进国家级赛事，完善水上项目基地及配套设施，增设龙舟比赛、皮划艇、帆船、快艇、沙滩排球等运动项目，全面打造水上体育赛事品牌。近期重点开展汉水龙舟竞渡，参照汉水流域民间龙舟竞渡的比赛传统，拟定地域风情独特的汉江龙舟竞渡比赛，动员、组织陕西、湖北境内汉水流域各城市代表积极组队前来参加比赛。

欢乐汉江夜：对市区汉江段进行夜景工程的打造，为旅游者带来一个独特的汉江不夜天，夜景工程包括堤坝夜景观、江上夜景观、滨河夜景观等项目。配套部分夜间休闲产品，营造春江花月夜意境。

汉江水战：以三国水上军事为题材，设计观光项目、餐饮项目、水战项目等，以餐饮、酒吧等为补充，打造特色主题体验项目，实现体验项目多元化。水寨以古代水寨为蓝本，以古代水战为特色，并结合现代水上木屋建筑等，打造特色水寨体验项目。水寨可设计观光项目、餐饮项目、水战项目等，实现体验项目的多元化。

古船旅游项目。采用复古风格装点设计摆渡船只，使其来往穿梭，成为江上一道复古风景。

二、积极发展历史文化旅游

立足沿江地区深厚的历史文化底蕴，深度挖掘三国文化、汉水文化和楚文化等历史文化，全力打造襄阳古城、古隆中、鱼梁洲、鹿门山和楚皇城等标志性文化旅游项目，高标准建设襄阳（唐城）文化产业园、米芾文化创意产业园、隆中文化园、汉文化产业园等项目，打造一批高品位、有特色的文化创意园区、历史文化街区，形成包含休闲娱乐、文化创意、商贸服务等生活性服务业的文化旅游服务集聚区。

（一）重点打造三条历史文化精品旅游线路

三国文化体验游线路。突出三国历史文化遗存，探寻三国文化遗迹，引导游客及三国爱好者追思发生在汉江上的精彩三国历史故事，领略三国智慧文化。重点打造以襄阳古城—古隆中—岘山文化广场—黄家湾—樊城山陕会馆为主线的三国文化特色体验旅游线路。

楚文化研学游线路。满足游客对楚国建筑、楚国风俗、楚国饮食等文化的体验，以及对经典楚辞的研学和鉴赏。重点打造以楚皇城遗址—宋玉故里—邓城遗址为主线的楚文化研学游线路。

名仕朝拜游线路。满足游客对著名历史文人墨客的足迹探访，欣赏其文化遗存。重点打造以古隆中—米公祠—岘山—习家池—黄家湾—鹿门山为主线的名仕朝拜特色旅游线路。

（二）大力完善四类历史文化旅游产品

1. 古城文化主题旅游产品

襄阳古城。襄阳古城有着 2000 多年建城史，历史文化底蕴深厚，不仅是历朝历代区域性政治、经济、文化的中心，更是一座古今闻名的军事重地。襄阳古城作为承载襄阳历史文化的有形载体，在文化旅游产业发展中更应发挥核心引领作用。应积极建设城门、城楼、城墙、城街等古城元素和创意街区、娱乐街区、购物街区、文化街区等现代城市元素，提升游客对护城河和汉江的水文体验，将襄阳古城打造成为襄阳旅游地标。

● **古城文化虚拟体验游**：引入 VR 和虚拟过山车等体验设备，呈现穿越古襄阳城的视觉影像，让游客能够坐在过山车内刺激地体验古城风采。搭建多个激光投影设备，在展厅内投射出襄阳古城及关羽、岳飞等历史名人镇守或攻打襄阳城的虚拟景象，让游客产生穿越之感。

● **襄阳开城大典仪式体验游**：以临汉门作为游客入城的主城门，每季定期举行入城仪式。入城仪式上，由身着仿古服装的司仪手持象征襄阳城门的钥匙欢迎游客入城，并在城门口宣读襄阳市长的欢迎信。城门两边由身着仿古军士服装的人员列队，并在他们身后竖立彩旗幢幡。

● **古街文化体验游**：依托南襄阳王府、绿影壁、谯楼、仲宣楼等景点，通过对南街两侧的风貌改造、文化业态的引入，使其成为文化体验街区，使游客感受古城古街文化。

● **古城文化研学游**：面向古城研究爱好者，形成古城研学旅游产品体系。重点展示襄阳古城的城门建设历史以及各个城门的历史文化渊源，进一步展现襄阳历朝的城墙演变历史，将其打造为"城门城墙文化科普教育基地"。

邓城遗址文化旅游产品。邓城是襄阳"城市之根、文脉之源"。邓城遗址（邓国故址）位于襄阳高新区团山镇邓城村，紧邻邓城大道、卧龙大道，系全国重点文物保护单位，是已经考证的襄阳最早的城市遗址。应采用"休闲 + 体验 + 娱乐 + 科教"的模式，实现文物保护与现代旅游开发的有机融合。重点建设以文物保护展示、文化休闲体验等为主的科普旅游产品体系，建设邓城遗址公园。

古镇老街文化旅游产品。汉江襄阳段的古镇古街琳琅满目，应充分挖掘谷城城关古镇、茨河古镇老街、太平店镇老街等古镇老街的商业文化，塑造老街的老字号品牌，大力开发当地的饮食、商业等特色旅游元素，形成古镇老街旅游产品体系，将其发展成为汉江经济带的特色旅游品牌。同时，通过举办各类节事活动和民俗表演活动，增强老街影响力。

2. 三国文化主题旅游产品

古隆中旅游系列产品。古隆中位于襄阳城西 13 公里处，是三国时期杰出的政治家、军事家诸葛亮青年时代躬耕隐居地，也是国务院公布的国家级风景名胜区和文物保护单位。应抓住创建国家 5A 级景区的机遇，以三国智慧文化为魂，整合区域文化旅游资源，形成三国文化主题产品的集聚区，打造国际知名、国内一流的三国智慧文化旅游目的地。

三国文化节事旅游。依托"诸葛亮文化节"，将古隆中景区打造成为三国文化节的主会场，完善"草庐诸葛亮""踏歌襄阳"等文化旅游精品文艺节目，设计开发兼具参与性和创造力的项目，如诸葛亮躬耕体验、三国知识问答、诸葛亮发明创造大赛等。

三国动漫文化城。以三国文化为主题建设三国动漫文化城。利用动漫文化、体验性游乐设施营造三国文化氛围，凸显古隆中三国文化旅游目的地的特色。

三国军事文化旅游产品。通过"看""玩""学""购"等形式设计军事文化旅游产品。"看"是指感受襄阳城依山傍水、山水城一体的绝佳军事格局；"玩"是指玩诸葛亮相关的八卦阵、诸葛连弩和木牛流马等军事游戏；"学"是指通过参观军事历史博物馆学习襄阳的军事历史；"购"是指购买军事文化特色旅游商品，如仿古攻城器具微缩、玩具武器等。

3. 楚文化主题旅游产品

楚皇城遗址公园。宜城是春秋战国时期楚郢都的所在地，有着长达 184 年的楚都历史。应将宜城楚皇城作为核心旅游产品，着力打造楚都品牌形象，使其成为湖北省楚文化旅游中的重要节点。楚皇城遗址公园主要产品内容包括：楚皇城遗址原址保护工程、楚史展览馆、楚乐舞馆、楚作坊、楚宴园、楚名人园、楚游乐场、楚街市等。

楚文化长廊。充分挖掘楚都、楚风、楚歌、楚辞、楚建筑等方面的文化内涵，打造既能体验楚歌、楚舞、楚辞、楚风等文化，又能欣赏楚建筑的楚文化乐园，形成楚文化精品旅游点。通过207国道以及旅游专线，加强与宋玉故里、宜城市博物馆等景区的联系，共同打造楚文化旅游品牌。

水上楚园。充分利用宜城的汉江资源优势，在临近宜城市区的汉江滨水区域重点建设"水上楚园"，打造一处融合传统楚文化和现代美食的水上休闲中心，将古楚都历史文化和汉江文化联系起来。

楚人家园寻踪。以楚文化遗迹观赏为主题，通过楚人家园主线，将襄阳境内楚文化遗迹串联，表现楚人建设美好家园的"筚路蓝缕，以启山林"的精神。

楚人祈福朝拜。以先楚圣山祈福、楚王朝拜和楚王祭祀为主题，规划戒斋、洁洗、品茗、焚香、赏景、祈福等仪式，使游客感受楚人对大自然美的崇拜以及对楚王崇敬之情。

4.名士文化旅游产品

通过名人故居、名人文化、名人遗迹和名人墓葬四大主题串联襄阳名人遗迹、遗址，展示名士文化。重点根据名人在襄阳活动留下的资源类型形成两类名人文化旅游体验产品：基于名人生活遗留的遗迹，打造以名人故居参访、名人遗迹观光和名人墓葬祭拜为主的名士文化旅游体验产品；依托名人书画、诗集等文化遗存，打造名人书画赏、名人寻踪游和修学旅游等体验式旅游产品。

书影访贤迹。依托米芾、米友仁、张友正等古代书法大家的书画遗存、故居旧迹，打造书影寻踪系列游，举办古、近、现代书法名家作品鉴赏展，书法爱好者可在此品书法国粹，观先贤风采，体味书情画意。

寻幽话诗情。岘山、鹿门山等名山幽林在历代文人墨客诗词名篇中备受推崇。在孟浩然、白居易、李白、皮日休等著名诗人隐居寻幽的旧迹修建纪念性的建筑和诗碑，引导文学爱好者体会"江山留胜迹，我辈复登临"的意境。

三、大力发展休闲度假旅游

积极挖掘沿江温泉、森林湿地、水库水坝等特色资源，开发深度体验型产品。发挥干流沿线的湿地洲岛岸线生态优势，结合民俗文化打造乡村生态文化综合体及文化主题公园。自老河口以南，将梨花湖、谷城老街、王甫洲、长寿岛、月亮湾、鱼梁洲一线串珠，形成百里汉江风情画廊。以森林公园、湿地公园、自然保护区和特色产业示范区（基地）为载体，积极推进汉江流域国家级森林公园、湿地公园的项目建设，大力发展森林旅游和湿地公园旅游。积极挖掘影视文化、宗教文化等多种文化元素，打造特色文化观光休闲游。

（一）开发建设三条观光休闲度假游线路

生态观光休闲度假游线路：适应游客休闲度假、康乐健身、回归自然的慢生活康养需求，串联襄阳沿江的汉水生态资源，凸显襄阳"汉江之中"的区域中心旅游城市地位。重点打造以老河口梨花湖—百里生态丹渠—天襄原牡丹园—狮子岩水库—樱花谷—团湖稷归度假区—鱼梁洲—襄阳汉江国家湿地公园—长寿岛汉江国家湿地公园—鹿门山—宜城万洋洲国家湿地公园—莺河村民俗度假区为主线的生态观光休闲度假游线路。

影视文化观光休闲旅游线路：适应现代青年游客热衷探秘电影拍摄现场的市场需求，充分利用襄阳唐城等影视拍摄基地资源，重点构建襄阳文化产业园（唐城）—岘山国际文化村三国影视城等景点为主的影视文化游线。

宗教文化观光休闲旅游线路：充分发挥襄阳丰富的宗教寺庙资源及其坐落地区的优美山水资源优势，积极打造以"宗教朝拜＋养生＋休闲"为主题、以鹿门寺—承恩寺—老河口清真寺为主线的宗教文化休闲游线。

（二）丰富观光休闲主题旅游产品

浪漫鱼梁洲。充分利用鱼梁洲的生态、文化资源优势，加快实施生态修复和美化绿化工程，将汉江湿地、汉水文化作为旅游业发展核心，构建水洲共生、城洲融合、生态优良的景观体系，将其打造成为全国有影响力的生态文化旅游岛和国家级旅游度假区。重点开发滨水休闲度假旅游、养生度假旅游、多彩水世界旅游、婚庆旅游、体育休闲旅游等五大主题旅游产品。

滨水休闲度假旅游产品：滨水休闲是近年来休闲旅游产品开发的新型重点方向。积极开展滨水漫步、游船画舫、水体摄影与写生、垂钓等静态亲水活动，为游客提供彻底放松休闲的环境氛围。部分区域可开展划水、潜水、水上赛事、节事庆典等动态亲水活动，积极调动游客的参与热情，充分发挥休闲产品的娱乐和体验功能。整合"三洲一湾"（贾洲、老龙洲、长丰洲、月亮湾），串联沿江优质旅游资源，打造黄金水道旅游线路，建设旅游配套服务设施，构建滨水休闲度假服务体系。

养生度假旅游产品：以特殊的养生项目为支撑，将汉水文化、智慧三国文化、名仕文化、楚文化的自然观、价值观、养生观注入度假产品中去，通过养生餐饮、养生运动等养生活动，在度假中体验智慧养生真谛。

多彩水世界旅游产品：规划为以汉水文化为主题，建设具有鲜明水生态特色的旅游项目，将水科技、水文化、水应用、水处理等世界领先的理念在水世界项目中作集中展示，让人们在休闲娱乐之余，了解水文化、感受水科技。

婚庆旅游产品：充分利用鱼梁洲浪漫文化优势，打造集摄影写真、蜜月度假、康体养生、婚姻祈福等于一体的婚庆旅游专项产品，抓住婚庆这一消费潜力巨大的细分市场。

体育休闲旅游产品：充分利用鱼梁洲的地形条件发展襄阳鱼梁洲马拉松品牌系列赛事、通用航空赛事和水上运动。马拉松品牌系列赛事可依托鱼梁洲秀美绮丽的水文风光和自成体系的区位优势，以"漫游·畅享·健康"为赛事理念，设置全程马拉松、半程马拉松、10公里健康跑等项目，完善相关配套的餐饮、跑道、理疗等设施。通用航空板块规划配套建设航空运动器材检修中心、航空俱乐部、通用航空表演区、观演区和相关设施。建成后每年将举办航空运动比赛，吸引全国各地的专业选手前来参赛。水上运动板块以汉水生态为主题，以水上运动休闲为主体，以滨江商业为补充，以创造都市健康生活为梦想，整合零售、餐饮、娱乐、酒店、湿地公园等多元业态，打造主题商业、水上娱乐、健康生活三位一体的休闲项目。

唐城影视文化游。充分彰显盛唐文化，重现唐朝繁华盛景，建设国内最大的"唐朝古城"和唐城影视基地。重点突出影视拍摄、文化旅游和生态旅游三大功能，打造以明清都城、明王府、东方明珠、汉江大剧院、岘山湿地公园为主要内容的影视文化和生态旅游景区。在影视城以东，打造一座可容纳2000人的"浩然大剧院"，常年上演反映襄阳历史文化及人物的剧目，提供歌剧、话剧、音乐、舞蹈等艺术表演。在影视城以北，建设"古城"或"老上海街"等场景拍摄区。在影视城以西，建设星级酒店、多功能会所、婚纱主题公园、摄影棚和服装道具、餐饮休闲等综合配套设施，为影视剧组和游客提供便捷服务。依托唐城40万平方米的仿唐建筑群，打造唐城夜游等全景嵌入式歌舞秀，展现大唐盛世的宫廷文化、军事文化、市井文化。

风情小镇体验游。利用襄阳沿江段丰富的山水资源优势，塑造一批具有汉江风情的特色小镇，重点建设东津小镇、卧龙小镇、栖溪小镇、温泉小镇、茶旅小镇等各类风情小镇，丰富系列休闲度假小镇产品。

诗意鹿门山。树立鹿门山景区"千古诗山·生态佛山"的主题形象，将宗教文化和诗情文化进行完美结合。以鹿门寺为中心，以鹿门山优美的自然环境为基础，以孟浩然最脍炙人口的诗篇意境为模本，打造鹿门山诗（十）景，开发园林观光、文化体验、宗教朝拜等产品。拓展环抱四周的狮子山、香炉山、霸王山、李家山等诸山的生态游线，开发休闲度假产品和生态旅游产品，引导游客扩大游览范围。

画境梨花湖。依托梨花湖独特的风光资源，打造襄阳市汉江上游的重要观光走廊。加强水上项目基地及配套设施的建设，打造皮划艇、帆船、快艇、沙滩排球等运动项目，碧波泛舟、渔歌等休闲项目，以及水上儿童乐园、梨园观赏等娱乐项目。

最美乡村游。支持有条件的村落通过油菜花、桃花、梨花、茶园等农作创意，建设千亩茶园观赏基地、万亩油菜花观光园等，开发一批农耕特色与自然山水、乡村风貌为一体的农事景观。以当地花卉、茶叶、瓜果等特色农业资源为依托，打造集观光、休闲、采摘、度假等于一体的乡村旅游产品，充分展示汉江流域乡村的建筑特色、农耕文化、年俗节庆，重点开发莺河村民俗度假区、桃花淳风景区等乡村旅游和民俗旅游，实现传统乡村种植业与旅游休闲服务业的有机结合。

浪漫赏花游。整合襄阳市苗木花卉、森林旅游资源，继续开发中华紫薇园、老君山樱花谷、天襄原牡丹园等特色赏花旅游景点，积极开发襄阳市区的赏花景观大道，重点打造广玉兰景观大道、桂花景观大道、银杏景观大道、樱花景观大道等，形成系列生态赏花旅游产品。

第四节 襄阳沿江文化旅游发展任务

一、创新"旅游+"产业融合发展模式

坚持全产业融合的"大旅游"发展理念，加强沿江地区文化旅游及其与三次产业的跨界融合，统筹推进旅游景区、文化园区、美丽乡村、田园综合体及特色小镇建设，培育壮大文化旅游新业态新模式。

推进旅游与文化深入融合发展。坚持以文强旅、以旅兴文，以文脉、城脉为主线，全力彰显汉

江特色文化元素，重点打造"汉水文化""古城文化""三国文化""楚文化""生态文化"五大主题文化旅游产品体系，优化重组"三国文化体验游""名仕朝拜游""楚文化研学游"等特色主题文化旅游精品路线。建设一批文化旅游融合发展重点项目，加快实施文化旅游景观建设工程、文化旅游品牌塑造工程、文化旅游产业振兴工程、文化旅游演艺精品工程，重点推进襄阳古城、古隆中、鱼梁洲、岘山和鹿门山等"一城两文化"标志性文化旅游项目。建设一批文化旅游融合发展历史街区、特色小镇和传统村落，重点结合樊城老码头老会馆、老河口太平街、谷城老街等传统水运商埠景观改造和米公祠、单家祠堂、邓城遗址等保护利用，高标准打造融文化遗产保护、观光体验、休闲娱乐于一体的文化旅游集聚区。创作一批文化旅游融合发展文艺精品，利用优秀影视作品讲好襄阳故事，以古隆中景区、襄阳文化产业园为重点提升演艺精品剧目。

推进旅游与农林融合发展。将旅游开发与乡村振兴、精准扶贫、美丽乡村及田园综合体建设有机结合，依托精品农作物种植等特色农业资源和乡村山水田园景观，因地制宜发展宜食、宜玩、宜乐、宜游的乡村旅游产品，建设一批集生态休闲、农业观光、娱乐体验、养生保健、餐饮药膳、健康养老于一体的休闲农业综合体。重点依托谷城县庙滩镇和茨河镇、樊城区牛首镇、老河口市洪山嘴镇、宜城市流水镇等，发展现代农业园区带动型、生态保护与湿地开发型、休闲垂钓型休闲农业，打造汉江生态农业观光带。推动乡村旅游提档升级，加快制订乡村旅游建设标准，加强全国休闲农业与乡村旅游示范县及示范点创建，拓展农业观光、休闲、娱乐、体验、教育、度假等功能。选择多树种打造四季有别的立体化生态景观，高水平建设梨花湖、谷城老街、王甫洲、长寿岛、月亮湾、鱼梁洲"一线串珠"的"汉江百里画廊"。依托沿江旅游公路和慢行游步道系统，推进沿江滨水绿带防护林与风景林有机融合，重点建设樊城滨江大道—襄阳城墙—老龙堤、樊城—鱼梁洲等短途休闲漫步线路，着力打造堤内原生态湿地景观带、堤外多功能森林景观带，由内向外恢复汉江湿地景观、两岸 50 米生态绿带景观、绿色乡村景观和山体森林景观。

推进旅游与健康融合发展。以鱼梁洲及汉江两岸江滩开展水上运动及赛车运动为引领，以襄城岘山登山及攀岩等山体运动为支撑，以襄阳汉江国家湿地公园、丹河谷水上运动公园、鱼梁洲水上运动公园等为重点，加快开发溪河漂流、汽车拉力、水上竞技、滑翔跳伞、攀岩探险、极限运动等大众体育竞技与健身旅游产品，建设成为具有区域影响力的"水、陆、空"体育旅游休闲目的地。深入挖掘道家养生文化及中医药资源，以襄城区九天玄女风景区、襄州区鹿门山风景旅游区、谷城县狮子岩生态休闲度假区等为重点，开发以药食同源和扶正祛邪中医理念为基础的中医药养生产品，以及禅医养生、道医养生、中医养生等中医药养生旅游业态，拓展道家文化展示交流、道观宫殿观光朝觐、灵修养生主题体验、颐养天年修身养性等健康旅游新业态。吸引社会资本投资开发建设高品质、复合型养老养生度假社区和特色小镇，形成休闲度假房产和绿色养生房产等健康养生度假产品体系。

推进旅游与工商融合发展。整合襄阳市域优势工业旅游资源，探索利用废弃厂矿及车间等建设工业博物馆，重点依托东风汽车试验场、风神汽车总装厂、东风轻型车总装厂、中国航宇航空运动城、中国航宇热气球表演基地、楚酒文化产业园等，加快创建一批国家级工业旅游示范点，形成集观光、购物、修学、科普、体验于一体的工业旅游产品体系。推进旅游与商贸融合发展，以农特产、工艺品、文化产品、旅游装备等旅游商品为重点，以馆藏文物、民俗文化为素材，鼓励发展以设计、体验、定制为特点的个性化商业模式。以"汉陶"系列旅游商品为突破口，建设一批具有三国文化内涵的旅游商品研发、生产和销售基地，实现旅游商品的特色化、精致化、规模化和系列化。

二、推进全域旅游及区域旅游合作

坚持全域旅游和区域协调发展理念，推进襄阳沿江区市县旅游一体化发展，统筹考虑襄阳沿江区市县与襄阳市域内其他区市县、襄阳市域外区域的协同发展，加快形成文化互融、客源互送、资源互联的区域旅游互动发展格局。

推进沿江地区整体开发。以汉江为主轴，将鱼梁洲、岘山、古城、唐城、习家池、隆中风景区、卧龙古镇、白起渠等优质资源"一线串珠"，打造汉江全域旅游样板区。襄阳主城片区以襄阳古城为核心，以古隆中、鱼梁洲和岘山为支撑，将文化旅游景区景点建设与旅游地产、体育公园、热气球、露营地和房车营地相结合，着力提升文化体验、旅游度假、会展商务和休闲农业等功能。河谷片区将旅游发展与丹河谷一体化战略相结合，着力提升汉水生态观光、民俗文化体验、特色主题游乐等主要功能，重点打造中国中部最大的汽车营地、汉江旅游风光带的精华区。宜城以楚文化为主，重点开发楚皇城遗址、百里长渠和宋玉故里等，并将宜城张自忠纪念园与老河口李宗仁纪念馆对接，共同打造抗战文化旅游产品。

带动市域范围统筹发展。坚持立足城区、县市联动的发展思路，以构建旅游城市—旅游强县—旅游名镇（街）—旅游名村支撑体系为突破口，加快形成具有襄阳沿江特色优势的文化旅游产业。以襄阳古城为全市旅游发展核心，打造成为襄阳旅游名片和动力引擎；以古隆中和鱼梁洲为旅游发展增长极，突出三国文化和汉水文化。统筹兼顾好城市功能和旅游功能，做到资源全域化、城市景区化、建筑特色化、景区精品化、设施人文化、服务优质化。

推动汉江流域城市旅游合作。推动实施《鄂豫皖三省十三市旅游联盟战略合作协议》和《"秦巴汉水生态旅游圈"合作宣言》，发挥汉江流域 15 城市政协联系协作会议机制，推动成立汉江流域旅游联盟，积极筹划汉江流域旅游高峰论坛并成为永久会址，与武汉、孝感、随州、十堰、荆门、南阳、汉中等汉江流域城市共同塑造汉江流域文化旅游品牌，统筹开发汉江流域文化旅游产品。

推动三国文化旅游合作。立足古隆中、襄阳古城和水镜庄等三国文化旅游资源的保护利用，与武汉、荆州、赤壁、宜昌、南阳、成都、汉中等三国文化旅游资源丰富的地区加强沟通协助和资源优化组合，加快推进跨省区域旅游在营销合作、监督管理、信息共享等方面战略合作，共同打造"三国文化世界双遗产游"，积极推进跨区域三国旅游产品开发和品牌打造。

推动万里茶道旅游合作。立足汉江沿线古码头、会馆、老街等茶道遗迹的保护与利用，积极对接"一带一路"旅游合作，重点开展万里茶道沿线城市旅游合作，与武夷山、汉口、洛阳、晋城、长治、太原、大同、张家口和呼和浩特等联合推出重走万里茶路休闲观光旅游线，共同举办万里茶道文化旅游节、重走万里茶路自驾旅游节。

三、引进和培育文化旅游龙头企业

建立健全文化旅游企业成长培育服务体系，促进文化旅游龙头领军企业、高成长型企业和小微企业成长壮大，培育一批专注细分市场的"小巨人"企业，积极推动文化旅游企业做大做强、创建品牌。

引进知名文化旅游企业。支持和引导社会资本开发文化旅游资源、兴建文化旅游项目、参股文化旅游企业，积极引进大型文化旅游企业设立分支机构或营销中心，推进旅游投资主体多元化。强化大企业、大项目带动，深入实施重大文化旅游产业项目带动战略，引进中国旅游、首旅、中青旅、华侨城、携程旅游、海航旅业、春秋国旅、银座旅游等具有行业龙头地位的大型企业集团或上市公司等，大力培植 5A 级旅行社、5A 级旅游景区、五星级国际品牌饭店、文化演艺公司、航空租赁公司、专业博物馆等文化旅游单位，打造一批具有较强市场竞争能力的文化旅游龙头企业，促进文化旅游企业走规模化、品牌化道路。

推进优势企业加速成长。 深化文化旅游企事业单位内部改革，推动企业建立有文化旅游特色的现代企业制度。强化资源整合和资本运作，鼓励和支持社会资本参与文化旅游产业链延伸和项目建设，推动文化旅游相关的国有资产重整，对规模较小的文化旅游企业实行改制和兼并重组，组建大型旅游集团公司，培育一批文化旅游上市公司，提升文化旅游要素的行业集中度。培育扶持一批产业关联度高、功能融合性强、创新能力突出的文化旅游骨干企业，支持跨市域、跨区域开展建设经营，促进市场资源优化配置，提高文化旅游融合发展质量和效益。加大对旅游企业做大做强的奖励，对在主板上市成功的旅游企业、进入年度全国百强的旅行社、从"规下"转"规上"的旅游企业进行一次性奖励。推动文化旅游领域"双创"工作，建设青年文化旅游创业孵化体系，开展"文化旅游创意大赛"，全方位营造文化旅游行业"大众创业、万众创新、人人创意"的社会氛围。扶持高校在校生和毕业生自主创业，大力扶持文化旅游小微企业发展，积极培育微型创意型企业。鼓励外资参与文化旅游资源开发，形成多种所有制参与文化领域开发经营、互促互补的发展局面。

推动本地企业"走出去"。 支持各类企业以资金、品牌、市场为纽带，通过资产重组、品牌联合、结构优化、市场拓展等方式兼并重组，组建一批跨地区、跨行业、跨所有制文化旅游集团。支持本地文化旅游企业开拓外地市场，培养一批拥有著名文化旅游品牌和较强竞争力的大型文化旅游经纪机构。支持旅行社跨行政区域设分社、设网点和连锁经营。

四、强化文化旅游品牌创建与市场营销

借鉴国内知名流域旅游目的地营销模式，深度挖掘襄阳文化旅游优势和特色，通过创建品牌体系、打造特色节事、优选形象代言等方式，进一步塑造襄阳沿江地区文化旅游品牌形象，丰富和拓展襄阳文化旅游品牌内涵，全面拓展国内外旅游客源市场。

塑造文化旅游品牌。 充分彰显"千古帝乡智慧襄阳"城市品牌，提炼形成襄阳文化旅游主题形象，统一使用城市和旅游的宣传主题、口号和标识，合力塑造城市形象和旅游品牌。在整体品牌引领下，实行差异化市场营销，推广若干文化旅游具体品牌，用品牌提升襄阳旅游质量。重点打造以襄阳古城景区、樊城都市休闲区和环城游憩带为主的都市文化休闲旅游品牌，以古隆中风景区为龙头的三国文化旅游品牌，以汉江为主轴、鱼梁洲为重点的汉水文化旅游品牌。

巩固拓展客源市场。 国内客源市场方面，主要面向以襄阳为核心，北至北京、南至广东、东至上海、西至川渝的基础市场，着力拓展以武汉为中心的高铁沿线区域以及襄阳航线覆盖地区的重点市场。立足于武汉城市圈、湖北文化旅游圈和汉江生态经济带以及河南省与陕西省等旅游市场，利用高铁等便利交通工具延伸旅游辐射半径至长三角、珠三角、京津冀地区，积极开拓华北客源市场。境外客源市场方面，重点拓展港澳台和东南亚市场，并凭借各大节庆和国际旅游活动的辐射面和影响力，吸引东北亚、欧美等地区潜在旅游者，提升襄阳沿江旅游知名度和吸引力。

推进市场宣传营销。 采取政府综合宣传、新媒体推广、节庆活动、精准营销、事件营销、定点拓展等，推进文化旅游市场营销。按照"航线飞到哪儿、高铁开到哪儿，旅游宣传促销就跟进到哪

儿"的营销思路，市县联动在航线、动车（高铁）通达城市持续实施精准营销。举办以"一城两文化"为主题的大型旅游节庆，办好诸葛亮文化旅游节、汉江冬泳文化节、汉水文化旅游节、国际热气球文化节、中华楚祈福大典、汉江穿天节等节庆活动，重点提升诸葛亮文化旅游节等节庆规格与影响力。针对国内核心客源市场，重点推出休闲旅游、商务旅游等旅游产品；针对国内基本客源市场，重点推出商务旅游、特种游、会议旅游、休闲旅游等旅游产品；针对国内潜在客源市场，重点推出观光游、商务旅游等旅游产品；针对港澳台市场，重点推出遗产体验和商务会展等旅游产品；针对日韩及东南亚市场，重点推出三国文化、楚文化和美食娱乐等旅游产品；针对欧美客源市场，重点推出山水揽胜游、避暑度假游等生态休闲旅游产品。

五、积极建设旅游服务设施

按照"全域旅游，全景汉水"的发展理念，大力完善旅游集散中心、旅游驿站、旅游码头、自驾车营地等旅游公共服务配套设施，大力提升汉江生态经济带襄阳沿江地区旅游服务水平。

（一）旅游集散中心服务设施

旅游集散中心是旅游服务的重要组成部分，主要承担车辆换乘、旅游咨询、休闲购物、业务接待等功能，直接体现一个地区的地方文化特色和综合服务水平。随着我国经济的日益发展和社会生活方式的变化，游客的数量越来越多，对服务质量和水平的要求与日俱增。集散中心在旅游服务中起的作用也越来越大，成为许多游客首先到达的地方，直接影响到游客对本地旅游服务的第一印象。一般来说，旅游集散中心主要选择在交通节点位置或城市主要入城口附近，以便于为游客服务。

着力构建三级旅游集散网络体系。加快构建**"中心—副中心—旅游驿站"**三级旅游集散服务体系，建成集旅游交通、旅游交易、旅游咨询、旅游购物和旅游换乘等为一体的综合服务体，提供**"一站式"**旅游服务。中心（一级）游客集散中心应成为整合襄阳沿江旅游交通、票务、管理等服务功能的**"一站式综合服务基地"**，选址布局于正在规划建设的东津新区高铁站附近。在谷城县、老河口市、宜城市交通便利、客流量较大、对外联系便捷的地段，建立3个二级游客集散中心。在冷集镇、仙人渡镇、茨河镇、太平店镇、卧龙镇、小

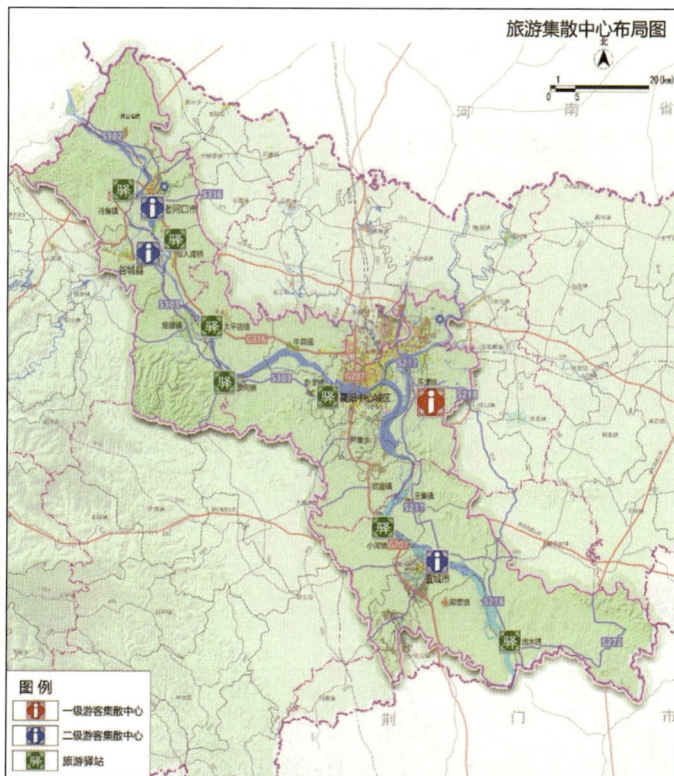

图 7-2　襄阳沿江旅游集散中心布局图

河镇、流水镇旅游资源相对密集、区位条件较好的地段，依托汉江两岸旅游公路规划建设形成 7 个自驾旅游驿站。

完善三级游客集散中心的功能设置。一级游客集散中心由集散中心、咨询中心、调度中心、预订中心、销售中心、管理中心、交通中心、信息中心、统计中心、投诉中心等功能区组成，客运集散广场应配备中心到各个景区专线巴士，具备大中型客车、小型客车停车场功能。**二级游客集散中心**除配置停车服务、小型超市、茶歇服务、如厕服务等基本功能外，还具有保障游客的咨询服务功能和预订功能等。**旅游驿站**主要配置标准化厕所、茶歇、零售店、停车场、景观平台等功能，为游客提供多方位服务。

表 7-3　中心（一级）游客集散中心功能设置

项目	核心功能
游客服务中心	集散中心、咨询中心、调度中心、预订中心、销售中心、管理中心、交通中心、信息中心、统计中心、投诉中心
客运集散广场	直达襄阳沿江经济带重点旅游景区和二级游客集散中心的专线旅游巴士换乘中心，具备大中型客车、小型客车停车场功能
区内电瓶车换乘中心	区内电瓶车换乘服务

（二）沿江旅游集散码头综合服务设施

旅游集散码头是集旅游交通集散、旅游信息咨询及旅游服务于一体的公共服务场所，在沿江旅游开发中具有极其重要的作用。在建设过程中注重与城市公共交通、其他旅游交通之间的顺利衔接。汉江襄阳段全长大约 195 公里，需要设置多处旅游集散码头。

建设六大旅游集散码头。按照景点集中程度和原有码头布局现状，加强旅游登岸码头建设。重点建设谷城格垒咀码头、茨河码头、樊城米公祠码头、鹿门山码头、襄城三里庙码头、宜城窑湾码头等六大旅游集散码头。

建设多处辅助旅游码头。为满足游客对不同游览时间、游览路线的需求，旅游集散码头中间设置多个上下客旅游码头。可以考虑在回龙寺、仙人渡、太平店、月亮湾、六两河、东津、老营、上洲、三合、王营等地布点汉江左岸旅游码头；在老龙堤、闸口、余家湖、贾家洲、杨家河、观音阁、钱营、欧庙等地布点汉江右岸旅游码头。此外，为丰富游览内容，增加历史文化内涵，应恢复谷城老城区南河段的老码头，发掘宜城十里赤山的古航道，恢复重要古码头。

丰富特色旅游码头服务内容。充分发挥旅游码头的集散优势，在鹿门山等几个特色旅游专用码头处，积极整合周边景区资源，大力提升旅游码头的观光消费功能，打造集观光、休闲娱乐为一体的旅游观光码头。完善旅游接待中心、停车场、码头广场、水中趸船等功能。

表 7-4　重点旅游集散码头内容设置和服务功能

旅游集散码头内容设置	旅游集散码头功能
旅游接待中心	为游客提供咨询、接待、住宿等功能
码头广场	包括主题雕塑广场、休闲广场、亲水广场、景观驳岸、绿化等
停车场	以停车场和护堤绿化为主，主要功能是交通集散
水中趸船	水域内设置趸船，主趸船除靠泊大型旅游船舶外，还供游客娱乐消费及商务活动。其他泊位为常规游轮停靠处，只有靠泊功能。陆域内设置地牛、踏步等水工设施

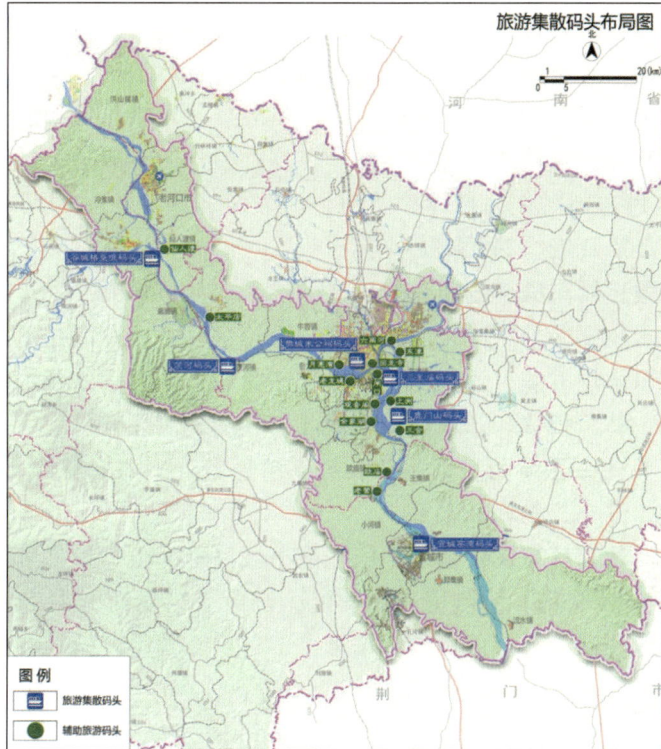

图 7-3　襄阳沿江旅游集散码头布局图

（三）自驾车房车营地配套服务设施

从发达国家自驾车发展趋势看，目前自驾车旅游露营已经成为与休闲、野餐、漂流并列的西方四大旅游项目。据统计，美国 1/3 的旅游土地以露营地的形式存在，自驾车露营地总数多达 2 万个，2014 年露营人数已经达到 2900 万人次，仅露营地的年收入就超过 200 亿美元。营地的功能也在不断拓展，从原先较单一的休息中转地逐渐转变为集休息、娱乐、户外运动、度假为一体的多功能场所。近年来，我国的自驾车旅游露营悄然兴起，并呈井喷式增长，成为一种新的旅游方式和经济增长点。2016 年 11 月，国家旅游局等十一部委联合发布了《关于促进自驾车旅游发展的若干意见》，大力支持自驾车旅游露营的发展。

自驾车营地的出现，预示着旅游从观光型旅游向休闲旅游的转变，景区从被动服务向主动服务转变。自驾车营地包括两种主要类型，一种是驿站型，即满足路过的自驾游客需要，补给物品、稍作休息等；另一种是目的地型，营地本身就是一个旅游目的地，游客可以在这里游玩数天。在营地选址上，选择交通便利、风景宜人、配套设施成熟的景区，尽可能少占用土地和建设永久性建筑。配套设施上，使用绿色环保材料，对固体废物和生活垃圾及时处理，确保生态营地的可持续发展。

应着力构建**目的地型**和**驿站型**两类自驾车房车露营基地。充分发挥汉江生态经济带襄阳沿江的山水自然与厚重的文化旅游资源的组合优势，大力构建为外地游客服务的目的地型营地和为本地游客服务的驿站型营地。**目的地型**露营基地布局在交通区位优势明显，旅游核心吸引辐射全国的景区附近，**规划布局在古隆中景区附近**。**驿站型**自驾车露营基地，应是以旅游景区为平台，以露营地的配套性、娱乐性、体验性为核心的深度旅游度假场所。考虑沿江文化特色和山水资源，**规划建设百**

里生态丹渠露营地和楚皇城遗址露营地，分别辐射汉江生态经济带的南北两段。

古隆中三国文化自驾车房车露营基地。充分发挥古隆中景区的三国文化优势和便捷的交通区位优势，打造集房车体验、生态观光、农耕体验、户外拓展、儿童娱乐等功能为一体，配套服务完善的三国主题娱乐体验露营地。在功能设置上，配套自驾补给、游客服务、观光体验、露营体验、餐饮服务、休闲娱乐等项目，同时作为自驾旅游门户，为游客提供旅游咨询、旅游购票、购物等服务，引导自驾游客在汉江沿江进行深度旅游体验。

百里生态丹渠驿站型自驾车房车露营基地。选址位于老河口市袁冲乡丹渠两旁。依托百里丹渠的水文环境，以优质的水体资源为主体，以生态度假为特色，整合片区村落、农舍、农田、两岸花带、水系等资源，构建以木屋度假、生态观光、人文体验、休闲运动、亲水娱乐、特色餐饮为主题功能，打造以生态度假、特色餐饮、亲水活动为核心内容的休闲度假营地。该驿站型营地的公共服务重点以自驾游客服务为主，主要为自驾旅游者提供信息咨询、大众餐饮、生态民宿、洗浴洗漱，并提供车辆检修、洗车、停车、租车等服务。

楚皇城遗址驿站型自驾车房车露营基地。依托楚皇城遗址，大力挖掘宋玉楚辞文化，建设楚文化博物馆，集中展示楚皇城文化。结合房车、木屋、帐篷等自驾露营需求，建设集住宿、特色餐饮、休闲娱乐为一体的楚国高台建筑风格的驿站型自驾车房车营地。营地在设计方面上突出楚国高台建筑风格。

（四）打造文化旅游大道和沿江多彩画廊

文化旅游大道和沿江多彩画廊不仅为本地居民和游客提供休闲、旅游、文化教育等多种服务功能，也有助于提升襄阳汉江景观质量。

全力打造文化旅游大道。重点建设昭明台至习家池沿线的文化旅游景观大道，将历史文化要素融入景观，改造为主、因地成景，串联昭明台、南湖广场、博物馆、岘首山、唐城、习家池、观音阁等重要文化旅游景点，形成展示沿江历史文化形象的重要窗口。景观大道全长 6 公里，其中昭明台至博物馆段长约 3.4 公里，博物馆至西武高铁线段长约 2.6 公里。

高水平建设百里汉江风情画廊。坚持"十里不同花，四季皆有景"的花木布局原则，在沿江公路两旁种植桃、垂柳、乌桕、日本晚樱、紫薇、广玉兰、银杏、香樟、乌桕等品种，增强汉江沿岸植被带春花、夏荫、秋叶、冬青的景观效果，形成花海与林海有机融合的风情画廊。汉江襄阳**上游**老河口市和谷城县城区段大约 40 公里范围内主要以梨花和桂花交替种植为主；王甫洲至新集水利枢纽工程大约 60 公里范围内交替种植银杏、桃树等树木。汉江襄阳**下游**宜城市境内大约 55 公里范围内主要以香樟树和梅花交替种植为主。重点加强**襄阳市区**滨江景观带建设，规划建设六大文化旅游景观大道：广玉兰大道，长虹桥北至邓城大道；银杏大道，胜利街至习家祠；香樟大道，内环南线的三桥至五桥地段；桂花大道，航空路清河一桥至五洲国际；樱花大道，以日本晚樱为主，内环西线；紫薇大道，邓城路襄阳西至长虹北路。

（五）打造汉江滨江绿道景观

分层分区统筹布设绿道网。坚持"以人为本、因地制宜、路景交融"原则，重点打造环梨花湖生态绿道示范工程，加快建设环王甫洲、环长寿岛、环鱼梁洲等生态绿道，构建市域绿道网络骨架。规划建设山都古国、隆中—砚山、鹿门寺—南营、宜城—万洋洲等风景绿道带。结合国省干道改造，增加绿道功能，重点建设谷城—庙滩、仙人渡—太平店、欧庙—宜城等城乡连接绿道。

因地制宜分类建设生态绿道。 结合汉江沿线地理地貌、旅游资源分布和交通设施条件，因地制宜分类建设城市滨江绿道、城市风光绿道、郊野滨江绿道、山地风光绿道、田园风光绿道等沿江绿道。以"融交通于景、景即是交通"导向，强化生态修复、文化挖掘和亲水空间营造，建设景观交通有机融合的水韵之城。

六、完善旅游交通基础设施

围绕服务于大众旅游时代襄阳沿江文化旅游发展，适度超前提高旅游地可进入性和旅游交通信息化程度，谋划沿江旅游交通网络和对外旅游交通体系，主要包括对外旅游交通体系、内部旅游交通网络、码头综合服务设施、智慧旅游系统等，重点关注旅游交通公路衔接。

完善对外旅游交通体系。 加快推进汉江梯级开发和航道整治，实施汉江干支流航运开发，与长江黄金水道、江汉运河干支通达、互联成网，实现与长江"黄金水道"的高标准贯通和一体化发展，把襄阳建成汉江航运中心。结合西武高铁、郑万高铁襄阳段建设，建设东津综合客运枢纽及沿江区域公铁换乘中心。推进"三纵两横两支一环"高速公路骨架网，实现中心城区、所有县市之间高速公路互联互通以及每个县市通 2 条以上高速公路。推进区域性门户机场和通用航空基地建设，襄阳机场达到4D 级中型机场，拓展航线网络，加密国际国内航班，加快建设通用航空基地和一类航空口岸。

提升内部旅游交通网络。 实现 3A 景区及重要景区通二级以上公路，其他具有开发潜力的景区通三级以上公路。完成谷竹高速、麻竹高速和绕城高速公路，形成贯通沿江的"一纵两横一环"高速公路骨架网。加快沿江一级公路建设，打造高效快捷的沿汉江交通走廊。在城市主次干道和通往景区的公路沿线要设置规范、醒目的景区景点标识标牌，加快建设一批停车场站，增加城市和景区的停车泊位。探索开展水巴联运等旅客联运试点，支持开通旅游专线和直通车。

推进智慧旅游平台建设。 依托湖北省智慧旅游建设的"一个中心、三大平台"的基本骨架，加快建设覆盖襄阳全域的智慧旅游公共服务平台、智慧旅游行业管理平台、智慧旅游互动营销平台。启动智慧景区、智慧旅行社、智慧旅游饭店创建工作，建成自助自驾、智慧旅游一卡通和手机在线等公共服务平台。在襄阳机场、东津新区、谷城和宜城高铁客运枢纽站点提供高速无线接入互联网公共服务。实施景区标识标牌设置工程，形成道路系统与地图系统协调一致引导系统。

第五节　襄阳沿江文化旅游总体布局

一、空间布局原则

核心带动原则。 以汉水文化为灵魂，以古隆中景区、襄阳古城、楚皇城遗址等核心旅游节点为纽带，以重大旅游项目为依托，积极推进文化与旅游的融合发展，围绕重点开发旅游项目形成旅游核心，充分打造汉江生态经济带襄阳沿江核心旅游产品。

产业集聚原则。以产业集群理念为指导，大力推进襄阳汉水文化、三国文化、楚文化、军事文化等特色文化旅游产业集聚发展，积极推动旅游活动相关的上下游产业和横向产业组成的产业体系集聚发展，充分发挥出特色文化旅游产业的集群效应。

错位发展原则。充分发挥比较优势，突出汉江生态经济带襄阳段各区市县的特色文化和山水资源区域特色优势，打造一批适宜本地发展的特色旅游产品，强化政府在产业布局中的推动作用，避免旅游产业的重复布局，形成各具特色、具有较强竞争力的旅游优势产业。

区域联动原则。以汉水为旅游景观廊道，突出谷城、老河口、襄阳市区、宜城市的区域联动发展，通过空间上的发展轴线串联区域内的优势旅游资源，形成"碧水串珠"式的空间格局，突出旅游地开发均衡。同时，应积极融入湖北文化旅游圈、汉江文化旅游带，大力推进区域旅游一体化发展。

二、总体布局

以汉江沿江的生态景观和自然廊道为本底，打造以襄阳古城文化旅游区（包括襄阳古城、鱼梁洲、古隆中景区、唐城等）为核心，以上游河谷（老河口与谷城汉江沿线）生态休闲度假区和下游宜城楚文化旅游区为两翼的总体发展布局，**全面构建"一体两翼"空间布局。**

"一体"：以襄阳古城、古隆中景区、鱼梁洲、唐城、米公祠和习家池等优质旅游资源集中的襄阳城区为核心，以悠悠汉江为纽带，上游串联梨花湖、百里生态丹渠，下游串联宜城楚皇城遗址、张自忠纪念馆等众多旅游景点，形成"一江串全景"的一体化旅游发展格局。

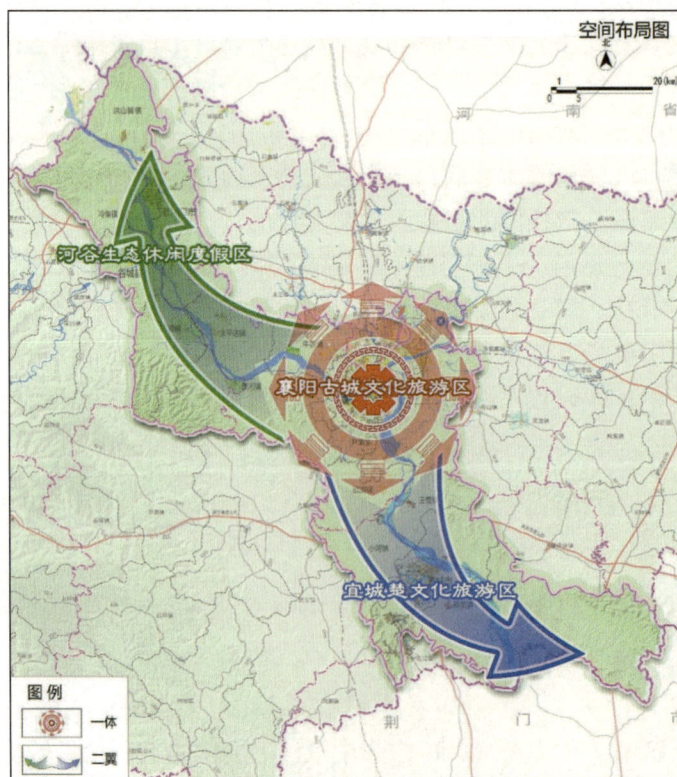

图7-4　襄阳沿江文化旅游空间布局图

"两翼"：以汉江襄阳段北部谷城和老河口的生态旅游资源为依托，重点打造以汉水生态观光、民俗文化体验、特色主题游乐为主要功能的生态旅游度假区，形成汉江襄阳沿江文化旅游发展的**"北翼"**；以汉江南部宜城楚皇城遗址、张自忠纪念馆、宋玉故里等旅游资源为依托，重点打造以楚文化为主题的文化休闲旅游区，形成汉江襄阳沿江文化旅游发展的**"南翼"**。

三、三大区域空间布局

（一）襄阳古城文化旅游区空间布局

着力打造**"一核引领，三区联动"**的襄阳古城文化旅游发展格局，即以古隆中景区为核心，以鱼梁洲、襄阳古城和鹿门山岘山三大片区为支撑的核心旅游区。

古隆中旅游核心区。以古隆中的三国文化旅游资源为核心，整合区域内黄家湾风景区、九天玄女等资源，通过隆中新区的建设带动区域内旅游产业集聚，逐步形成以古隆中景区为核心，以旅游、度假等多种业态为支撑的三国智慧文化旅游目的地。

襄阳古城旅游片区。以古城丰厚的历史文化资源、旅游资源为依托，以建设文化创意产业项目、发展新型旅游业态为重点，逐步推进核心旅游产业要素集聚，形成集旅游休闲、文化娱乐、现代商业为一体的全国著名的旅游休闲古城。

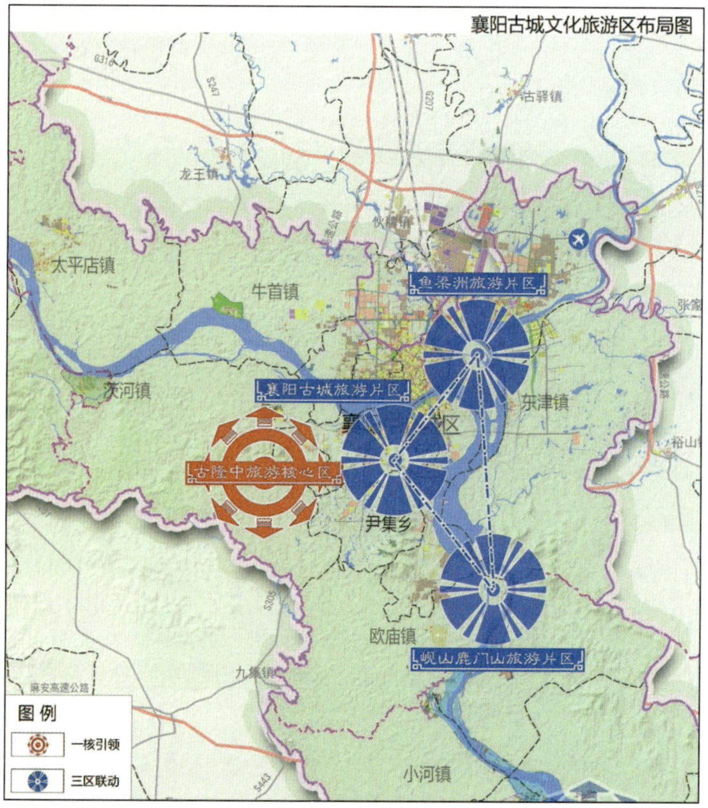

图 7-5　襄阳古城文化旅游区布局图

鱼梁洲旅游片区。利用鱼梁洲的地理区位优势，建设汉水文化传承和发展的核心区，打造汉江明珠，以生态可持续原则为基准，凸显生态亮点，构筑集会议论坛、旅游度假、休闲商业、生态人居等功能于一体的国际品质的国家汉水文化旅游区、全国有影响力的生态文化旅游岛。

岘山鹿门山旅游片区。依托岘山和鹿门山区域丰富的历史文化资源和良好的生态景观资源，以内容创新为前提，以大项目建设为支撑，通过产业要素集聚将其建设成为集文化体验、休闲度假、影视观光、康体健身等于一体的国家级文化旅游产业集聚区。

（二）河谷生态休闲度假区空间布局

发挥老河口和谷城"一江两岸"的生态资源优势以及毗邻武当山、太极湖的区位优势，将旅游产业发展与丹河谷发展空间战略结合起来，重点打造三大旅游发展片区。

依托梨花湖景区、百里生态丹渠、马冲水库以及其他沙洲滩涂景观资源，着力打造**生态休闲旅游产业片区**。

充分发挥老河口市与谷城县区域内历史文化资源突出的优势，以茨河古镇和樊城太平店镇为载体，着力打造商贸、古镇文化旅游片区。

依托承恩寺省级森林公园、五朵山风景区和省级重点文物保护单位承恩寺，突出自然生态资源优势，着力打造**休闲度假、观光旅游片区**。

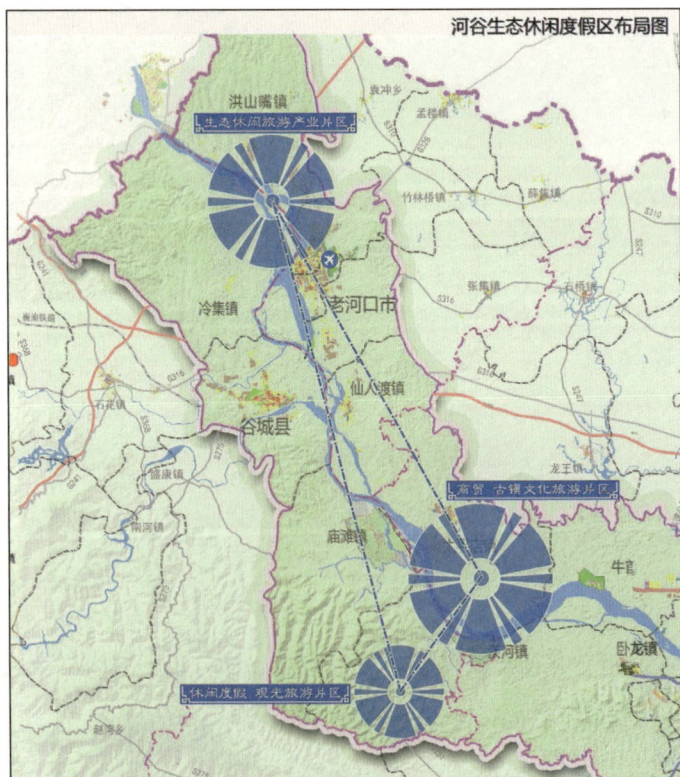

图 7-6　河谷生态休闲度假区布局图

（三）宜城楚文化旅游区空间布局

充分发挥宜城市楚文化和爱国文化优势，集中布局古楚都文化旅游区和爱国文化教育旅游区。

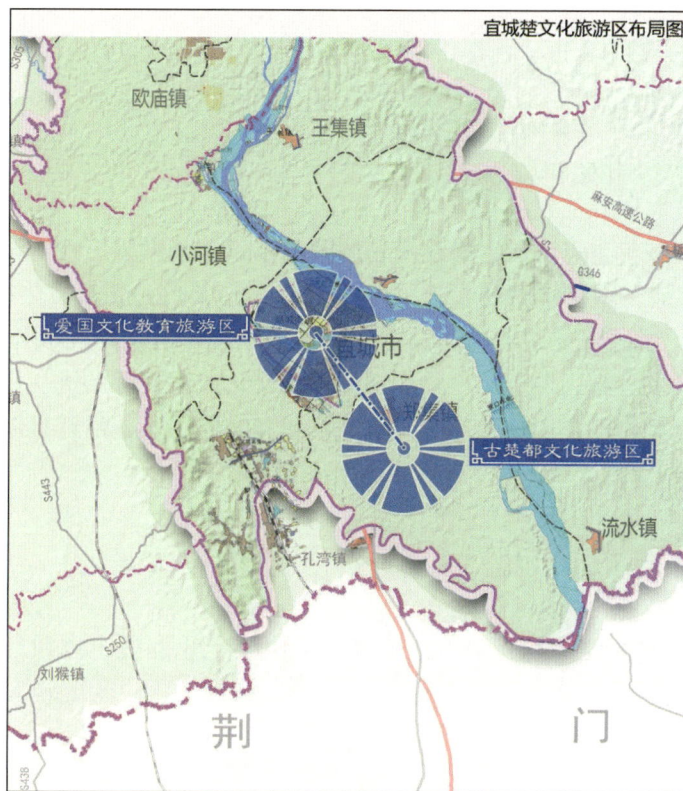

图 7-7　宜城楚文化旅游区布局图

古楚都文化旅游区。加强楚皇城遗址和宋玉故里旅游资源的开发，深度挖掘楚都、楚风、楚歌、楚辞、楚建筑等楚文化内涵，形成楚文化精品旅游区。通过 207 国道以及旅游专线，加强与长渠揽胜园、宋玉故里、宜城市博物馆等景区联系，共同打造楚文化旅游品牌。

爱国文化教育旅游区。围绕宜城内的张自忠纪念园、纪念馆，大力发展爱国文化旅游，充分展现中国人民反抗外来侵略、奋勇抗争、自强不息的民族精神，将其打造成著名的爱国主义教育基地。

第六节　重点工程

一、项目总体概况

坚持突出特色、因地制宜、市场导向和共建共享原则，根据沿江文化旅游资源分布和开发现状，围绕把襄阳沿江文化旅游产业建设成为具有多文化底蕴和特色的全国知名生态休闲旅游目的地的目标，根据汉江生态经济带襄阳沿江文化旅游发展现状，未来发展布局和战略重点，分时序、分阶段、有重点地打造一批沿江文化旅游项目，满足襄阳本地同时能够辐射带动周边人民生活消费需求。所选项目包括基础设施、配套服务设施、旅游产品、旅游景观完善恢复等重大项目 34 个，总投资 622 亿元。项目分为近期和中远期，近期项目建设时限为 2018—2022 年，中远期建设时限为2023—2035 年。

（一）近期重大项目（2018—2022 年）

近期重点推进的重大项目工程共有 26 项，总投资规模为 474 亿元。主要围绕鱼梁洲、古隆中、襄阳古城、老河口、宜城等重点区域，修建完善旅游基础设施和恢复、打造旅游资源。根据鱼梁洲"集科普教育、观光游览、体育休闲度假于一体的城市生态绿心、汉水文化核心和旅游度假胜地"的定位及其开发现状，该区域近期项目建设主要以区内道路、环境绿化和旅游配套设施建设等为主；古隆中、襄阳古城及宜城区域近期项目建设重点是文化旅游资源的进一步恢复和完善；老河口区域近期项目建设重点是自然资源旅游基础设施的修建和完善；其他沿江区域近期项目建设重点是绿色生态景观打造等。

（二）中远期重大项目（2023—2035 年）

中远期重大项目安排主要围绕襄阳沿江地区文化旅游产业发展定位和目标，深度挖掘汉水文化、三国文化、岘山文化、楚文化等文化内涵，进一步完善文化旅游要素，提高文化旅游服务水平。共策划设计重大工程项目 8 个，总投资 148 亿元。

二、项目分类

规划项目主要包括五大类：

（一）基础设施类

根据襄阳文化旅游基础设施发展现状和未来文化旅游发展对基础设施的要求，策化旅游公路、码头建设（含一、二期）、游客集散中心和驿站项目（含一、二期）、襄阳市智慧旅游建设项目、自驾车房车露营地等 7 项基础设施类项目，预计投资 122 亿元，占总项目投资的比例为 19.6%。一是重点打造一批连接仙人渡镇、冷集镇、城关镇、庙滩镇、茨河镇、太平店镇、牛首镇、卧龙镇、欧庙镇、尹集乡、东津镇、小河镇、王集镇、郑集镇、流水镇、团山镇等乡镇的旅游公路，包括老河口、谷城、市区（含鱼梁洲）、宜城沿汉江两岸的道路改造和绿化、路面硬化、步行道、自行车道、综合慢行道及两侧绿化等；二是建设一级游客集散中心 1 个，二级游客集散中心 3—5 个，旅游驿站若干；三是为开通汉江水上游览，配套建设和整修月亮湾、公馆门、兴武街、回龙寺、鱼梁洲等旅游码头；四是建设完善服务游客的前端智能化信息服务平台。

（二）历史文化类

为深度挖掘襄阳汉水文化、三国文化、楚文化等资源的内涵，策划襄阳古城保护和利用、隆中文化园、岘山文化旅游区、光化黉学文化产业园项目、非遗文化展示馆、太平街商埠文化旅游区项目、楚皇城古城遗址公园、老河口抗战文化教育旅游区项目等 8 项历史文化类项目，预计投资 165 亿元，占总项目投资的比例为 26.5%。

（三）生态休闲类

依托汉江两岸现有的发展基础，重点围绕鱼梁洲、汉江两岸，策划四季花海、襄阳市鱼梁洲环岛景观带、王甫洲生态旅游度假区、老河口市百里生态丹渠风景区、樊城区太平店镇生态旅游项目、樊城区长寿岛国家湿地保护公园、谷城汉江国家湿地公园、宜城万洋洲国家湿地公园、马冲水库生态旅游区、梨花湖生态旅游等 10 项生态休闲类项目，预计投资规模为 157 亿元，占总项目投资的比例为 25.2%。

（四）产业融合类

为推动文化旅游产业与健康养老、影视、农业等产业融合发展，策划谷城庙滩华鲟庄园、城关樱花谷、茨河"康养田园综合体＋"项目、唐城二期等旅游与健康养老、旅游与农业、旅游与影视业融合发展的项目 4 项，预计投资 49 亿元，占总项目投资的比例为 7.9%。

（五）旅游综合体类

策划卧龙古镇文化旅游综合体建设项目、汉江旅游服务综合体、鹿门山风景旅游区综合开发、谷城城关镇田园综合体、老河口东方威尼斯国家旅游度假区等 5 项旅游综合体类项目，预计投资 129 亿元，占总项目投资的比例为 20.8%。

第七节　保障措施

一、加强组织实施

（一）强化规划落实

充分发挥襄阳文化旅游领导小组的组织协调作用，统筹推动沿江地区文化旅游产业发展。建立完善文化旅游发展联席会议制度，集中解决制约文化旅游发展中存在的突出问题，形成部门通力合作、整体联动、齐抓共管的大文化旅游工作格局。将规划目标任务细化分解落实到各部门年度工作计划中，明确各部门的职责和任务，确保规划真正落到实处。

（二）创新管理模式

理顺文化旅游管理体制，引进高水平的文化旅游管理公司，有效提升沿江文化旅游经营管理市场化运作水平。各景区管理委员会或管理局重点负责制订景区的发展规划、建设方案审批和资源保护监督的实施管理，更加注重事前政策引导、事中事后监管约束和全程服务。

二、多渠道筹集资金

（一）加大财政资金支持

积极争取国家级、省级旅游产业发展专项资金支持，充分利用中央、省级支持乡村振兴、扶贫开发、节能减排、生态文明建设、中部崛起、文物保护等专项资金。市财政每年拨付一部分资金用于汉江生态带文化旅游资源开发、文化旅游设施建设、文化旅游功能完善、文化旅游产品开发、文化旅游宣传推介等。各区市县地方财政部门根据自身的财政状况，安排一定比例的资金，对文化旅游重点建设项目及基础设施建设实行导向性投入。

（二）设立文化旅游产业引导基金

在汉江产业股权投资引导基金中设立不少于5亿元的文化旅游产业发展基金。充分利用产业基金政策性、引导性的特点，积极发挥其杠杆作用，重点支持文化旅游规划修编、文化旅游基础设施建设、文化旅游公共服务平台建设、文化旅游项目开发与企业发展扶持、文化旅游人才培训等项目建设，不断增强文化旅游产业对社会资本的吸引力。安排专项资金引导、扶持乡村旅游项目做精做优。

（三）创新融资模式

加大旅游项目招商引资力度，充分激发社会投资动力和活力。采用BOT、合资开发、转让项目开发经营权等模式大力吸引社会资本投入，加快扶持培育A级景区、星级农家乐、民俗客栈、旅游特色村、旅游商品开发等一大批旅游市场主体，推进文化旅游投资主体多元化。在旅游道路、停车场等基础设施建设领域积极推进PPP模式。加强政策引导，鼓励、支持旅游企业上市融资。积极应用企业债券、公司债券、中期票据、短期融资券、非金融企业债务融资工具、项目收益债等，支持重点领域投资项目通过债券市场筹措资金。引导符合条件的企业成立旅游担保公司、旅游资本管理公司。对襄阳沿江经济带文化旅游资源进行量化评估，变资源为资本，发挥其撬动融资的功效。

（四）加大金融支持力度

积极促进银企有效对接，主动了解文化旅游企业的发展需要，加强同金融机构、担保机构的沟通协调，鼓励各金融机构加大对文化旅游企业和文化旅游项目的信贷支持。开展旅游景区经营权和门票收入质押、旅游饭店经营性物业抵押、旅游装备服务企业知识产权质押等多种贷款抵质押模式，加大对小型微型旅游企业和乡村旅游企业的信贷支持。对为中小型旅游企业提供银行贷款担保的担保机构，市财政加大风险补偿力度。增强银行卡的旅游服务功能，探索开发适合文化旅游消费需要的金融产品。

三、完善土地保障和利用政策

（一）保障文化旅游土地供应

建立有效的规划衔接机制，按照资源和生态保护、文物安全、节约集约用地原则，加快汉江生态经济带襄阳沿江文化旅游发展规划与土地利用总体规划、城乡规划、风景名胜区规划、环境保护规划等相关规划衔接，奠定文化旅游业发展依法、依规划用地的基础。国土、文化、旅游部门要联合制订文化旅游用地优惠政策，完善旅游产业用地管理措施，确保文化旅游项目用地。土地利用规划中沿江要预留足够的文化旅游发展用地。对列入襄阳沿江文化旅游发展规划的项目要参照省市重点项目，在用地方面予以保证。市国土部门要充分考虑文化旅游业跨越发展需要，适当增加沿江地区文化旅游发展用地指标，优先安排公益性基础设施建设用地。在符合相关规划的前提下，可以采取农村集体经济组织自用及以入股、联营等合法方式使用集体建设用地来发展乡村旅游。农村集体经济组织以外的单位和个人，可使用农民集体所有的农用地、未利用地，从事与旅游相关的种植业、林业、畜牧业和渔业生产，但应依法通过承包经营流转的方式进行。鼓励利用现有设施及用地发展文化旅游业，在保持现有土地权利类型不变的条件下，允许在现有码头适当增设邮轮、游艇停泊功能。

（二）加强文化旅游用地管理

加强文化旅游用地监管，依法实行文化旅游业用地分类管理制度。对旅游项目中永久性设施建设涉及的用地，依法按照建设用地管理。对属于自然景观用地及农牧渔业种植、养殖用地的，不改变土地权利性质和用途，仍由现有土地权利人使用和管理。加强风景名胜区、自然保护区、国家公园等旅游资源开发用地的规划管理，建设项目用地应当同时符合各类相关规划。严格旅游相关农用地、未利用地用途管制。按照国务院相关规定，严禁以任何名义和方式出让或变相出让风景名胜区资源及其景区土地。按照《历史文化名城名镇名村保护条例》规定，历史文化街区建设控制地带内的用地，包括容积率等条件，应当符合保护规划确定的建设控制要求。

（三）提高土地利用效率

根据最新土地政策合理配置各类型土地资源。在保证名胜古迹、景观、公用绿地的基础上，合理配置游客服务中心、停车场、驿站、房车营地、运动保健休闲设施、饭店、酒吧、旅馆、度假村等文化旅游服务接待用地。提高用地门槛，制定集约节约用地控制指标和奖惩办法，鼓励新建旅游项目挖掘土地利用潜力、提高土地利用效率。加强顶层设计，从立项开始对项目类型和投资强度进行把关，从源头上实现土地集约节约利用。

四、打造高水平人才队伍

（一）完善人才引进、管理政策

组建襄阳文化旅游智囊团或专家库，为政府科学决策提供信息和智力参考。制定完善高级管理人才引进政策，根据文化旅游产业发展需求，积极引进高层次管理人才、创意人才、专业技术人才和一线优秀服务人才。建立文化旅游人才信息库，构建人才交流信息网络平台和智慧旅游的发展体系，创新智慧旅游信息服务。加强文化旅游人才管理和交流。定期选派一批文化旅游管理和服务人员到国内著名景区行政管理机构、文化旅游企业挂职锻炼。

（二）建立人才奖励激励机制

健全完善文化旅游人才收入分配机制。探索导游薪酬改革办法，提高导游待遇，鼓励文化旅游企业探索资本、知识、技术、管理等由要素市场决定的报酬机制，实现人才薪酬水平与市场接轨，扭转襄阳导游外流的局面。完善文化旅游人才职业技能评价评定机制。定期举办导游大赛，饭店服务技能大赛，选拔评选金牌导游员、明星服务员等行业人才优秀典型。评选"文化旅游人才创业奖""文化旅游人才特别贡献奖"。建立完善评价办法及职称破格评审制度，加强对文化旅游人才的职业技能鉴定，逐步建立科学、规范的职称评定体系。

（三）健全培养、培训机制

加强文化旅游教育培训基地建设，积极培养导游服务人才。加快市级导游协会建设，支持导游协会建立导游员、讲解员培养基地。对中高级导游员和外语导游员，给予适当补贴。组织导游员、讲解员参加省内外举办的韩、日、德、法、俄、西班牙等小语种培训班。对管理队伍要坚持常年针对性培训，结合顾客反馈意见为游客提供精细化的旅游服务。加强校企合作，提升导游素质，加强文化旅游管理人才的培养。充分利用本地高校资源优势，切实提高本地旅游从业人员的职业修养和综合素质，加强旅游资源规划与开发、电子商务、旅游商品设计及开发等紧缺人才的培养。重点突出导游人才的培育、培养和使用。在部分旅游景区建立"大学生就业实习基地"，将饭店、旅行社、旅游景区等中高级管理人员分批配送至条件较好的旅游高等院校进行深造和培训，建立双向输送、资源共享的文化旅游人才培训体系。

（四）完善非遗传承人培养机制

探索建立传承人奖励机制，按照带徒弟数量、开展传承活动次数、参与各类活动次数以及活动效果等指标进行等级考核，并给予相应奖励。引入市场竞争机制，鼓励非遗传承人走向市场，通过市场运作机制激励培养传承人，探寻非遗文化的传承发展之路。

五、完善文化旅游发展环境

（一）推动文化旅游信息化建设

打造市级智慧旅游公共服务平台，创新旅游公共信息服务运营模式，健全场地运营维护机制。秉承公益服务、分级管理、网络联动等原则，合理布局，完善服务，打造便捷、高效、一流的咨询服务平台，进一步提升游客的满意度。以"全方位、全区域、全时段覆盖，数据同步、实时更新"的方式，为国内外游客、商务人士以及本地居民提供专业、及时、多语言版本的，包括信息发布、旅游和交通等电子地图查询、各类信息检索的交互式数字化公共信息服务平台。

（二）加大生态环境保护力度

建立严格的生态环境保护制度，构建汉江黄金水道的生态系统。加大工业排污和农业面源污染的治理力度，确保汉江水质不下降。强化采沙管理，防止乱采对汉江水道的影响。加强植被花木的种植，提高沿江地区森林覆盖率。合理搭配落叶树、常绿树、彩叶植物的种植，形成以绿为主、花色点缀、群落种植的景观林带，提升沿江地区休闲旅游功能。

（三）推进文化旅游标准体系建设

完善旅游标识标牌，科学规划旅游标识系统，增设城区、高速公路、旅游公路、高铁、景区等重要节点旅游标牌。加强人员培训标准体系、市场营销标准体系、游客信息标准体系、服务规范标准体系、票务管理标准体系和财务管理标准体系的建设，建立全程游客满意度管理体系和快速反应的游客投诉处理体系。

（四）加强文化旅游执法管理

积极宣传文化旅游法律法规和行业标准，优化旅游环境。依据《旅游法》《湖北省旅游条例》等相关文件加强对文化旅游行业的监督管理，维护旅游者和旅游经营者的合法权益。建立专职旅游执法队伍，设立导游管理服务和旅游数据管理专门机构，加强文化旅游安全管理。建立完善文化旅游经营单位和从业人员等级评定、信用监督和失信惩戒制度，构建旅游诚信体系，推进文化旅游行业诚信建设。

参考文献

［1］常道义：《洲滩湿地生态恢复景观设计》，湖北工业大学，2017年。

［2］陈乐一：《文化产业让襄阳更添魅力》，《政策》，2012年第3期。

［3］陈莹、赵勇、刘昌明：《节水型社会的内涵及评价指标体系研究初探》，《干旱区研究》，2004年第21期。

［4］崔瑛、张强、陈晓宏：《生态需水理论与方法研究进展》，《湖泊科学》，2010年第22期。

［5］邓祖涛、陆玉麒：《汉水流域中心城市空间结构演变探讨》，《地域研究与开发》，2007年第26期。

［6］邓祖涛：《长江流域城市空间结构演变规律及机理研究》，南京师范大学，2006年。

［7］杜汉华、杜睿杰：《充满魅力的"东方莱茵河"——关于襄阳汉江文化问题的研究》，《襄阳职业技术学院学报》，2011年第10期。

［8］杜汉华、杜睿杰：《科学规划襄阳建成世界级文化旅游名城》，《荆楚理工学院学报》，2011年第26期。

［9］樊杰：《西江经济带（广西段）可持续发展研究——功能、过程与格局》，科学出版社，2011年。

［10］高国力：《哈尔滨市松花江沿江产业带规划研究》，《中国水利水电出版社》，2010年。

［11］龚凌云：《襄阳文化旅游发展研究》，2014年。

［12］顾浩：《中国水利现代化研究》，中国水利水电出版社，2004年。

［13］郭怀成、唐剑武：《城市水环境与社会经济可持续发展对策研究》，《环境科学学报》，1995年第3期。

［14］郭洁、张中旺、李蓬勃：《汉江襄阳段生态旅游开发研究》，《资源开发与市场》，2013年第29期。

［15］国家发展和改革委员会：《汉江生态经济带发展规划》，2018年。

［16］国家发展和改革委员会产业经济与技术经济研究所：《中国产业发展报告2017：迈向中高端的产业发展》，经济科学出版社，2017年。

［17］国家发展和改革委员会产业经济与技术经济研究所：《中国产业发展报告2018：迈向高质量发展的产业新旧动能转换》，经济科学出版社，2018年。

［18］国家发展和改革委员会等：《铁路"十三五"发展规划》，2017年。

［19］国家发展和改革委员会等：《中长期铁路网规划》，2016年。

［20］国家环境保护总局：《南水北调中线一期工程环境影响复核报告书》，1995年。

［21］国家统计局农村社会经济调查司：《中国县域统计年鉴2012》，中国统计出版社，2013年。

［22］国家统计局农村社会经济调查司：《中国县域统计年鉴2016》，中国统计出版社，2017年。

［23］国务院：《"十三五"现代综合交通运输体系发展规划》，2017年。

［24］国务院：《关于依托黄金水道推动长江经济带发展的指导意见》，2014年。

［25］国务院：《长江经济带综合立体交通走廊规划（2014—2020 年）》，2014 年。

［26］韩振中、鲁少华：《农村水利现代化发展思路与评价指标》，《灌溉排水学报》，2012年第 31 期。

［27］韩振中：《大型灌区现代化建设标准与发展对策》，《中国农村水利水电》，2013 年第 7 期。

［28］何军、崔远来、吕露等：《沟渠及塘堰湿地系统对稻田氮磷污染的去除试验》，《农业环境科学学报》，2011 年第 30 期。

［29］何军、崔远来：《生态灌区农田排水沟塘湿地系统的构建和运行管理》，《中国农村水利水电》，2012 年第 6 期。

［30］何萍、贾俊艳、侯利萍：《借鉴国际经验保护滨水生态空间》，《环境保护》，2014 年第 42 期。

［31］何晓燕、丁留谦、张忠波等：《对流域防洪联合调度的几点思考》，《中国防汛抗旱》，2018 年第 4 期。

［32］胡二邦：《环境风险评价实用技术、方法和案例》，中国环境科学出版社，2009 年。

［33］湖北省交通规划设计院股份有限公司：《丹河谷组群综合交通发展规划》，2017 年。

［34］湖北省交通运输厅：《湖北省内河航运发展规划》，2012 年。

［35］湖北省交通运输厅等：《湖北省内河航道规划》，2017 年。

［36］湖北省人民政府：《湖北省综合交通运输"十三五"发展规划纲要》，2016 年。

［37］湖北省人民政府：《湖北省国民经济与社会发展第十三个五年规划纲要》，2016 年。

［38］湖北省人民政府：《湖北省汉江生态经济带开放开发总体规划（2014—2025）》，2015 年。

［39］湖北省人民政府：《湖北省生态环境保护"十三五"规划》，2017 年。

［40］湖北省人民政府：《湖北省重点生态功能保护区规划》，2004 年。

［41］湖北省人民政府：《湖北省主体功能区规划》，2012 年。

［42］湖北省统计局、国家统计局湖北调查总队：《湖北统计年鉴 2017》，中国统计出版社，2017 年。

［43］黄俊：《农村贫困人口外出流动行为、意愿、就业地差异的比较研究——以湖北省襄阳市为例》，《湖北社会科学》，2017 年第 10 期。

［44］黄琨、陆平、邓岩：《洪水风险图成果集成关键技术研究》，《水利水电技术》，2017 年第 8 期。

［45］黄强、王增发、畅建霞：《城市供水水源联合优化调度研究》，《水利学报》，1999 年第 5 期。

［46］黄征学：《加快汉江生态经济带发展总体思路》，《中国经贸导刊》，2015 年第 16 期。

［47］贾金荣：《推动湖北长江经济带与汉江生态经济带协同发展的路径探析》，《对外经贸》，2015 年第 10 期。

［48］《将推进高质量发展落实到社会各个领域——中共湖北省委关于学习贯彻习近平总书记视察湖北重要讲话精神奋力谱写新时代湖北高质量发展新篇章的决定解读》。

［49］康绍忠、胡笑涛、蔡焕杰等：《现代农业与生态节水的理论创新与未来研究重点》，《水利学报》，2004 年第 12 期。

［50］孔静静、张超、韩传峰：《基础设施系统与自然生态互动增长策略研究》，《中国人口·资

源与环境》，2018 年第 1 期。

［51］郎志军：《基于旅游供给侧改革的房车旅游发展策略研究》，《襄阳职业技术学院学报》，2017 年第 16 期。

［52］老河口市城乡规划局：《老河口市绿道系统专项规划》，2017 年。

［53］雷斌：《襄阳建设汉江流域中心城市的战略研究》，《湖北社会科学》，2015 年第 3 期。

［54］李爱花、郦建强、张海滨等：《城市应急备用水源工程概念及建设思路》，《中国水利》，2016 年第 16 期。

［55］梁小青、杨梅英：《汉江中下游流域生态环境态势及其对策》，《西部论坛》，2018 年。

［56］刘国纬：《论防洪减灾非工程措施的定义与分类》，《水科学进展》，2003 年第 14 期。

［57］刘树坤：《中国水利现代化和新水利理论的形成》，《水资源保护》，2003 年第 19 期。

［58］刘伟、杨晴、张梦然等：《构建以流域为基础的水生态空间管控体系研究》，《中国水利》，2018 年第 5 期。

［59］鲁瑞虎、曾海涛、郭开庆：《文化旅游融合创新视角下的政府角色与政策研究——以襄阳市襄城区为例》，《旅游学刊中国旅游研究年会》，2014 年。

［60］鲁西奇：《城墙内外：古代汉水流域城市形态与空间结构》，中华书局，2011 年。

［61］吕泽元、马佳：《襄阳三国文化旅游发展战略》，《农村经济与科技》，2013 年第 24 期。

［62］马乐宽、李天宏：《关于生态环境需水概念与定义的探讨》，《中国人口·资源与环境》，2008 年第 18 期。

［63］茆智：《提倡建设一个节水型、生态型灌区》，《中国水利》，2004 年第 18 期。

［64］莫琳、俞孔坚：《构建城市绿色海绵——生态雨洪调蓄系统规划研究》，《城市发展研究》，2012 年第 19 期。

［65］彭建东、许琴：《基于多维视觉影响的城市空间环境定量评价探索——以襄阳古城护城河周边地区城市设计为例》，《现代城市研究》，2015 年第 10 期。

［66］彭建东：《基于现代治理理念的城市更新规划策略探析——以襄阳古城周边地区更新规划为例》，《城市规划学刊》，2014 年第 6 期。

［67］彭文启：《水功能区限制纳污红线指标体系》，《中国水利》，2012 年第 7 期。

［68］钱正英、张光斗：《中国可持续发展水资源战略研究综合报告及各专题报告》，中国水利水电出版社，2001 年。

［69］秦尊文：《将汉江生态经济带打造成区域发展新引擎》，《政策》，2014 年第 9 期。

［70］邵东国、李旭东、唐明等：《干旱条件下城市水资源应急调配模型》，《华北水利水电大学学报（自然科学版）》，2014 年第 35 期。

［71］申文、徐章一、杨刚强：《襄阳市城市化发展战略与建设管理问题研究》，《武汉理工大学学报（社会科学版）》，2014 年第 27 期。

［72］水利部水利水电规划设计总院：《全国主要河湖水生态保护与修复规划技术大纲》，水利部水利水电规划设计总院，2009 年。

［73］粟晓玲、康绍忠：《生态需水的概念及其计算方法》，《水科学进展》，2003 年第 14 期。

［74］田玲玲、曾菊新、董莹：《汉江流域经济区与主体功能区布局的协同发展研究》，《华中师范大学学报（自然科学版）》，2016 年第 50 期。

［75］田美玲、方世明：《汉江流域中心城市竞争力的评价及时空演变》，《统计与决策》，2016年第9期。

［76］万丛丽、朱运海、杨燕：《襄阳三国文化特色旅游发展研究》，《农村经济与科技》，2011年第22期。

［77］汪恕诚：《坚持科学发展观全面推进可持续发展水利》，《水利规划与设计》，2004年第24期。

［78］汪恕诚：《水环境承载能力分析与调控》，《水利规划与设计》，2002年第2期。

［79］王超、尹炜、贾海燕：《滨岸带对河流生态系统的影响机制研究进展》，《生态科学》，2018年第3期。

［80］王栋、潘少明、吴吉春等：《洪水风险分析的研究进展与展望》，《自然灾害学报》，2006年第15期。

［81］王浩、唐克旺、杨爱民等：《水生态系统保护与修复理论和实践》，2010年。

［82］王建龙、车伍、易红星：《基于低影响开发的城市雨洪控制与利用方法》，《中国给水排水》，2009年第25期。

［83］王礼先：《小流域综合治理的概念与原则》，《中国水土保持》，2006年第2期。

［84］王鹏涛、张立伟、李英杰等：《汉江上游生态系统服务权衡与协同关系时空特征》，《地理学报》，2017年第11期。

［85］王思琪、王贺龙：《城市供水干旱预警与应急调度研究》，《华北水利水电大学学报（自然科学版）》，2018年第39期。

［86］吴普特、冯浩、牛文全等：《中国用水结构发展态势与节水对策分析》，《农业工程学报》，2003年第19期。

［87］习近平：《决胜全面建成小康社会　夺取新时代中国特色社会主义伟大胜利——在中国共产党第十九次全国代表大会上的报告》，2017年。

［88］习近平：《要把修复长江生态环境摆在压倒性位置》。

［89］习近平主持召开深入推动长江经济带发展座谈会并发表重要讲话。

［90］《襄阳市地理环境（概述）》。

［91］襄阳市环境保护局：《襄阳市环境状况公报》，2017年。

［92］襄阳市交通运输局：《襄阳港总体规划》，2014年。

［93］襄阳市交通运输局：《襄阳市汉江（干流）岸线利用控制性规划》，2014年。

［94］襄阳市交通运输局：《襄阳市综合交通运输"十三五"发展规划》，2016年。

［95］襄阳市经济和信息化委员会：《襄阳市"十三五"工业发展规划》，2016年。

［96］襄阳市旅游局：《襄阳市旅游产业发展规划》，2014年。

［97］襄阳市人民政府：《关于县道网规划（2016—2030年）的批复》，2017年。

［98］襄阳市人民政府：《襄阳市国民经济和社会发展第十三个五年规划纲要》，2016年。

［99］襄阳市人民政府：《襄阳市环境保护"十三五"规划》，2017年。

［100］襄阳市人民政府：《襄阳市水利发展"十三五"规划》，2017年。

［101］肖金成、申兵：《汉江生态经济带的发展与合作》，《中国经贸导刊》，2016年第8期。

［102］徐俊辉：《明清时期汉水中游治所城市的空间形态研究》，中国建筑工业出版社，

2018 年。

［103］徐蕾、张中旺：《基于全局主成分分析的汉江生态经济带水资源承载力研究》，《湖北农业科学》，2015 第 54 期。

［104］徐连生、蒋奇勇、赵进：《城市供水系统多水源联合调度模型及应用》，《建筑工程技术与设计》，2017 年第 28 期。

［105］徐乾清、戴定忠：《中国防洪减灾对策研究》，中国水利水电出版社，2002 年。

［106］严登华、王浩、王芳等：《我国生态需水研究体系及关键研究命题初探》，《水利学报》，2007 年第 3 期。

［107］燕守广、林乃峰、沈渭寿：《江苏省生态红线区域划分与保护》，《生态与农村环境学报》，2014 年第 30 期。

［108］杨培岭、李云开、曾向辉等：《生态灌区建设的理论基础及其支撑技术体系研究》，《中国水利》，2009 年第 14 期。

［109］杨晴、张梦然、王晓红：《水生态保护红线功能叠加和边界确定技术要点分析》，《中国水利》，2018 年第 11 期。

［110］杨胜天、王雪蕾、刘昌明：《岸边带生态系统研究进展》，《环境科学学报》，2007 年第 27 期。

［111］袁芸、刘越：《襄阳唐城影视基地浅析》，《建筑工程技术与设计》，2015 年第 33 期。

［112］苑希民、贾帅静、田福昌等：《洪水风险快速分析技术方法研究进展》，《水利水电技术》，2018 年第 49 期。

［113］张爱民：《城乡一体化背景下发展壮大村级集体经济模式研究——以湖北襄阳等地为例》，《山西财经大学学报》，2014 年第 S1 期。

［114］曾荣、赵荣、梁勇：《AHP- 灰色关联度分析法的耕地质量评价——以湖北省襄阳市为例》，《测绘科学》，2018，v.43；No.242（08）。

［115］曾祉祥、张洪、单保庆等：《汉江中下游流域工业污染源解析》，《长江流域资源与环境》，2014 年第 23 期。

［116］张洪江、张长印、赵永军等：《我国小流域综合治理面临的问题与对策》，《中国水土保持科学》，2016 年第 14 期。

［117］张建永、杨晴、王晓红等：《水生态保护红线类型与划定技术路径》，《中国水利》，2017 年第 16 期。

［118］张静、丁斐：《基于 DEA-ESDA 的汉江生态经济带城市效率研究》，《湖北社会科学》，2017 年第 9 期。

［119］张静：《将汉江经济带的生态优势转化为经济优势》，《政策》，2014 年第 11 期。

［120］张菊芳：《提升襄阳市旅游业软实力途径研究》，《武汉商学院学报》，2012 年第 26 期。

［121］张珂、刘仁志、张志娇等：《流域突发性水污染事故风险评价方法及其应用》，《应用基础与工程科学学报》，2014 年第 22 期。

［122］张琰琳：《襄阳诸葛亮文化旅游品牌建设的研究》，《旅游纵览（下半月）》，2017 年第 6 期。

［123］张铮、王宇波、熊丽娟：《汉江流域产业发展差异化战略研究》，《湖北社会科学》，

2017 年第 8 期。

［124］张正贵：《湖北襄阳市中药资源产业现况及发展对策》，《中国中医药信息杂志》，2018 年，v.25；No.287（06）。

［125］长江水利委员会：《汉江干流梯级开发规划报告》，2015 年。

［126］赵法箴：《加强增殖放流科学研究促进水生生物资源保护》，《中国渔业经济》，2004 年第 4 期。

［127］赵卫、刘景双、孔凡娥：《水环境承载力研究述评》，《水土保持究》，2007 年第 1 期。

［128］郑在洲、耿雷华、常本春等：《工业节水潜力计算方法探讨》，《水利水电技术》，2004 年第 35 期。

［129］中华人民共和国住房和城乡建设部：《中国县城建设统计年鉴 2015》，中国统计出版社，2016 年。

［130］中华人民共和国国务院：《"十三五"生态环境保护规划》。2016 年 11 月 24 日。

［131］中华人民共和国国务院：《关于全面加强生态环境保护坚决打好污染防治攻坚战的意见》，2018 年 6 月 16 日。

［132］中华人民共和国国务院：《关于印发全国主体功能区规划的通知》，2010 年 12 月 21 日。

［133］中华人民共和国国务院：《襄阳市城市总体规划（2011—2020 年）》，2013 年 1 月 7 日。

［134］中华人民共和国国务院：《长江中游城市群发展规划》，2015 年第 4 期。

［135］中华人民共和国环境保护部、国家发展和改革委员会、水利部：《长江经济带生态环境保护规划》，2017 年 7 月 13 日。

［136］中华人民共和国环境保护部：《全国生态功能区划》，2008 年 7 月 18 日。

［137］中华人民共和国住房和城乡建设部：《中国城市建设统计年鉴 2011》，中国计划出版社，2012 年。

［138］中华人民共和国住房和城乡建设部：《中国城市建设统计年鉴 2015》，中国统计出版社，2016 年。

［139］中铁第四勘察设计院集团有限公司：《襄阳市城市轨道交通线网规划》，2015 年。

［140］钟华平、刘恒、耿雷华等：《河道内生态需水估算方法及其评述》，《水科学进展》，2006 年第 17 期。

［141］周飞：《湖北长江经济带小城市发展研究》，《华中师范大学》，2014 年。

［142］周魁一：《防洪减灾观念的理论进展——灾害双重属性概念及其科学哲学基础》，《自然灾害学报》，2004 年第 13 期。

［143］朱党生、张建永、李扬：《水生态保护与修复规划关键技术》，《水资源保护》，2011 年第 27 期。

［144］朱云海：《襄阳文化旅游发展研究》，华中科技大学出版社，2014 年。

［145］朱运海、梅丽、陈海艳：《襄阳非物质文化遗产文化旅游资源的结构、价值和开发对策》，《襄阳职业技术学院学报》，2016 年第 15 期。

［146］朱运海：《襄阳文化旅游产业发展研究》，《湖北文理学院学报》，2012 年第 11 期。

［147］邹进泰、徐峰、彭玮：《加快汉江生态经济带开放开发的思考》，《学习月刊》，2014 年第 17 期。

［148］Falkenmark M.Coping with water scarcity under rapid population growth. Conference of SADC Minsters［M］, Pretoria.1995.

［149］GleickPH.Waterin Crisis:Paths to Sustainable Water Use［J］. Ecological Applications, 1998,8（3）.

［150］Naiman, R.J., and H.Decamps. 1997. Theecology of interfaces: riparian zones. Annual Review of Ecology and Systematics 28.

［151］VIDONP, ALLANC, BURNSD. Hotspots and hot moments inriparian zones: Potential for improved water quality management［J］, Journal of The American Water Resources Association, 2010, 46（2）.